复旦大学"985工程"二期、三期整体推进人文学科研究项目资助（项目批准号：2011RWXKZD007）

杜威中期著作
1899—1924

复旦大学杜威与美国哲学研究中心　组译

# 杜威全集

Collected works of John Dewey

## 1918至1919年间的期刊文章、论文及杂记

### 第十一卷
1918-1919

马迅 译

华东师范大学出版社

The Middle Works of John Dewey, 1899–1924
Volume Eleven: Journal Articles, Essays, and Miscellany Published in the 1918–1919 Period
By John Dewey
Edited by Jo Ann Boydston
Copyright © 1982 by Southern Illinois University Press
Published by agreement with Southern Illinois University Press, 1915 University Press Drive, SIUC Mail Code 6806, Carbondale, IL 62901, USA
Simplified Chinese translation copyright © 2012 by East China Normal University Press
All rights reserved.

上海市版权局著作权合同登记　图字：09-2004-377号

《杜威全集》中期著作(1899—1924)

主　　编　乔·安·博伊兹顿(Jo Ann Boydston)
文本顾问　弗雷德森·鲍尔斯(Fredson Bowers)　弗吉尼亚大学　荣誉退休

编辑顾问委员会
刘易斯·E·哈恩(Lewis E. Hahn)　主席　南伊利诺伊大学　荣誉退休
乔·R·伯内特(Joe R. Burnett)　伊利诺伊大学
S·莫里斯·埃姆斯(S. Morris Eames)　南伊利诺伊大学
威廉·R·麦肯齐(William R. McKenzie)　南伊利诺伊大学

文本编辑　哈丽雅特·弗斯特·西蒙(Harriet Furst Simon)

# 《杜威全集》中文版编辑委员会

主　编　刘放桐

副主编　俞吾金　童世骏　汪堂家（常务）

编辑委员会（按姓氏笔画排序）

| | | | |
|---|---|---|---|
| 万俊人 | 冯　俊 | 江　怡 | 孙有中 |
| 刘放桐 | 朱志方 | 朱杰人 | 张国清 |
| 吴晓明 | 陈亚军 | 汪堂家 | 沈丁立 |
| 赵敦华 | 俞吾金 | 韩　震 | 童世骏 |

# 目 录

中文版序 / 1
导言 / 1

**论文** / 1
评价的对象 / 3
关于心灵的所谓直接知识 / 9
霍布斯政治哲学的动机 / 16
哲学和民主 / 36
教育和社会导向 / 47
世界大战中应运而生的职业教育 / 51
世界中的美国 / 60
战后国内的社会重建 / 63
一种新的社会科学 / 74
隐士式的政治科学 / 79
我们为何而战 / 83
对非理性的膜拜 / 90
战后的心态 / 94
新的家长制 / 99
道德和国家行为 / 103

走向一种国际联盟 / 107
国际联盟和新外交 / 111
十四条和国际联盟 / 114
国际联盟和经济自由 / 117
西奥多·罗斯福 / 121
日本和美国 / 127
日本的自由主义 / 132
东海的两边 / 146
理想主义的不可信 / 151
中国的学生反抗 / 156
在中国进行的国际对决 / 161
中国的军国主义 / 167
中国心灵的转化 / 172
中国的国民情感 / 180
美国在中国的机会 / 191
给中国下药,我们也有份 / 197
伪饰下的专制政治 / 202
有关美国波兰人状况预估的秘密备忘录 / 207
有关美国波兰人状况预估的第二份秘密备忘录 / 212
有关美国波兰人状况的秘密报告 / 215

**评论 / 273**
创造性的工业——评《工业的创造性冲动》 / 275
评《乔治·西尔维斯特·莫里斯的生平和著作》 / 278

**杂记 / 281**
"哲学改造问题"的八篇演讲大纲 / 283
F·马赛厄斯·亚历山大《人的高级遗传》一书的序言 / 290
答一位评论者 / 293

**附录** / 295

1. 重塑人体——评 F·马赛厄斯·亚历山大《人的高级遗传》/ 297
2. 杜威和厄本论价值判断 / 299
3. 价值和因果性 / 311
4. 战争的法律地位 / 322

《有关美国波兰人状况的秘密报告》一文的说明 / 326

**文本研究资料** / 339

文本说明 / 341

原文注释 / 355

校勘表 / 361

连字符号的使用 / 373

引文的实质性变动 / 375

杜威所引用的参考书目 / 382

索引 / 386

**译后记** / 406

# 中文版序

《杜威全集》中文版终于由华东师范大学出版社出版了。作为这一项目的发起人,我当然为此高兴,但更关心它能否得到我国学界和广大读者的认可,并在相关的学术研究中起到预期作用。后者直接关涉到对杜威思想及其重要性的合理认识,这有赖专家们的研究。我愿借此机会对杜威其人、其思想的基本倾向和影响以及研究杜威哲学的意义等问题谈些看法,以期抛砖引玉。考虑到中国学界以往对杜威思想的消极方面谈论得很多,在这方面大家已非常熟悉。我在此主要谈其积极方面,但这并非认为可以忽视其消极方面。

## 一、杜威其人

约翰·杜威(John Dewey,1859—1952)是美国哲学发展中最有代表性的人物。他不仅进一步阐释并发展了由皮尔士创立、由詹姆斯系统化的实用主义哲学的基本理论,而且将其运用于社会、政治、文化、教育、伦理、心理、逻辑、科学技术、艺术、宗教等众多人文和社会科学领域的研究,并在这些领域提出了重要创见。他在这些领域的不少论著,被西方各该领域的专家视为经典之作。它们不仅对促进这些领域的理论研究起过重要的作用,在这些领域的实践中也产生过深刻的影响。杜威由此被认为是美国思想史上最具影响的学者,甚至被认为是美国的精神象征;在整个西方世界,他也被公认是20世纪少数几个最伟大的思想家之一。

杜威出生于佛蒙特州伯灵顿市一个杂货店商人家庭。他于1875年进佛蒙特大学,开始受到进化论的影响。1879年,他毕业后先后在一所中学和一所乡村学校教书。这时他阅读了大量哲学著作,深受当时美国圣路易黑格尔学派刊物《思辨哲学杂志》的影响,1882年在该刊发表了《唯物主义的形而上学假定》和《斯宾诺莎的泛神论》二文,很受鼓舞,从此决定以哲学为业。同年,他成了约翰·霍普金斯大学的哲学研究生,在此听了皮尔士的逻辑讲座,不过当时对他影响最大的是黑格尔派哲学家莫里斯(George Sylvester Morris)和实验心理学家霍尔(G. Stanley Hall)。两年后,他以《康德的心理学》论文取得哲学博士学位。

  1884年,杜威到密歇根大学教哲学,在此任职10年(其间1888年在明尼苏达大学)。初期,他的哲学观点大体上接近黑格尔主义。他对心理学研究很感兴趣,并使之融化于其哲学研究中。这种研究,促使他由黑格尔主义转向实用主义。在这方面,当时已出版并享有盛誉的詹姆斯的《心理学原理》对他产生了强烈的影响。杜威对心理学的研究,又促使他进一步去研究教育学。他主张用心理学观点去进行教学,并认为应当把教育实验当作哲学在实际生活中的运用的重要内容。

  1894年,杜威应聘到芝加哥大学,后曾任该校哲学系主任。他在此任教也是10年。1896年,他在此创办了有名的实验学校。这个学校抛弃传统的教学法,不片面注重书本,而更为强调接触实际生活;不片面注重理论知识的传授,而更为强调实际技能的训练。杜威后来所一再倡导的"教育就是生活,而不是生活的准备"、"从做中学"等口号,就是对这种教学法的概括。杜威在芝加哥时期,已是美国思想界一位引人注目的人物。他团聚了一批志同道合者(包括在密歇根大学就与他共事的塔夫茨、米德),形成了美国实用主义运动中著名的芝加哥学派。杜威称他们共同撰写的《逻辑理论研究》(1903年)一书是工具主义学派的"第一个宣言",它标志着杜威已从整体上由黑格尔主义转向了实用主义。

  从1905年起,杜威转到纽约哥伦比亚大学任教,直到1930年以荣誉教授退休。他以后的活动也仍以此为中心。这一时期不仅是他的学术活动的鼎盛期(他的大部分有代表性的论著都是在这一时期问世的),也是他参与各种社会和政治活动最频繁且声望最卓著的时期。他把两者有机地结合在一起。他对各种社会现实问题的评论和讲演,往往成为他的学术活动的重要组成部分。从1919年起,杜威开始了一系列国外讲学旅行,到过日本、墨西哥、俄罗斯、土耳其等国。"五四"前夕,他到了中国,在北京、南京、上海、广州等十多个城市作过系列讲演,1921年7月返美。

杜威一生出版了40种著作,发表了700多篇论文,内容涉及哲学、社会、政治、教育、伦理、心理、逻辑、文化、艺术、宗教等各个方面。其主要论著有:《学校与社会》(1899年)、《伦理学》(1908年与塔夫茨合著,1932年修订)、《达尔文主义对哲学的影响》(1910年)、《我们如何思维》(1910年)、《实验逻辑论文集》(1910年)、《哲学的改造》(1920年)、《人性与行为》(1922年)、《经验与自然》(1925年)、《公众及其问题》(1927年)、《确定性的寻求》(1929年)、《新旧个人主义》(1930年)、《作为经验的艺术》(1934年)、《共同的信仰》(1934年)、《逻辑:探究的理论》(1938年)、《经验与教育》(1938年)、《自由与文化》(1939年)、《评价理论》(1939年)、《人的问题》(1946年)、《认知与所知》(1949年与本特雷合著)等等。

## 二、杜威哲学的基本倾向

杜威在各个领域的思想都与他的哲学密切相关。它们不只是他的哲学的具体运用,有时甚至就是他的哲学的直接体现。我们在此不拟具体介绍他的思想的各个方面和他的哲学的各个部分,仅概略地揭示他的哲学的基本倾向。杜威哲学的各个部分,以及他的思想的各个方面,大体上都可从他的哲学的基本倾向中得到解释。这种基本倾向从其积极意义上说,主要表现为如下三点:

第一,杜威把对现实生活和实践的关注当作哲学的根本意义所在。

在现代西方各派哲学中,杜威哲学最为反对以抽象、独断、脱离实际等为特征的传统形而上学,最为肯定哲学应当面向人的现实生活和实践。如何通过人本身的行为、行动、实践(即他所谓以生活和历史为双重内容的经验)来妥善处理人与其所面对的现实世界(自然和社会环境),以及人与人之间的关系,是杜威哲学最为关注的根本问题。杜威哲学从不同的角度说有不同的名称,例如,当他强调实验和探究的方法在其哲学中的重要意义时,称其哲学为实验主义(Experimentalism);当他谈到思想、观念的真理性在于它们能充当引起人们的行动的工具时,称其哲学为工具主义(Instrumentalism);当他谈到经验的存在论意义,而经验就是作为有机体的人与其自然环境的相互作用时,称其哲学为经验自然主义(Empirical Naturalism)。贯彻于所有这些称呼的概念是行动、行为、实践。杜威哲学的各个方面,都在于从实践出发并引向实践。这并不意味着实践就是一切。实践的目的是改善经验,即改善人与其自然和社会环境的关系,一句话,改善人的生活和生存条件。

杜威对实践的解释当然有片面性。例如，他没有看到人类的物质生产活动在人的实践中的基础作用，更没有科学地说明实践的社会性；但他把实践看作是全部哲学研究的核心，认为存在论、认识论、方法论等问题的研究都不能脱离实践，都具有实践的意义，则在一定意义上是合理的。

值得一提的是：与胡塞尔、海德格尔等人通过曲折的道路返回生活世界不同，与只关注逻辑和语言的意义分析的分析哲学家也不同，杜威的哲学直接面向现实生活和实践。杜威一生在哲学上所关注的，不是去建构庞大的体系，而是满腔热情地从哲学上去探究人在现实生活和实践的各个领域所面临的各种问题及其解决办法。在杜威的全部论著中，关于政治、社会、文化、教育、心理、道德、价值、科学技术、审美和宗教等各个领域的具体问题的论述占了绝大部分。他的哲学的精粹和生命力，大多是在这些论述中表现出来的。

第二，杜威的哲学改造适应和引领了西方哲学由近代到现代转向的潮流。

19 世纪中期以来，西方哲学发展出现了根本性的变更，以建构无所不包的体系为特征的近代哲学受到了广泛的批判，以超越传统的实体性形而上学和二元论为特征的现代哲学开始出现，并越来越占主导地位。多数哲学流派各以特有的方式，力图使哲学研究在不同程度上从抽象化的自在的自然界或绝对化的观念世界返回到人的现实生活世界，企图以此摆脱近代哲学所陷入的种种困境，为哲学的发展开辟新道路。西方哲学由近代到现代的这种转折，不能简单归结为由唯物主义转向唯心主义、由进步转向反动，而包含了哲学思维方式上一次具有划时代意义的转型。它标志着西方哲学发展到了一个新的、更高的阶段。杜威在哲学上的改造，不仅适应了而且在一定意义上引领了这一转型的潮流。

杜威曾像康德那样，把他在哲学上的改造称为"哥白尼革命"（Copernican revolution）。但他认为康德对人的理智的能动性过分强调，以致使它脱离了作为其存在背景的自然。而在他看来，人只有在其与自然的相互作用中才有能动作用，甚至才能存在。哲学上的真正的哥白尼革命，正在于肯定这种交互作用。如果说康德的中心是心灵，那么杜威的新中心是自然进程中所发生的人与自然的交互作用。正如地球或太阳并不是绝对的中心一样，自我或世界、心灵或自然都不是这样的中心。一切中心都存在于交互作用之中，都只具有相对的意义。可见，杜威所谓哲学中的哥白尼革命，就是以他所主张的心物、主客、经验自然等的交互作用、或者说人的现实生活和实践来既取代客体中心论，也取代主体中心论。他也是在这种意义上，既反对忽视主体的能动性的旧的唯物主义，也反对忽视自然作为存在的根据和作用的旧的唯心主义。

不是把先验的主体或自在的客体、而是把主客的相互作用当作哲学的出发点；不是局限于建构实体性的、无所不包的体系，而是通过行动、实践来超越这样的体系；不是转向纯粹的意识世界或脱离了人的纯粹的自然界，而是转向与人和自然界、精神和物质、理性和非理性等等都有着无限牵涉的生活世界，这大体上就是杜威哲学改造的主要意义；而这在一定程度上，也正是多数西方哲学由近代到现代转向的主要意义。杜威由此体现和引领了这种转向。

第三，杜威的哲学改造与马克思在哲学上的革命变更存在某些相通之处。

西方哲学从近代到现代的转向与马克思在哲学上的革命变更的政治背景大不相同，二者必然存在原则性区别；但二者发生于大致相同的历史时代，具有共同的历史和文化背景，因而又必然存在相通之处。如果我们能够肯定杜威的哲学改造适应并引领了西方哲学从近代到现代转向的潮流，那就必须肯定杜威的哲学改造与马克思在哲学上的革命变更必然同样既有原则区别，又有相通之处。后者突出地表现在，二者都把实践当作哲学的根本意义而加以强调。马克思正是通过这种强调而得以超越旧唯物主义和唯心主义辩证法的界限，把唯物主义和辩证法有机地统一起来，建立了唯物辩证法。杜威在这些方面与马克思相距甚远。但是，他毕竟用实践来解释经验而使他的经验自然主义超越了纯粹自然主义和思辨唯心主义的界限，并由此提出了一系列超越近代哲学范围的思想。

杜威的经验自然主义并不否定自然界在人类经验以外自在地存在，不否定在人类出现以前地球和宇宙早已存在，而只是认为人的对象世界只能是人所遭遇到（经验到）的世界，这在一定程度上类似于马克思所指的与纯粹自然主义的自在世界不同的人化世界，即现实生活世界。杜威否定唯物主义，但他只是在把唯物主义归结为纯粹自然主义的唯物主义的意义上去否定唯物主义。杜威强调经验的能动性，但他不把经验看作可以离开自然（环境）而独立存在的精神实体或精神力量，而强调经验总是处于与自然、环境的统一之中，并与自然、环境发生相互作用。这与传统的唯心主义经验论也是不同的，倒是与马克思关于主客观的统一和相互作用的观点虽有原则区别，却又有相通之处。

杜威是在黑格尔影响下开始哲学活动的。他在转向实用主义以后，虽然抛弃了黑格尔的绝对唯心主义，甚至也拒绝了黑格尔的辩证法，但是在他的理论中又保留着某些辩证法的要素。例如,他把经验、自然和社会等都看作是统一整体,其间都存在着多种多样的联系;他在达尔文进化论的影响下,明确肯定世界(人类社会和自然界)处于不断进化和发展的过程之中。他所强调的连续性(如经验与自然的连续、人与世界的连续、身心的连续、个人与社会的连续等等)概念,在一定程度上就是统一整体的概念、进化和发展的概念。这种概念虽与马克思的辩证法不能相提并论,但毕竟也有相通之处。

### 三、杜威哲学的积极影响

杜威实用主义哲学对现实生活和实践的强调,对西方哲学从近代到现代转向的潮流的适应和引领,特别是它在一些重要方面与马克思哲学的相通,说明它在一定程度上体现了时代精神发展的要求。正因为如此,它必然是一种在一定范围内能发生积极影响的哲学。

实用主义在美国的积极影响,可以用美国人民在不长的历史时期里几乎从空地上把美国建设成为世界的超级大国来说明。实用主义当然不是美国唯一的哲学,但它却是美国最有代表性的哲学。实用主义产生以前的许多美国思想家(特别是富兰克林、杰斐逊等启蒙思想家),大多已具有实用主义的某些特征,在一定意义上为实用主义的正式形成作了思想准备。实用主义产生以后,传入美国的欧洲各国哲学虽然能在美国哲学中占有一席之地,其中分析哲学在较长时期甚至能在哲学讲坛上占有支配地位;但是,它们几乎都毫无例外地迟早被实用主义同化,成为整个实用主义运动的组成部分。当代美国实用主义者莫利斯说:逻辑经验主义、英国语言分析哲学、现象学、存在主义同实用主义"在性质上是协同一致的",它们"每一种所强调的,实际上是实用主义运动作为一个整体范围之内的中心问题之一"[①]。就实际影响来说,实用主义在美国哲学中始终占有优势地位。桑塔亚那等一些美国思想家也承认,美国人不管其口头上拥护的是什么样的哲学,但是从他们的内心和生活来说都是实用主义者。只有实用主义,才是美国建国以来长期形成的一种民族精神的象征。而实用主义的最大特色,就是把哲学从玄虚的抽象王国转向人所面对的现实生活世界。实用主义的主旨就在

---

[①] Morris, Charles W. *The Pragmatic Movement in American Philosophy*. New York: George Braziller, 1970, p.148.

指引人们如何去面对现实生活世界,解决他们所面临的各种疑虑和困扰。实用主义当然具有各种局限性,人们也可以而且应当从各种角度去批判它,马克思主义者更应当划清与实用主义的界限;但从思想理论根源上说,正是实用主义促使美国能够在许多方面取得成功,这大概是一个不争的事实。

在美国以外,实用主义同样能发生重要的影响。与杜威等人的哲学同时代的欧洲哲学尽管不称为实用主义,但正如莫利斯说的那样,它们同实用主义"在性质上是协同一致的"。如果说它们各自在某些特定方面、在一定程度上体现了现代西方社会的时代特征,实用主义则较为综合地体现了这些特征。换言之,就体现时代特征来说,被欧洲各个哲学流派特殊地体现的,为实用主义所一般地体现了。正因为如此,实用主义能较其他现代西方哲学流派发生更为广泛的影响。

杜威的实用主义在中国也发生过重要的影响。早在"五四"时期,杜威就成了在中国最具影响的西方思想家。从外在原因上说,这是由于胡适、蒋梦麟、陶行知等他在中国的著名弟子对他作了广泛的宣扬;杜威本人在"五四"时期也来华讲学,遍访了中国东西南北十多个城市。这使他的思想为中国广大知识界所熟知。然而,更重要的原因是:他在理论中所包含的科学和民主精神,正好与"五四"时期中国先进知识分子倡导科学和民主的潮流相一致。另外,他的讲演不局限于纯哲学的思辨而尤其关注现实问题,这也与中国先进分子的社会改革的现实要求相一致。正是这种一致,使杜威的理论受到了投入"五四"新文化运动和社会改革的各阶层人士的普遍欢迎,从而使他在中国各地的讲演往往引起某种程度的轰动效应。杜威本人也由此受到很大鼓舞,原本只是一次短期的顺道访华也因此被延长到两年多。胡适在杜威起程回国时写的《杜威先生与中国》一文中曾谈到:"我们可以说,自从中国与西方文化接触以来,没有一个外国学者在中国思想界的影响有杜威先生这样大的。我们还可以说,在最近的将来几十年中,也未必有别个西洋学者在中国的影响可以比杜威先生还大的。"[①]作为杜威的信徒,胡适所作的评价可能偏高。但就其对中国社会的现实层面的影响来说,除了马克思主义者以外,也许的确没有其他现代西方思想家可以与杜威相比。

尽管杜威的实用主义与马克思主义有原则区别,但"五四"时期中国马克思主义者对杜威及其实用主义并未简单否定。陈独秀那时就肯定了实用主义的某

---

[①] 引自《胡适哲学思想资料选》(上),华东师范大学出版社1981年版,第181页。

些观点,甚至还成为杜威在广州讲学活动的主持人。1919年,李大钊和胡适关于"问题与主义"的著名论战,固然表现了马克思主义与实用主义的原则分歧,但李大钊既批评了胡适的片面性,又指出自己的观点有的和胡适"完全相同",有的"稍有差异"。他们当时的争论并未越出新文化运动统一战线这个总的范围,在倡导科学和民主精神上毋宁说大体一致。毛泽东在其青年时代也推崇胡适和杜威。

"五四"以后,随着国内形势的重大变化,上述统一战线趋向分裂。20世纪30年代后期,由于受到苏联对杜威态度骤变的影响,中国马克思主义者对杜威也近乎于全盘否定了。20世纪50年代中期,为了确立马克思主义在思想文化领域的主导地位,从上而下发动了一场对实用主义全盘否定的大规模批判运动。它在一定程度上达到了预期的政治目的,但在理论上却存在着很大的片面性。当时多数批判论著脱离了杜威等人的理论实际,形成了一种对西方思潮"左"的批判模式,并在中国学术界起着支配作用。从此以后,人们在对杜威等现代西方思想家、对实用主义等现代西方思潮的评判中,往往是政治标准取代了学术标准,简单否定取代了具体分析。杜威等西方学者及其理论的真实面貌就因此而被扭曲了。

对杜威等西方思想家及其理论的简单否定,势必造成多方面的消极后果。其中最突出的有两点:一是使马克思主义及其指导下的思想理论领域在一定程度上与当代世界及其思想文化的发展脱节,使前者处于封闭状态,从而妨碍其得到更大的丰富和发展;二是由于扭曲了马克思主义哲学和现代西方哲学的关系,忽视了二者在某些方面存在的共通之处,在批判杜威哲学等现代西方哲学的名义下扭曲了马克思主义哲学一些最重要的学说,例如关于真理的实践检验、关于主客观统一、关于个人与社会的关系等学说都存在这种情况。这种理论上的混乱导致实践方向上的混乱,甚至在一定程度上导致实践上的挫折。

需要说明的是:肯定杜威实用主义的积极作用并不意味着否定其消极作用,也不意味着简单否定中国学界以往对实用主义的批判。以往被作为市侩哲学、庸人哲学、极端个人主义哲学的实用主义不仅是存在的,而且在一些人群中一直发生着重要的影响。资产阶级庸人、投机商、政客以及各种形式的机会主义者所奉行的哲学,正是这样的实用主义。对这样的实用主义进行坚定的批判,是完全正当的。但是,如果对杜威的哲学作具体研究,就会发觉他的理论与这样的实用主义毕竟有着重大的区别。杜威自己就一再批判了这类庸俗习气和极端个人主义。如果简单地把杜威哲学归结为这样的实用主义，那在很大程度上就是把杜威所批判的哲学当作是他自己的哲学。

### 四、杜威哲学研究在当代中国的积极意义

改革开放以来，中国政治和思想文化上的"左"的路线得到纠正，哲学研究出现了求真务实的新气象，包括杜威实用主义在内的现代西方哲学研究得到了恢复和发展。以1988年全国实用主义学术讨论会为转折点，对杜威等人的实用主义的全盘否定倾向得到了克服，如何重新评价其在中国思想文化建设中的作用的问题也越来越受到学界的关注，对杜威等人的实用主义的研究由此进入了一个新阶段。"五四"时期，由于杜威的学说正好与当时中国的新文化运动相契合，起过重要的积极作用；今天的中国学界，由于对马克思主义哲学和现代西方哲学都已有了更为全面和深刻的理解，对杜威的思想的研究也会更加深入和具体，更能区别其中的精华和糟粕，这对促进中国的思想文化建设会产生更为积极的作用。

对杜威哲学的重新研究在当代中国的积极意义，至少包括如下三个方面：

第一，有利于对马克思主义哲学有更为全面和深刻的理解。

这是因为，杜威哲学和马克思的哲学虽有原则性区别，但二者在一些重要方面有相通之处。这主要表现在二者都批判和超越了以抽象、思辨、脱离实际等为特征的传统形而上学；都强调对现实生活和实践的关注在哲学中的决定性作用；都肯定任何观念和理论的真理性的标准是它们是否经得起实践的检验；都认为科学真理的获得是一个不断提出假设、又不断进行实验的发展过程；都认为社会历史同样是一个不断发展的过程，社会应当不断地进行改造，使之越来越能符合满足人的需要和人的全面发展的目标；都认为每一个人的自由是一切人取得自由的条件，同时个人又应当对社会负责，私利应当服从公益；都提出了使所有人共同幸福的社会理想，等等。在这些方面将马克思主义与杜威的实用主义作比较研究，既能更好地揭示它们作为不同阶级的哲学的差异，又能更好地发现二者作为同时代的哲学的共性，从而使人们既能更好地划清马克思主义和实用主义的界限，又能通过批判地借鉴后者可能包含的积极成果来丰富和发展马克思主义。

第二,有利于对中国传统文化的批判继承。

杜威哲学和中国传统文化有着两种不同的联系。以儒家为代表的中国传统文化是一种前资本主义文化,没有西方资本主义文化的理性主义特质,不会具有因把理性绝对化而导致的绝对理性主义和思辨形而上学等弊端;但未充分经理性思维的熏陶又是中国传统文化的缺陷,不利于自然科学的发展,更不利于人的个性的发展和自由民主等意识的形成。正因为如此,以儒家为代表的中国传统文化往往被历代封建统治阶级神圣化和神秘化,成为他们的意识形态,后者阻碍了中国科学技术的发展、人民的觉醒和社会历史的进步。"五四"新文化运动的主要矛头就是针对儒家文化作为封建意识形态的方面,以此来为以民主和科学精神为特征的新文化开辟道路。杜威哲学正是以倡导民主和科学为重要特征的。杜威来到中国时,正好碰上"五四"新文化运动,他成了这一运动的支持者。他的学说对于批判作为封建意识形态的儒学,自然也起了促进作用。

但是,儒家文化并不等于封建文化;孔子提出的以"仁"为核心的儒学本身并不是统治阶级的意识形态。直到汉武帝实行"罢黜百家,独尊儒术"的政策以后,儒学才取得了独特的官方地位,由此被历代封建帝王当作维护其统治的精神工具。即使如此,也不能否定儒学在学理上的意义。它既可以被封建统治阶级所利用,又能为广大民众所接受,成为他们的生活信念和道德准则。历代学者对儒学的发挥,也都具有这种二重性。正因为如此,儒学除了被封建统治阶级利用外,还能不断发扬光大,成为中华民族宝贵的思想文化遗产。儒学所强调的"以人为本"、"经世致用"、"公而忘私"、"以和为贵"、"己所不欲,勿施于人"等观念,具有超越时代和阶级的普世意义。新文化运动的代表人物并不反对这些观念,而这些观念与杜威哲学的某些观念在一定程度上是相通的。杜威哲学在"五四"时期之所以能为中国广大知识分子接受,在一定程度上正是因为中国文化传统中已有与杜威哲学相通的成分。正因为如此,研究杜威的实用主义思想,对于更清晰地理解儒家思想,特别是分清其中具有普世价值的成分与被神圣化和神秘化的成分,发扬前者,拒斥后者,能起到促进作用。

第三,有利于促进对各门社会人文学科的研究。

杜威的哲学活动的一个突出特点,是他非常自觉地超越纯粹哲学思辨的范围而扩及各门社会人文学科。我们上面曾谈到,在杜威的全部论著中,关于政治、社会、文化、教育、道德、心理、逻辑、科学技术、审美和宗教等各个领域的具体问题的论述占了绝大部分。他不只是把他的哲学观点运用于这些学科的研究，而且是通过对这些学科的研究更明确和更透彻地把他的哲学观点阐释出来。反过来说，他对这些学科的研究都不是孤立地进行的，而是通过其基本哲学观点的具体运用而与其他相关学科联系起来，从而把对这些学科的研究形成为一个有机整体，并由此使他对这些学科的研究可能具有某些独创意义。

例如，杜威极其关注教育问题并在这方面作了大量论述，除了贯彻他对现实生活和实践的重视这个基本哲学倾向、由此强调在实践中学习在整个教学过程中的决定作用以外，他还把教育与心理、道德、社会、政治等因素紧密地结合在一起，从而使教育的内容更加丰富、全面。他的教育思想也由此得到了更为广泛的认同，被公认为是当代西方最具影响的教育学家。值得一提的是：无论在中国还是在苏联，杜威在教育上的影响几乎经久不衰。即使是在政治和意识形态影响极为深刻的年代，杜威提出的许多教育思想依然能不同程度地被人肯定。陶行知的教育思想在中国就一直得到肯定，而陶行知的教育思想被公认为主要来源于杜威。

我们这样说，并不是全盘肯定杜威。无论是在哲学和教育或其他方面，杜威都有很大的局限性，需要我们通过具体研究加以识别。但与其他现代西方哲学家相比，杜威是最善于把哲学的一般理论与其他人文社会学科密切结合起来、使之相互渗透和相互促进的哲学家，这大概是不可否认的事实。在这方面，很是值得我们借鉴。

## 五、关于《杜威全集》中文版的翻译和出版

要在中国开展对杜威思想的研究，一个重要的条件是有完备的和翻译准确的杜威论著。中国学者早在"五四"时期就开始从事这方面的工作。当时杜威在华的讲演，为许多报刊广泛译载并汇集成册出版。"五四"以后，杜威的新著的翻译出版仍在继续。即使是杜威在中国受到严厉批判的年代，他的一些主要论著也作为供批判的材料公开或内部出版。杜威部分重要著作的英文原版，在中国一些大的图书馆里也可以找到。从对杜威哲学的一般性研究来说，材料问题不是主要障碍。但是，如果想要对杜威作全面研究或某些专题研究，特别是对他所涉及的人文和社会广泛领域的研究，这些材料就显得不足了。加上杜威论著的原有中译本出现于不同的历史年代，标准不一，有的译本存在不准确或疏漏之

处,难以为据。更为重要的是,在杜威的论著中,论文(包括书评、杂录、教学大纲等)占大部分,它们极少译成中文,原文也很难找到。为了进一步开展对杜威的研究,就需要进一步解决材料问题。

2003年,在复旦大学举行的一次大型实用主义国际学术讨论会上,我建议在复旦大学建立杜威研究中心并由该中心来主持翻译《杜威全集》,得到与会专家的赞许,复旦大学的有关领导也明确表示支持。2004年初,复旦大学正式批准以哲学学院外国哲学学科为基础,建立杜威与美国哲学研究中心,挂靠哲学学院。研究中心立即策划《杜威全集》的翻译。华东师范大学出版社朱杰人社长对出版《杜威全集》中文版表示了极大的兴趣,希望由该社出版。经过多次协商,我们与华东师范大学出版社达成了翻译出版协议,由此开始了我们后来的合作。

《杜威全集》(Collected works of John Dewey)由美国杜威研究中心(设在南伊利诺伊大学)组织全美研究杜威最著名的专家,经30年(1961—1991)的努力,集体编辑而成,乔·安·博伊兹顿(Jo Ann Boydston)任主编。全集分早、中、晚三期,共37卷。早期5卷,为1882—1898年的论著;中期15卷,为1899—1924年的论著;晚期17卷,为1925—1953年的论著。各卷前面都有一篇导言,分别由在这方面最有声望的美国学者撰写。另外,还出了一卷索引。这样共为38卷。尽管杜威的思想清晰明确,但文字表达相当晦涩古奥,又涉及人文、社会等众多学科;要将其准确流畅地翻译出来,是一项极其庞大和困难的任务,必须争取国内同行专家来共同完成。我们旋即与中国社会科学院哲学研究所、北京大学、清华大学、中国人民大学、北京师范大学、南京大学、浙江大学、武汉大学、北京外国语大学,以及华东师范大学和上海社会科学院哲学研究所等兄弟单位的专家联系,得到了他们参与翻译的承诺,这给了我们很大的鼓舞。

《杜威全集》英文版分精装和平装两种版本,两者的正文(包括页码)完全相同。平装本略去了精装本中的"文本的校勘原则和程序"等部分编辑技术性内容。为了力求全面,我们按照精装本翻译。由于《杜威全集》篇幅浩繁,有一千多万字,参加翻译的专家有几十人。尽管我们向大家提出在译名等各方面尽可能统一,但各人见解不一,很难做到完全统一。为了便于读者查阅,我们在索引卷中把同一词不同的译名都列出,读者通过查阅边码即原文页码不难找到原词。为了确保译文质量,特别是不出明显的差错,我们一般要求每一卷都由两人以上参与,互校译文。译者译完以后,由复旦大学杜威与美国哲学研究中心初审。如无明显的差错,交由出版社聘请译校人员逐字逐句校对,并请较有经验的专家抽查,提出意见,退回译者复核。经出版社按照编辑流程加工处理后,再由研究中心终审定稿。尽管采取了一系列较为严密的措施,但很难完全避免缺点和错误,我们衷心地希望专家和读者提出意见。

复旦大学杜威与美国哲学研究中心的工作是在哲学学院和国外马克思主义与国外思潮创新基地的支持下进行的,学院和基地的不少成员参与了《杜威全集》的翻译。为了使研究中心更好地开展工作,校领导还确定研究中心与美国研究创新基地挂钩,由该基地给予必要的支持。《杜威全集》中文版编委会由参与翻译的复旦大学和各个兄弟单位的专家共同组成,他们都一直关心着研究中心的工作。俞吾金教授和童世骏教授作为编委会副主编,对《杜威全集》的翻译工作作出了重要的贡献。汪堂家教授作为常务副主编,更是为《杜威全集》的翻译工作尽心尽力,承担了大量具体的组织和审校工作。华东师范大学出版社的编辑人员一直与我们有着良好的合作,她们默默无闻地在组织与审校等方面做了大量的工作,在此一并表示衷心的感谢。

刘放桐<br>2010 年 6 月 11 日

# 导　言

奥斯卡·汉德林/莉莲·汉德林(Oscar / Lilian Handlin)

1918年,约翰·杜威快到60岁了。1916年,他的《民主主义和教育:教育哲学导论》(Democracy and Education: an Introduction to the Philosophy of Education)问世。1920年,他又将发表《哲学的改造》(Reconstruction in Philosophy)一书。他在心理学、教育学和哲学领域已获稳固的地位,哥伦比亚大学教授一职给了他观察国内外事务的一个视角,这些涉及广泛的观点引人注目。他受邀为学术教育类的刊物撰稿。在《日晷》(Dial)、《国家》(Nation)、《新共和》(New Republic)以及《独立评论》(Independent)等一些读者面更广的杂志上,他的文章也不时可见。牢靠的声誉,与许多公众人物和文化界名流密切交往所获的惠益,使杜威能够对先前的浓厚兴趣作一番探察,并将其扩展到全新的领域。

本卷著述所涉的这两年中,他的个人生活相对比较平静。对他的国家和世界来说,这两年则正处于一个重大的时刻。第一次世界大战以伤亡惨重的代价行将结束;缔造和平的繁重任务仍然艰巨,有待落实。有人期盼休战能使世界恢复如常,不料却开辟了一个动荡时代,它把一个本就因备战和弱化海外冲突而显得骚动不安的社会进一步搅乱了。

更恼人的事,是无力实现欧洲或亚洲的稳定。列强在1918年前半个世纪中试图强加给世界其余地方的殖民体系的失败,导致在遥远的他国产生了一大堆问题。在那里,传统的生活方式已经崩解,却还很少能见到替补物有什么起色。日本和中国在战时均加入了协约国一方,两国都想从德国战败和俄国革命中分沾利益,为此正通过不同的途径竭尽全力,但其努力的成效却仍不明朗。这幅纷然杂陈的景象,其陌生的外貌对一个敏锐的观察者来说,正构成了一种挑战。

杜威的精力丝毫未见懈怠,他怀着强烈的兴趣关注着国内外发生的事,他表达着他有关知识论的哲学观点。他不断改进自己的一贯立场,但并不以追求新的方向来引人注目。战争与和平问题仍然吸引着他的注意力。1914年以后,他一直关注着这些问题。如今,他好奇地打量着那个全然异样的远东世界,那里的新鲜经验在召唤着他。

工具主义的立场此时已得到明确的表述。在他自己的国家和其他地方,仰慕他的信徒事实上使杜威成了一个学派的开创者。在1918年至1919年间,他没有变更、改动或再造他的基本观念,而是通过论文、演讲和评论继续积极地探索其含义。他锋芒毕露地回应批评,利用各种场合对战争和科学技术长远发展的含义进行解释。他的主要论点强调解决各种问题中那种以知识为基础的理智的价值。哲学家的作用就是去刺激这个过程,并竭力用适当的力量去干预之、操控之,使之产生效果。

由此,杜威对霍布斯(Thomas Hobbes)抱以同情。他相信,霍布斯试图通过将哲学世俗化而使道德和政治学摆脱神学,给予哲学"一种严格的科学形式或理性的形式"。杜威把霍布斯看作是边沁和功利主义的先驱,这两派思想家都主张形成一门通过基于共同利益的社会控制而发挥作用的人性科学。

杜威设想他本人扮演着同样的角色,尽管这个角色有时把他带入奇特的方向。他对马赛厄斯·亚历山大(F. Matthias Alexandes)的主张,即用有意识的控制手段解决大脑功能和身体功能之间存在的冲突表示拥护,由此而引起了攻击。伦道夫·伯恩(Randolph Bourne)的抱怨自有其他的理由,他对这种有意识的操控式进化观的美好景致进行了批判。在这个时代提出一种意识控制的哲学是不妥的,因为战争已揭露了人是多么非理性、无能而又盲目。

但是,杜威却认为此其时也。恰好是在一场巨大的冲突中,科学负有了重托,它要运用理智去解决人类所面临的问题。

紧迫的危机使杜威对社会科学的滞后步伐失去了耐心,他对该领域学者们的迟钝进行了抨击。战争期间,人们对于知识的迫切需要,暴露出现有的理论表达和表达者的缺失。纯学术的社会学和经济学对当下挑战作出的迟缓反应,使杜威感到沮丧。这些学科以及政治学和法学,都带有执著于抽象化和非实用性的特点,忽视现实的情况,使它们依附于神话,因而不能有效地利用相关的资讯建立起社会控制的技术。战争表明,社会可以通过理智的控制得到改善;但战争也揭示了,面对反动的保守主义,民主政治的弱势只有通过劳工组织与资本集中之间的力量均势予以补偿。然而,社会科学家却很少做点什么来推动这种转化。他们无力解释变化,总想把新的现象纳入旧的解释框架,从而实际上否认了这个世界中社会控制的效用。他们认为,这是一个为不变规律限定的世界,在它面前,人显得无能为力。

在有关战争与和平的问题上,一些后辈作者已对杜威持有异议。他们希望杜威的哲学成为一场彻底的社会和文化革命的基石;然而却痛苦地发现,杜威没有引导他们想去的地方。杜威支持美国介入战争,而伦道夫·伯恩等人却持一种反战主义的立场,他们生怕所利用的那些技术释放出社会无法控制的各种恣意妄为的力量。杜威的批评者们争辩说,实用主义没能提出一种有效的与之对立的理想观来。他们指出,战争倾覆了杜威大肆吹嘘的创造性理智,从中引出了一些意外结果,这证明他有关人类理性的那些设想的空洞无物。杜威培养出来的工具主义者的目标,不在于社会改造,而是要赢得战争。对协约国的支持,使杜威站在老牌列强一边。他还在从事与美国无关,甚至与1914年后被卷入冲突的人们无关的争论。况且,他发动了一场针对抵制战争者与和平主义者毫不含糊的正面攻击。

可是在杜威看来,这个问题带有全然不同的形式。他认为,他在这方面的立场与他早先的信念一以贯之。和平并非是个绝对的东西。战争虽然是一种恶,但它有时是为了对社会有利的目标需要加以利用的一种必要的恶。从1914年到1917年,要和平还是要战争,人们已无从选择。不如说,它已成为是同盟国还是协约国取胜的问题。面对这种选择,杜威显然毫不犹豫地倾向于协约国一边。美国的加入,使协约国赢得战争成了唯一可被接受的进程。他的支持者,还有沃尔特·李普曼(Walter Lippmann)和其他一些年轻的评论家。

事实上,杜威相信,战争给了国内的美国人一个值得欢迎的机会,使他们去暴露和纠正占主导地位的社会和经济秩序的缺陷。最终,对于共同利益的普遍认可将会超越个人的贪婪。失业、寄生的有闲阶级、无效率的生产和分配、组织活动的缺乏以及放任自流,将不再被看作是人的社会存在不可避免的特征。它们作为过去时代的副产品而被清算,是可用充分的意志、决心和力量加以改变的东西。

杜威的名望和全国声誉,将他引入了探求即将出现的和平样式的种种新奇活动。1918年至1919年间,他接连不断地发表文章,描述着他对战后世界的想象。他预见到效力于公共用途的科学、被航空飞行抹去了的国界,以及在承认所有国家经济上互相依赖的基础上得以增强的世界共同体。一个联邦形式的全球政府是最终目的。新政治要与新外交相配套。为古老的贵族式的荣誉和尊严的信条所支使的那种纯粹的私人关系,将被国际事务中类似在工业和现代商业中看到的那种管理方式所取代。

在这种乐观的氛围中,杜威思考了敌对国领土的未来的命运。奥匈帝国问题最早引起了他的国人的关注。早在1914年以前,强大的民族主义运动就在中东欧扎下了根。威尔逊总统坚定支持自决的权利,这一立场赢得了美国人广泛的赞同,他们乐意把这些正在奋起的新国家和一个半世纪前他们自身的状况作一个比较。美国这个共和政体之母向"旧大陆"传播自决和自由制度,是唯一合适的道路。

当然,问题远非那么简单。南斯拉夫人、捷克人、斯洛伐克人、鲁塞尼亚人和波兰人纷纷要求国家地位,而这些主张之间决不是能彼此相容的。东欧实际上是一个多民族混居之地。结盟组合的问题颇为棘手,许多少数民族区域中聚居着人数更少的少数民族——匈牙利的罗马尼亚人、波希米亚的苏台德人、波兰加利西亚的鲁塞尼亚人,以及几乎遍布各地的犹太人。更何况,民族性通常由远离农民和无产者大众的知识分子来定义,而知识分子本人对意识形态、社会和宗教诸问题所持的见解又多有分歧。

此外,战争的结果关系到英国、法国、意大利自身的利益,美国并不怎么打算信任它们。事实上,还不清楚它们的相关利益是什么。美国不能成为一个完全的盟国,在此问题上的踌躇不定就是因素之一。美国在打仗,并试图使和平成为"一种联合的力量"。面对欧洲这些显得生分的国家,美国政府仍保持着警觉,唯恐他们把它带到它不愿跟从的那条道上去。

美国生活着一些从有争议地区移居过来的数目可观的人口,这使形势更趋复杂。那些把新来的移民含糊又不无贬抑地称为"斯拉夫人"或"匈牙利佬"的美国人如今发现,在他们中间冒出了数目可观的波兰人、斯洛伐克人、捷克人、塞尔维亚人和克罗地亚人的群体。新来者尽管还是陌生人,却参与了战事。然而,由于他们的文化和家庭联系超越了敌我界限,他们也一定对那些有待解放地区的各种运动的发展有所了解。无疑,他们打听到的消息比任何本地的政府内外的老居民多,但他们知道的是什么?他们的立场何在?他们对什么感兴趣?这一切仍不清楚。

波兰裔美国人是其中最大的一个群体。不久前移居美国的波兰人大部分是干体力活的,他们散居在大城市和从大西洋到中西部地区的那些工业城镇里,他们所讲的话和用来读写的语言,当地人很少能够搞懂。尖锐的内部纷争使与在美国的波兰人沟通的问题更加复杂,各种地方派系的存在不过是不完整地再现了他们祖国派系纷争的情形。互相敌对的武装集团已经在波兰打了好几年仗,随着当局的垮台,两个未来的政府已见雏形。波兰自18世纪以来即被普鲁士、奥地利和俄国瓜分,在1918年,这些国家中没有一个能够声称对波兰地区拥有控制的地位。这个真空具有潜在的危险性。在依格纳斯·帕岱莱夫斯基(Ignace Paderewski)造访美国期间,危险已变得一目了然。帕岱莱夫斯基是一位著名的钢琴家,又是个带有点保守倾向的政治家,他有望成为新的波兰共和国的第一任总统。美国发现,要对局势的发展加以判断是困难的。每个人都认可自决这条原则,但好心的局外人如何能断定:是谁在代表波兰说话?

这个问题引起了费城一位物理学家和化学家巴恩斯(Albert C. Barnes)的兴趣。巴恩斯发明了一种"阿琪罗"牌子的药用消毒液,又收藏了一大堆法国绘画作品,由此而变得富有。他渴望让艺术在教育事业中发挥作用,便注册了杜威在哥伦比亚大学开设的一个讨论班。两人的终生交往由此开始。

巴恩斯想通过科学手段找到类似波兰人这样的群体中那种对自由和民主的发展起着反作用的力量。"问题是制定出一个可行的计划,它以第一手的知识为凭,以便清除这股与民主的国际主义格格不入的力量,按照威尔逊总统宣布的原则去推进美国的理想……"巴恩斯要杜威向他推荐几名愿意利用暑期的数个月对一个移民社区进行调研的哥伦比亚大学学生,费城的波兰人群体成了这项研究的对象。有意思的是,巴恩斯没有去求助熟悉这一行当的任何社会学家,或者邻近的宾夕法尼亚大学的学者,而找上了一个凭其杰出声望足以赢得信任的人。杜威对人类学所知其广,对一些社会学的文献也颇有了解;这项研究最吸引他的,还在于它为验证有关美国人生活质量的一般见解提供了一次机会。

在杜威看来,这项调研的课题涉及有关民族认同的某些基本问题。他希望能得出一些有用的结论,以了解移民对他们居留国所作的贡献,了解移民是否愿意选择同化之途,了解自私的领导人冷酷无情地剥夺普通男女利益的理由。民族性中那些造成分隔而非融合的特质,以及所有这些问题对美国外交政策产生的影响,也使他感到困惑。

费城的研究成果确认了杜威至1918年为止一直存有的疑虑:移民们既加深了美国人生活中的某种基本矛盾,同时又成了这种矛盾的牺牲品。开放、好客和乐于助人的这个国家也会把新来者孤立起来,使他们得不到那份公正的酬报;而移民们的偏见和无知,也使他们易受本地势力的逼迫,使他们对居留国的适应变得更加复杂。底特律大会意在支持帕岱莱夫斯基一派将波兰人团结起来的主张,但其组织者却是打着自己算盘的人物,他们很难说代表了他们声称要为其说话的那部分追随者。

费城的研究引出了美国政府委托的一项更广泛的任务。大部分工作由助手们来做,杜威则协调他们的工作,并把研究结果写成报告。向军事情报部门呈递的第一份初步报告,内容涉及底特律大会,然后是对美国波兰人群体的一项深入分析。在叙述了1795年第三次分割后波兰历史的曲折过程以后,作者考察了目前在美国的波兰人的分化问题。杜威指出,这种冗长的调查是必要的,因为许多混乱源自与美国现状无关的欧洲问题。反动的天主教士、公开反对美国化的国家会议、一个将波兰得救的希望寄托于沙皇的保守派别、形形色色的敌视社会主义者和亲德的代理人,以及专横的帕岱莱夫斯基夫人,所有这些势力加起来,使得问题更趋复杂。

这些同族内讧加剧了美国劳资关系的动荡,妨碍战备,剥夺了美国政府宝贵的信息来源,以及通过"自由贷款"和"红十字"运动给予的积极援助。只有外部的压力,比如华盛顿的官员们施加的压力,才能恢复统一。

杜威的研究并不特别给予人启发,对在凡尔赛,或稍后在波兰取得的成果,也很少产生过什么可观的影响。但是,它可能把一种挫折感注入了他对战争及其结果的思考之中。他的幻想破灭之感,或许还没达到20世纪20年代较年轻的作者和批评者表现出来的那种程度。他的失望并非出于失败不可避免的感觉,倒不如说是因为洞察到了美国力量的不足以及缺乏那种敢于担当的意志。

美国对战争的介入,并没有产生与它曾经表白的期望符合的结果。坦率地说,人民被"作弄"了。他们幼稚、天真,感情用事,轻信他人,并不了解他们生活的这个世界。他们在军事上打败了德国,但并没有理智地运用力量。战争并没有败坏理想主义的名声,却使美国式的感伤主义、自鸣得意且情绪化了的和平主义丢了脸。恰恰在最为需要常识的时刻,常识却未能奏效。相反,美国人"激情沸腾和舍身效命",最初被当作打破旧的习俗惯例的机会而受到欢迎的这场战争,却成为又一次错失了的用智力支撑道德、用力量实现理想的机会。在这些评论中,正如在其他地方那样,杜威可能在不自觉中表达了他从佛蒙特州和他的早期学术生涯继承来的基本原则;那个时候,他颇为冷峻地谈论工具主义和科学方法,借此将有关道德目的和人文关怀的意识衔接起来。

美国仍然是现代世界幸运的实验室,它的国家使命仍然完好如初;它的人民仍然是理性的,是有义务进行理智控制的。战争仅仅证明,美国所选择的、用以在世界范围内把自己的经验和知识建制化的手段并不适当。它还得发现新的方法,用以克服历史置于人类进步道路上的种种障碍。最重要的是,不能曲解战争的经历,未来才是唯一至关紧要的。"想想罗得的妻子,"杜威在1919年发自中国的一封信中写道,她往后看,而"往后看,就凝成了一根无生命的柱子"①。

这些就是杜威决定访问日本时盘桓在心中的思想。那时,杜威夫妇正在加州大学伯克利分校度学术假,他们在伯克利比在纽约离东方更近。杜威相信,这次机会"千载难逢"。一些以前的学生——其中有两位是银行家——为他安排了演讲,用以支付沿途的花费,也好让旅行变得轻松些。杜威于1919年2月至3月间在东京帝国大学开讲,主题是哲学当前的状况。演讲中,他有意提请日本的知识分子和改革者继续促进他们的国家面对现代世界,也就是西方世界,作出适应性变化。

这些演讲稿经修改后,辑为《哲学的改造》一书出版。在这些演讲中,杜威捍卫了他以前陈述的那些立场。他对战争记忆犹新,重申了他的信念,即哲学家的作用在于他是不可避免且受人欢迎的种种革新的承担者。对哲学中新旧观念之争的关注,对社会冲突和根本问题之间关系的关注,以及对过去经验和将来转变

---

① 罗得是《圣经》中的一个人物。据传,在他带领妻女逃离即将毁灭的城市所多玛时,其妻子回头探望,立刻变成了一根柱子。——译者

问题的关注,其本身就进一步揭示出新近种种难题的冲击力。为了尝试理解他自身的体验,杜威以历史为背景,追溯了一种以其结果对观念的意义加以验证的能动的哲学。他再次强调教育是社会进步的先导,无疑,这是因为,他知道他的思想通过这个渠道可以在日本和中国为人们所掌握。

杜威欢呼美国成了改造世界的表率,于是他就很自然地去注意这种影响引发的效果。他在《日晷》和《新共和》杂志上发表的文章,对日本社会的自由主义和民主政治的点滴踪迹都作了报道。战争直到那时仍未能在美国成就的东西,却在日本实现了。德国的战败在这里引起了人们对普鲁士哲学和黩武主义的怀疑。实业的扩张与经济利益及国家管理密切关联,由此就在社会机制中引入了现代的思想方式和行动方式。米骚动和随处可见的罢工透露出觉醒了的劳工意识和阶级意识。年轻一代充满着激进思想。人数很少的中产阶级在反抗当局,而普选制的扩大是民主和自由的标志。对日本来说,值得庆幸的是:它的坚实的历史基础——其形式是一种体现为风俗习惯的社会民主政治传统——减轻了新秩序诞生的阵痛。杜威想当然地认为,他的美国读者知道民主政治和自由主义是怎么回事,也毫不怀疑日本人会按同样的方式去理解这些字词。

杜威充分意识到日本正在经历的变化过程所包含的种种难题。与学生、教师、政府官员和朋友的接触,使他听到了一大堆想法,也为他提供了多种信息渠道。上述的乐观判断,定下了他的亚洲大陆探索之旅的基调。

胡适和杜威以前的几个学生在五个进步教育团体的赞助下,为杜威筹划了中国之行。在第一个月的行程中,客人们到了上海、杭州和南京,他们参观了中小学、地方高校、工厂,然后抵达北京。作为首个应邀在中国大学发表演说的外国人,杜威于1919年6月开始了他的演讲。他还在北京城郊的清华学校演讲过,这所学校是美国用它捐赠的肇因于义和团事件的庚子赔款基金开办起来的。

到中国的一个月后,杜威的第一篇文章见诸《新共和》杂志。其中传达出来的初始印象,反映了杜威的喜出望外。几乎没做什么事前的准备,他只是按随处遭逢的印象着手对中国人的心理气质进行了剖析,并与日本人的性格作了比照。中国的幅员辽阔,以及街上那些不可悉数却在他看来又能相安无事的人群,这些皆不能抑制他作出热情的推想。一个宣布了那种以事实知识为基础、小心地给出陈述的科学观的人,本应注意审慎周全,但杜威却没有这样。他编了一份西方人关于中国常见看法的目录。他判断该国的人是一些言说者,而非做事者。他们用高度理性的自我批评代替了行动。人们几乎能听到杜威发出的感叹:要出一个中国的特迪·罗斯福(Teddy Roosevelt),他会在必要时采取行动。

过去是有待克服的障碍,历史则是一个实验室,杜威一生对这两个观点的喜好可用来说明他对变化是如何因时而生的持久兴趣。中国是检验他的哲学假设的又一个场所,西方的方式如何顺应一个格格不入的环境?这是一个带有指导意义的问题。

没有一个国家可以一方面长期采用西方的技术知识,另一方面却固守着过时的社会和政治传统不放,如日本和中国开初尝试的那样。当然,历史的情况阻止人们作出干净利落的概括和简易的类比,但杜威深信,人的本性是一样的,即便过去曾产生过独一无二的中华文明,中国可以从容地获取引进铁路所包括的种种技术。实际上,铁路建设要求一种理智的变化,从而允许人们不理会祖宗的坟墓;而对这些坟墓的敬重,曾阻挠筑路者们获取明晰的路权。在英国、德国和美国,思想方式的转变要先于工业化。中国人心灵中的类似变化,也必不可少。

希望之所在,是中国人生活和思想中那种天然的民主习性。事实上,杜威把中国的村庄看作是未来民主政治的焦点。由于缺少阶级,它享有社会平等和民事平等,控制其村民的是道德力量而不是物质力量。只是缺了白色的栅栏和村镇的公共绿地。在这种背景下形成的全国性建制,有可能把中国锻造成一个融贯有序的民主政治实体。

另一种可能则是延续专制统治的传统。然而,已有充分的迹象表明,可望产生出的是人们想要的那种结果。杜威甚至把当时流行的对美国的理想化,也解释成是对中国之希望的一种投射。他还总是指向拙于言辞的大众,认为他们知道,真的知道,只有民主政治才是与"中华民族的历史精神"相容的。对这里使用的那些含义复杂的术语,杜威并没有进行考察。

变化的征兆比杜威期望的出现得要早,这使他感到无比快慰。恰好在他抵达中国时,爆发了学潮。他马上理解为这是对一种脆弱局势作出的必然反应。靠自己来确定目标的年轻一代出现了,他们正努力要运用理智和实践技巧去实现这些目标,并准备付诸行动——而不是像美国的那些改革者,他们被道德的顾忌和对内心纯洁良知的关注搞得缩手缩脚。

为了回应国家的屠弱和他们的亲日政府的普遍腐败,年轻的中国知识分子呼吁全面抵制日本、清洗官员。杜威称道,"五四"运动——如后来人们所称呼的那样——是对备受欺凌的过去的正当反抗,一劳永逸地消除了典型的民族冷漠,将行动主义的成果引入了中国。四处的学生,从大学生一直到中学生,都动员起来了;他们在全国各地发表演说,甚至使商人们站到了他们一边。如同建设本国产业的运动所表明的,中国人正在学习自立,并逐步认识到拯救国家只能靠他们自己。在杜威看来,这是一个辉煌的实例,它足以说明为意志和决心所支撑的道德力量和思想力量能够成就大业。他由衷地欢迎这股力量。

这样,他在旅程结束时,依旧是一位乐观天真的美国观察家。对实践中的工具主义的感受,对发生在中国的那种对各种社会力量进行可控的理智操作的感受,这些对把他奉为首席哲学家的那个社会来说,是一则透彻的评论。这个坦然领受了战争后果的人,不会因为产生于不同背景的妨害进步的另一些历史障碍而搞得畏缩不前。

论　文

# 评价的对象①

我在较早一期《哲学、心理学与科学方法杂志》（*Journal of Philosophy, Psychology and Scientific Methods*）②上提出了一种评价判断的理论。为此，我有意把价值的本性问题暂搁一边。我不愿因引入一个歧见纷纭的题目而使情况更趋复杂。我认为，把评价的逻辑和形式方面同价值的本性加以区分，似乎在理论上是可能的；正如我们有可能将（譬如说）一种描述性判断的逻辑形式和特定的所描述的论题区分开来，或者把一种不对称的传递关系和这种关系是否涉及空间序列、时间序列或数字序列的问题区分开来一样。我还认为，对这类问题作出区分在逻辑上并无不妥，但那时以来的一些讨论改变了我对其现在是否可行的想法。因之，我希望能在以后的某个时候对价值自身的性质继续再作一番讨论。可是现在我想做的，却是借用新近讨论中的某些看法来表明我的理论的主要论点在哪些地方还没有说清楚。这里，我选用了培里先生（R. B. Perry）③和布什先生（W. T. Bush）文章中的几个片断，随文附上一些评论。

培里先生说："设想我的身体状况不佳，希冀求助医生使我恢复健康。这一境遇中存在着必须加以区分的几件事。我的健康不佳并觉得我不喜欢这一

---

① 首次发表于《哲学、心理学与科学方法杂志》，第15卷（1918年），第253—258页。有关本文回应的文章见本卷附录2和附录3。
② 同上书，第12卷，第512—523页，经增补了一些内容后重印于我的《实验逻辑论文集》，第349—389页；乔·安·博伊兹顿编，《杜威中期著作》（卡本代尔：南伊利诺伊大学出版社，1979年），第8卷，第23—49页。
③ 同上书，第14卷，第7期，《杜威和厄本论价值判断》，引语见该文第173—174页（即本卷第366页）。

状况。我渴望恢复健康并感到我渴望这么去做。我相信看医生会导致恢复健康。我采用了看医生这么个做法，以作为有助于使我恢复健康的一个步骤……继而，出于我的不喜欢、渴望和相信，我去看医生了。作为看医生的结果，我随即恢复了健康……但这里并不存在价值经由某个有关它的判断而构成那样的情形。"

对培里先生据以描述该特定状态的依据，我相当赞同。照这个示例给出的说法，其中已经确定地存在着一种否定的价值——生病；也有一种确定的肯定价值——康复（当然，它依然要通过知识来断定，因为它还未作为一种身体状况存在）。除了这些被不同作者因人而异地称为固有的、直接的或独立的价值外，还存在一种被确定的工具性，或者说依赖性的价值：对健康这种积极的价值来说，看医生是有帮助的、有用的、有价值的。事情真是再清楚不过、再令人满意不过了。在如此境况中，一种审慎判断带来的最大效果，莫过于协力把一种已作为既定价值的价值返还给身体的实存（existence）。只有十足的蠢人，才会把通过判断使价值成为实存提供的帮助和那种通过判断以确定某种价值本身所提供的帮助混为一谈。

我要申辩，我并没有犯下这个特定的愚蠢举动的过错。也许这纯粹是个语词问题，我并不认为有关已作为价值而给定的价值命题就是一种评价判断，无论它们涉及的是直接的价值还是"有用的"这层含义的价值，就像我不会把有关一枚大头针的判断称为"大头针判断"一样。在以上所述的此类情形中，不存在那种划出任何特定逻辑形式的判断种类的东西。如果我们把这样的判断称为评价判断，那么，它也就与任何有关已确定事实的判断完全处在同一个逻辑水平上。就这一类别的事例而言，我恐怕要再三强调：我的出发点恰恰正是依据培里先生主张的观点而来的。

但这里仍存在着一个事实的问题，这个问题与评价或价值判断这类术语的适当的语言学用法无关。难道没有这种情形么，即尽管某人不喜欢生病，但在特定情况下生病并不是他最不喜欢的对象；并且不是也有这种情况么，即一个人并不知道他最不喜欢的是什么、最想要的是什么？难道没有这样的情况吗？即如果要对确凿的喜欢和不喜欢加以判定，其所依据的充分材料有待于就"什么将是善"这个问题所做的一种初步估断或评价所导致的行为之后才能得到？这并非是说健康在过去不是善，或者说它"一般"不是善，而是说可能出现一种情况，即一个行为者不能真正断定他是要恢复健康,还是要以他本人的健康为代价去作出一种医学上的发现。在这种情况下,并没有什么善或价值被给予了判断;说康复是善,还是说"失去健康而换得名声的增长或作出一种帮助他人的医学发现"是善,这个问题还未真正得到解决。正是看到有这类情形存在,也仅限于这类情形的存在,我才主张评价有助于确定一种新的善,并认为这样的评价具有正统逻辑学轻易忽略掉了的那种特有的逻辑特征。上述断言可能是一个有错或两者全错,但它们的错不等到摆明那个居先的问题是很难显现的:是否存在这样的情形,其中什么是它们的善、价值或者目的,客观上是不确定的——我的意思是,它们的善如果是被确定地给予的,能把它理解为是一种内在的直接的善吗? 待处置了这个问题后,包括在这些情形中的评价(估价或评估)判断的本性问题自然也就跟出来了。①

布什先生的那段话内容如下:"锡拉丘兹市(Syracuse)有一个非常悦人的习俗。那儿每逢秋季都要举办全州的交易会,到了交易会最后一天晚上,孩子们会倾城出动,上街狂欢游行。锡拉丘兹市人对这项活动痴情一片。说他们把它视为至上的价值,看来是很自然的。那么,价值真的是附在这类事物身上还是附在把它们引将出来的手段上呢? 当然,这是个语词问题,但这个问题也会使我们想到工具主义观点的不再游刃有余的地方。"②

如前面述及的例子一样,我只能对此表示无条件的赞同——除了一点保留,即工具主义并非如此不适宜,以至它对此类事情的看法大体上是不相干、不切题的。或许正如布什先生示意的,说在该情形中根本没有出现评价活动,这可能纯

---

① 很可能,我最好要按培里先生本人提及的他那有关信念和承诺的判断"目的"理论的思想来展开我的论点。尽管对此,我还不敢肯定。见《哲学、心理学与科学方法杂志》,第13卷,第569—573页。似乎有理由设想,存在着那类真正怀疑的情况,它要问:"目的"应当是什么,什么是所持信念的一种更准确的意图和判词? 在这样的场合,如果我们进行反思,如果我们通过判断以决定作为先决条件的"目的",将这个"目的"用于进一步的判断上,我以为,是可以找到逻辑上类似我正在处置的那一判断种类的。培里先生在同样的情况下说,"实用主义理论正确地强调心灵的生成、创造的行为,把认知的情形比愿望或意愿的情形"(572页),可是在后来的一篇文章中又煞费苦心地否认思想在构成愿望情境的对象中的任何生成行为的作用。我要坦言,我被搞糊涂了。我的感觉是:他通过对他的信念判断理论所作的修正,而使他有关评价判断的本性的老看法保持原封未动。如果他把信念判断理论运用于有关评价判断的本性的问题,会无可回避地得出某种与我所持的看法不无一致的有关评价的观点。
② 《哲学、心理学与科学方法杂志》,第15卷,第4期,第95—96页(见本卷边码第387页)。

粹是个说法问题;然而做这样的语词考虑,也许不失为接近以下事实的一种途径,即这里并没有出现思考比较、慎重考虑后进行究问、对彼此不同的意见作出权衡这层含义上的评价;也许这是一条接近以下事实的修辞学途径,即对市民们来说,那个对象是"不可估价的",就是说,它是一种其价值无须面对批判质询的东西。说市民们对它作"至高的"评价,并非是指市民们在对若干数量的事情进行考察比较后,他们达到将狂欢看得比其他种种善都重要的那一确定的认识程度,而是说他们无保留、不带任何疑问地赞美和珍爱这个习俗。

行文至此,我想,我的意见和布什先生的并无什么不同;他再清楚不过地承认,我在非认知性的赞美、在好的可爱的行为与认知性的评价行为之间作了清楚的区分。但他接着问,在作出这一区分时,"'价值'这个词在工具主义的说法中,与'用处'这个词是否就成了同义词"。如情况属实,布什先生不无理由地问道,为什么不能去除'价值'这个词,让我们自己仅限于去说'用处'或'有价值'的这类字眼?他接着如此解释我的立场:"价值之出现,是每当我们提出这样问题的时候:在各种境遇中,是什么样的事物和方法具有效用的价值呢?"

正是在此,我全然无望使自己被布什先生理解了。我的说明究竟费解到何种程度,对此我不能很好地作出判断;如果我的说明总体上给予布什先生是这样的印象,我倒要感谢他的软心肠。他居然与这样一种说法打交道,这种说法繁冗复杂,其目的不过是达到一个可以用几句话就说清楚且没有人会反对的结论。也许"工具主义"这个词本身表示判断是有关工具或手段的;也许把一种评价判断称作实践判断,就目前"实践的"这个词所具的含义来看,它表示的是同样的观念。假设果真如此,这两种表示不免会造成误导。工具主义的判断理论并非表示判断是有关工具的;它涉及的是作为判断之所有判断的功能,而不是某些判断的内容。无论如何,它的重点不是放在评价的工具特征上,而是放在那种实验特征上。很可能"实践的"这个词的初始语言内涵是有用的,但不幸的是,在这方面,我们并没有一些确切的单词。但我仍想表明,我说"实践的",意思是我们要做什么,而非说如何去完成某件已知其结果令人满意的事。有关手段的判断,就其本身并不涉入判断一种目的或者善的构成而论①,我要说,它们是技术性的而

---

① 手段和结果的价值化,它们分别是知悉同一事物的两种途径。有关例子见《实验逻辑论文集》,第340—344页和第358—362页(《杜威中期著作》,第8卷,第17—20、29—32页)。

非实践性的；这里我的意思是说，我们的重要的实践探究所涉及的是目的和善。

自然，这正好把我带到了我在讨论培里先生那段话时提出的观点。有时候，各种直接的或固有的善会与我们背道而驰。我们面对的并不是任何无可置疑的善。什么是我们应当热诚表示敬意的东西，对此我们并不知情；我们开始怀疑，那些我们过去无疑义地称赞的东西已不值得再这么去看待了，因为我们自己有了某种成长，或环境有了些许改变。于是，在这样的事态中，我们当然会相信运气；我们会期待某种事物出现，它配得上称作一种新的、毋庸置疑须加珍爱和拥有的对象。在某些时候，我们又想走得更远，通过仔细考虑，使这样的善产生出来。我们在搜寻，以便形成什么会是境遇之善的评判，如果我们能得到它的话。除了这些情形以外，还要考虑另一种情形，我们还不能**确定**是否应当去称赞或喜欢那个尚存疑问的事，直到一种随判断而来的行动使它成为实存的东西为止。我们面临的这种情况，就是我所关心的情况。常常出现这样事情，即由于处于不确定性之中，我会思索后作出结论，我能做的最好的事当是如何如何——就是说，假如我如此这般地行动，从而使某种结果变为现实，那么，我将喜爱这类结果或认为它们是善的。可是，如果我行动了并且结果随之而来，而我却一点儿也不喜欢这些结果。这种情况，我承认，完全不同于如下情况，即发现我在有关实现某事的有用手段的判断方面犯了一个错误。它意味着我在评价一种直接的善的方面犯了一个错误——也就是说，在评价*当其成为实存时*什么是直接的善的东西或是恶的东西方面犯了一个错误。

让我们再回到布什先生的那个例子。可以想见，有些惯常对狂欢游行抱以热望的锡拉丘兹市民也许会质疑是否还值得这么去做。他可能得知有些孩子因狂欢生了病，搞得兴奋过头，或是热衷于作秀，想因此引人注目。这并不能改变过去的一切，改变他从前的喜好，改变他曾经验到的某种直接的独立之善的那个事实。但会引导他产生一种新的价值化行为；他会认真地斟酌，今后是喜爱还是厌烦甚而厌恶此类游行。他也许会就此事试着用他的判断得出一种合理的结论，接着想方设法，使下一次游行不具有如此讨厌的性质。或者，他试着去安排一些其他的聚会，使孩子们的同伴生活之美有直接实现的机会。总之，产生的结果将是直接的善或者恶——一个直接的喜欢还是不喜欢的事实。尽管如此，这种结果却在某种程度上①借助较早的评价——对非工具性的善的一种事先的反思性的估量——得以形成起来。

我会乐于认为,如果我所说的一切还算明白易懂,那么,这个解释会引出一种意见,即如果这就是所说的意思,那是无人会反对的。但是,我尚不至于乐观到以为情况就是如此。因为我的观点不仅与有关所有判断的逻辑,而且与有关道德和政治概念的那种古典见解相反。通行的观点是这样的,即认为善、目的、"价值"是全然给定的,也就是说,是完全存在着而有待于人们去认识的,只看我们能否得到它们。伦理和社会理论方面的争论,它们绝大部分关心的是善在哪里被给予以及怎样被给予的问题:是在经验、感情、感觉中,还是在思想、直觉、理性中;是在主体中,还是在客体中;是在自然中,还是在某种超验的领域中。重要的事实(只要它是一个事实)是,对行为、个人和集体的严肃探究,必须注重通过一种假设性、经验性的努力把新的善加以实现。这种努力之所以必要,是因为所有被给予的善都靠不住;但是,这个重要的事实并没有把握得到人们的承认。我用这样的信念聊以自慰:我自己失之为人理解,很大程度上要归咎于本人陈述中的那些笨拙之处,而有些困惑则是由于上述理论必然包含涉及所有社会事务的那种思维方法上极为困难的转变。

---

① 我从不认为判断是涉及某一新的对象的**唯一**决定因素,它只是被用于改造或重组,后者暗含着另外的独立的变化因素。

# 关于心灵的所谓直接知识[1]

在那本题为《行为问题》(*The Problem of Conduct*)的蕴义深刻的书中,泰勒教授(A. E. Taylor)讨论了可归为人本身的动机的那些错误。他说:"伦理学有一种老生常谈,人的心是如此不诚实,我们不断被我们同伴的动机所惑,甚而也被我们自己的动机所惑。例如,一目了然的情况是:一种我们深信是从宽宏大量的动机出发而具有的自我表现,其实是为我们自己获取某种名声的欲望促成的吗?"在这样的情况下,"我们立即碰上了一个令人困惑的心理学问题……无疑,有人会争辩说,这里并不存在那种无意识动机之类的东西;这类事情的性质恰好在于,情感正是当时被知觉的情感,不多也不少。"简言之,要接受这样的观念,即动机就是意识或感情状态,它们如其所是地作为意识的状态存在,它们作为如其所是的东西怎么可能有错呢?

泰勒教授设想了一种情况,在一种情感的影响下,某人会以自己的某种付出作为代价而将好处给予他人,他认为这是一种慷慨之举。后来,这个人发现,如果不存在有机会使他的乐善好施为人所知的那种环境,他自己并不强烈地想去表现类似的行为。如果这个人乐于坦诚,他会承认他最初时刻的动机并非像他认定的那样,是一种纯粹的慷慨感情。但如何可能出错呢,情感是"它正感觉到其为所是的东西;未感觉到的情感是一种形容词的矛盾"?答案是:"错误不在于对情感所作的估价,而发生在对境遇之演示(production)的必然性的领会上。"[2]

---

[1] 首次发表于《哲学、心理学与科学方法杂志》,第 15 卷(1918 年),第 29—35 页。
[2] 见泰勒:《行为问题》,第 98—99 页。

11　　　　学习伦理学的学生应该感谢泰勒教授,他提出了一个如此明确却通常避而不谈的问题。我想,如果有人接受了他的心理学假设,那他设想的方案是对一个敷衍了事地解决的问题提供了极好的解答方案。这种心理学假设与其说是他的,不如说是内省心理学中的一种自明之理;涉及动机性质的那部分伦理理论,它——与绝大多数其他把伦理加以理论化的部门一样——深受内省心理学那些术语和看法的影响;这种内省心理学的基本假设正是把观念、感情视为意识的状态,观念、感情的本性与它们的发生是同一的。我们都承认,如果谈论身体上发生的事,那么,意义或本性并不是一下子出现的,类似剧痛这样的事,就要运用我们所需的全部知识去进行探究。没有人盼望小儿麻痹症或者火和黄金的本性会对最为仔细的**直接观察**敞开大门。然而,人们却不能不在阅读了笛卡尔之后看到同时性这个观念在解释身体状况上首先拥有的依据,人们坚持心灵事件,特别是像所谓的意识这样的事实,以它们不加掩饰的面目或存在传递着它们的全部特征。因此,关于它们当下的确定性不仅可能,而且不可避免。泰勒先生的困难,在于要把这个信条翻译成伦理学动机论的语言。这种动机就是感情(情感、情操)。它们被认为恰好就是如此,它们的发生体现着此类翻译的精义。

　　　　这种伦理学的表达和对人自己的动机加以确定存在困难这样的事实之间发生的冲突,不正是为质疑心理学所仰赖的那个基本假设提供了完好的依据吗?泰勒先生的答案是一个成功的答案吗?它蕴含着什么东西呢?它的明显蕴含是:想到我们是为慷慨大方的动机或感情所激发,这并没有错。我们的错只在于设想这类情感也许是为确定的状况——为另一个人的悲苦所唤起,而事实上,除了悲苦的唤起要素外,还要加上保证能引起他人注意的那种行动机会。我要说,这一点是明显的蕴含所在。不然的话,它就全然不是一种慷慨大方的感情,而成为倾心于受到赞扬或引人注目之类的感情。于是,感情自身就出了差错——它被说成是一种术语上的矛盾。

12　　　　但避开一个难题,是否又造成一个更大的难题?这种感情能够被激发,只是因为它所推动的行动是赢得他人称赞的一个对象,这种感情还能被叫做慷慨大方吗?这不正是最极端的伦理学上的主观感情论,同样的信条若历史上真有过的话,不正是被柏拉图《泰阿泰德篇》(*Theaetetus*)中的普罗塔哥拉讲过的东西吗?它与这样的说法不是同样的吗,即一个人"觉得"他去践行那种会被别人描绘为恶意报复行为的动机,是高尚而正义的。这样一来,所有的争论都要取消,这个人的动机就是他本人声称的动机。另一种可替代的回答是:"仅仅感觉到的感情"不具什么特征或本性;把它如同慷慨大方(或者如同喜听赞扬之声)那样来想象,就是要参照它的演示的情况和从中产生的结果。如我们在身体的症状这种事例中看到的,这样的参照很费劲、容易出错。

简言之,我正在怀疑,泰勒先生依仗的"对情感的估价"和"对情感之发端的必要境遇的领会"之间的差别是否只在文字上。除了按情感的客观情况或者它的客观结果(最好是两者)以外,我看不到能怎样对情感作出估价。我们不是把慷慨、贪婪、恐惧或愤怒的感情归为它们的某种情况、由来或者结果,才"觉得"它们不是一回事吗?在提出我采取的态度是不是可能错的问题之前,必须先考虑这样的问题:无论我们的态度是对还是错,我们在看待它时,都涉及唤起它的境遇和由此产生的结果。

这样,就我本人来说,我看不到对我自己的那种愤怒的态度作出"估价"有什么意义。它不是别的,它就是由侮辱或者意想不到的伤害产生的一种态度;并且,如不加约束的话,它会导向暴力的毁灭性行为(这当然是一种十分粗略的鉴别,就它的科学价值而言,尤其过于粗略,这里仅用作说明的目的)。除非能成功地否定这一立场,这里总存在一种危险的含糊其辞:"情感出于某一时刻感觉到的那种东西的性质。"这可能是同义反复:这件事就是这件事,不用考虑我们是否要去认识它,将它的特征刻画出来。于是,它恰好与任何没有加以注意的自然事件处在同一个水平。或者说,这意味着事实上是我们把它——通过判断、归类——认作如此如此,无论它是不是这么回事。恰如我们把晃动的树枝看成一条蛇,而不再去顾及它是树枝这个事实。只有当我们把这两个不同的事实混合为一——两者都是事实,但却是不同的事实——我才被说服去接受如此呈现的念头:如此这般的意识或感情状态流露了出来,它的流露正说明它的存在,反之亦然。

换言之,我们正好回到了辛格博士(E. A. Jr. Singer)在批判一种通行的假设时采取的立场。"我们是否从意识的某种直接事实出发构造了世界?那就让我们现在从世界出发来构造某种意识的事实,"又,"人们恐怕要动用世界上所有的科学去看待譬如'A是否在恋爱'或者'B看到的是不是红色'这类问题。"[①]通

---

① 《哲学、心理学与科学方法杂志》,第9卷,第16、17页。

观上下文的意思,可以明显地看出,即使A或B是某人自己,这个论题也是成立的。

当然,人们只有在内省心理学与行为主义心理学的论辩中间延展这条推理的思路。华生(J. B. Wason)说:"人们必须相信,如果从今日倒溯二百年,除非内省的方法被弃之不用,心理学在这类问题上仍将多有分歧:是否听觉带有'延伸'的性质,是否感情的强度具有一种能够适用颜色的属性,是否印象和感觉的'质地'是不同的;像这样一些关于性质的其他问题还有成百上千种。"①如果任何这样的问题具有的意义其实说的是有关某个事件和一些其他事件的**联系**,这类事件为什么就不能是它作为演示的境遇的构成或者即归为其结果呢?要决定这些联系即涉及观察,这种观察恰好与用以达到有关某种性质的结论,例如有关伤寒性质的结论属于同一类,这种观察并不限于注视直接显现出来的东西,它还伴有期望。如果它足够专心,它会拆解对象,运用一切有关他物的已知资讯,将事件中存在的特定联系暴露出来。我仍然确信,如果行为主义的批评者认识到行为并非孤立的事情——一种肌肉的抽动——而涉及有机的事件与其必然产生的境遇,涉及与其他随之而来的事件之间的某种联系,那么,至少在一般意义上,某些反对行为主义的意见就会消失。我想,这样就很清楚,我们并非一开始就具有某种本身绝对化了的感情、心灵或意识状态:慷慨、恐惧、愤怒或随便什么情感等等;只能说存在着某种(本能的)反应态度,当人们通过其联系**观看**它,通过它与那种它由以显现的境遇以及源于那种境遇的特定结果的关系来观看它,它可被称为情感或情操,或者比方说慷慨这样的感情。我用了"观看"这个词,它或许会被认为含有"意识"的意思,我承认某些对待他种事情的态度的复杂意义可恰当地被称为感情或情操。这可能显得像是要放弃行为主义。但我愿意指出,这里涉及的意思不会比华生所说的东西更多,他说:"就这个基本假定而论,对'意识状态'的隔离观察不是心理学家的事,而只是生理学家工作的一部分。我们或许可以把它称为对意识的用处的一种非反思的朴素的回归。在这一意义上,意识就可被称为是所有科学家赖以工作的工具器械。"②这是说,我仅仅是在设想一种**观察**发生了,它的目的是去**理解**。当(或者说如果)心理学家愿意对观察和理

---

① 《行为问题》,第8页。
② 同上书,第27页。

解进行观察和理解,他必须把他的对象当作相关于其他事件的背景——它的特定刺激和特定结果——得到研究的确定的事件。真实的情况好像是:目前还找不到哪种方法能使人据以判定在何种程度上,动物界也出现了观察(在规定的意义上)和理解,①但它们的初次显现,似乎并非天生就是不可能、无意义的问题。"人们可以在种系发生的水平上随意设想意识的在场或缺席,这丝毫都不会影响到行为问题的探讨。"这肯定是真的,如果我们一开始就对"意识"持有一种内省论的概念的话。但是,如果我们开始采用日常生活中常见的或为科学家采用的观察和理解方式,那么,情况当然就不一样了。问题在于一种特定的或有差别的行为形式在什么时候、什么地方将自己表现出来。

我认为,日常生活的观察和实验室的观察的不同之处,主要在于前者毛糙含混,这是由于它缺乏对细节条件的控制。这不能构成舍弃前者的理由,只是成为要尽快地使之更为纯粹和精准的一个证据。但是,假如人们不从粗略的观察入手来看待这些事情,他们也不会达到对某个人或某种神经系统的缜密剖析。事实上,粗略观察的对象总是持续构成为特定的测量提供要点和意义的限制条件。于是,我想到非实验心理学家比较粗糙的观察,比如说对他们自己在人类生活中的表现所作的观察和理解,也许为将来的实验者设置了十分重要的问题,提供了各种假设,甚至决定了实验者们富有成果地进行工作的范围。为了说得再具体点,我想来谈一下博德(B. Bode)最近对于"意识"的讨论。② 我不怎么计较名称问题,如果把这样的讨论叫作哲学,而把心理学这个名目留给实验室发现的东西(我使用"实验室"这个词不太严格,它指所有通过极大的人工控制条件产生的发现物),这也不会造成多大的差别;但这样的探究是否在理智上合法,即它处置的是不是一种真正的题材,却会产生极不相同的结果。它会造成一种真正科学上的差别,换言之,某些事是否可被称为观察和理解,这要看它们是否可证明为与某种行为的类型同一;这类行为与仅呈现出冲动状、例行公事式的人类行为不同的地方在于:未来事件,也就是还没有发生的事件,作为造成当下反应的刺激的一部分在起着作用。博德的假设大致就是这么表述的。因为这种关联性最后会对探究精准控制条件下产生的行为的那种范围作出限定。与此同时,对人类行

---

① 《行为问题》,第4页。
② 载于题为《创造的智力》的那本书中。

为较粗略的观察,可以使对"意识"持有的那种感觉,即对"意识"持有的朴素感保持活力。它们作为外行人,或自然科学家、心理学家的用具,从行为主义的观点来看,本身是能够被理解的。然而,这样的见解涉及的也是一种科学的含意,它使实验行为主义者免遭指责。这些实验行为主义者固执地否认某些事实(所有科学人士进行的观察和理解这样的事实)的存在,仅仅因为他们的技术还没有发展到能够处置这些事实。承认行为主义的原则在探究这些事实中占有一席之地,这很重要。因为科学终究要由人推行下去。而貌似真实地否定这样的事实确实存在,否定它应由行为主义的原则来解说,肯定会使某些持有无效的内省论方法的人的头脑活跃起来,他们在一旁设立了一个(他们认为)必定适用的事实领域,因为行为主义的方法供认对这个领域不适用。

然而,这好像并没有导致对"感情"和"情操"等词的用法的证实,或者对任何独特的意识态度的承认。因为这显得好像要陷入"意识状态"中去,心理学对人的行为主义的证明到头来很难说是表面文章。所以,我指出,在何种含义上,类似感情这样的词汇可以被应用到那种特定的愤怒行为中去,以此作为推论。这显然与泰勒对该词的用法——与习常的传统用法一样——所含的意思不同,他要指明的是某些自身原本就是自我封闭的东西:慷慨、愤怒或无论何种感情。就它们的初始含义来说,这类术语必须严格地指示出对特殊刺激的一种反应方式,它不是随便什么被称作"感情"的东西。在行为的方式上,要设想某种行为主义的态度是与先于它又自它而来的东西相关的。由此,才使一种事实成为存在的东西,或者说使过去的事实获得了一种新的性质。一个对任何感情或情操几乎茫然无知的孩子,他只是抓起什么东西放进自己的嘴里,如果你对他说他自私或者贪吃,那就是以这样的方式对一种反应样式作了追加描述;也即告诉他,他打算以某种方式行事,当他的行动完成后,会唤起他人某些不太令人愉快的反应。现在设想,这个孩子把这种观察和理解他当下态度的方式转换成他自己的态度——也就是说,只要下次他以这种方式作出反应,他就会联系其发端和结果的具体背景来观察自己的行动。于是,新的态度对原始态度的取代,为老的态度的动机或行动活力赋予了合法形式,用时下的术语来说,这类形式就被称作冲动、情操或者感情。

因而,我的建议或者说论题包含三个层次。消极地看,没有更多的理由设想个人的事件带有某种性质或意义,以为这种个人事件的发生为直接的绝对可靠的审视敞开大门,这说明我们要设想那种超越个人感情事件的情形。在每一种情形中,这类事件只是对认识提出了问题,就是说,要去发现它的各种联系。其次,我们应当对观察和理解以及相关联的现象本身加以观察和理解,这是值得追求的、也是可能做到的。这是一种对上述朴素意义上的"意识"的研究。第三,要是我们承认这种意义上的"意识",这类研究与行为主义的观点几乎是相容的,无论在即定时刻是否存在某种使其获得成功的技术,情况都是如此。

# 霍布斯政治哲学的动机①

18 　　这篇文章的目的是把霍布斯(Hobbes)的政治哲学置于其自身的历史背景中。思想史奇异地显现着一种视界上的错觉。早先的学说,如果可能的话,总是被胡乱塞入与我们自己更为接近的那个年代。我们熟悉我们自己时代的理智争论,也有兴趣投入这类争论。于是就很自然地把较早的思想看作是这个同样的运动的一部分,或者是这种运动的先导。我们忘了,这个早先时期有它自己的特定问题,我们只是把它讨论的东西按我们现在的兴趣加以吸收。霍布斯尤其遭到了这种时间错置。一个多世纪来,社会哲学的主要问题集中在个人自由和公共的制度化控制之间产生的冲突上。霍布斯思想中对君权理论所持的那种中性立场,使他的政治理论很容易按这类争论的词汇进行翻译。他那个时代真正尖锐的话题——教会和国家的冲突——至少对当今英国和美国的作者来说,其实是缺少现实性的。

## I

　　要对霍布斯时代的中心话题这样的陈述作一证明,所需的文字恐怕要超出本文限定的篇幅。大体而言,我将仅限于涉及17世纪纷纷扬扬的政治讨论,以及英国内战时期那段众所周知的历史。具体地说,我要提到菲吉斯先生(J. N.

---

① 首次发表于《观念史研究》(Studies in the History of Ideas),哥伦比亚大学哲学系编(纽约:哥伦比亚大学出版社,1918年),第1卷,第88—115页。

Figgis)令人叹服的研究。① 它们足以使我的陈述不至于被指责为夸张之词。这样,我就援引菲吉斯先生的某些话进入讨论了。他指出,围绕君主神圣权力的论战是在那种时日里发生的:人们普遍同意政治是神学的一个部门。他们说:"所有人都要求任何有关政府的理论须赋有某种神圣权威的形式……直到17世纪末,民众权利鼓吹者们的情绪和君主神圣权利的拥护者们一样,都带有神学的气息。"② 又说:"在17世纪,政治思想的普遍特征莫过于那种对权威不抵抗的观念。'使民众顺服'是所有学派有识之士的目的。人们如果鼓吹抵抗,那么,这是针对被视为下层属僚的某种权威形式的抵抗。以个人一己的兴致和判断作出抵抗也是不能容许的,抵抗只能作为一种顺服的形式,只能用来求得贯彻某个至上的终极权威——上帝、教皇或者法律的旨意。"③

换言之,每个人要照着至上权威这个假设行事,照着为这个权威颁授的法律和必须服从的义务这样的假设行事。不是这些概念,而是被这些概念赋予的特殊内容,为我们勾画着霍布斯。当然,有些党派反对霍布斯为之辩护的那类集权主张,但相反的主张并非以个人的名义,而是出自"人民"(people)这个十分不同的名义。

就我能够发现的情况来看,"人民"这个词仍借助 *Populus* 一词的传统含义获得了它的确定内涵——这种内涵与 *plebs* 或法语词 *peuple* 的内涵相当不同。这个构想,如西塞罗所说,作为已被定义了的东西,在"平民"和那些受过学院哲学训练的人们中耳熟能详。用西塞罗的话说,人民"不是人们的各种集结,以随便什么方式聚合在一起,而是通过一种共同的正义感和共同利益组织起来的大众"。它是全人类(*universitas*),不是同伴(*societas*),不仅仅是个体的总和。那些支持民众反对国王统治的人,他们诉诸这个有组织的团体的**权威**,下议院常常(但并不总是)被认为就是这个团体的代表。劳森先生(G. Lawson)的《对霍布斯先生(利维坦)之政治部分的考察(1657)》[An *Examination of the Political Part of Mr. Hobbes, his leviathan* (1657)]一书中有段话值得在这里征引:"英

---

① 《国王的神圣权利》(*The Divine of Kings*)和《从热尔松到格劳秀斯》(*From Gerson to Grotius*)。
② 《国王的神圣权利》,第11页。
③ 同上书,第221—222页。纯粹从技术上看,这里的讨论集中在法的本质上。人们经常指出法的歧义性,它一方面意味着命令和法规,另一方面又表示正当。法作为一个兼具两面性的观念而存在,这时它并不带有多少歧义性。法首先是**权威**,其次自然就是仰赖这个权威的**权威化**。

国人以昂贵的血的代价为之奋斗换来的自由是……以国家宪法的形式:大宪章、习惯法和权利请愿书赋予我们的。它是国民的自由,不是君主的自由;他说他无所不能,但我们自己不愿去当奴隶,或把国王当作绝对的君主来服从……亚里士多德说,自由意味着每个国民在自由的国家中都拥有的那种特权……在这样的国家里,人们注意到,每个作为国民的人都是一样的,一个维持治安的人充其量可以享有一份君主的权力。然而,他不是作为单个的人,而是作为一个与全体休戚相关的人或至少代表着大多数的人而享有这份权力。"(第67—68页)这互相关联的三件事:人民、一个通过法律特别是基本法或宪法组成的社会、自由,与洛克有关个人天赋的自然权利或权威的概念大相径庭。我以为,说洛克是从霍布斯那里,而非从霍布斯的受民众追捧的对手那里,获得了属于个人的自然权利的概念,这不是什么不可能的事。

值得注意的是坎伯兰(R. Cumberland)这个一再对霍布斯发起挑战的主要对手,他基于理性主义的立场,反对后者的政治哲学,因为"霍布斯的原则推翻了所有政府的基础"——这些原则不会因为任何踏入公民社会的人而遭受损害;这些原则鼓动国民去造反。简言之,不是霍布斯那种持有异议的君权理论,而是他的心理和道德上的个人主义,才是要加以反对的东西。同样的情形也可以在一个不那么言之有物的作家但尼森(T. Tenison)的《检视霍布斯先生的信条》(*Creed of Mr. Hobbes Examined*)一书(1671年)中得到印证。他说,霍布斯把自然法等同于有关个人利益的决策,"你的政策的基本原则是些一文不值的干草及残余枝条,宁愿把这些东西统统烧掉,也不要去支持政府"(第156页);再有,"假设这样的信条是真的,并广泛传播开来,这对世上的王孙公子们是个悲哀;如大多数人相信这一套,那王子……就永远处在为了满足他们的野心和认准的利益而挥舞起的长矛钩枪的威胁之下"。霍布斯的原则,由于其诉诸个人利益,正是"叛乱的种子"(第170—171页)。事实上,霍布斯自己也意识到,除非政府关心共同的福利,它不会保有足够的力量使民众顺服,这一认识将出现在他后来的书中——虽说他当然从不曾把这层意思明确地传达出来。

我们再来听听菲吉斯是怎么说的。"真实的情况是,霍布斯可能是个例外,一直到17世纪末,其他所有的政治理论家不是把宗教作为他们体系的基础,就是把捍卫或认同某种至上形式的信念当作他们的宗旨。"①于是,霍布斯恰好成了证明这一规则的例外。他的动机和背景带有神学性质,这正含有这层意思,即他是故意与神学作对的。从他独有的关乎自我利益的学说往下看,是他那君权的世俗基础理论而非至上权威的信条,造成了他不光彩的名声。② 他的无神论者的称呼为人熟知,甚至那些本着纯粹政治上的理由对他的支持表示欢迎的保王党人,想来也会发现有必要舍弃他。对照一下出自同时期一封信的如下一段话:"所有诚实的君主制的爱护者都很高兴,国王终于把无神论者之父霍布斯先生逐出了他的宫廷。人们说,他使女王陛下的所有朝臣和约克公爵府上的好多人都成了无神论者。"③在复辟后的1662年,就他的《哲学的七个问题》(*Seven Philosophical Problems*)一书对国王表白歉意的献辞中,霍布斯为防范自己免遭此类指控,说他的《利维坦》(*Leviathan*),"其中不含有反英国国教的东西。所以,我无法想象是什么原因使任何教会中的人都这么来说我,就像我听到某些人所说的那样,说我是个无神论者。没有信仰的人,**除非它的意思是指,要使教会的权威完全仰赖王室的权力**"。在我用斜体字④标明的这段话中,霍布斯表明了他冒犯的理由。

## II

这里,我们把霍布斯的重要见解,即他打算把道德和政治世俗化的问题暂搁一边,我要对他本人涉及他的政治著作的直接起因之说法作一点讨论。克鲁姆·罗宾逊(Crom Roberson)和托尼耶(F. Toennies)已清楚地表明,他的首批著述⑤可溯自1640年,其内容大体就是我们在他的《人的本性》(*Human Nature*)和《论政治物体》(*De Corpore Politico*)两本书中看到的东西。在他的《T.霍布斯对于声誉的考虑》(*Considerations upon the Reputation of T. Hobbes*)(1662)一文中,霍布斯说这篇小文"宣示和证明了所说的权力和权利不可分离地统归于

---

① 《国王的神圣权利》,第219页。
② 例如,见菲吉斯上引书第388—389页所述保王党人作家福克纳和费尔默的论点。
③ 引自托尼耶,见《哲学史档案》(*Archiv fuer Geschichte der philosophie*),第3卷,第223页。
④ 英文原版书是斜体字,中文版中改为楷体字。下同。——译者
⑤ 已由托尼耶(根据手稿)出版,题为《自然的和政治的法要义》(*The Elements of Law, natural and politic*),伦敦,1889年。

君权"。文章喋喋不休地说道,如国王不解散国会,他的生命早就危在旦夕了,虽说该文后来并未付印。① 无疑,这里没有提到他在围绕王室权力引发的争论中持有什么样的观点,但他的《巨兽或长期国会》(Behemoth or the long Parliament)一文解开了这个悬念。在该文中,他说,1640年的国会"渴望整个和绝对的主权……因为这是长老会牧师们的意图,他们认为自己因其神圣的权力成了英国教会唯一合法的统治者。他们也竭力要把这样的政府形式引入公民社会,此类教会法既然由他们的教会会议制定,那么,下院就是制定民法的场所"。② 在该篇短论的开头,在说明可能引发内战的民众堕落的缘由时,他首先提到了长老会信徒,其次是天主教徒,再就是那些独立派教徒。③

在上述《考虑》(Considerations)那篇文章中,他说,他"写就并发表了他的《论公民》(De Cive)一书,说到底,所有听到你和你的国民誓约派分子在英国所作所为的国家都会唾弃你"。他于1641年从巴黎写给德文郡伯爵的一封信也值得回味,他在信中谈到,"要说我的意见,那么,牧师应当去执行牧师的职务,而不是去统治。至少,所有的教会组织都要依赖国家和英国政府,没有这一点,就谈不上你们教会的统一。爵爷大人可能认为,这不过是一种哲学妄见,但我确信,这方面的经验会教给我们很多东西(这里的"经验"一词,可按各人的偏好和重要程度加以察识)。与其他任何事情相比,教会和公民的权力之争到头来更能说明内战的起因"。④ 关于《利维坦》一书,他说:"我写作这本书,缘于我这样的思考,那就是牧师们在内战前后通过他们的布道和著述到底干了些什么。"⑤也许要指出,《利维坦》显然用了将近一半的篇幅讨论了宗教和经文解释事务中关联到的政治问题,因为它们触及了教会和公民权力之间的关系。

在他与"牛津大学古怪的数学教授们"的论战中,他对《论公民》进行了评论:"你们知道,其中教导的学说已被普遍接受,教士们除外,他们会想到他们的切身利益从此从属于公民的权力了。"⑥他再次表达了他的惊讶,甚至有些圣公会的

---

① 莫尔斯沃思,《霍布斯的英文著作》(English Works of Hobbes),第4卷,第414页。
② 我引用的是托尼耶的版本,第75页;另见第63、57、49、95、172页等。
③ 同上书,第2—3页。
④ 引自托尼耶,见《哲学史档案》,第17卷,第302页;另见莫尔斯沃思,第4卷,第407页。
⑤ 莫尔斯沃思,第7卷,第335页。
⑥ 同上书,第333页。

牧师也在攻击他。他认为,这只能被解释为"天主教之权势的遗风犹存,它隐伏在争夺教会或公民的权力的那些煽动性的派别和言论中"。① 或许,最有意义的是他在《哲学入门》(*Philosophical Rudiments*)一书前言中所作的评论,其中谈到,他不是要"争论上帝的地位,除非这些观点剥夺了上帝的那些顺从的子民,动摇了公民政府的基础"。他接着说:"这些我发现人们竭力反对的东西是指:我过于扩大了公民的权力,但只有教士一类的人才会这么认为。或者说,我把良心的自由给彻底取消了,这只是教派分子的口舌。或者说,我把王子置于法律之上,这是那些律师们的说辞。"② 这份批评清单上对他的教义提出的指控无过于他提到了绝对君权的原则,他用他的君权学说去反对的无非是那种分割的主权——即是说,被教会和世俗权力分割的君权。洛克有关被那些拥有天赋自然权利的主体所限制的君权学说,既不构成一种挑衅,也未得到证明。只是到1688年的革命后,人们才要求对它作出某种理论上的解释。

当然,人们很难认为霍布斯不怀偏见地看待了他的学说被接受的方式。但是,伊查德(J. Eachard)的《霍布斯先生思考的自然状态》(*Mr. Hobbes's State of Nature Considered*)(1696)一书(一本妙趣横生的著作),以确凿的证据表明,并非君权学说引起了人们的异议,因为他一再指出,这是旧东西的新包装。"你的这本叫《统治权》(*Dominion*)的书,主要包含的是那类说了数千年的事儿。"还有,"很容易看出,所有余下的部分如何(只要它不失其为真实的话)与老旧平凡的邓斯塔布③式的题材异曲同工,它们常常被用来处理那些准则和美德之类的事儿。"除了对霍布斯自我利益的学说中谈到的人之本性的见解进行诽谤外,伊查德反感的是霍布斯那种"矫情的说话样子、刻板的数学方法、新奇怪异的伪饰外表"。④《哲学入门》中的一个注解,显示出惯常地回旋在霍布斯头脑中那个分割的君权之恶的观念:"国民会受到某些学说的影响,他们深信,城市应当拒绝服从。他们有权要去,或者说应当去反对、抗击作为最高统治者的王子和那些权贵

---

① 莫尔斯沃思,第4卷,第432页。
② 同上书,第2卷,第22—23页。
③ 邓斯塔布(John Dunstable, 1385-1453),英国作曲家。其作品发展了和声音乐,具有流畅的英国情调、温和与对称的结构,作有弥撒曲、经文歌、世俗歌曲等。——译者
④ 与此相反,哈林顿这个真正的民主主义作家,一个具有现代感和对经济和世俗事务感兴趣的人,他在君主统治和民众统治各自的优点问题上与霍布斯持截然不同的观点。然而,他却说:"至于说到霍布斯先生其他最令我信服的地方,那就是在将来,他会被视为我们这个时代中最好的作家。"

人物。"他们是这样一帮人,或是直截了当,或是半遮半掩,总之要求他们身外的他人表示服从,至上的权威要对他们尽这份义务。我否认的是对权力的这种考虑,许多在其他政体下生活的人会把这种权力归于罗马教会的首领;也因为我想到,在其他地方,在教会之外,主教们要求把主教的东西还给他们;最后,我认为,这种底层市民的宗教伪装式的自由对他们自己构成了挑战。"基督教世界曾经发生的内战,不正是肇端于这样的根苗,或者由它滋生出来的吗?"①

作为他自己那个时代的一个针对人的论证(argumentum ad hominem),他的论据的力量无论多么高估都不为过。新教徒们团结在一起,对罗马教会干涉世俗事务的权利进行抨击。然而,圣公会的一些主教们宣称,就宗教活动而言,如仪礼、任免、职事等,教会代表着上帝而不代表人,它拥有要求服从的优先权。长老会教友一般承认权威和服从的双重理论。可所有这些传教的教会机构一致斥责第五君主国派的那些人、再洗礼派教徒、平等派成员等等。后者声称,他们那为内心显示的圣灵所启示的个人良知是获得有关神圣法律知识的最终来源,因而是有关服从准则的最终来源。路德、加尔文、英国的主教和苏格兰长老同样都把这种教义视为逾矩和邪恶之举而加以抨击。这样一来,霍布斯指出,所有教会都处在同等程度的无政府状态中,因为他们诉诸的是某种与公开制定并颁授的法律不同的东西。

说到各种教派分子,有意思的,是要指出他们明确呼唤"源于亚当的自然权利和正当的理性"。按照这一看法,"所有人生来就是亚当的儿子,从他那里获得了一种自然的行为规范(性质)、权利和自由……就自然的出身而论,所有人生来就同等地喜爱财产、自主和自由;由于我们是经上帝通过自然之手送到这个世界,每个人都被赋予一种自然而天生的自由和行为规范。只要我们活着,每个人便同等地享有与生俱来的权利和利益"。②平等派的这个无政府主义的主张,被洛克加工成了适度保守的辉格党人学说的一种稳固基础,该主张佐证了他那有所改变了的背景和观点。并无迹象表明霍布斯受到了这个主张的影响,但霍布斯能够形成如此相似的有关自然权利的观念,把它看作是一切人对一切人的战

---

① 莫尔斯沃思,第2卷,第79页注释部分。
② 引自里奇的《自然权利》(Natural Rights),第9页。他从弗思为《克拉克文集》(Clarke Papers)所作的序言中摘引了这段文字。

争起源,是要求绝对君权的基础,这不只是一种巧合。如果在他对自然状态的景象所作的思考中含有上述观念,这难免对他的构想是一种辛辣的讽刺,对他那种一再申说的主张也是一种讽刺,即教派分子诉诸个人判断的法庭同天主教徒、长老会教友的教义以及那些圣公会教士的教义,这中间并不存在原则上的区别。此处所指的那类圣公会教士,他们并不承认圣公会的权威是经最高当政者的恩准而非由神权所赐的观点。

　　劳森是一位王室主权的反对者,他性情温和、老成持重。作为英国教会的教区司铎,他却明显地对克伦威尔抱以同情。他认识到,君权终究是一种民法,因而包含"某种真理";但却声称,最高立法者"是臣服于更高的上帝意志的"——自然,这正是霍布斯本人的学说。"所有那些制定法律、行使审判等君主的权力皆源自上帝……人们可以对由这样一个人或一种私人团体加以支配的事实给予其认可,但权力源自上帝,不是来自他们"。从这个教义出发,他很快作出了这样的陈述:真正的信仰上帝者,"他本人是会,而且必须甚至去信奉法律,只要这些法律作为一种规则要他去遵从、求助,去检核、决定这些法律是在为善还是为恶。否则的话,他哪怕是对至善,也只是采取一种盲目服从的态度;如果他依从了非正义,那么,他就服从了人而违抗了上帝"(《罗马书》第12卷,第14—15页)。随后他又说:"这个教义没有造成对公民权力的任何偏见,也没有怂恿任何人去违反和破坏民法,如果它们果真如它们应当的那样是正义和良善的话;国民不仅是自由的,他们还被要求去检核他们君主的法律,由他们自己并为了他们自己而去判断它们是否与上帝的律法相悖。"①可是,劳森也参与了对平等派成员众口一词的讨伐。更何况,劳森对他那个时代的混乱和派别林立的现象感到悲伤。"我们的政府体制被那些普通律师、平民百姓和神学家们的不同意见搅得一团糟。这些神学家们彼此间容不下不同的意见,即使在自己派别的内部也是如此"。就连英国历史追求的,好像也不是一个仲裁人的角色——如许多国家曾追求的那样,因为如劳森所说,按头脑最为清醒的时候来理解,它表明的"事实上也只是说怎样能在某些时候由国王、某些时候由贵族、某

---

① 劳森:《对霍布斯先生(利维坦)之政治部分的考察(1657)》,第96、123、127页。当人们注意到这种有关个人判断之责任的观念已蔚然成风,他们几乎会倾向和霍布斯一道去批判这个被奥古斯特·孔德略而不谈的新教教条。

些时候由平民来占据统治地位,握有权势"。他的结论是:"就所有这些情况来看,一个拥有正义、智慧和善良人物的自由国会应当对所有这些现象加以纠正,**将不幸被分割了的最高权力统一起来去应付国家的危难。**"①这位作者看到,绝对需要拥有统一的权威和主权,然而他争辩说,他支持对法律持个人判断的原则,而这种支持正是造成他谴责的那种形势的一大因素。面对这样的形势,霍布斯几乎是在自陈其词。

## III

现在再来对霍布斯所竭力主张的统一的君权的另一个主题说几句话。他这方面的学说不是针对教会要求顺服的权利,而是针对律师们提出的有关法律权威的主张。要充分展开这一话题,也许需要概述一下英国国会史始于伊丽莎白时代而到詹姆斯王朝统治期间酿成激烈论战的某些时段,一方是律师和法官们,另一方是提出成文法的立法机构和提出衡平法的大法官的主张。那时国王已在很大程度上控制了国会,这使得反对国会的律师团体实质上成了后来论战中广受欢迎的团体。在早先的亚里士多德的话语中和后来马萨诸塞宪法的话语中,它们都宣告政府"是法治的政府,不是人治的政府"。②

例如,考虑一下约翰·弥尔顿(John Milton)这样的陈述,他在与萨尔马苏争辩时说道:"于是,人民就以这样的方式把权力授予国王,他要用他的权威去照管赋予他的东西,使法律不至于受到任何东西的冒犯。他维护我们的法律,而不是把他自己的法律强加给我们。这样,不存在王室的权力,只存在王国法庭的权力,通过它来行使权力。"哈林顿(J. Harrington)不变的论点是:只有在一个共和国中才能建立法治的政府,因为法律必须出于意愿,而意愿为利益驱动;只有在共和国里,所有的意愿、所有的利益才能得到伸张。在君主政体或寡头政治中,法律为了少数人的利益被制定出来,所以存在的是一个人治的政府。然

---

① 劳森:《对霍布斯先生(利维坦)之政治部分的考察》,第133—134页。这句话的斜体字部分是我做的字体改动(中文版中,斜体字改成楷体字。——译者)。
② 正如霍布斯看到的,这个信条既是对君权的否定,在实践上(如在该国相当大的程度上实行的那样)也可以通过将法官置于君权的庇护下得以奉行——一个"律师的政府,而不是人治的政府",这是对一种古老说法的释义。洛克似已接近这样的法律立场,历史地看,他分别接近了霍布斯之君权地位的立场和卢梭将君权唯一归诸立法机关的立场。

而,哈林顿是一个通过立法机构而不是法院制定法律的发明者。"律师大人们,建议你们使你们的政府去适应其法律,不要再让你们的泰勒①来操心,他渴望把你们的身体束进他的紧身衣"——这是表明哈林顿和霍布斯互相抱有同感的又一个观点。

在此,律师们的法律通常意味着法庭的法律,而不是立法的法律。正如菲吉斯所言,说到这个广受欢迎的团体通过法律建树起的对政府的那种信任,"这种法律不是人们想见的那种成文法;而是习惯法,它……散发着一帖神秘处方的圣洁气息,没有一个立法者能够炮制出这样的处方。习惯法被描绘成仿佛被一道尊严的光环所罩,它异乎寻常地体现着深湛的原则,是对人的理性以及上帝置入人心的那种自然法的最高表达。可是,人们并不清楚国会的法案可以比声称的习惯法办更多的事"。② 正是铭记这样的学理,霍布斯一向坚持认为,君主免受所有法律的惩罚,道德之法除外——我们将在后面看到,霍布斯认为后者源于追求享乐引出的启示。比他更早的培根已指出了习惯法的许多欠妥之处,所以需加以法典化,并作出系统的修正。对立法机构活动的要求不断增长,长期国会实际上重申了习惯法。衡平法院已按要求展开了广泛的活动,并非无关紧要的是:大法官的法庭本质上是个王室法庭,它也在追随"理性"之法、"自然"之法、良心和上帝之法。霍布斯本质上的理性主义使他对于把任何东西都叫做法律这一点感到震惊,在形如习惯法这样的法律中得到表达的仅仅是些惯例和判例。③

霍布斯一下子除去了所称的成文法和不成文法之间的任何区别。所有法律都具有成文的形式,因为成文意味着公布。作为已公布的东西,它是要经某个拥有权威——拥有要求服从的权力的他(或他们)过眼的。无疑,这就是君主。"惯例本身不会造就法律,然而判官以他们的自然理性一旦做出了一条判决……它就会获得了一种法律的效力……因为可以设想,君主为了正义而默认了这样的判决……同样可以得知,那些以**审时度势的回应**为名义的法律、律师们的意见,于是并非因为它们是**审时度势的回应**,而是因为它们得到了君主的认可,才成了

---

① 泰勒(Jeremy Taylor, 1613—1667),英国基督教圣公会教士。他以所著《圣洁生活的规则和习尚》等闻名。——译者
② 《国王的神圣权利》,第 228—229 页。见他为说明正文所做的附注。
③ 莫尔斯沃思,第 3 卷,第 194—195 页。

法律。"①

但霍布斯是在一本题为《一位哲学家和研习英国习惯法的学者的对话》(*A Dialogue between a Philosipher and a Student of the Common Laws of England*)的著作中最为明确地阐述了这个问题,这本书很少被哲学史家们引用。② 这一对话企图公开证明,正是君主的理性,构成了甚至是那种习惯法的灵魂。他引述科克(E. Coke)的说法(我们回想起,科克是站在律师一边反对詹姆斯国王的),法律就是理性,尽管这是一种人为的理性,要经由长期的研究和观察;然而,这是这样一项理性的成就,"如果说所有这些已散落在众多个人中的理性被合而为一,他却仍然不能用这样的法来造成英国之法,这是因为经过多年的延续,它已被无数死去的人和精通法律的同行们纯化复又精致化了。"为了反对这种观点,霍布斯此处插入了他惯有的解释:并非律师或法官们的前后接续形成了法律,而是创设法官、作出决断的历代国王制定了法律。"国王的理性,当它公开征求建议,并经深思熟虑地宣布,它便赋有立法的灵气,便是理性大全,便……是称之为整个英国之法的那种公正的裁判。"他甚而再次强调:"除了某个握有君权的人的理性外,无论在哪个民族中都不存在人们对某种普遍理性的一致同意的东西,虽说他的理性只是某个人的理性,然而它却被树立起来以填补普遍理性的位置,后者是我们福音书上的救主向我们作了解释的东西;就此而论,对我们来说,国王既是成文法的立法者,又是习惯法的立法者。"③后来他又暗示,习惯法及服膺它的律师是因"习惯法之判决的花样繁多和矛盾抵触"而导致过量诉讼的主要根源,因为"律师们并不从其心胸中,而是从先前判决的例子中去寻求其判词",还因为他们握有对文字术语作出匆忙取舍的自由。④ 再后来,他对一味参照习俗和判例的嫌恶变得更为明显,他甚至说,如不从名称而从原则上看,所有法庭都是衡平法庭⑤——很难找到比这样的信条使律师们更感到不快的东西了——所有这些,都有助于我们搞清他那本书的开头一段话:对法律的研究不如

---

① 莫尔斯沃思,第 4 卷,第 227 页;另见第 6 卷,第 194—195 页。
② 同上书,第 6 卷。
③ 同上书,第 14、15 页和第 22 页。在《利维坦》(*Leviathan*)(第 3 卷,第 256 页)中,他基于这样的理由批评了科克的这个定义,即除非基本原则为真并经人们认同,长期的研究只会增加谬误。
④ 同上书,第 45 页。
⑤ 同上书,第 63 页。

对数学的研究那样讲究理性,以及对类似科克这样作家的说法很可能暗含些微嘲讽之意。这些作家声称,国王的理性应作为习惯法之最高合理性的源泉。

## IV

当我初次察觉到霍布斯政治哲学这些特定的经验来源时,我倾向于假设他把政治哲学当作一个演绎系统的必要组成部分来思考,这源于哲学家们对形式系统那种无尽的爱。《利维坦》结尾的话似能证实这个印象,他好像用一种舒展了的语气说,他行将结束"为眼下的动荡局势所触发"的有关公民政府和教会统治的讨论,如今他又能自由地"重返我那被中断了的对自然物体的思索中去了"。克罗姆·罗伯逊在诘问霍布斯时所作的判断也不错,他说:"他的整个政治学说……呈现出的很少是经对他的哲学根本原则进行思考后的面貌。虽然它与有关人性的明确学说相联系,却无疑有其选定的大致轮廓。这时,他还只是一名人和自然的观察者,还不是一个机械论哲学家。换句话说,他的政治理论应当从他的个人性情、他的胆怯和世故经验,从同情于他那个时代展示的所有抱负的方面求得解释。"①

可是,进一步的研究使我有了一个不同的立场;这个立场说,霍布斯感到满足(尽管他的许多想法出自他本人的经验),他赋予了政治理论一个严密科学的或者说理性的形式。这一点在有关他的传记中,只是一个记载而已,并非惊人之事。我想,它的根本重要性还在于这样一个主题:霍布斯的伟大著作使道德和政治学永远摆脱了对神学的卑下态度,使它们成了自然科学的一个部门。这样看来,我就不用怀着歉意在此提出霍布斯本人对他的政治学之科学地位抱以确信的证据了。

首先让我们来看一下他的《哲学入门》(《论公民》的内容来自这本书)一书的序言中的这段话。"我为了我的心灵需要研究哲学,我已把它的各种原始要素收集好了,并按不同的等级把它们分为三个部分。我已想好了怎样把它写出来,所以在第一部分,我要写的是物体……;第二部分是人……;第三部分是公民政府和国民的义务……内战爆发前有那么几年,这期间我的国家被民众引发的服从和统治权问题的争论搞得异常热闹;所有其他的事情都要给它让道,这是使我的

---

① 罗伯逊:《霍布斯》(*Hobbes*),伦敦,1886年,第57页。

第三部分的果实成熟起来而可加以采撷的原因。"①在 1646 年写给梅森（M. Mersenne）的一封信中，在谈到他没有如期完成第一部分，也就是论物体部分的写作时，他说，懒散是部分原因，主要还是因为自己对有关感觉活动的那部分叙述仍不够满意，并说，"对那些我希望我已在道德学说里讲过的东西，我仍急切地想在第一哲学和物理学中加以探究"。②

如果再具体点说，我们看到了他为他的《论公民》发出的声音（甚至在他意识到他已蒙上了受极坏的虚荣心驱使的罪名后，他仍在继续传播这类喊声），这是首篇将道德和政治置于科学基础之上的文章。莫尔斯沃思（Molesworth）从未及发表的《论光学》(Optics)的手稿中，摘引了如下一段结束语："如果它被认为是真正的学说，我就应拥有首次为两种科学奠定了基础的荣誉：一种是极不寻常的光学，另一种是自然的正义。我已把对后者的研究写进了我的《论公民》一书，与其他类似的书相比，这本书最能使人获益。"在题献给他的《哲学要义》(Elements of Philosophy)——该书完成了他把他的全部哲学加以系统化编排的计划——的一篇书信体文章中，他说：几何学来自古代，自然哲学来自伽利略，而"公民哲学要年轻得多，不会比我本人的书《论公民》年长些（我说的话惹人恼怒，那些贬损我的人当会知道，他们的谤言对我实在是无伤大雅）"。③

这类事不仅在于它作为个人经历的重要性，让我们回想一下霍布斯关于科学或论证的知识的概念，以及由他加诸科学的那种重要意义。科学是从原因到结果的推理，因而具有普遍性和确定性；经验的知识，或者说明断的智慧，是从结果反溯原因的理性，它是或然的、假设性的。科学的目的或目标是力量、控制。如果我们知道了事物的发生或者原因，我们就能由此形成一种左右它们的力量。于是，有关道德和政治科学特征的问题，也就是使社会安宁祥和——"和平"成为持存可能的问题。如果人们还未获致第一原理，借此任何人都能如数学推理般地作出结论，那么，政治所涉的仍是纷纭的意见，仍是不确定之事、公开争吵之事，简言之，就是战争之事。即此而言，我们就能理解他的论断了。几何学、物理学和道德原本是一种科学，正如"不列颠海域、大西洋和印度洋共同形成了一个

---

① 莫尔斯沃思，第 2 卷，第 19—20 页；另见第 22 页，他在此处说，整本书只有一点没有被证明过——即，君主制无与伦比的适宜性质；因为我们必会记得，霍布斯总想运用数学求证的方法。
② 托尼耶：《哲学史档案》，第 3 卷，第 69 页。
③ 莫尔斯沃思，第 1 卷，第 9 页。

大洋"。① 另外,严格说来,自然哲学不能算是科学,因为在此,我们必定是从结果去推断原因,所以达到的仅是"或许"的东西。"每一种和主体有关的科学都源于对同一的原因、生成和构造的那种预知;于是,只要原因已知,就存在论证的可能……所以,几何学是论证性的,因为我们进行推理的线条和图形由我们自己得来并给予描述;公民哲学是论证性的,因为是我们自己在创造政治实体。"②

况且,无论其是否具有正当理由,霍布斯为时势铸成的信念不会仅仅是学院的舶来品。我们已看到了霍布斯所达到的那种识见:私人变化无常的意见是使国家蒙难的病灶。要使这个麻烦不断的意见王国不再延续下去,唯一的解决方案就是科学论证。霍布斯认为,一切秩序都应从君主的毋可置疑的权威而来,而君权要成为永久的稳定的制度,本身还有赖于对他宣称的那种道德和政治的科学真理的认识。他的这个观点,好像有点似是而非。他与瓦利斯(J. Wallis)和沃德(N. Ward)的辩论,无疑使他出言不逊地对大学进行了攻击。不用怀疑这样的事实,即他们都真诚地受到这个念头的鼓动:大学里讲授的那些道德和政治学说,在很大程度上要为时代的罪恶负责。它们对英国来说,正像那匹木马和特洛伊城的关系,是叛逆的核心、与人类和平大唱反调的源头、教士的店铺和闹剧、世俗的道德教义的人造喷泉。③ 霍布斯同样真诚地相信,应当在大学里讲授道德和政治的新科学,这样的谆谆教导,是社会长久安宁的征兆。④ 如果说这个民族"不久前还无法无天,是一群乌合之众,任由每个人以他自己的道理或刻印的内心之光去行事",⑤那么,治疗的重要方案要通过未来的世俗权威传授的那种控制方式才能找到。"因为各种意见由教育中得来,在时间的浸淫中变成了习性,它们是不能靠强力或骤然一击革除的;所以说,它们也要靠时间和教育来清洗。"于是,他又一如往常指责起大学里充斥着讹误意见的散播者,并认为,他们

---

① 莫尔斯沃思,第2卷,第4页。
② 同上书,第7卷,第184页。我想,霍布斯的看法不免使人依稀想起洛克的论点:道德和数学是两种论证的学问。我们"自我成就"的东西和作为"知性作品"的一般观念,就其自身的原始意象来看,彼此间毕竟相隔不远。
③ 同上书,第6卷,213页;第6卷,第236页;第3卷,第330页;第7卷,第345页;第3卷,第713页;另见第4卷第204页。
④ 他为在大学里讲授他的学说而向克伦威尔提出建议一事,见上引书,第3卷,第713页;为此建议所作的辩护,见第7卷,第343—352页。
⑤ 莫尔斯沃思,第4卷,第287页。

如能对那些"心灵像一张白纸一样"的年轻人讲授政治物体和法律物体的真正学说,比之现在教授的错误学说,能更谨慎、周全地去开导民众。① 正是置于这一背景,我们不能不提起霍布斯这一有名的论点:人们更能在苦于缺少道德科学而不是受其惠益时,发现道德科学的那种实践效用。还有他的这一申论:他是第一个在道德中,"把那些教义还原成理性的某些规则和绝对有效性"的人。②

## V

霍布斯的政治哲学的终极价值,就在于它尝试把研究的对象世俗化和科学化。作出这样思考的某些根据正在于:激发他兴趣的,不只是公民权力和教会权力之争这类外部事务,而更是理智的目的和方法。我们不会领略到霍布斯的君权概念的充分力量。直至我们认识到,在霍布斯看来,逻辑上的抉择正确立起个人的私人意见和个人的团体性意见的公共行为的规则——这是一种逻辑上不协调的方法,而以分裂和战争作为其实践中的补充。

确实,霍布斯身上存在着互相矛盾之处。一方面,我们有关于君主之专断的责任、权利和过失的学说;另一方面,我们还可以看到他那有关道德和政治具备严格科学特征的学说。从这种看似矛盾的观点出发,无怪乎他的反对者——显要人物卡德沃思(R. Cudworth)及其学派——对后一个特点不加理会,声称霍布斯的整个论辩就在于声言所有道德类别的那种纯粹任意的特征。然而,卡德沃思的观点是十分片面的。霍布斯的狡黠的对手是坎伯兰,而不是卡德沃思。在坎伯兰的《论自然法》(De Legibus Naturae)一书中,我们发现其中存在着用他自己的趣味来迎合霍布斯的企图,这表现在它揭示出霍布斯将道德作为自然科学的一个分支来看待造成的积极影响。在谈到柏拉图信奉者们的自然之光和先天观念时,他轻蔑地评论道:"要我从这样的捷径去领会自然法,我不会感到有多么庆幸。"他为道德律中那种逻辑优先的次序申辩,认为这是源于自然科学中的运动律的类推。他断然指出,其他作家们[如格劳秀斯(H. Grotius)和他的追随者]在推究已认可的情感以及人类共同一致的情形时,只是从结果去推断原因。

---

① 莫尔斯沃思,第4卷,第219页。
② 他于1640年致纽卡斯尔伯爵的献辞中提到,人们出于对理性的信赖而对数学能取得一致意见,相形之下,他们屈从于炽情而为政治和正义的问题争论不休、互相对立。

在他自己对自然法的研究中,他接受的实质上是霍布斯的概念,即自然法是"所有有关道德和公民的知识的基础",这就是说,在这里,人们必须运用演绎的方法。他根本不认为这些基本的公理是某种实体,但同意把道德的形式视为是一门科学。他"弃置"神学的问题,因为他将证明自然法仅仅来自理性和经验。他相信"虔敬和道德哲学的基础不会动摇,只会被(它们所依赖的)数学和自然哲学所加强"。在善行或全体幸福的问题上,他的基本原则不是只顾个人快乐的唯我论,由这个事实也许可以看到霍布斯的影响:他同样从权力出发,但他辩称,会给人自己带来幸福的那种个人的有效的权力,其限度体现在它还要给他人带来幸福。霍布斯既然已认为对纯粹的个人利益的渴望会在行动时造成自我矛盾,那么,把霍布斯关于自爱的力量基础的公理转化为善行也并非是什么难事。

## VI

然而,这并不意味着霍布斯摆脱了上述悖谬。相反,当他有意凭借对于君主权威的数学思考,从关于善和恶的那种理性的普遍公理出发,一古脑儿地解决关于对和错、公正和伤害等所有问题,他的立场恰好造成了矛盾。他处置这种矛盾的方法,把我们引向由他赋予自然法的那种意义、他关于目的和意图的概念,或是君权的"职分"。这件事的正反两方面都值得一提,因为它们揭示出某种彻底的功利主义。

霍布斯的众多批评者认为,霍布斯把道德等同于君主的命令,因为他将正义和非正义、对和错说成有赖于君主的鉴定。这个误解源于忽略了霍布斯在**善**与**正确**、意向与行动——或者内部法庭(forum internum)和外部法庭(forum externum)之间作出的基本区分。霍布斯认为,简单说来,善就是使人高兴的事,使人欣然同意的事——于是,这类事又意味着"它是无论何人之欲望或渴求的对象"。自然,接着发生的情况是:由于人们彼此间素质和处境不同,继而就会造成冲突和战争状态;从素质的差异上看,一个人称为善的东西,另一个人会说它是恶;从处境上看,当两个人发现了同样的好东西,却常常不能被共同分享或互相拥有;除了由瞬间的渴望直接决定的热情之善或者饥渴之欲外,无论如何,这里总还存在着理性的善,或者说合理之善。霍布斯认为,当然,从其方式或性质上说,合理之善与可感觉到的善没有什么不同,它所产生的愉悦与欲望之善产生的一样多。可是,它的不同之处在于:它不是一种能片刻间作出估价的对象,而是某种包含着时间的评估对象。由于在当下的欲望中找到的善会把一个人带入与另一个人的冲突,这种善会使人的生命和财产受到侵害;在追求当下的快乐时,他将自己显示为将来之恶,"就严格的结局而论,这个将来之恶是附着在当下之善中的",它甚而会毁灭生命。于是,如一个人能够"头脑冷静",他就会看到当下的热情之善是一种恶,并能想见他的真正的善取决于同他人协调或者和睦相处的状况——处于一种能够保护他的身体并创设保证财产安全无虞的和平状态。"因而,他们就不会同意去关心当前的善,而愿意去关心将来的善;这实际上就是理性的事了,因为当前的事显然与感觉有关,还未发生的事仅与我们的理性相关。"①

于是,道德律②或自然法便起着审慎的建议或规诫的作用,即是说,它们是涉及那种适当手段的判断,以便获得将来那种满载幸福的结果。善和恶的规范是一种手续,只要不被当下的炽情扰乱,任何人都会想用它来促成自己将来的幸福。我们要记住,对霍布斯来说,所有的理性(无论是自然的或是道德的理性)本就是指向对先后顺序进行调适的那一目的的思想次序。所以,霍布斯确实相信,道德律(或至少是各种建议)其本源与君主的命令全然无关。他把当时学究式地赞美自然法的所有颂扬性谓词拿来堆砌在这个道德律上:它们是永恒的、不变的、神圣的等等。正确的理性是"推理的行为,即它是那些关涉每个人会对他的邻人带来伤害或益处的行为的真实而又独特的推论……我称它是真实的,因为它依据被正确制定出来的真实原则,因为对自然法的全部违反正在于那种错误的推理,或者不如说是那些蠢人的行为,他们竟看不到为了自我保护,他们必然要对他人履行的那些责任"。③

---

① 莫尔斯沃思,第 2 卷,第 44、47—48 页。以此与《利维坦》的下述话语作一比较:"因为所有人生来就拥有一副显眼的放大镜,这就是他们的炽情和自爱,于是每一种小付出都显得是一种大委屈;他们又缺少一副望远镜,即道德和民政的科学,以便他们看到远处那笼罩在他们头上的种种苦难,没有这样的付出就无从避开这些苦难。"第 3 卷,第 170 页。
② 它们只是隐喻性地被称为法律,因为只有某种命令才构成法律。但是,理性的官能乃上帝所赐,上帝可以说在命令我们理性地行动。在这一意义上,它们又是真正的法律或命令。
③ 莫尔斯沃思,第 2 卷,第 16 页注释。在霍布斯本人的年代,他合乎常理地受益于这样的事实,即所有作家都在他们的著述中把"自我保存"规定为自然法的第一条款。对霍布斯来说,道德律是"永恒的",恰如永恒的几何命题一样。它们从那种原始定义中流溢而出,在该定义中,主词包括其谓词,以至于要否定后者,在某种意义上就不能不落入形式上的自我矛盾。主体所承担的绝对"义务",不能从他据以成为国家成员的契约中撤销;订立这份契约,是某种与他自身之基本设定不至于构成矛盾的义务。

要对霍布斯所有虔敬表白中的那种诚意作一估计不太容易。然而,我想还是可以放心地来作一设想,无论他是否信仰一个神学的上帝,他的确相信,理性是神圣的。在他将理性的条规视为神圣这一点上,他对理性怀有诚挚虔敬之心;由此,他又带有几分真实的感觉相信上帝就是理性。下面这段述说调和之意的话听起来自有一种弦外之音:"最后,任何自然理性的法律都不能与神圣的律法抗衡;因为全能的上帝已将理性授予了人,用一束光来点亮他。我希望这样的想法没有不恭之处,全能的上帝会在审判日那天要求一种严格的说明,譬如就我们在我们的这类泛论中遵奉的教导作出说明,尽管现今的超自然信仰者对合理的道德的言谈充满了敌对和轻蔑之意。"①

由这类事关未来的安乐和自保的推论中得出的一个必要结论是:任何个体以道德律——实际上就是说,不做任何不希望他人对自己做的事——来行事便无安全可言,直到他获得某种保证,即他方也能按道德律行事。一个如此行动的人,本身会受到他人恶行的毁伤。于是,甚至当人们有意去考虑他人的幸福时,总免不了出现怀疑和不信任。这里不存在用那类将来的惩罚对种种邪念进行震慑的权力和权威,使之作出一种担保:只要邪念及其行为发生,此类惩罚必会降临。这样,一种健全的推理法则便引入了公民国家,或构成了一种拥有以恶制恶之权力的君主的权威,它足以对作恶者的行为产生影响。②

霍布斯接着认为,正像任何流行理论的拥护者们所一心向往的,国家的目的和意图也是"共同之善"。但是,他坚持这种善相关对某种庇护性权力之命令的含蓄服从。任何对获得共同善的行为所确立的个人判断,都会削弱庇护性的权力,由此导致不安全、彼此恐吓和失和——导致对获得幸福这个构建国家的理由的全盘否定。不管君主的行为有多么专断任性,国家总比那种以个人判断来达成善的统治(即是说被当下的欲望和炽情所统治)的无政府状态要好。

但是,还存在另一种考量。君主本人也受到自然法的约束:就是说,他要经过"效用的认可"。作为一个推理的动物,他要想到他作为君主的利益是与臣民

---

① 莫尔斯沃思,第4卷,第116页。
② 霍布斯从不曾赋予君主以可见的无限权力,而只是一种威胁和强化威胁的权力,它造成的恐惧足以对人们的外部行为产生影响。就道德和法律的关系而言,他的整个立场与康德极为相似,而两人有关道德的概念又极不相同。

的富足一致的。"君主的利益和臣民的收益总是结合在一起的。"①霍布斯无例外地制定了某些规范,用以约束君主的良心。在他的《利维坦》中,他详尽构想了"君主的职分"。它们包括征税的平等、向大众袒露的仁爱之心、防止怠惰、规定个人费用的律例、真理面前的人人平等,以及谨言慎行。在他早先的著述中,他对所有这些事项均提到过,同时强调这个国民的权威有义务去培植农牧业、渔业、航海术和机械工艺。② 在他有关国家掌管教育的需要的讨论中,他清楚地认识到,要对那种以诉诸恐惧的绝对命令来控制行为的权力本身施加某些限制。对国家的效忠,这不能是一种绝对命令,它乃事关道德的责任。"民法将严禁造反(这类造反展示着同君权的实质性法定权力的所有对抗),这并非说民法造成了任何义务,而只是由于民法在性质上正是那种禁止违背信念的自然法。"于是,人们就要对这一做法的来由谨慎而又真实地予以讲解;这种做法,不能"靠任何民法或者法定惩罚造成的恐怖来维系"。③

此外,还存在着对君主之权力运作的自然的或功利主义的考量。首先,它不能去影响(除了通过教育)、也不打算去影响内在的意向和愿望,而只是影响到行动——这是外部之事。在正义之人和正义之行动中,总是可以看到一种分别;前者表示一个遵守法律或以合理行为对待他人的人,纵使因力量单薄或处境的缘故,他没有这么去做。更有意义的,是就这个单纯事实而对君权之专断行为的考量:所有的行动都不能是出于命令。"这里必定存在着无数既非由命令支使也非被禁止的事例,每个人按他对自己的估测,对这些事可做可不做……正如被堤岸挡住了好多流向的河水,它静止不动,犹如一潭死水;而一旦遏制不再,它就会汹涌奔流,流程越长,河流便越呈其不羁泛滥之势。所以说,国民如未得到法律的命令便无从办事,他们就会变得呆头呆脑、手足无措;如无法律即能办所有的事,他们就会趋于分散,法律待定的地方越多,他们越感到可恣意放任。这两种极端都是错误的。法律不是发明出来为了消除人的行动,而是用以指导人的行动;即

---

① 莫尔斯沃思,第 4 卷,第 162 页。
② 同上书,第 3 卷,《利维坦》,第 2 部分,第 30 章;第 2 卷,第 13 章;"关于那些承担了统治职责的人们的责任";另见第 4 卷,《论政治物体》(*De Corpore Politico*),第 9 章,其中以这样的命题展开陈述:"这就是君主们的一般法则,他们要不遗余力地把民众的事办妥。"
③ 同上书,第 3 卷,第 323—324 页。霍布斯有句话表露出同样的意思,"造反不是对民法的冒犯,而是对道德或自然法的冒犯,因为它们违背了要对所有先于民法的东西依顺服帖的义务——因为民法的制定端赖于此"(第 2 卷,第 200—201 页)。

如自然要叫堤岸做的事,不是使河流止住,而是对它加以引导。"①君主想过多地依仗命令,这只会激起反抗。

这个概要的说明清楚地展现了霍布斯从他的理性主义或功利主义的前提出发,对需要、目的以及君主权力的限制进行的演绎。无疑,君主行为一定程度上的主观任意是可能的,它是酬劳的一部分,是为了可想见的那种无穷尽的善的更大回报而偿付的代价。正确与否取决于君主的命令,但这些命令乃是获得善的不可或缺的手段,它具有一种道德的或合理的约束和目标。用霍布斯自己的话说:"要经由其相关于全体国民的理由和有用性,才能对一切被认作是善或恶的行动和习惯作出概括。"②再也找不到比这句话更坦率、更彻底的社会功利主义的言词了。

当我们寻找霍布斯天然的历史同伴时,我们不应当去寻找那些政治上拥护专制政体的人,而应当寻找杰里米·边沁(Jeremy Bentham)。他们都反对把私人意见、直觉和武断之言作为道德行为规则的来源;他们是那种热切地想把道德和政治置于某种科学基础之上的人;他们强调通过关涉未来的共同之善而对当下的个人之善加以控制,强调用这两种善互相感到悦然的方式来理解善本身。他们的不同之处,源于他们的思想由以产生的殊异的历史背景。对霍布斯来说,敌对的东西就是传教士们的利益,就是各行其是的效忠的原由、以关于私人判断的正确性的设定来反对对与错的公共法则的原由。他的疗法是一个以集权制管理公共事务的国家。边沁找到的敌人则是那种经济上获取的利益,它们将个人或阶级的幸福置于普遍善之上,并出于一己私利,对国家机器进行操纵。他的补救办法是通过其中众多个体的参与而实现的政府的民主化,伴之以在对最大可能程度的幸福的选择和追求中个人创造力的拓宽。然而,对这两个人来说,道德科学是政治科学的门类之一,它不是某种理论的奢侈品,而是反映着社会的需要。两人都承受着为虚假的心理学、为有关人性的不充分概念所苦的共同命运。他俩又是一门人性科学的倡导者,该科学通过代表共同善的那种社会控制的技艺而发生作用。在他们两人以外取得的那些进展,并非出自对这些概念所采取的敌对态度,而是已经改进了的有关人性的知识。

---

① 莫尔斯沃思,第 2 卷,第 178 页。比较《利维坦》,第 3 卷,第 335 页。
② 同上书,第 6 卷,第 220 页。

# 哲学和民主[1]

41　　为什么是哲学和民主这样的题目？为什么是哲学和民主而竟不是化学和寡头政治、数学和贵族统治、天文学和君主政体？哲学关注的不是真理吗？真理可以随着政治和社会制度的变化而变化，却不能随着纬度和经度的变更而变更吗？是否在人们普遍具有选举权的地方有一种终极实在，而在实行有限选举权的地方有另一种不同的实在？如果我们下个星期应该成立一个社会主义共和国，这不会对数学原理或物理定律产生影响，但会改变哲学研讨的那种终极的和绝对的东西的本性吗？

　　我想，今晚挑选的这个题目会引出这类问题，并渗入你们的头脑。最好不要让这些问题潜伏在下意识的隐秘处，而要使它们浮现出来。因为它们关系到一个专攻哲学的学生碰到的那种最初和最后的问题：哲学本身的任务和范围究竟应当怎样确定？它与哪类东西相关？它追求什么？它要怎样掌握才令人满意？今晚我首先要讲的东西，必定涉及诸如此类的问题。民主与哲学的关系这个主题，题目上很明确，却在很大程度上倒像是一种自然的推断或竟成为一种补足了。

　　如果我们回到我们出发时的那种揣想发问，我们将发现，这里存在着某种基本设定——或不妨说是两种基本设定。一种是说哲学乃属于一门科学，它追求

---

[1] 首次发表于（加利福尼亚）《大学年鉴》，第 21 期（1919 年），第 39—54 页，录自杜威 1918 年 11 月 29 日对加利福尼亚大学哲学协会所作的讲演；重印于约瑟夫·拉特纳编，《人物与事件》(Characters and Events)，纽约：亨利·霍尔特出版公司，1929 年，第 2 卷，第 841—855 页。

的是一堆固定的最终的事实和原理。哲学并不像其词源上所说的那样,可使我们期待它成为一种爱或者渴望的形式,而是一种知识的形式、理解的形式。较之人类对物理学真理的渴望和追究,它是对其本身有效的真理系统的承认。我认为,这就是第一种基本设定。另一种是说,既然哲学所知的实在或真理必定与物理学和数学的真理不一样,以至于它本身成了一种特殊的知识形式。哲学对实在的了解,出于某种缘故,要比其他科学更为根本。它倾力用更全面、更完整的总体眼光看待真理,比起那些正统哲学家喜欢称作特殊科学的学科所做的事,它将实在置于更深入、更具根本意义的层次上。特殊科学的零敲碎打多少含有差错(因为从有机整体上撕下的断片,不能真正说它包含着真理),哲学却一应俱全(*teres et rotundus*)。特殊科学接触的是事物的表层,因而是其显现的东西;哲学却将事物置于更深入的层次,由此即能发现其全部的连接和关系。

我想,许多哲学家都在鼓励这类推测。它们占据了开始研究哲学的每个学生的心灵。许多对哲学抱敌对态度的人同样怀有这类推测,他们也把哲学和科学加以比较,其用意不过是造成两者的对比——以牺牲哲学作为代价。他们说,哲学就是老调重弹,爱好争论;它什么事也解决不了,因为它仍如古希腊人那个时代一样,为了争辩同样的问题而分化出各种学派。科学是不断进步的,它将一些问题解决之后又移向另外的问题。哲学却是一片不毛之地。何处可以看到它的功效? 何处可见它的具体运用和活生生的果实? 于是,他们总结说,哲学是知识或科学的形式,但却是一种自命不凡的虚假形式,它竭力求取的是某种不可能的知识——人类心灵在任何情况下都不可能具有的知识。

可是,无论实证知识取得的进步有多大,特殊科学取得的胜利有多大,每一代人在他所处的时代都对这些已被证实和查明的结果感到不满意,并怀着无限的希望再次转向哲学,以求得一种更深入、更完满和最终的揭示。即使在最能得到证明的科学真理中,也存在某种造成不满足的欠缺的东西,由此引起了对更具总括性、更能充实心灵的那种东西的企盼。

面对这里出现的此类困惑,我想,要从另外的解决途径入手,才能找到别样的出路。如果不适当地表示,那就否认哲学是任何意义上无论何种知识的形式。人们说我们应回到哲学这个词的原初的词源学的含义,承认它是渴望的形式,是倾心投入——一种爱的形式,也就是智慧的形式;但彻底的附带条件是不能附和柏拉图对这个词的用法,好像无论何种智慧都不能成为科学或知识的样式。于是,意识到它自己的任务和本分的哲学会想象它抱有一种理智化的意愿、一个经受理性的辨别和考验的志向、一份归结为行动运作方案的社会希望、一套有关将来的预言。所有这些,经由严肃的思考和认识而可以使其变得有条不紊。

这些陈述随即大行其道,又变得含糊不清。让我们再提出这样的问题,是否类如哲学这样的东西特别说来,正是一种社会秩序的哲学、一种适合民主制或者封建制的特殊类型的哲学。我们不能从理论而应从历史上对它进行推究,就事实的角度说,没有人会否认存在德国、法国、英国的哲学,却不存在各个国家的化学或天文学。即使在科学中也没有完全的非个人的超然态度,科学中的某种观点会引出我们的期望。颜色和温度会随着人们各具特色的研究重点和偏爱方法而出现差别。但是,这些差别如果与我们在哲学中找到的差别相比,则可以忽略不计。哲学中的差别是观点、识见和理想的差别。它们显现的,不是因性情和期望的互不相合而导致多种多样的理智上的强调。它们是理解生活的不同方式。它们提出了关于生活的实践伦理学,并不仅仅是经理智同意而有所变形了的东西。当人们读到培根、洛克、笛卡尔、孔德、黑格尔、叔本华,他们会对自己说,这只能联系英国、法国、德国的背景来理解,事实也确实如此。政治史和社会需要方面,也显而易见地存在着相应的情形。

拿思想大的划分来说,哲学按常规,主要划分为古代、中世纪和现代哲学。我们可以对科学史作类似的划分,但此地的意义却截然不同。我们要么只是意指无知的阶段或某个发现了知识的时期,要么不是在说科学而是意指哲学的某个阶段。当我们提到公允的科学,天文学或几何学,我们在欧几里德的证明中没有看出他是个希腊人。但古代、中世纪和现代的哲学表达却并不如此,它们借各种大文明、大时代的特点而表达着不同的兴趣和意图,不同的宗教和社会的愿望及信仰。这类表达所以见于哲学,只是由于经济、政治和宗教的自身差异可以通过哲学得以显现出来,也可以通过其他的习俗建制得以显现。哲学体现的不是对现实不偏不倚的智力解读,而是人的最为激情化了的愿望和希望,是他们对那种欲求的生活的基本信念。他们并不从科学出发、从明断的知识出发,而是从道德的确信出发,由此诉诸其时最好的知识和最好的理智的方法。对那些本质上是意志态度的东西给出证明的形式,或是为褒扬某一种生活方式比他种生活方式更为高妙的那类道德诉求给出证明的形式,以求通过对一种明智生活方式的证明来劝说他人。

这就可以解释下述这种说法的意思了:对智慧的爱终究与对科学知识的渴求不是一回事。我们说,智慧不是有关事实和真理的系统化的已被证实的知识,而是对那种可用以引向更好的生活样式的道德价值的断言。智慧是一个道德术语,它像任何道德术语一样,与已然实存的事物的制式无关,纵使这个制式已被放大为永恒和绝对。作为一个道德术语,它相关于所做之事的选择,是宁愿采纳一种生活方式而非他种生活方式的偏好。它与已确立的现实无关,却与欲求的将来有关。当我们把这种欲求化作清晰的断定,这有助于使它成为实存的东西。

有那么一些人会认为,这样的表述泄露了整个哲学的实情。来自科学阵营的众多哲学的批评家和论敌会毫不怀疑地宣称,他们认可这样的主张,即哲学始终是虚幻之光、狂妄之想,从中获得的教训是哲学家们应该谦逊地做个学生,接受特殊科学的明察,不要逾越名分,并为把这类表述编成一块较有条理的词语的织物而操心。其他人还会进而在这类表述中,找到证明所有哲学劳作之无益的确凿的供词。

还有其他对待这类事的方式。有人也许会说,集体的目的和既定的某代人或某一群人的愿望决定其哲学这个事实,是这样的哲学保有其真挚和活力的证据;至于无力运用该时代已知的事实为被导引的正确生活的那种评价作出辩护,这只是表明通行的社会理念中缺乏任何吸引人、引导人的力量。甚而为某个目的发生争执,这样的事实诚然可厌,却也证明了高涨的热情,证明了人们保持着对被指明的那种正确生活的信仰。如果奴隶爱比克泰德(Epictetus)和奥勒留(Aurelius)皇帝正好持有同一种生活哲学,人们会为此而对道德的衰微进行争辩,尽管两人都属于斯多葛学派。"一个社会如果专事实业的追逐,商业贸易活跃,那它不会像一个具备高度美感文化、在把自然力转为机械的价值上少有进取心的国家那样去领会生活的需要和可能性。与一个对明显的决裂感到震惊的人相比,一个延续着相当久远历史的社会集团会以一种不同的方式来用心应付危机。"由此必定形成不同的哲学思想的色调。妇女对哲学仍然贡献甚少,但如果妇女不再甘心领受他人的哲学教诲,她们也来从事哲学创作,我们不能想象这种哲学会与从男子对于事物的不同经验见解出发形成的观点或意图相当。制度和生活习惯培植了某种系统化的爱憎方式。聪明人在阅读各种哲学史籍时,会探察到人的习常意图和高雅趣味的思想表述;他们不会用心去领悟事物的最终本性,或者有关实在的构造信息。拿哲学中那个笼统叫作"实在"的图像来说,我们便可确信它意谓世界的那些被挑选出来的方面,它们之所以被选中,是因为它们本身对人的那种有真实价值的生活的判断提供了支撑,于是得到了高度赞美。在哲学中,"实在"是一个表示价值或选择的术语。

然而,说哲学并非任何本质意义上的科学或知识形式,这并不表示哲学就是随意发抒的愿望或感情,或者事后无人可解的一声长叹。所有哲学都带有明显的智力痕迹,因为它要努力对某个人,也许就是作者本人,对某种源于习惯或本能的生活路径的合理性加以断定。由于它的表达对象是人的理智,它势必运用知识和已有的信念,势必遵从逻辑上有序的方式。文学艺术是在不知不觉之中将人吸引住,施展魅人的手段,把他们带到可真切感人地观赏到富含生活意义的某些画面的那一场景。但是,哲学家对这类神奇且可当下直观到的景象并不认账。他只是枯索地行进,指出可辨认的路标、规划的方向、用明确的逻辑标示到达的地点。这意味着哲学必定有赖于当时最有效的科学。只在它能对那些已被承认为真实的相关材料作出选择时,方能就它有关价值的判断提出建议,方能劝说性地利用通行的知识将其生活概念的通情达理之处解释明白。正是这种对逻辑表现方法的依赖,对科学题材的依赖,赋予哲学以知识的外表,纵使它还称不上是一种知识的形式。

科学形式是传达非科学的许诺的工具,这个载体有其必要,因为哲学不仅是激情,而且是要把自己展示为一种具有理智说服力的激情。所以,哲学总处在一个微妙的位置上,并给异教徒和庸人以表达愤恨的机会。它总能在诡辩、伪装和不合规范的知识与模糊、表达不清的神秘主义之间取得一种平衡——后者并不必然是指那种专门定义了的神秘主义,而是含有神奇恍惚并影响到一般人对世界持有的意义的那类见解的意思。当哲学过于强调智识形式,失去其原初的道德意图的活性,它就成了学问的事、辩难的事。要是哲学表露的是含混的希冀,那种无法用已有的科学的逻辑表现予以澄清、证实的希冀,它就成了用来进行激励、开导、感怀的东西,或奇异的半魔术化了的东西。人们也许很难做到完全平衡,并且有少数人确实还像柏拉图那样,以艺术家的才情有节律地时而强调这一方、时而强调那一方。但是,使哲学成为辛苦耕作,也使它成为会有收获的耕作,却正在于这样的事实:它运用当时最好的科学为完成十分不同的任务所使用的方法,运用具有其时代特色的知识,承担起为一种集体的善的生活宣示理想的责任。哲学家如想不靠辩术,想戒除对知识的自负,佯称只是一个将人引入超常直觉或者神秘启示的预言家,或是一个虔敬的怀有高尚情操的布道者,那他可就完了。

或许我们现在可以来看一看,为什么正是哲学家们屡屡走入歧途,以至会为哲学提出各种主张;这类主张如果照字面观之,就其无节制的视界而言,实际上是不正常的,例如称说哲学是与某种至上的整体实在打交道,超乎特殊科学和技艺所做的事。如和婉坦言的话,该主张带有这种陈词的形式:就对事实和真理的领会而言,知识如果仍旧是知识的话,就是不完全的、不能使人满意的。人的本性正在于他不可能仅限于发现事物之为事物,因之长久得到满足。一种本能的不安,驱使人超越对知识的把握和认可,即使是不着边际。甚至当人看到整个存在的世界,洞见到它那隐蔽的复杂结构,他会对这个向他显露的宝藏表现出一阵狂喜后又变得不满足起来。他又会问自己:它是什么?它关乎什么?它意味着什么?他提出这些问题并不表明要荒唐地去研究较之一切知识更伟大的知识,而可能指示着将已然最完整的知识扩及另一领域的需要——也就是行动上的需要。他会想:为此,我要做什么呢?这种事态要求我确定什么样的活动方向呢?如它已向我敞开,我自己那转换成行为的思想会成就何种可能性呢?这个知识会造成何种新的责任呢?它会邀我做何种冒险呢?简言之,所有知识都会造成差异,它打开了新的视界,释放着新任务的能量。于是,总要发生这样的问题:哲学还是非哲学?但哲学试着从主要的潮流中去寻觅线索,它会问:什么是对这股我们深感必要的知识潮流更带根本性的、总括的反应态度呢?这股潮流会要求我们开辟怎样的新的行动场所呢?正是在这个含义,即实践和道德的含义上,哲学声言能够给出普遍、基本而又高级的表述。知识是片面的、不完整的,要是不把它置于一种未知的将来的背景,无论何种知识都只是一种推测和决疑;在另一种意义上,如果以人们喜用的哲学术语来说,那它涉及的就是**显象**,因为它不是自我封闭的,而是对某一待做之事的指示。

在本章的开头即已示意,我会较多地谈到哲学,民主似乎还未提起过。然而,希望其中的某种含意不难窥见。大致说来,现代实验科学的进展和民主的进展是相合的。哲学的重要问题莫过于对这种相合的程度、是否明示着真正的一致等问题作一思考。民主果真是一种相对来说表面化了的人类的权宜之计,是一种小心眼的控制术;抑或自然本身,如它已被我们最好的当代知识所揭露并理解的那样,是我们民主的希望和志向得以长存的保证吗?或者,如果我们选择任意从另一端点开始,如我们把构筑民主制度说成是我们的目的,那我们又该如何对人的自然环境和自然史作一理解和释义,以便让我们努力地去合理劝说的东西获得一种智力的凭证:我们的作为与科学授意我们对世界结构所说的东西是否并不矛盾?我们将怎样来辨认那个我们称作"实在"的东西(也即可被证实性的探究接近的存在世界),使我们可以断定我们那些深奥的政治和社会问题就其合理的限度来看乃是事物的本性使然,为其所存有?是否作为认识对象的世界与我们的意图和努力的结果并不相合?它是否没有什么明显的特性,对一切无动于衷?它自身会同等看待我们所有的社会理想,也就是说,它自身会漠不关心,只是冷眼相向,对我们热烈且认真展示的那种琐碎而又转瞬即逝的期望和规划一味地加以嘲弄吗?或者说它本性上至少愿意合作,它不仅不会对我们说不,还会对我们加以鼓励吗?

你们可能会问:这样来谈民主毋乃太过严重,为何不来说说例如长老制或者自由诗之类的问题?是的,我并不全然否定涉及这类运动的相似问题的恰当性。所有心灵有意为之的行动,都不外是关于世界的一种实验方式。它要看看它做了何种代言,它促进了什么又阻止了什么。世界是宽容的,是相当好客的。它允许甚而鼓励各种类型的实验,但经过一段时期,某些实验较之其他实验更会被接纳和吸收。这样,就行动方案与世界的关系的问题而论,不存在什么深度和广度上的差别;无论这种方案是采取教会统治的形式,还是采取艺术的形式,或者与民主的关系的形式。如果说这里也存在差别,只因为民主是一种愿望和奋斗的形式。它涵盖面更广,内部浓缩着更多的议题。

这样的表述似乎牵连到定义的问题。民主意味着什么?它肯定要以这样的进路得到定义:该问题如果限于其与哲学的关系,那么,这种影响仅是有限的,仅涉及术语的运用方面。我要坦陈,在余下时间里,我用定义的方式所说的一切不无专断之处。然而,这种专断任性或许会因这个概念与历史上最伟大的自由运动制定的历史性用语——自由、平等和博爱——的关连而得到减轻。就此而论,我们所说的那些专断的地方,只是要换成"模糊"两字。人们确实很难对民主旗帜上写着的这三个词语中无论何者的意义达成任何判断上的共识。人们并没有对18世纪取得一致意见,以后的各种事件也使之大大地突出了不同的见解。这类事件纯粹是政治上的诉求吗?或者它们还有经济上的意义——以其造成19

世纪的一个大裂变来说,它将自由运动分裂成两派,并以自由派和它一度曾加以痛诋的保守派的名义互相争斗着。

现在,我们就可以看到坦言这种模糊的好处了,并带些宽容的气度来使用这些词语。当我们把自由的观念作为传递某种已被认定的道德含义的东西时,什么是自由所需的哲学含义?大体上说,存在两种典型的自由观念,其一认为自由是按已确立的规律办事;人有自由是因为他们有理性,而他们有理性又因为他们承认必然性,并有意遵从宇宙所指示的种种必然性。托尔斯泰曾说过,一头牛也会有自由,只要它承认它脖颈上的那副轭套,把轭套当作它自己行动的规律,而不是硬去作徒劳的反抗。这种反抗不会驱走必然性,只会反过来造成苦难和毁灭。这是古典哲学中或公开或半遮半掩地呈现的那种高超的自由概念。这类看法只是把无论何种唯物或唯心的,把必然的关系看成是塑造宇宙之特性或精神的绝对论形式贯通了起来。它只是持这样的观点,认为实在有一种永恒的形式,如用专门的话来说,它突如其来(simul totum),是个一发以至永远的事件。无论它出自数学-物理的规律和结构,还是发自一种包罗万象、巨细无遗的神圣意识。对这样的概念,人们只能说,无论它多么高超,它都不会自发地和一个心系民主的社会的那种自由观念意气相投。

对那些为自由而奋力拼争的人来说,他们都会有意无意地为哲学贯注生气,用它把自由解释为一种宇宙的意义。那里有着真正的不确定性和偶发事件,并不是一个无所不包、了无新意的世界,而是一个在某些方面不完整、仍处于形成中的世界,是一个按人的判断、赞许、爱和劳动将上述方面这样那样创造出来的世界。在这种哲学看来,任何完满或绝对的实在的观念、终结的观念、不顾时间的变化而能永存的观念都是可憎的。它并不把时间看成实在的部分,是出于某种理由还未横贯整个实在的东西。时间是真正新奇之所在,是实存得以真实而又难以预测地生长的真正居所,是实验和发明的场地。它的确会承认事物中存有我们难以成功破解的东西,但它仍会坚持说,除非我们进行这样的新实验,再做努力,又再次出错。我们怎么也不会发现事物的质地到底是什么,我们的努力在当下活动中受挫,这一事实作为对规律进行谨慎观察的行动是真实的,正如世界具有某一成分那么真实,因为事物的质地正要求撤去那些耀眼的误导人的东西。它承认在一个真正有所发现的世界里,错误是实在的一个不可或缺的要素。人们的任务不是回避它——或营造那种不过是虚饰的幻象之类的东西——而是要去说明它,从中获得教益。这样的哲学不会甜言蜜语,它认为既然已经说偶然性是真实的,实验又必不可少,那么,好运和背运就都是事实。它不用操守或美德的字眼对所有成就作出解释,或用败坏或责罚来说明所有的失败和受挫。因为它断定,在实现每一项计划中偶发事件与理智形影不离,甚至在极细心、精心制定的计划中也莫不如此,于是它避免了自大和恃才傲物。它不会耽于幻想,以为意识就是或者能够成为事件的决定者。这样,它不由就会感恩起来,这个仅会让最博识精密的思想和理性利用事物的世界,同时也是个能让人游走探看的世界,这里既有因新发现物的那份完美带来的欢悦,也乐于看到失败对于自大给出的警示。

　　与平等造成明显对比的是不平等。大概人们还不太清楚的是,不平等在实践上即表示卑下和优越。这种关系实际上是有利于权威统治和封建等级制的,在此,每个低等或卑下分子都要依附、仰靠某个优越的东西,从它那里取得指示并为此担起责任。我们要把这一观念牢记心间,这样就会看到哲学已在多大程度上成了封建社会的形而上学。我这儿说的意思是:它将事物置于这样一个世界来观照它,这个世界为某些价值等级所占据,或者说具有各种固定不变的真埋的级别、实在的级别。我在本演讲开头已提到过这种传统的哲学概念,它把眼光完全集中在对最高实体或最终的真理大全的洞观上,以便显示哲学是多么彻底地献身这样的观念;那些比它物要高级的实在,理所当然地比它物要好。于是,这类哲学就无可避免地为权威的统治而忙活,因为优越者对卑下者发号施令才应是正当的。结果,就使很多哲学忙于去对碰巧存在于既定时代的宗教或社会秩序的权威的那种特殊意念作出证明。它在不知不觉中成了对既存秩序的揖让致意,因为它已试着展示出了将现存的价值和生活计策或这或那地作出等级划分的合理性。或者当它质疑已有的秩序,它却是在对某种竞争性的权威原则作一番革命性的探究。老实说,历史上的哲学在很大程度上已成了对永不言败的权位的研究。希腊哲学起于当人们怀疑把习俗作为生活的规范者的时候,它在普遍的理性或当下的特殊物、在存在或流变中找寻堪与争锋的那种权威之源,但就这样的竞争者来看,它那确凿不移的地位与习俗相差无几。中世纪的哲学坦言要调和理性与权威,而现代哲学则始于人们对启示的权威的怀疑,它开始去寻找某种其重要性、确实性和正确性均无与伦比的权威;而这个权威,从前人们把它归为那化身为神授教会的上帝的意志。

这样看来,民主的生活实践大多会面临理智上的巨大不利。流行的各种哲学会有意无意地反对它。它们失之以合理的态度为它作出清晰的表达,盖因它们实际上承诺的是剥夺了所有低级权威的那种单一、终极和固定不变的权威的原则。一个质疑国王神圣权利的人,原来是以别一种绝对的名义才这么干的。民众的呼声神秘地化成了上帝的声音。于是,神圣的光环又保留给了最高统治者。由于他遥不可及,他不用被稍事察问便被超凡地供奉起来。而民众是近在眼前的,他们显然因其易于被观察而不会成为神化的对象。这样,民主在很大程度上就沦为了理智的畸形物。它缺少哲学基础和逻辑的连贯性,只因不知何故比其他方案实施起来更好,才被全体所接受。它似乎还要去发展一套更仁慈、更人性化的社会制度。当它要去创造一种哲学时,它自身裹着一件原子论式的个人主义的外套。它在理论上到处都是缺陷且前后矛盾,正如它被人指责的那样,按它的想法办事,结果总是令人讨嫌。

无论平等对于民主的意义何在,我以为,它示意不能按人种、品级等第的不变之理来解释世界。它示意每一种当得起存在物名义的存在物总有其独到和不可替代之处,它的存在并不是为了图解某个原理而呈现某个普遍物,或者化为某个种类或阶级。作为一种哲学,它一如严厉的封建社会那样,否认原子论式的个人主义的基本原则。因为个人主义传统上与民主的联系致使平等成了数量化的东西,于是个体成了某种外在的、机械的而不是具有独特性质的东西。但就社会和道德方面来看,平等并不表示物质上的均等。它其实示意不宜按伟大和渺小、优越和卑下等来思考问题。它示意无论在能力、实力、地位、财富上的差别有多大,这类差别如果与某个其他东西相比——个体的事实、某个不可替代物的显现——都可以忽略不计。它示意,简言之,在这个世界上,存在物必定会处理自身的利益。这个世界不是能制成等式的东西,或者可转化成其他什么东西。这就是说,它含有一门不按同一标准进行估算的形而上学的数学,其中每一个体自己发声,为自己考虑的事操心。

要是用个体性来解释民主化的平等,这不是非要把那种兄弟般的情谊理解为个体的连续性,换言之,理解成交往或无止境的互动。平等、个体性若趋于分隔和独立,它会产生离心力的。说一个特别的、不寻常的东西只有在与其他类似存在物的关系中才能展现出来并成为有力和现实的东西,我认为,这不过是基于这样一种事实的形而上学的说法:民主所论及的不是怪人,或者天才、英雄和神圣的领袖,而是和个体的人有关。它认为,每个人通过与他人交往的途径,使他的生活更加具有特色。

自然,所有这一切只是做了一种提示。不管其形式如何,它实在不能算是为了对某种类型的哲学加以研究而作的辩护。如果民主是认真、重大的选择和好尚,它便要及时地以生产出自己的智慧之子来证明自己,还要通过这个孩子——更好的生活方式来证明自己。它并不怎么关涉这样的问题:是否会有这样一种类型的哲学,那个创造此类哲学的哲学家正好与民主难解难分?最后,我不能不提到一个人的名字——威廉·詹姆斯(William James),正是他婉转有力地说出了这个新的生活样式的景象。

# 教育和社会导向[①]

不必惊奇,许多认为自己属于上流社会而理应属于统治阶级的美国人,他们对德国在战争期间的坚忍和抵抗力甚为感佩,不由对普鲁士式的权威主义教育体制投以嫉羡的目光。然而,要是认为他们应当把德国人的专制权力体系以及用以保证德国人的纪律和民众秩序的那种俯首帖耳的做法直接引进来,那就会铸成一个大错。他们看到美国保持着一种熟悉的传统,多半会对放弃民主习惯的建议率直地表示震惊。他们在想象中觉得,美国本质上献身于民主的理想,并正在彻底、全体一致、卓有成效、有条不紊地效忠于这些理想。在这些方面,他们想到,明智地采用德国人的方法或许可以起到一种保障作用。他们没有注意到目的和手段或是意图和方法的相互依存的关系,所以与其说他们的错误是一种乖张悖理,不如说是理智上的问题。他们并没有心怀异志,只是有点头脑迟钝。

凡布伦(T. Veblen)论德意志帝国的书读来令人深受启发,其值得称道的看法之一是他搞清了德国人为其令人嫉羡的习性付出的极高的人性代价。在现代条件下,社会的机械行为是不会自动地维持其自身运转的。它是整架机器一个精巧且结构复杂的部件,这个部件以巨大的承受力维持着正常的工作秩序。顺服的心不是单靠隔离的学校纪律的手段就能养成的东西,整个社会体制尽其所能,围绕着它打转而不容稍歇。"它要靠精确而又严格导向这一目标那种不停的教化打造得以维系。"成功的战争,好战的备战效果,以及大言不惭的好战宣传,

---

[①] 首次发表于《日晷》(*Dial*),第64卷(1918年),第333—335页;重印于约瑟夫·拉特纳编,《今日教育》(*Education Today*),纽约:G·P·普特南出版公司,1940年,第139—143页。

所有这些都比教学的技艺更显得有其必要。只有"对（对象的）私生活的蛮横监视和不断干涉"，才能在当前工商业日趋衰微的情形下培育出那种标明普鲁士人之素质特点的"强烈的恭顺之心"。如果我们正视这些事实，马上就能看出，借用学校中存在的师生关系的某些特点提出的任何有关确保那种德国式井然有序的效率和坚忍不拔的"技能"的建议，都是一种异想天开之举。只有偶尔当了一回教师的道格勃里巡官①才会被擢拔到纽约的学校管理者的地位，他会在学校里"讲授（原文如此）生来就有的服从态度"，由此确保忠贞不二的公民身份恒久不变。

借助这种粗俗的形式，那种想把美国学校的训导方法普鲁士化的愿望显得过于缺乏条理和连贯性，以至孕育着重大的危险。重大的危险是存在的，它正存在于经这般努力激发并强化了的那种混乱思绪之中。除了零星短暂时期的情况外，这类企图总是徒劳地与无数社会力量的潮流唱反调。危险在于，这种模糊的愿望和其中隐含的迷乱思绪会把关涉到的有效确保忠实的民主公民身份的真正问题掩盖起来，并对人们推行建设性措施的注意力造成干扰，而这一种措施为社会统一所需要、为民主政体的社会控制所需要。目前，人们对美国教育在确保社会整合以及有效团结方面的败绩啧有烦言，但其总的看法却在强调无能为力，以及人的权威和人的服从那种令人激奋的关系。强调那种根深蒂固的盲从习惯的调适力。这类流行的看法预想了一个幕后能使种种习性活动起来，以满足目的的"解围之神"。任何不想在使人昏昏欲睡的"唯心论"护教之梦中安卧的人都知道，现在这股要把这类以为民众会逐渐习惯的目的固置化的势力，它们代表的是通过控制行动获取其一己私利的经济阶级。人们纷纷谈论纪律、顺从、习性化，贬低那些似乎会酿成社会危害的自发的、富于创造性的思想，为的是方便地取悦这个阶级。但是，这表现了一种精神的无知，它尤其可见于一个教育者身上。和他人相比，人们呼吁，一个教育者更要保持一个感受力很强的人拥有的高超兴趣。

不幸的是，被视为科学的社会学的传统无意中使自己采用了许多诸如此类的基本原则。社会学的科学从古老的政治科学那里承继了一种基本谬误，并过于频繁地使自己在解决问题中依据并非事实的"事实"而取得那种浮泛的炫目效

---

① 此人为莎士比亚喜剧《无事生非》中一个无知而自负的巡官。——译者

果。它把它的主要问题看作是如何使(设想为)非社会性的个体成为社会化个体,如何使社会控制为生来就对其抱敌对态度的个体有效地接受。当然,这种基本设定是个神话。驯服、渴求领导、喜爱保护性质的控制等这些人性的原本特点,似乎要比违抗和创新更为突出。人们总是以有利于习性化而非反省的思想,制定出衡量这些特点的尺度。规矩如此轻易地被说成是"自然的",而主动性又是如此烦人以至于需用要求很高的技艺加以约束。但是,社会学有关个体和社会对立的命题已渗入了教育思想,它被教师们用来捍卫愚蠢的惯例、未经检视的传统,用来满足那些小暴君、教育管理者喜怒无常的虚荣心。他们学习新的社会教育学之后,懂得了个人权威的言行实际上正就解决社会学的大问题——对冥顽不灵、非社会性个体加以"社会控制"的问题给出了一个示范。

可是,这种缺少思想的社会学所干的事,甚至比之把单纯的个人权威合理化更为有害。它被用来证明墨守成规的教育者的懈怠和思想的惰性。后者发现,比方说,与其通过亲身钻研使自己的知识丰富起来,还不如依据书本来得省力。他被严肃地告知:教科书将学生社会化了,因为它们展示着人类的智力遗产。于是,他偏颇地制定出使他的教育对象获得任何个人创造性的繁难任务,以免激发起他的学生们那种酿成社会危害后果的"个人主义"。一种扰人的良知告诉教师:在他不假思索而撷拾的方法中,他遵从的是一套使人少事省心的学校的既定程序。但是,他却又会因为人们告知的这番话而得以宽心:思考只会助长个人主义,规矩是偌大社会一种平衡的力量。他根本就不会用他那经个人反思以后做出的小小冒险举动来倾覆制度化了的习俗的神圣性。他领悟到,他对学生的教育是外在的例行公事。他感到,如果他使自己去悉心理解可对人性取得洞察的那种科学方法,并使自己以一种同情的态度去领会它的广大多样,也许能从内部入手去释放种种潜力,而不是从外部把种种习俗惯例硬塞进去。可这时,那个庄重的"社会控制"的卫道士出现了,告诫他注意与如此这般的权威相关的"社会"价值,以及"迎合"个人的种种危险。为可想见的懈怠和无知所做的科学辩解,看来还会大行其道。

上述一切造成的最大弊端,我再说一遍,就是撇开了那些未予论及的紧要问题,并无视迫切需要找到与一个民主社会相适应的那类特殊的社会导向问题——这一导向来自对共同旨趣的显著的情投意合,来自对社会责任感的理解;

这种理解只有通过对共同的事务、行为那种带有实验及个人性质的参与,才能得到保证。就这点来看,个人和社会对立的命题岂止荒唐可笑,它还造成了危害。因为民主制尚待解决的问题就是教育建设,它将培养那类明智地注意到共同生活的存在并敏锐地为共同维护这种生活尽责的个体。我们的教育所追求的,并非社会控制和个人发展两者间存在的互相对立。我们向往的教育类型,它将发现并塑造出这样一类人:他们是社会民主思想的理智传承者——确实要讲社会,但还要讲民主。

# 世界大战中应运而生的职业教育①

数百年来,每一次大的战争都伴随着普遍的教育调整,这是战争有价值的副产品之一。17世纪的宗教战争启动了把全欧洲青年人的一般教育予以系统化的初期形式。拿破仑打败了德国,德国人又全力以赴为他们的解放战争作准备,这构成了德国国家常规教育计划的基础。我们这些人中的年长者会记得,1870年有一种通行的说法,即法国与其说被德国军队打败,不如说是被德国的学校教师打败的。法国的教育整顿、现行的一般国家教育体制的形成,正可追溯到那个特殊时刻;战争爆发以来,我曾看过一本妙趣横生的书,它出自法国人的手笔,其中声称:这次战争中对法国人和法国军队起着鼓舞作用的那股精神,是注重公民训练的公立小学的产物。该书认为,教育体现着公民的义务和人权。我这里所做的陈述似乎对英国不适用,但这样的例外——它们确实存在——倒像是证明着规则。英格兰、大不列颠长期以来缺少一种国家教育体制,这或许肇端于16和17世纪的宗教论战,是内战的结果、宽容状况的产物。内战过后,各个教派都对某种民族或国家性质的教育体制忧心忡忡,他们惟恐这类体制会沦为最有势力的教会机构手中的工具。结果,它便烟消云散了。在我们的想象中,这一举动造成了大不列颠、至少是英格兰那种极具特色的混杂不一的教育体制。

可是,正是布鲁厄姆勋爵(H. P. Brougham)在拿破仑战争甫告结束后,提出了首份关于在英格兰实行普遍义务制公共教育的方案。凡是现在跟踪英国有关

---

① 首次发表于中西部职业教育协会"会刊",第4期(1918年),共9页。录自对该协会的一次讲演(芝加哥,1918年1月25日)。

问题讨论的人都知道,战争对在不列颠推行国家教育的运动起着极大的刺激作用。事实上,如今就有一份由现任教育大臣本人拟定的法案,他是有学校执教经历而第一个获得内阁职位的人。该方案提出了一项宏大的包罗万象的教育计划,它需要巨额英镑的拨款——比历届政府拨付的数目或英格兰过去用于教育的专款数目要大;它还含有延续到18周岁的教育条款,这将减少成千上万未满18岁挣工资者的劳动时间,使之缩短为一周日均4小时左右,从而确保继续教育成为必办和当办的要务。当然,我们还说不准这种教育重组的要求在这个国家会采取何种形式,但我希望人们能够注意到在我看来源于心灵的这个基本事实,所有从表面上对教育作一番整饰的想法都是没有用的。战争看来像是一场物质资源之战、原料之战,以其身后的工厂作支撑的弹药、军需品之战、食品之战、运输之战。这是一场战时各个国家对其人力和物质资源进行有效组织和动员的总体战,是对轮船、铁路、田舍、厂房的争夺;正因为战争越来越成为对各种物品、军需品、食品和交通运输进行组织调配的战争,事实就很清楚,对所有这些进行有效的生产和动员是绝对有赖于人的内在能力,有赖于充满创造力、组织力和活力的那种人力资源。

"拿枪的是人",永远是一个颇足玩味的习语。眼下的这场战争显然表明,"拿枪的是人"的人中,还包括我们家中的妇女、农田和工厂里的男子。这个实质特点一下子就引出了人的精神状态和能力训练问题。一家在突发战争中打出"一份实用的贸易金融杂志"标题的英国刊物说,英国的真正财富不在于拥有资本,而在于拥有劳力、产业、技能、智力和人的经验,这番话不无道理。如果说我们学到了战争带来的教训,那便是:战后的教育整顿和重组必须跟上——这个进程必须着眼于对人的力量的更大释放。

现在我来特别讲一讲这种可能且必要的教育改造和职业教育的关系。我想把自己的讲话范围限制在过去的那些年份——在那些年里,现在的计划是被时人叫做成人业余补习学校,或者继续教育工作之类的事物揽下的。随着紧急事态的出现、战争带来的紧迫压力,我有时似乎感到,有些计划稍嫌唐突,需作某种更为全面而根本的调整。阿瑟·迪恩先生(Arthur Dean)最近说的话,可谓一针见血。他说,教育的征兵是唯一的征兵形式。作为一种不变的政策,它是美国公众为此要尽责任的事情,这种普遍的教育征召的责任当人们开始职业生涯时即应承担起来。他还指出,那些在战前和战时催促我们国家18至20岁男性青年参加普遍军事训练的人,首先强调的是一般的教育价值——身体训练的教育价值、作为基本要务的道德和公民训练的教育价值——如果情况属实,人们要问:为何不直截了当地从根本上把这个运动推广为一种教育运动呢?我对这个问题的看法,正基于从这两个建议中得出的观点。即便如战争具有的军事形式也显示出:那种为赢得军事胜利所必需的最基本的训练,必定可见于工业效率的培育过程、实业方略的成熟过程之中,可见于为实现国家的目标而必须以耐心和热忱推行的社会合作的适应过程之中。

那么,继续想要为某种普遍服务而进行普遍训练——似乎这种普遍训练单独或主要是指服务于战争的军事训练,这岂不是很荒谬吗?我们在战争中接受的唯一真正普遍训练可能就是社会服务方面的训练,因为唯一真正普遍的服务是社会服务;而且在我看来,职业教育之唯一可能的战时调整计划必须沿着这条路线展开:把那种袭用老一套欧洲式的一般青年训练计划,改造成训练青年来为社会服务的国家总体计划。

由过去的普遍训练推进的计划,实质上是依据隔膜的欧洲环境设计出的一种模式化的仿造系统,只是少许做了一点改动。这类与我们自己国家相关的计划没有显示出想象力、勇气,也没有显示出对特定需要的理解和美国人生活的特点。意味深长的是,我们看到有些人(其中相当部分人)本身就是教育者,他们对德意志人的军事效率颇具印象,似乎有意要把我们国家自己的教育体制德意志化。他们呼吁采用那种叫人恭顺驯服的处罚教育的方法;采用那种借以区分等级并使之得到维护的对高级和低级技能作出固定安排的方法。技术的特殊化是德国深受军事化影响的教育体制的特征,这种特征因近来纽约市据此提出"为了固有的服从而训练"和"把权威当作权威来尊重"而给学校惹出了麻烦,因为贯彻这类口号使人不顾及那些结果和目的了。我说意味深长,这不单是说这些特征是我们所称的德意志人那种可憎的普鲁士化的道德基础,也不单是说我们的主张言不由衷:我们声称要为根除普鲁士化而斗争,私下却对其艳羡妒忌,而更是因为只有沿着与我们自己的传统、独特的意愿相谐和的路径,才有可能维护本国产生的某种社会组织。换言之,我们必须有效地组织自己的生活,不是他人的生活。这样,我们想要的是一种美国的普遍服务体系,它可以被世界上其他国家赶超;但这只是日益受到民主精神浸润的结果,而不是出于我们对欧洲标准的仿制。

至于说到战后的问题,我要说的是应当为战后的整顿做好准备。可以断言,战争给我们带来的是一座可用于、也应当用于战后为建设及教育目的服务的巨大的物质工厂。这类广大的营地厂房和各种资源在战后除非表明它们在其他方面仍有更适合、更可行的用途,它们肯定会被当作一种论据、一种有力的论据,用以逼迫那些不太情愿又讲究实际的人接受某种军事训练体制。

于是,那些由战争创造出来的军训营地、物质和机械的设施装备就为我勾画出来的职业教育计划提供了相当可观的背景。它意味着,要把全国的同龄青年网罗其中。它应当是真正普遍的东西,对男女青年一视同仁。凭着这个已花费了数百万美元加以保障的物质基础,我们开展的这个教育应当包含职业准备上的四种本质要素,即体格、经济效率、社会能力,以及有关消费和劳动就业的、受过培训的理解力。从劳动的观点出发,在这个国家全面、彻底地解决经济和实业问题,需要有一个在成人各年龄段得以施行的社会化教育计划,如同我们已有的初级教育体制一样,后者更为普遍并带有义务性质。

我们大可不必谈论这些要素中的第一种——对健全体格的需要。民众的健全体格不仅仅是用来谋取个人的成功和幸福,它是基础牢靠的社会财产。如果说战争还没有使我们弄清这个道理,即没有一个国家能够对其公民的身体状况熟视无睹;那么,通过另外的途径,我们会铭记这类缺憾所造成的教训。我们已经知道,贫民区问题一个非常引人注目的方面,就在于它大规模侵蚀着民族的健全机体和民族的效能;住房和业余消遣问题也要求我们正视同样的社会和民族健康生活的必要性。我们发起了反浪费、反不洁性病的运动,同时迅速扩大的反酗酒运动也基于社会的立场再次认识到这类恶习对健康的危害。于此,我们逐步通过对各种观点的了解,看到了体格的缺陷和城市的缺陷、各种各样的堕落形式(为此,需要有节制地以私人及公共慈善救助的方式,花费大量的金钱和精力)之间存在的密切关联。同时,虽然我们已开始认识到这种需要,但这个涉及公民完美体格塑造的问题从不曾条理清晰地被提出来。那种提倡普遍军事训练的主张,它所包含的最有力因素,除应付突发的战争外,也正是出于对上述问题的思索。我们应当利用战争中创设的训练方法课程,以及所有其他身体训练和文化方面的专门知识,然而仍须注意,军事体制不仅忽视民族未来的母亲,其致命缺陷还在于:它从一开始就不肯接受以至拒绝部分男性人口——从40%到50%不等——那部分最迫切需要加强训练的人口。这类训练将为他们提供医治毛病的药方,我要说,就是要使他们拥有强壮的体格。

这种旨在服务社会的普遍训练含有这类特殊的身体训练的需要,而不是将其排斥在外。当然,这类训练不只是体操、有组织的游戏或奔跑跳跃,以及各种形式的个人卫生方面的指导,还包括人们进行范围广泛的联系。它必须包括公共卫生要素方面的明确指导,由此使涉及所有公共卫生之特征和城市生活之卫生设施的标准不断提高,使那些得到系统培训的年轻人如同进入家庭环境一样。

第二个要素是经济效率,我这里是指更为严格的工业训练的意思。我们已制定的计划,如理解上富有想象,并能明智地加以运用,就能充当对农业、各类务农活动、各种工业出产形式、制造和分配以及不同形式的家庭管理进行指导的基础。当然,不应追求直接、高度化的效率,过于直接和特化的效率会限制未来的发展,或将个人好像命定般地置放在一个纯然特殊的职业岗位上。它的目的其实应当是去发现个人为基本的工业进程实践所要求的禀赋,应当是去尽可能发展人们的创造性、多样性。另外,与之相关的事务和教育从一开始就应当以生产——社会生产——为中心加以组织,这不光是为了减少费用,而且是为了培养自尊。当人们知道他们做的事情在现实生活中有用,可以按钱币来折算,便会产生自尊;为了说明,兹举一例,泰博女士在她饶有趣味的讲演中已指明了这个事实,即它能够改变我们学校职业训练的现状。它应当得到运用,但要以生产为本,以免给人沉闷乏味的影响。正如我们在几所最好的学校里发现的,这类影响来自机械式的练习以及纯粹为教学和教育目的设计出来装装样子的活儿,它们轻易地把这类学校为学生安排的训练课给搞砸了。我们在这种以生产为本安排的业务中所需要的,恐怕是把教育调整到符合现实社会需要的方位,以生产作为衡量的尺度;而不是以各种练习作为立足点,这类练习发明出来以后被一遍遍地重复,为的是早晚获得一个教育上的名分。

所谓社会能力,我指的是与工业和身体训练相联系的某种必备的周围环境和精神、训练方法,以及提升公民的功效和合作精神的业务管理和操作方法。对业务的管理,要尽可能建立在民主的基础上。涉及产品和利益分享方面的协同合作,还不如管理方法上的合作关系那么重要。我们的目的应当是确保个人在团体中并为了团体的那种训练。这也适用于身体的锻炼、体育等等,也要尽可能应用于业务,训练他们学会自我管理、参与管理事务的能力。这就是说,一旦他们准备做这些事,就要尽快地负起责任,使他们获得指导的经验、领导和被领导的经验,以便向这些人传授当今在很大程度上仍显得神秘的贸易管理和商品营销方面的窍门;使他们摆脱那种任性的工业教育模式,这些人如今或在学校或通过劳动本身接受了这类教育。他们中的大多数人只会在他人的指派下循规蹈矩地工作,除此之外的事便完全不能胜任。

工业的社会化要求、服从社会需要而非谋取私人利润的生产和制造的要求,已在战争中得到了很大激励。我们也已通过政府的工作看到了它的实现——接管铁路、对燃料的控制等等——我要说,这样的工业社会化要求如我们所见,即是说工业首先是为社会需要而非为私人利益而生产,由于战事对它的刺激以及对想象力的刺激和一般条件的变化,必定会在战后日益高涨起来,必定会随着如今在军营里的数百万人的最终遣散而自然增长起来。目前,这类要求,这些实验,这种为了争取工业上更大程度的自我管理、争取工业的民主化的奋斗精神,由于日渐忽视从前那种可促进其成功的教育和训练方式而变得失灵了,或者只会变成官僚资本化的替代品,使个人没有成为私人雇主反倒成了政府官僚机构的附属品。因此,这种工业方式上的变化必须以人的这种基本的底层结构为凭,人是被训练成互相合作来开展工作的。

没有这种教育方面的重整,单纯的政府行为是永远不会取得成功的。休闲以及合理适度的感官享受的教育,包含着我把它称作普遍教育之基本原则的那些东西。换言之,它们应该令人感兴趣和令人轻快自在,而不是一套烦琐的规训教条。我们已经发现,音乐今天在我们的兵营里成了一种实用的必需品,各种社会性的审美娱乐的供给似乎为人们的活动所必备,这样一来,诸如此类东西的延伸和扩展,当然构成了战后很大部分业余教育的形式,它要让劳动者预备来度过闲暇时间。阅读书本应尽可能向高品位引导,但不应追求使一般人丧失阅读趣味的那种高品位。我已说过,工厂中和运动场上的社会生活环境应有序地加以利用,以从中觉察和发现个人的禀赋。我们可以想见,为我国年轻人开办的这类国家学校或公共学校也会拥有为进一步开发特殊禀赋所需要的带实验性质的各种科学和艺术资源。

也许目前存在的最大的社会浪费就是我们没有对爱好、能力和才智进行探究,为它们找到使其拥有者能发挥一技之长并有利于他人的那些渠道。我们要么使所有个人参加无甚特色的训练(一种"一律要求的训练"),虔诚地希望它使某些人非局限化,他们的某些看法——也不要局限化;要么以选修制的名义,让个人放任自流,为他们那未加培训、未经开导的意愿所左右。我认为,我们仍完全没有教育的种种可能情况的概念、有关个人幸福和对社会有用的教育的可能情况的概念,这类教育应使青年人多姿多彩、富有成效地参与各种活动,从中察觉他们的能力、需要和力量。唯有当他们参与种种活动后,通过对这些选定的能力的充分训练,我们才能发掘出特殊的人才。

我提出的上述四点看法,只是想在一张大画布上勾勒出一个轮廓,而不是去描画实际步骤的细节。我还想另外提出两种考虑。一旦形势变得需要对数百万在战争中应召入伍的青年进行军事训练,第一步就是要建立一支负责士兵训练的教官队伍。我们知道,这些教官大多来自进修学院和高等学府。当一名教官,对青年人有很强的吸引力;这一点,凡与院校有密切往来的人想必都是了解的。这些青年人精力旺盛,知识面宽,且具有真正的献身社会的精神。我想,这种召唤从来就没有过,它更明确地用智力报效社会的方式来挑选人。如今,具备同样社会理想的男女青年将会听到类似的召唤。它源自为教师们制定的这种涉及战后新型的社会训练的类似方针,它会激起热烈的反响。

我国青年人的社会理想还没有被真正谈起,并在和平时期被召唤过。我想,我们不能不承认,战争体制的一大特点就在于:它使千百万青年人养成从社会需要和要求的角度看待他们的训练和他们的能力;这样一种看问题的方式,从前他们的学校和技术教育并没有教给他们。如今我们的青年人竟然不知道怎样去寻找各种机会,于是他们扎根于故土的社会理想逐渐变得摇曳不定,并因缺少实践的场所而被埋没;或者转移到商业拼搏的战场,他们的精力在此有了一个发泄口;或者更坏的是,他们把精力虚掷在那些琐屑的爱好上。我国那些仍不懂得奋发有为的充分意义、通过参加壮阔的社会活动来实现自己价值的年轻公民,他们会热切地响应任何将来的召唤,并且由于它唤起的是与我们所重构的社会关系相符合的那些传统做法和职业行当,而更会显得如此。在我看来,战后,如果我们让年轻人因这些学校和使人颓丧的游戏而消磨在这类新近的漫无头绪的冥想中,则断不会缺少愚蠢的行为。

我的另一个考虑带有相同的性质,但不是说年轻人,而是说那些正自觉地投入为国家服务的科学知识部门。我们都知道,这类组织的规模有多大——这类被组织起来的生理学、卫生学、医学、政治经济学、心理学的资源有多么庞大,这些科学又怎样被组织和动员起来为国家所用。鉴于这个事实,现在成千上万的科学技术人员正抱着浓厚兴趣,通过直接的途径来学习他们从前未曾学过的东西,即他们的特殊知识技能部门对社会的那种重要意义。比如说,我国已有逾两百名在学校里受过心理学训练的青年,他们的工作已直接效力于实际的国家用途。这个事例,我也是偶尔得知的,但它指示出那个行业在战争期间准备做的事情。它们得到了一个将特殊知识服务于某种公共的国家用途的机会。我并不认为,要是许多人在战后把他们的特殊学问、科学知识或艺术才能奉献给国家的建设事业,他们就会退缩到先前淡漠的隔离状态,像大多数人从前所做的那样,继续以一种过于专门化、技术化的方式从事他们的工作。人们也许要说,这里会出现一个机会,它使监督官员得以把各行各业的科学、艺术人才集中起来,全神贯注来执行这样的规划;首先把它制定出来,随后实际地来完成它。然而,在战争期间,人们为环境所迫,而要确保以至下命令对这些资源加以调集;但在和平时期,健康的需要,幸福、效率、艺术创造和休闲娱乐的需要,比之战时的需要,其重要性也不见得会少些。

这里有一个回答,不能算是一种答复,只能说是针对类似我在这里用心勾勒其大致轮廓的那种计划的一个回答。这是个老旧的回答:它是不可行的,因为它从未被人们做过。就其实际操作性而言,我愿意提出一个问题:难道要让我们目前这种导致社会失序、混乱和冲突的安排延续下去吗?这行得通吗?要是我们不以为此特定目的制订的一种教育体制作为凭据和路基,在将来造成一种有序、和谐和安宁形式的社会生活,它可行吗?世界上各个国家,当它们受到不知从何而来的敌对势力的分裂破坏的威胁时,会挖掘资本和资源以及数以亿计的资金,为的就是维持其国家的社会价值和标准。有人说,和平时期由国家动用资源和资金来从事积极的建设开发并对社会价值作出规范是行不通的。这样的说法不是很荒唐吗?

我想,那些已被要求付出数十亿美元和人员伤亡代价的国家是不会就此打住的,它们会继续大规模地花费公共资金,以使国家生活的基础更加安全和令人满意。我们需要的是意志,是制定计划和执行计划的想象力和训练有素的头脑。无论我们在最近几个月的准备工作中发生过怎样的错误或过失,我认为,它已表明,在国家困难时期,把国家的知识和道德资源以及财力资源组织和动员起来,这是可能的。美国人肯定会为我们是一个富于创造、适应力强的民族而感到自豪,这个民族惯于并乐意去迎接新的挑战和新的创造。当我们要对社会方法和社会机器的创造进行最后的试验时,难道要打退堂鼓吗?现在正是开始考虑这个问题的时候,正是为我们战后的种种教育活动筹划一场战役的时候。现在确实正是对我们的详细计划进行推敲、对大规模教育整顿作出具体说明的时候。如果教育工作者能够首先负起责任,使这个计划臻于细致完满,我相信,他们会在从事科学、艺术、绘画音乐的人们中,在国家的政治家中,在眼光长远的工业巨头中,找到那种鼎力相助的形式,以使此计划切实可行。当军队复员遣散的那一天来临,战后的问题摆到人们的面前,我们就不会弄得手足无措,毫无准备。如果出现一个比现在更大的危难,我们也不至于用修修补补的政策、用某种对付其他社会灾难的办法来胡乱地加以应付。

# 世界中的美国①

这个事实看上去带有点讽刺意味。在华盛顿的诞辰日这一天,最适宜用来讨论的题目竟涉及美国参加世界大战。美国不是一个人口稀疏、地形狭小的国家,它主要就是因为土地辽阔的优势而能在世界上维持其作为一个大国的地位。我们现在是一个大陆国家,能够与世界上的大国平起平坐。曾经有那么一个时期,我们忙于征服荒漠之地;现在,我们快要告别这个拓荒者的年代而能利用多余的精力了。

当然,这样的变化也是工业和商业贸易发展的结果。它们消除了距离,把民众带入更紧密的联系,使国家的利害得失成为关系到全体祸福的事情。由新的工业和交通以及相互联系的方式造成的相互依赖,其首先披露的事实应该说是那种为了后代和生活必需品的冲突,但并没有改变这个本质事实——如今,世界第一次发现它自己在政治、经济以至天文学上都是一个球体。世界各大洲的国家都参与了这场大战,这便是争着宣布这个新世界到来的外部标志。

不管战争有否其他何种意味,它对我们的国家来说,标志着其孤立时期的结束,这是一般人的意见。不管是好是坏,美国的民众已不再是只顾自己的人了。美国如今融入了世界。这种立场的改变,除了表明我们很在意世界上其他那些有着长久历史的国家明显表露的嫉妒、心计和敌意,我们必须看到,是其他那些

---

① 首次发表于《国家》(Nation),第106期(1918年),第287页,录自1918年2月22日在史密斯学院所作的讲演;重印于约瑟夫·拉特纳编,《人物与事件》(纽约:亨利·霍尔特出版公司,1929年),第2卷,第642—644页,标题是"美国和世界"。

国家接受了美国人的理想，为其所影响，而不是我们自己受到欧洲思想的支配。最近以来，我们全国上下为一种忐忑不安的情绪所困扰，几乎是怀着一种羞怯的自我意识指出存在一种美国人的理想，唯恐我们犯有极端爱国主义的罪过。我们对世界的其他地方采取了一种自贬的、差不多是歉疚的态度。但是，我们对目前世界大战的贡献并非只限于军队和经济物资，还贡献了一种观念、一种与战后重建问题相关的观念。那么，这个观念包含哪些重要的方面呢？

从政治上说，就是联邦政府的观念；合众为一（e pluribus unum），在此，"一"没有消除"多"，而是有效地保持着每个构成要素。世界联邦政府的概念、国家间的协调行动、最高法庭、用以促成和平的国家联盟，这些由美国人独特贡献的观念不是偶然产生的，它们直接源于我们自身的经验。我们已在较小范围的政治生活中设计并验证了这些观念。其他国家的领导人也许会把它们看作是彩虹色的梦，而我们对此更有心得，因为已对它们作了实际的检验。

困扰着旧大陆最大的一个问题是各民族的权利，在较大的政治单元——波兰人、爱尔兰人、波希米亚人、南斯拉夫人、犹太人中都存在这些权利问题。正是在此，美国人作出了根本性的贡献。我们把公民地位和民族身份完全分离开来，由此解决了这个问题。我们不仅把教会和国家分开，还把所有称作构成种族的东西如语言、文化传统等和国家分离开来——即和政治组织以及权力的问题分开。对我们来说，语言、文学、教义、团体习俗、民族文化与其说是政治性的，不如说是社会性的，是与人相关而非与国家或利益相关的问题。让这个观念飞跃重洋，让人们能看到它所具有的疗效。

联邦政府、将文化的影响力从政治的用语和控制中释放出来，这是美国取得的两大积极成就，从中产生出能够展示美国人理想之鲜明特点和鼓舞作用的其他品质。我们在自己的国内体制中真正做到各种民族杂居和国际化了的。正是在旧大陆，各色人等被教导说，他们共同生活在一个大家庭里，经常热忱相待，彼此间却怀有一种天生的根深蒂固的反感。我们已成为一个热爱和平的民族，不仅因为这里不存在把我们的族界封闭起来的强大势力；而且因为我们民众中那些多样化的要素：希望、机会、毫不畏惧的昂扬气概等等，可以在伙伴关系和自愿的竞争中派上用处。我们不受胁迫的生活自然而然地导向宽容的路途、生活和让别人生活的大度精神。我们的心灵没有那种牢牢印刻的观念，好像其他力量的壮大便意味着我们自己势力的衰退。我们已能全身心地来共享斗争的成果:哪里有生活哪里便有斗争,以良好的幽默感来看待伴随斗争而来的失败。

在致力于实现联邦政府的观念和从政治统治中解放人的利益的过程中,可以说,我们是一座傲世独立的实验室,这里正进行着能为其带来益处的一场伟大的社会实验。战争,掀掉孤立的帷幕,意味着这个实验期已经结束。我们现在正被要求向全世界公布这场实验的性质和成果。我们不用言词或书本,而是通过展示这两个要件的方式向外公布;有了这两个要件,世界就能享用和平带来的幸福,这不仅是说不再有战争,而且还能结出和睦相处的果实。我们已不再摆出对我们的物质力量大吹大擂的态度,这是一件好事。但是,我们需要重新获得先辈们拥有的那种战斗信念,即美国代表着一个伟大的思想。我们还要竭尽所能对它加添一种热忱的信念,即我们要让这个世界来看一下:作为一种为它自己的未来安乐生活着想的模式,这个思想究竟能带来何种启示。

# 战后国内的社会重建①

你们当中的很多人无疑读过英国工党,或者至少是它属下的一个促进委员会发表的一份引人注目的声明,这个声明谈到了战后恢复期中社会和工业整顿的政策。该文件提出的一个明确意见是:战争毁掉了造成它那种特有的社会秩序的基础;简言之,战争不仅吞噬着军火、钢铁、战船和人的生命,而且使产生它的那种社会秩序消耗殆尽。该文件还提到了一位日本政治家的说法,说是当前的战争代表了欧洲文明的没落。该文件的起草人接着说,确实,如果说战争还不至于标志着欧洲文明的死亡,那么至少象征着一种独特的工业文明到达其顶峰并开始衰落,工人们是不会去寻求重建这样的文明了。

这些说法或许过于极端,但不管怎样,它们是出自一个有影响的阶层,它们代表了不列颠有组织的工薪阶层的意见,代表了全世界劳动者中也许是组织得最好的那部分劳工们的意见。但我们大家都看到了这样一些声明,这些声明要是尚不至于说它们如何极端,如果和仅仅几年前出现的那种对战争的胜利成果加以夸张的观点相比,似乎又偏于另一面了——这些声明出自截然有别的阶层,如我国钢铁业巨子施瓦布先生、英国罗马天主教会红衣主教伯恩、建筑师拉尔夫·亚当斯·克拉姆先生。作为拥有十分不同的阅历和世界观的人士,他们承认,如果说到整个人类极有可能要面对的事情,那么作为战争的间接后果,这个

---

① 首次发表于《人种进化杂志》(*Journal of Race Development*),第 8 期(1918 年),第 385—400 页,录自 1918 年 3 月 5 日在克拉克学院所作的讲演;重印于约瑟夫·拉特纳编,《人物与事件》(纽约:亨利·霍尔特出版公司,1929 年),第 2 卷,第 745—759 页,标题是"社会重建的要素"。

世界将要经历重大而深刻的内部变化、内部重建;他们都同意,倘使我们不想被国内骚动不安的严重局势拖着走,就必须正视这些变化,并与整个社会站在一起,用自己的同情心和理解力去主动地加以应对。

74　　英国一本属于高级金融类刊物的财经杂志不久前评论说,战争已显现出:英国的真正财富不在于它拥有的资本,而在于它拥有的人力资源、企业、创造力、持续的组织能力,以及普通男女具备的技能和勤勉精神。也许,战争开始使我们认识到这样一个观点:虽然我们生活在机器文明中,处在前所未闻的一场机械化战争之中,可是说到底,枪总要由人来扛,而扛枪的人总是要依赖在田间、工厂干活的男人,或在家中、商店和厨房里操持的女人,他们才是真正决定战争结果的人物。所有过去发生的战争,在很大程度上是军队的战争,是那部分被专门动员起来去兴兵打仗的人的战争;但现在的战争再普通不过的事实是:战场上、战壕中那些穿军装的人只是代表着一支大队伍的一线人员,这支大队伍实际上是由所有民众组成的团体。如今,正因为战争已使整个经济、工业和社会组织染上了战时的色调,于是便处处充满了变化的征兆。我们要问一下自己:为极度的战争压力和色调所折射出的现存秩序的主要弱点何在?自然,一般说来,这些弱点具有相同的性质。无论战争中发生的所有事件会是其他什么东西,它总会显现出这类性质的特点:要实现公开的、普遍的、共同的目的和结果,就需要统一行动,需要组织化了的合作行动。已暴露出来的弱点显示出:我们所称的那种社会生活之所以被组织起来、得到妥善安排,竟是出于私密、酝酿着激烈冲突的目的,而不是为了共同的公众的目的。它们表明,由于对我们事务的处理有赖于这个私密的、特别的和冲突频繁的基础,因此不能如现代世界所要求的那样,为组织的稳定性、协同行动的效率提供保证。

　　有些这样的弱点(我宁愿说所有这些弱点),大多数人早在战前便有所认识。在某种意义上,就我们社会构造中存在的弱点这一问题而言,并没有绝对的新发现,但战争仍然使人受到了极大的教育。它是一个大规模的解围之举,它投影到75　地图上的这幅图像可以说为行进中的人带来了便利。它使对这些弱点和缺陷的讨论超出了学究式争辩的范围,使之成了关涉普遍认识和公众利益的事。

　　我将提到的第一个缺陷,也是我们在战后发生的任何有效整顿中应引起注意的一个缺陷,便是过去的社会秩序无法保证其成员稳定而有效的就业。对任何自称是一种文明所能作出的最严厉的指责,莫过于摆明这样的事实,即它不能利用其成员的身体、智力和道德的能量。这些成员渴望并急切地想提供某种形式的服务,去从事某种所需并有用的商品生产;它不能条理有致地给予其所有成员做事情的机会。于是,我首先应当说的就是不幸,这是不必要的失业之恶的特征;因为无论怎样称呼一种文明,这样的不幸都使其中的弱点昭然若揭。

目前,这样的局面很严重,这不仅是指涉及大部分人口那种无保障、不稳定的就业,使他们陷入穷困可悲的境地;更严重的是,这样的局面有可能对人们的精神面貌造成伤害,类似失业这样的情形是会带来此类伤害的。我们都知道,使人消沉颓唐的施舍是怎么回事。每个有组织的施舍的社会都在教导并不断地宣讲不加区分的施舍之害,它如何毁掉成为其领受者的那些人的道德感。我们不是要总结这个教训并利用它来说明整个产业工人的情形吗?这个阶级中的广大男女周期性地忽然发现,他们被抛入了数量可观的失业大军;他们不是在乞求旁人施舍,而是在乞求哪怕有一次干活的机会,以能制造出商品,为社会的实际需要提供服务。这种情况会对人们的自尊造成什么结果呢?这是对个人自信心的损伤,对个人自尊的损伤,对有关世界和他人的信仰和信念的损伤。我认为,由朝不保夕的就业带来的伤害如何高估都不为过。当民众发现他们不能干他们可以干好的事,他们对世界所持的态度要么是无能为力、听天由命,要么是充满痛恨和敌意。如今像这样的一类事也许已变得一目了然,它们不是什么新东西。战前人们就曾对失业和诊治它的问题开展了许多讨论,但战争的所作所为使这类意识变得更尖锐和更普遍了。它也表明了,这个问题并非不可避免,而是可以通过人的管理活动得到解决。这场战争证明,人们有可能把他们的智力和经验积聚和组织起来,并得到政府权威的支撑;即使在战时蒙受如此巨大压力的情况下,人们也可以掌握工业和经济的发展进程,保证其顺利运行。那些能够干活的男人和女人也不会缺少那份有益、稳定和有合理报酬的工作。

失业另一方面的问题是所谓的有闲阶级问题。你们可能听说过国外批评家所谈的趣闻,他对一位美国年轻女子说,美国生活的一大缺憾就是没有一个专门的有闲阶级。该女子答道:"噢,不,我们有的,只是我们把他们称为四处流浪讨饭的人!"但不幸的是,这个国家专门的有闲阶级并非全由流浪者组成。我们不仅有身处社会和产业界底层的失业者,还有处于产业界和经济界高端的失业者——那些寄生阶级,那些为了摆阔和奢华享受而忙活的人,他们并不靠社会实际提供的服务性收入生活。

如今，战争已使"逃避工作的人"这个字眼变得惹人注目，成了要让人们来想一想的问题。那么，能否说战时社会上那些逃避工作的人要比和平时期的懒汉更卑劣、可鄙、讨厌吗？我们每个人今天在这紧迫时刻承受的、促使他工作的压力在战后不是会继续存在吗？从拥有一个职业、通过自己的工作以造福于社会的观点看，这种压力不是将表现为对所有依旧在逃避工作、依旧是寄生虫的人的那种不断增强的社会的鄙视态度吗？

我要提到的第二个不幸，是在众多工业人口中发现的那种不够格的无人性的生活条件和标准——当然，这部分是长期失业造成的后果，但部分也要归结为很低的再就业率。当然，我们已习惯于把低工资和待业与穷愁潦倒联系起来，但还不太会把所遭受的困苦不幸说成是普遍的败坏，是人口中绝大部分成员生活标准的恶化变质。我们没有指出，非人性的不断降低的标准其实是身体健康的标准——虽说即使在战前人们已对这一点甚感不安，人们在思考使众多现代工业得以运转起来的那种恶劣的经济环境问题，它们造成了不必要的死亡、疾病和体力衰弱。你们可能看过前些时候——时间还不算太久——由华盛顿的儿童福利部收集到的统计资料，它指出了与工薪阶层家庭那部分孩子的成活率相比较得出的富裕家庭那部分孩子的相对成活率，其中下降的数字只是显示出使数量可观的人口存活下去那种很低的、差不多是非人化生活标准的一大征象。这种生活标准不仅与身体的健康、营养、食物和精力等相关，而且涉及人们的美感和智力水平。我们老是为公共的普遍的教育体制感到自豪，殊不知绝大多数人只能从体制中享受到尚属初级、基本教育的好处。显然，大部分儿童还未受到一种教育——家境宽裕的人、社会上那部分有教养的人所说的那种教育，便离开了公立学校。他们离开我们时，具备了读写、计算能力，还有一些地理和历史方面的知识，对五花八门的通俗义学也略有所闻；但从这么小的年龄起，他们便不可能借助教育的影响而获得一种成熟、训化的智力了。要是说这时他们觉醒了，说他们仍有觉醒的能力，这还得归于他们生而保有的优良禀赋，而不是因为在教育体制下接受的那种训练。我不需要详述此事，需要的是思考一下广大民众百姓的生活条件，不只限于贫民区的生活条件，凡有拥塞的工业人口居住的地方都在考虑之列。要想一想，与那部分富庶人口已达到的标准相比，他们的生活水平实际上已降到了何种程度。

第三点，战争已揭示出生产和分配的效率方面存在的严重弱点和缺陷。要知道,这个问题牵扯到了我们现存的陈旧社会秩序最引以为豪的那些方面。我们或许承认过,我们对这个问题所涉及与人有关的方面做得还不够好,但人们争辩说,就生产和分配中涉及的机器的发明、组织和使用的效率来说,和过去无论哪个时代相比,今天取得的进步几乎可以说是无限的。当然,在某种意义上,也就是说,如果与伟大的工业革命前的那些古老文明相比,上述道理并没有错;因为这些机器的发明,当然是科学发现的产物。它们是将人的心灵释放出来用以去研究自然和自然力量的秘密的产物。要是把我们在机器用具上的技术发明——蒸汽机、电报、电话、汽车,以及其他各种为生产和分配服务的力量——设想成是现在的工业制度结出的实际成果,这就大错特错了。相反,它们相对来说是一小群科学家们的发现成果,这些人的工作不是为了承认、也从来没有得到承认——如果就起码的金钱上的承认而言的话。之所以会出现机器运用于生产的情况,只是因为出了个富人、出了个掌握着钱财资源的人,他把这些自然科学成果利用了起来。

况且,效率不是一个绝对物;正如每个工程师都会告诉我们,它是一种比率。效率相关于实际产出和耗用资源的比率,从这个观点看,效率并不关涉与以往时代之产出的比较,而与当前的即时产出和未加利用的资源之间存在的比率有关。我们甚至不能因为在工业生产上实现了多大的效率而引以为豪。我无须提醒你们这个事实,当英国以及我国要求实现更大的效率时,政府不得不接管各种分配销售机构、铁路等。我也无须提醒你们,不久前我们遭到的煤炭生产和分配体制的破产;不管随之而来的此起彼伏的斥骂声会要哪个特殊人物为此事负责,显然,真正的难题在很久以前便出现了。它要归为这个事实,我们的生产和分配是按非社会性的基础——金钱利润的基础组织起来的。当它们突然要向公共需要和公共服务的基础转轨,自然就崩解了。这里最大的无效率,在于它们不能利用人的力量。当然,它们的最大长处在于利用自然力——蒸汽、电力、机器、工具等等,但我们并没有成功地吸引、征召和释放可加利用的人力。即在战前,那些劳工的大雇主以及被迫研究劳工问题的人就逐渐认识到,工作受挫的问题日益表现为一个心理问题。在当前的条件下,是要唤起广大挣工钱者们的兴趣和注意力的问题。我们称为劳工"周转"的问题乃是这样一个事实:为数众多的人被雇用,旋即被解雇,为的是保持工作中的平均人数。这简直就是那与人相关的工业体制破产的一大征象。几天前,我曾听说,新泽西州沿岸有一家新的造船厂,为了恒定保持每星期1000人左右的工作人数,不得不每星期雇用1200人——就是说,他们不能不一年雇用5万人来维持年内1000人的工作人数。当然,这可说是个绝大的平均数:五十比一。我还看到有关宾夕法尼亚铁路建设的一则报道,想必你们从今天的报纸上也会了解到,为了能稳定保持25万人干活,他们在去年一年中召募了逾25万人的劳工——就总体而言,宾夕法尼亚铁路在全美国纵然说不上是那种拔尖的工业企业,但却是组织得最好的工业企业之一。这样的事实正可说是一种征象,在现存体制下,人们的头脑、内心、思想、兴趣并没有放到他们所干的活儿上,结果造成了巨大的浪费和无效率。有报导说,英国的许多企业,其平均产出自战争爆发以来比战前那些企业专家、工业劳工问题专家估计的最高值还要高。换言之,不断的激励,战争给他带来的工作兴味,使每个劳动者现在所干的活比战前那些劳工专家们认为最熟练的劳工所干的还要多。我国也已有许多人士估算过,在正常条件下,每一个劳动者的人均效率约为一个人能够发挥的效率的40%左右;当然,后者必定是以份内事的心情,更不必说是兴味盎然地来干这份活儿的。

可以说,这个问题之所以严重,不仅在于生产的相对不足和能量的浪费,而且在于智力和道德水平的恶化。要是大部分民众并不关心他们正在干的活儿,对其感到厌恶,丝毫不觉得此类工作对他们有什么吸引力,那么,这种恶化免不了就会出现。流动工、游民闲散工的迅速增长,是这种智力和道德水平趋向恶化的另一个证据。我想,差不多每一个成年人,只要他的生活中有一份工作,而且是一份令他感兴趣、在智力和道德上对他有吸引力的工作,他就会说他的职业,连同他与家庭和朋友的个人关系很棒,对他的生活有着持久稳定的影响,他的活动便围绕着这个核心被组织起来。这是一个使他的行为具有稳定性的核心,是一个给予他的思想、他的感情以范导作用的核心。这样,要是一个人对他的工作感到若即若离或兴趣不合,你就不会对所看到的那种无精打采的心理和道德现象感到意外了。

在发挥人的效率方面招致的另一种失败,是没有去探察和利用民众实际上拥有的多种多样的本领。我的一位同事对我国科学家的分布情况做过一项研究,这些科学家现在都颇受人推崇。他跟踪了他们孩提时代的教育环境。他发现,新英格兰地区产生的这些科学家与当地的人口之比,其人数上所占的比例要远远高于南方各州产生的相应人员。我并不是说我们这些新英格兰出生的人要为北方佬身上天生禀有的优越能力而自傲。这一例子不过是对那种令人信服的力量、环境的激发力和选择力的一个写照而已,其中包括教育、社会影响力、社会需要以及所有其他因素。当你得到一个数字,比方说二十五比一,你看到的就是一幅清楚的天才人物的画面、人的才具能耐的画面。这些人在现存的社会体制下蛰伏着,没被察觉和利用起来。当我们想到大多数人是挣工钱者,并且正如我说过的,有那么多人,当他们离开学校、失去接受系统教育机会的时候,他们的年龄才在12至14岁之间,正在上小学五六年级。我们就会懂得,现存的社会体制无从发掘人的才干,其造成的浪费实在无法计算。现在的工业制度对各种专门技能的刺激是巨大的,然而这类刺激又是非常片面的。那些去特意加以刺激的东西,当然也就是在我们现存体制下特别要求并能得到奖赏的东西,原来是一种高度特化了的能力形式——赚钱和理财的能力。即如技术才能、科学和工程学的才能,它们不可能如同特别的理财和赚钱本领那样得到高度的激励和酬报。这后一类人能够干练地把握市场,并通过市场将商品卖出去。我们仍只是出于一己偏爱来看待艺术家的才情专长,而对大部分科学研究的才能,前面已提示过的那种技术才能,还有许多恕不能一一加以枚举的社会才能的形式、能够给人以鼓舞和启发的那些才能的形式,我们也只是满足给予片面的激励了事。

现在,情况既已如此,我们就没有理由不去思忖一下人们所持的乐观态度,他们都对伴随战后社会整顿而来的巨大进步和确定方向深信不疑。自然,正如我提到的这份英国人的文件所表明的,如果专从劳工的方面看,这里会出现极大的要求、极大的压力;但是,这里也会存在巨大的惰性,以及要予以克服的巨大障碍和困难。我们没有理由设想,战后会自动出现人们盼望的那种重建和再造。我们也许很可能——这是可以想象到的——要经历长期的社会不宁和社会动乱。问题在于,既已有了战争的经历,整个社会是否能够学着去利用那些有用的智力、可获得的洞察力和谋划力,以便靠着某种理智规划的基础,有步骤地去领会问题,把握它的实质——该规划不要过于严格,其中的每个项目不是事先就明确计划好的,而只是表示对事情之将来发展的看法;这些事情大多需要当下就做起来,在做的过程中取得经验,其经验会对往下要做的事和下一个处理步骤带来提示。于是,在我看来,战争成全的一件大事、一件恒久的大事,便是给我们强行补上了心理学和教育学一课。战前许多承认这种种不幸的人会说:是的,这种祸害太大了。我们都承认这一点。对此,我们深表遗憾,但整个形势如此复杂,我们对它无能为力,只有等它慢慢地发生变化。我们在改革的道路上,只有求助无意识的自然规律的作用来办成那些严肃、重大的事情。是的,我认为,战争已永远取消了任何人诉说此类事情的权利。它已证明,现在人类有可能来把握人自己的事,来掌管它们,来看看所取得的结果、必须实现的目标,并殚精竭虑地通过其工作把各种工具、资源和获得结果的方法协调组织起来。有一个说法,这是在有名的布尔战争中开打的,但主要是通过小说家威尔斯先生(H. G. Wells)的作品为人所知的,说是要学会"胡乱对付";所以,你可以把它叫做通过进化来应付,或者叫做演化性的顺应。这类说法实际造成的效果差别不大,它们表明了一种总的态度。我认为,战前那些善意的人——承认我说过的这些不幸,并在战争的胁迫下祈愿一个美好世界到来的人,他们也已发现,即使谈不上把全国的智者召集到一起,也可能把相当多的智者及其行政和管理才能统合起来,把他们与那些物质和自然的力量一并组织、调动起来,去干些实事,从而获得确定的结果和目的——这些事不能不做,而结果也一定要达到。

就此情况而言,在我看来,我们不可能在战后心安理得地回到那种把随波逐流的所谓进化当作办事惯例的时代。我们的一个真正问题是:要有效地觉察出社会上那些有识之士是否真正向往产生一种治理得更好的社会秩序。如果这种渴望、意志和目的足够强大,它便证明:即使在蒙受着巨大压力——反常的负担压力的情况下,人们也能携手合作,把他们的物质资源和智力资源运用起来考虑社会治理的问题,而不是让社会随波逐流,听凭不测事件的摆布。

我以为,对战后的社会整治来说,战争不啻给我们上了一堂心理学的大课。当然,这一系列行动——理智的、有组织和合作的行动——必须是经由对我已指出的这些弱点的思考后所下的决断而来;我们已把如此多的时间花在问题的消极面上,这是因为,除非我们知道弱点、缺陷、祸害、毛病出在何处,我们自然是不可能找到对理智努力加以引导的那种线索的。

于是我要说,一个较好的社会秩序对我们提出的第一个强烈要求,便是保证每个能够胜任工作的人的劳动权利——这是法定的权利;这种权利应被强制贯彻下去,这样个人就永远可以得到从事某种形式的有益活动的机会。当某些危机发生的时候,正常的经济系统会崩溃。这时,国家就有责任出面挽救,看看有什么值得个人去做的事——而不是像石料店里的石匠那样,为找不到什么值得做的事而徒唤奈何,或者干脆分发些施粥券就算完事。国家应当提供自尊之人感兴趣、并不一味以酬金为念的那种有价值的工作。无论所称的"社会主义制度"对人们的好运曾做过何种许诺,它说的话好像正符合普通人的常识,即是说社会应当自我组织起来,以此确保个人不用施舍,而能凭其所从事的有价值的工作就可存活并得到发展。

其次,战争已揭示出理智管理的可能性(这一点只是重申我说过的问题)——这种在较高水平上得以确立并维持的管理模式将遍及整个生活范围,成为普遍的衡量标准。最低工资标准不应是各个国家只在战时而非在平时才能长久想象的东西;它对我们来说,不是一个梦,不是一个高不可攀的念头:它已成为事实。英国已经花费巨额资金为劳动者解决住房问题,就我们查明的与运输业相关的规划来看,这里首先要做то为人们提供体面、舒适和卫生的住房设施,不然什么事都办不成。英国已提出的这个要求或许有助于战后对失业问题的处理,这项靠着国内社会各界的支持而运作起来的宏伟的住宅工程将继续推行下去,直到贫民窟及其散发的恶浊朽败之气消失。每个人都拥有居住的房屋以及适于居住的环境;在这些住宅中,可以看到为人的生活所必备的各种居家设施。自然,争取意外事故保险、疾病保险、老年不测情况保险等战前就很活跃的运动,由此也得到了极大的促进。

以上述及了使生活水准得以保持的所有方面内容——不仅指经济生活方面,还涉及广大工薪阶层的物质、道德、智力和审美的生活;我已说过,战争已表明,就是在战事对人们的思想、注意力和精力提出逾常要求的情况下,人们在战争期间仍留有足够的能力和精力比战前更见成效地来关注这些问题。这意味着,当紧张的战事休止、人们能够享受较为安逸的生活时,我们更没有任何拖延的理由。我们的社会将投入比过去任何时候更多的精力和智力、更为系统的手段来解决这些问题。

我提出的第三点要求,涉及确保实业界之发展中所需要的那种更大程度的自主。这就是说,保证各行各业的从业者具有更大的能力来控制他的实业,而不是在受到外部控制的情况下工作。在后一个场合中,他们往往对所干的事情失去兴趣,失掉眼光;对他们所干之事的意义及其后果,也缺少社会的洞察。人们常说,战争至少在一段时间里给予国家社会主义巨大的刺激。但是,如果有人注意到在英国以及我国实际推行的东西,我想,他会作出结论:那正被人们散布的或可称作工业社会主义的东西,远非是那么完全的国家社会主义。比如,英国就没有把铁路、煤矿以及其他大企业收归国有。要说谁真正拥有它们,好像也是一件十分困难的事。已经发生了这样的情况,政府现在坚持要在每个管制委员会中有它的代表——就是说,一个与整个社会利益、国家和民族相关的代表。投资者、持股人等也有其代表;但人们发现,为保持实效,劳工们也不能不派出自己的代表。

这就是战时在不列颠首先进行的经济和工业整顿遵循的主要方向。他们在这方面积累的经验较多,好像在相当程度上指出了一条我们正在走着的路。它并没有包含绝对的国家所有和绝对的国家控制,所看到的不如说是某种形式的共同监督和管制,可以说,在这当中,监督人和仲裁人在共同照管着公共利益、消费者利益和全体民众的利益,照管着其他那些代表直接投资者的人,其他那些代表将其生活(以工作的形式)直接进行投资的人。正因为在战争的压力下,事情如此自然、几乎是不可避免地采取了这个方向。在我看来,如果它能继续有条不紊地推行下去,说它是未来社会改造的一种思路也未尝不可。但是,这就意味着,雇主在控制其自身的活动中要增加给予劳工们、挣工资者们的享受份额。如今,人们一般都指出民主政治制造战争乃属无稽之谈,但实际上还未接触到实业和经济的自主性问题。我想,我们在战后必定会看到的,或者是某个严重的动乱、失范、动荡、冲突的时期——我说的不是实际爆发内战,而是说各种不正常的冲突和失范;或者是在各类企业推行自我管理原则的某种运动。

这么说,在我看来,三件事乃构成了社会重整之理智推行方案的最为基本的要素:

首先,要确保所有人得到稳定的职业或工作。

其次,通过得到国家和城市支持的管理,建立并维持一种较高水平的一般生活标准。

再次,在社会各行各业的经济活动中,持续、稳步、即便是有些缓慢地来推进实业的民主化、企业的自我管理。

最后,我想就桑福德院长的讲话谈一点感想。我认为,如果我们置身未来的时代,并采用一种历史回顾的观点,那么所看到的重头戏完全有可能是国际格局的重组,以及随之而来的普遍的政府和朝代更迭的某些情况。但我们似乎也完全有可能强调事情的这一方面:为了在现代条件下有效地参与战争,全体民众都被组织和动员起来了,最为长久、重大和具有深远影响的变化来自这种社会力量的改造;就是说,起初被用来有效参与并赢取战争的各种手段,改变了对人力加以经营组织的方式。这将在很长时期产出那种最有意义的结果,正如我们今天若明若暗想到的,我们据以生活的社会秩序看来并非是那个可适当唤作自然规律的产物。它并非才气横溢的见解、充满灵性的预想和控制的产物,而是缘于一定历史时期中众多汇拢起来的势力碰巧出现了聚合趋势才发生的历史事件;将来的历史学家会说,有关当今事件这一话题确如我们宁愿认为的那样幸运美满,即这场战争代表了这样一个时代,当人类认识到它的力量多半已听凭偶然事件的摆布,它便决定运用同样的理智、同样的洞见,以及同样战前只在管理私人事务时才见到的那种井然有序的控制方式来对公共事务行为施加影响,对人类的共同利益进行谋划。

# 一种新的社会科学[1]

英国工党的一个委员会在一份声明中说,战争正使造成它的这个特有的社会秩序耗损殆尽;如果这一点还不足以成为文明终结的标志,那它至少表明了一种工业文明的终结,劳工们是不会再让这个文明复活了。按报纸上的叙述,施瓦布先生在相当程度上走得更远。他预见到会有一种社会复兴,在这场复兴中,那些贫无立锥之地者、凭其双手干活挣钱的劳工将成为统治世界的人。我怀疑那些对任何社会制度的重大变化深感恐惧和厌恶的人,是否除了发展出一种有气无力的自动作用理论外,就得不到更大的满足了?这个理论想当然地认为,巨大的社会变化肯定会在战后出现,所有这类变化都旨在改善劳苦大众的生活条件。如果这种变化要留待各色各样的进化或者纷纷嚷嚷的革命来成就,那么到某一紧要时刻,或许连魔术师也会找不到。一切都和从前一样,除了不断增大的动荡不安和日益紧迫的控制需要。英国人的宣言真是过于聪明,以致染上了乐观的幼稚病。但是,它承认前面仍有要做的事,这就需要将干劲、热情和理智知识非凡地聚合起来。

说到英国的问题,霍布森先生(J. A. Hobson)在他的《战后的民主》(*Democracy after the War*)一书中清晰地指出了各种力量的纠集,它们会阻碍工业社会进行的民主化重建工作。我们的国家将在许多方面陷入更严重的困境

---

[1] 首次发表于《新共和》(*New Republic*),第 14 期(1918 年),第 292—294 页;重印于约瑟夫·拉特纳编,《人物与事件》(纽约:亨利·霍尔特出版公司,1929 年),第 2 卷,第 733—738 页,标题是"新的社会科学"。

中,随着士兵复员和军械厂工人的遣散,失业将成为一个大问题。高报酬工作机会的减少,无论如何造成了巨大的压力;已有许多雇主和大投资商想从东方国家输入劳工,若他们认为此事有任何成功的机会,是会公开对此事进行操作的。战争造成的产业转移与其说对资本,不如说会对劳工产生影响,因为战争会造成企业的合并和资本的整合。这种相对的流动性和非人化的特征,使资本集聚在由战争营造的蓄水池里。巨大的金融收益多半来自对账面余额的控制,也就是对货币面值的控制。他们可在其经营下积累起庞大数量的欠款证明,这是以扩大信贷或用贬值了的货币购买的方式被欠下的。伴随战争而来的通货膨胀,会使他们要求对所欠的债务用"诚实的钱",即高息资金来偿还。到目前为止,很少有证据表明,我国存在任何劳工方面的相应的有组织的力量集聚。这种集聚受到劳工们固有的思考和行动方式的连累,他们总是想到劳动时间及劳动的直接报酬,而不是想对经济状况进行一番估量后再作出决定。民众也很少对介入劳资双方以改变游击战似的冲突做什么表示——每天的报纸不乏这方面的例证。即使按最乐观的估计,当劳工力量被看作是人们反对稳固的金融势力的一个极度技术性的问题,它的有效集聚也会碰到许多困难,除了这方面的思考外,有效的政治行动还会遇到英国所没有的某种障碍。我们的宪法大概会在战后重新实施。看到无财产的人竟在如此状况下成为国家的中坚力量,这需要有一种特别丰富的想象力。

在看到这种种困难和障碍的同时,我们也取得了一项大成就;随着战事的逐月推进,这个成就会变得越发显著,这就是看待人类事务那种觉醒并改变了的意识。迄今为止,这种进步还只限于心理和教育方面。确定的信仰已受到撞击而趋于解体。被认为是基于理性的那种自以为是的信念已被撬动,露出了偏见的岩块。想象力已能惯以开阔的视野来看待那些"不可能"做的事,而取得的成就也像我们所获的经验教训、所采纳的奇特观念和新的可能性那样,对我们来说变得更容易驾驭、更易于接受。社会的某些因素,尤其像劳工的因素、科学能力和理智技巧的因素,它们的枢轴地位因极大的社会迫切需要而被人们生动地意识到了。总之,人们已经发现,理智和训练在事关公共利益的广大公共事务行为中是有用的,只是要造成使意志得以运用它们来服务于公共利益目的的那种机会。现在似乎隐约扩散着一种感情,我们既已表明了公众关切的力量,那么只要去除实际欲望,或者说去除那股相反的试图服务于个人利益的力量,我们就能恢复从前的秩序。我们有一种预感,民众向往的是能够带来帮助的理智和技能。挡着我们道路的与其说是产量不足,不如说是邪恶的欲望。这种教导,这种社会心理上的变化,显现出业已产生的改变了的想象状态;它本身不会长久地延续下去,但却是一种非此不足以促成其他变化的条件。这类源于从另一种立场看待世界才造成了变化的观点,是我们对新的领域永远保持进击姿态的前提。对这类观点的澄清要从对改变了的立场进行定性入手,这本身就是一项实践任务。它表示,要认识到知识分子已减弱了对极端保守主义那些方面的支持。指出假设的"科学"基础正变成一大堆神话,这有助于弄清下一步要干的事。当预言家们如此使劲地鼓吹他们的东西,这些东西便变得不可理解,这时就需要有一种新的理论表达。一种显见的神话在说,既存的社会秩序是按照传统的社会科学,用理性、科学的方式阐述的那种自然规律的产物。任何一种题材的"科学",都示意这种题材中存在着某种理性的秩序。而实际上,已被接受的社会科学并没有主张,任何以现存社会秩序为基础的、具有广泛理解力和指向性的理智,足以对它自身为何物这一点作出证明。政治学和法律科学有赖于大体上由当前的静态秩序作出说明的那些一般的、确定的概念的基本设定。经济学把动态的社会秩序看作是举不胜举的人之累积的理智活动的结果,每个人都用他自身的理智去追求特别适合他的东西,即去追求处于个人控制范围内的利益。现存社会秩序的最终结果,可以认为是通过把微细且神奇的互相交织在一起的理智适应性行为合成一个巨大的装配组件而得到的。当社会学受这些科学的打压而显得忧虑不安时,它多半想去发现其他的"规律",尤其是进化的规律;这些规律能够决定社会之为何物,并借此对它作出证明。这些规律至少又把变化的重任抛给面向未来的进化活动,认为这是处处标榜怀疑却又虔诚盲信的受过现代启蒙之人的天命。

如果战争揭示出我们现存的社会状况实际上是大量独立产生的历史事件之会合的产物,那么,它就表明,我们通常那种理性的、可证实的观念构成了一种本质上是神话学的东西,似乎现象是从属于基本原理和理智上被引导的力量似的。当人们看到,理智多半只局限在这各式各样的偶然事件的范围内运作,从每个带有局部使用收益的事件中搜集材料,那么事情就很明显,所谓的纯粹结果乃是非理性的东西,是非计划和无目的的东西,简言之,是历史的偶然事件。这样的结果反过来又表明,那类佯称它不止是在对正在起作用的特殊力量进行描述、对这种力量产生的特殊结果进行描述性探究的科学,那类佯称它还要去发现社会事件所依傍的基本原理、去发现能够对这些原理作出"解释"的种种固有规律的科学,我再重复一遍,正是不折不扣的神话。这是战争迫使我们接受的反面教育。面对严重的社会危机,我们的目的和方法都需要有根本的改观,因为这场严重的危机清楚地表明,现有的秩序取决于习惯、谋略、个人利用社会力量时的私人偏好、对俗气的奢侈品和出风头的热衷、内部交易和秘密外交;它揭示出,种种事件的发生很少听从理智的愿望和指导。这样一来,事实最终给了"科学"致命一击,这种科学在其各种解释和体系化方法中设定着理智和理性的规律。人们或许拿不准,是否威廉·詹姆斯果真预见到种种事件的发生很快就会证实他的预感,即注重实用的实验主义取代理性主义的科学统治的地位,这涉及一种"权威地位的改变"。

种种急迫情况已表明,理智是作为一种操作力量存在的。这些急迫情况显示出把握事件、对大量的细微变化加以引导的组织起来的理智的能量;而事件的反应,又证明它们是顺从这样的操纵的。集思广益的理智的政策被证实既是可行的,也为人们迫切需要。这样说来,对各种力量所做的经验描述并非是那个用以取代理性神话的社会科学的全部。我们所需要的,是有关怎样利用这些已具有确定地位的力量的宏大的工作假设。立法、管理和教育必须被看作赋有一种实验的功用,以此对各种观念进行检测和改良,而不是仅仅作为一种便于执行的方案。当然,在现存社会秩序的范围内容纳着巨量的经验论题。唯一的麻烦在于,它是被"构思"好了的,它透露出那神秘的可从中得到辩护的背景。当它消除了这一背景,便可被用来对当下的趋势和障碍作出限定。于是,它就成了和社会重建计划的展开、和社会控制的技术相关的东西。只有使自己变成预计之行动的工具,并对行动造成的结果负起责任,社会科学才能摆脱过时的神学设计,以及为数学的合理性模型框定的方法。这类方法除了用来构筑道德和政治学外,已趋于消亡。

如果用于社会重建的理智并不怎么差劲,使人云里雾里,社会形势就会创造出对这样一类科学的需要。事实已使人隐隐感到存在一种幸运,英国工党的计划打消了多多益善地求助那些科学的念头,事实上无论在哪个地方,体力工人和脑力工人都是相辅而成的。只要人们承认新的社会秩序的建设不能借过去的社会秩序遗留下来的科学之助,那么结局就会皆大欢喜。应当说,战争给了如今仍在马克思主义者圈子里盛行的那种神话以最终一击。他们认为,资本主义已完成了它的进化,新时代的诞生宣告了目前资本主义统治的破产;它的破产只是为了给无产阶级让道,使之能完全掌握政权。自然,这样的学说带有黑格尔对立面辩证法的味道。但这只涉及它的形式方面,它的内容在于相信有一场灾难,相信世界末日,跟着会出现一个新千年。这种反复宣讲的教义对某种意愿的存在一再作出证明,这可是一类无从通过理智行动而化为特殊手段和目的的意愿。它所接受的"科学社会主义"仅仅是缺少科学的自供状,表明它缺少那种从细节出发作出预计、推理和实验的精神,而这种精神正是每一种科学之所以成为科学的标志。我再重复一遍,战争已表明,科学要采用精细的理智,而不仅仅是借助无论多么值得称赞的意愿去对危急的社会形势进行疏理。我们在此已廓清了科学观念的行动路线,它不能依赖消极的力量,也不能孤注一掷,或者听任愿望的摆布;而要依靠积极的力量、理智能力,在应对事件的行动中看出效果的那种组织化的探究、商讨、反思和发明的能力。我们取得的成果不会是突如其来的,也不会是十全十美的,但它是稳妥的;并且正如我们在所有实验科学中所看到的那样,差错将成为启发的源头,但不会是反应的原因。

# 隐士式的政治科学①

科学对于物理性质那种粗糙凌乱的现象的征服,对于人所持有的对社会制度和事件的态度,具有一种独特的无法预想到的刺激作用。这就是说,它表明这些社会制度和事件既不是不可思议的超自然力的表现,也不是大自然的博彩游戏。在"规律的宰制下",像物理现象一样,涉及社会现象的概念中没有什么东西是独特的或者不能预期的,这是再明显不过的事了。但是,运用有关人类共同事务之科学的观念要去反对的那股对立的因果性力量,不只是运气、任性的自由意志和超自然的干预。18世纪既存社会秩序的激进的敌人,几乎众口一词地告诉人们:社会制度是人的无知造成的各种意外事件的产物,是骗术和少数人役使大多数人的暴虐意志的产物。他们教导说,新的社会秩序将是那些以知识取代无知、以自由取代教会奴役的人们的自愿安排的产物。人类事务中"规律的宰制"概念,是与法国启蒙运动的人道主义格格不入的;结果,社会科学的事业通过显现其必然而非偶然的性质,转变为一种对社会现象的合理化探究。它演示的是普遍结果,也就是理性的规律,而不是人的一幕幕明智或蠢笨的信念和选择的戏剧。

社会科学实际上成为对社会存在的主要结构的一种系统化证明。它被用来加强人的无能为力和白费力气的感觉。介入也就是干涉,而干涉就会引发因企图"破坏"自然规律造成的灾难。这就是社会上自由放任哲学的唯一的智识背

---

① 首次发表于《新共和》,第14期(1918年),第383—384页;重印于约瑟夫·拉特纳编,《人物与事件》(纽约:亨利·霍尔特出版公司,1929年),第2卷,第728—732页。

景。况且,在反对作为一项实际政策的自由放任哲学时,人们并未握有可据以自我定义、自我证明,借此把自己武装起来的那类观念。他们只是表现出一种恻隐之心、一种实用的感情,似乎某些事不能不做,无论是否有科学的授权;他们只是在做一项以传统经验论为依凭的工作,这类工作似不必郑重其事地借用科学的名义;他们模糊地相信,新的进化论科学为加快社会进化的想法提供了哲学依据,尽管在改变或引导这个进程方面不可能有什么作为。

认为社会经济现象的概念是自然规律的必然产物,这是英国思想家们的贡献,而德国则建构了历史、制度和国家的"科学"。典型的德国哲学首先是对法国的革命哲学作出的防卫反应。盖因后者宣扬人类无知的后果,宣扬为了有意识地维护自我利益而蓄意进行的招摇撞骗和专制统治。德国的科学陶醉于内心需要的哲学,为超越人的推理能力的那种高级理性以及固有规律的绝对性而倾心不已。事实上,德国是现代诸民族中唯一没有经受政治革命的民族,它沉浸在革命无望的教条中,这就使这类科学成了论证补偿之必要性的东西。19世纪德国声势浩大的成功宣传,得力于它那种对于历史和制度,特别是对国家独具一格的科学合理化的推广。

这就是对明显的学院趣味的说明,这类趣味装饰着正统的政治科学的论文。普遍必然的规律和原则,意味着某种不同于经验赋予概念之含义——参阅康德——的合理、理性的东西。这里必定存在着国家的本质,从中必定产生出其有意义的属性;所有一般观念必须以逻辑的规则结合在一起。否则,就不存在什么"科学",而只是未拿到可信的科学凭证的一堆经验事实。像奥尔巴尼的议会休息室里发生的一件事可能就体现着对整个州进行治理的智力水平,坦曼尼协会①和两院制同等重要,而大公司影响立法机关的手段可以和政府权力的适当运用相提并论。但在真正的"科学"中,仅有经验事实是不足为凭的,除非它们被置于概念的框架内,或被裁剪成与其日常背景脱节的某个规律的示例。

各种理性主义的科学,也就是说,各种旨在通过对比来解说一般观念的科学,都必定会形成静止的原理。正如实验科学被认为会对继续发生的东西进行描述一样。前者通过展现其与永恒真理的联系,"解说"着事物当其存在时的必要性;后者通过观察事物如何变成别的事物,使预见和控制变得较为容易。古典

---

① 美国历史上操纵纽约市政的民主党执行委员会的俗称。——译者

政治学于是成了一个从事务和抉择的世界遁形的隐士,它要么持有一种迂腐的保守主义,要么自以为是地对所发生的任何蛮横的变化来者不拒,如果过去那个礼仪时代被认为只能消亡的话。在某种东西上贴上"真理"的标签,确实是使用了一种强力护身符。但社会现象并非是一成不变的东西,它们只是被静止的概念遮掩起来了。古典的社会科学中没有约书亚①。当物理学将分类的解释性概念纳入其中时,自然界提供了与之相符合的事实,也提供了反常现象和偶然事件。一旦这些事情被适时提供的概念搞定,我们就无须再追究它们之间的区别了。变化首先是社会的事实,正如运动首先是物理事实一样,一种无视经验变化的科学是无力对付事实的。这样来看,静止观念对人的心灵的统治,真正说来,使人既对革命也对反动的保守主义的问题考虑欠周。

真正的保守主义是一种意志或尝试的态度,它标志着思想和努力尝试的融洽一致。它不能不去说明现实的变化,去作出选择和适应使之得以自存。古典自然科学的静态标准并没有示意,要情意绵绵地纠缠于已经存在的事物和将要成为的事物之间的对立问题。它们只是表达着那种强烈的想象的癖好,即把事物看成从不曾存在、也不可能存在的东西。许多自称以最佳的名义代表着社会保守主义的人,其实像懒汉那样,陷入一种隐士式的沉思冥想的状态中去了。

古典主义者察觉出政治和艺术上的改革者和激进派的方案或实验中那种个人的偏执、浪漫的幻想和未加约束的冲动的成分,这一点看来不无幽默之处。他本人的标准(被称为理性的标准,因为它们含有一套用逻辑整饰过的概念)所表达的,其实也是他的某种感情——他本人对变化的厌恶。一个人在遭遇变化以及承担起对其加以引导的繁重任务时,如果缺少理智和道德力量,他就会因这个强加给他的变动世界的事实而感到不适和烦躁。他想到要由某些新兴的颠覆性团体、某些布尔什维克分子来为变化负责,并再次躲进他那整洁的知识分子的客厅以求得慰藉,以便使他被搅乱的心情平静下来。在这些平和恬静的境域中,他适足以成为"永恒"真理的浪漫的鼓吹者。他希望他的一生不用费心劳神,而能保持一种安然自得的心态。

---

① 意指古典社会科学中没有偶然性。约书亚为以色列人领袖摩西的继承人。以色列人出埃及后,他领导他们攻占迦南。学术界普遍认为,约书亚征服迦南并不是执行完整的作战计划。迦南的占领是通过渗透和同化逐渐进行的,这个过程持续了好几个世纪。——译者

与此同时,严肃的工作,对无数正在发生的变化进行观察的工作,查明其性质和运动的工作,预报其可能结果的工作,发明某种机制来对其加以利用的工作,却得不到很好的落实。社会控制成了碰运气的事。合法且被认可的真理之间那种沉闷的伙伴关系,遭到了社会以其意志作用于我们种种势力的侵袭。我们一会儿颂扬已有的秩序,好像任何秩序本身即是排斥变化的;一会儿又颂扬各种变化——在它发生之后——因为它乃图解着某种神秘的进化规律。我们为稳定还是改革、秩序还是创新的事情争执不休,好像我们可以把它们当作可能的选择方案以供谈论似的。我们以为谈论这样的问题关系到用父亲的成熟智慧去反对年轻人不负责任的狂想,或者是释放年轻人的活力去与抱残守缺的老朽人物展开斗争;但这一切未免过于浪漫和超脱,都没有跳出某种想象力的局限。如果无可避免的事实揭示出变化无处不在、无时不有,讲究效用的理智是不会怀着如此想入非非的念头去接近它的。它急切地想去发现的,是变化之产生的特殊样式,是其可作出预报的那些结果,是在我们的操控下通过进一步变化可在两种可能结果中导出的那种更有利的结果。面对自然变化的世界,人们学会了通过有步骤地发明有效工具的方式对其加以控制。此事之所以可行,是因为他们丢掉了盘踞在心中的那些合乎逻辑的玄虚的原理,使自己关注于具体的、可观察的变化事态。恐怕直到我们完成了社会和道德事务中一场类似的革命,我们的政治学还在继续成为社会各种悲喜剧似变动的无所事事的观察者。作为其无能的补偿,它对那些被认为在社会变动中找到了例证的某种确定的原则图式,会表现出既不过于吹捧也不急于喝倒彩的态度。

# 我们为何而战①

人类各自的或群体的或好或坏的发展,总不像人类自己了解到的那样。即使他们所干的事情获得巨大的成功,它达到的目的和结果也不能完全符合当初的期想。在落实我们当下目的时,不能不运用外在于我们意图的力量。这些力量一旦释放出来,便会继续起作用,并造成其始料不及、最终把有意识地为如此宏大事业奋斗的对象吞没的结果。目前的战争同样表明了这一点。征服的意志说明了直接的目的。但为了实现这一目的,人们展开各种各样的活动,做出各种安排,设立各种组织。这些附带事件意味着,它们既已成了存在的东西;鉴于战争行将结束,它们是不会轻易地将其存在抹去的。它们要求有一种独立的存在地位,时间一长,这个地位可能会造成比起那些有意识追求的东西更有意义的结果。比如,如果某人对眼下各交战国做一个横向观察,他会看到劳工阶层势力的显著崛起。在战争的紧迫形势下,他们在现代社会组织中所占的举足轻重的地位已变得一目了然,俄国革命已使这个戏剧性的自我意识成为事实。人们能否想见,将来有些历史学家会发现这样的结局比起战争原先为之争夺的东西更具分量呢?

如果发生的是未曾打算过的事,对战争结果的预测似乎就是双倍地无济于事,因为我们很难以这样的方式来理清即便是那类专门的目的,使之变得精确而肯定。然而,我们仍有可能来瞧瞧由战争释放出来的一些力量。如果把注意力集

---

① 首次发表于《独立评论》(*Independent*),第 94 期(1918 年),第 474、480—483 页;重印于约瑟夫·拉特纳编,《人物与事件》(纽约:亨利·霍尔特出版公司,1929 年),第 2 卷,第 551—560 页,标题为"战争的各种社会可能性"。

中到它们身上,我们是可以就其未来的大致轮廓做些猜想的。我所看到的第一个成果,是战后人们会更加热心地广泛利用科学来服务于公共目的。这种体现为各种机械发明物和器具的科学发现所导致的变化会持续下去。使用固定的蒸汽机、机车、内燃机等,首先会使工业继而使一般的社会和政治生活面貌发生改变,这样的改变会一直进行下去;与此同时,我们所说的物质,它一度吸引了人们那么多的注意力、在思想领域造成了那么大的骚动,如今却淹没在遗忘之海中。从技术上说,这些年最大的成就无疑是我们拥有了潜艇和飞机,从而控制了海底和天空。这两者的混合效用难道不会比所有现存的道德说教更有资格取代战争的位置吗?人们易于用想象而不是寻常的语言对未来作出预言,或者不如说,稀奇的东西一旦面世,它也就变成寻常物了。但考虑一下地面和水中的蒸汽及电力输送在废止褊狭的地方疆域方面所造成的社会革命,而空中的飞行似乎有可能完成其消除民族国家的边界的任务。战争还造成了一项特别发明,它使人们惯于去利用集体的知识。利用各种科学专家的技能,将其组织起来以服务于公共目的。我们不太可能完全重返过去那种知识和社会事务行为的离异状态——在这种分离中,知识成了抽象的神秘莫测的东西,公共事务则通过常规惯例、既得利益和计谋韬略来进行控制。普鲁士精神——我们在敌人制造的战争压力下借用的一种精神,它的一个值得恒久保持的方面就是有计划地利用技术专家。要是为了民主社会的目的而加以利用,对科学的社会动员的结果就可能导致政府实践——最后是使得它的理论——发生这样的变化,以至于这种动员会创造出一种新的民主形式。就这种变化而论,恰如飞机的出现造成的变化一样,我们更有可能是低估而不是夸大了随之产生的各种后果。

另一种结果虽然说不上是我们直接想要的东西,但也成了战争这一意外事件的必然产物,这就是出现了巨大的政治组合形态。如今,几乎世界上所有的国家不是站在我方一边,就是归属他方阵营。就这类囊括着各大陆民众的世界性组织使世界第一次在政治上也在地形上变得完整这一点来说,它是个新奇的独一无二的事实,何况它还具有许多绝无仅有的结盟的特征。为了使军事联盟产生效果,这里已实际上而不仅是名义上出现了对农业和工业资源的联合经营,出现了对海运因而也就是国际贸易的共同监督,出现了世界性的审查制度和经济黑名单。加之每个国家如今都有兴趣了解其他的国家,这让小潘德林顿和杰伊角的居民①都知道了整个世界。那种从前只是为旅行家们和文化人拥有的知识和兴趣,已成为广为传播的东西。当许许多多年轻人从法国归来时,战事实况对知识分子的孤立状态所造成的冲击会愈发剧烈。而欧洲也可以有把握地说,它从我们这里学到的东西与我们从它那里学到的东西一样多。对蒸汽和电力的利用已使世界缩小成为一个有形的事实,此后人们就能借助想象而适应异域的生长环境。所有这些事情都意味着,我们已发现了人类全体的互相依赖,发现了更加高度组织化了的世界,发现了我们正在通过更加有意识的实质性联系共同编织着世界。

不管坐在战后和平会议桌旁的政治家们当下会作出什么决定,它都将表示一个世界性的国家正在形成之中。很少有人想到,世界上存留的独立国家即使在战前即已少得可怜——其数目不知是一个世纪前分布在现德意志帝国境内国家数目的多少分之一。人们正以对从前遍布我国众多小规模的地方铁路系统进行的合并中所见到的那种同样的决心、同样的速度——也出于同样的原因,在继续推进国家合并的计划。战争已使这个运动得以提速。这一运动所确认的各项使命和安排,会形成一种日后必定继续发挥作用的机制——这首先是为了满足战后的现实需要;其次是人们若要摆脱这一机制,就不能不把太多与此关连的其他东西连根斩断。认为民族自决运动、各依附民族如今的分离主张纵然还谈不上使合并运动的势头逆转,但也会对它起到一种抑制作用,这是错误的。人们期盼各民族的文化解放和地方自治运动能够在结成同盟的国家中兴起,如达不到这些目的,那么构兵征战难免徒有虚名,因为人们已把战争的那种至关重要的有意识的目标给丢掉了。但即使人们提出甚而超越地方自治而争取一个新的政治上完全独立的波希米亚、波兰、乌克兰、巴勒斯坦、埃及、印度等的目标,他们也不会为反对少量政治单元对世界取得的实质控制而战。战争表明,只有借助一些经济上足以自立的大国,才能有效地维护主权。新的国家唯有取得某种大的政治联盟的保证,才能长久地生存下去。比起欧洲某些小国建立的"(直至战争爆发为止)中立化"的协议联盟来说,这类政治联盟的各成员间将组织得更为紧密。

然而,说世界将被更有效地组织起来,这并非——很不幸地——等于说一旦这样组织起来,就可以获得一个更完美的世界。我们会拥有一个各个国家彼此

---

① 小潘德林顿、杰伊角均为英语作家使用的习语,指冷僻的地方及知识。——译者

间真正和谐意义上的世界联邦,或者是数个彼此间长期抱有敌意的庞大的帝国主义组织。某种与现在的反德意志联盟相当的政治实体,如果在哪一天稍许加以调整,是可以充任符合上述类型的一个组织的:同盟国,东南欧也算一个,还有俄国;要是单独考虑的话,那么,不难想象,东方国家可算作第四个。在这样的情形下,我们便在更大的范围内重新获得了势力均衡的局面;伴随这类局面出现的是它的所有恶行,包括通过威胁利诱,不断对斯堪的纳维亚的效忠国家、西班牙和某些南美国家进行哄骗,以确保它们加入这个或那个帝国主义性质的组织。对两种不同方案的选择,是战后政治家们面临的大问题。如果他们回避这个问题,或者企图恢复战前一大堆各自分离的"主权"国家只是出于经济和潜在的军备需要而彼此结盟的状况,那么,局势或许会迫使人们接受一种强行达成势力均衡的方案。由该方案缔结的不牢靠的均势,将导致又一场决定统治权的大战。

通过削弱孤立地拥有领土主权的国家而使世界组织得到发展,这种发展的对应面是各国的国内整合过程。每一个交战国都提出了同样的要求,在国家遭受严重压力的时候,为了利润的生产必须从属于有用的生产。法定所有权和私人财产权必须为社会的需要让路。私人财产绝对性的陈旧构想在经受了一次不再能使之完好如初的打击后,已接纳了这个世界。这并非说还要去搞任意没收私产那一套,而是说要搞清这一事实。较之公共的需要,任何私人或团体对它"自己的"财产的控制都带有相对一面,通过为这一目的发明的公共机制、公共需求在任何时候都被认为是应予优先考虑的东西。牟取暴利的生产并未消失,在某些军需品的生产中无疑还得到了加强。但是,日渐兴起的反对牟取暴利的那种感情会在战后一直延续下去;同时更重要的事实是,民众已学会识别许多活动中存在的牟利行为,而从前他们是把这类行为视为理所当然的。

简言之,战争使每一种社会事业的公共向度昭然显露。它发现了蓄意破坏的全部含义,此类行为惯常体现为不顾社会需要,通过巧妙地操纵财产权来谋取一己私利。不然,人们那种苦心孤诣的请求,即希望私人控制的企业根据社会需要来生产的请求怎么会出现得如此之多呢。于是,战争便就国家生活中一个最重要的方面缺乏民主的现象,为我们上了一堂绝妙的实物课,同时使得为推进民主的整体控制所做的各项安排能够成为现实。这类提供公共控制手段的组织,涵盖了我们国家生活的各个方面。它对所有国家的银行业、金融业,以及对新成立的公司企业实施监管、启动信用机制等产生了不同程度的影响。世界范围内粮食供应的紧缺使所有人,从种地的农夫到做饭的厨娘,都明白了与生活物质基础相关的所有日常事务的社会意义。因此,为了实际的用途控制土地而不是用它来进行投机就被看作是一个尖锐的问题,同时一道强光截断了在为消费者供应粮食燃料时私下索取个人好处的趋向。我们拥有了对粮食、燃料的运输和分配,以及对军用物资如钢铁、铜材的生产进行管控的组织。将这类决断措施贴上国家社会主义的标签,只会掩盖它们的深层含意:发明各种工具,将公共利益落实在所有现代生产和交换的环节中。另外,除了公共卫生管理的课程外,战争还为我们上了一堂道德教育和预防的新课。这个事实的一个侧面,正表现为人们在推进控制酒后驾车的运动。最后,征兵制度的实施,也在以往有着浓厚个人主义传统的国家中确立起公共需要高于个人财产的思想。

  要想把战争给予我们的各种各样有益的教训一古脑儿列举出来,看来好像是在做一件份外之事。这些经验有:互相依存、利益和占用的互相调解、合理设置公共监管指导机构的必要性——使互相依存成为一种公共价值而不至于用来为个人谋利。的确,并非每一种战争中产生的、用以维护公共利益的工具会被长久使用下去,它们大部分在战争结束后就会消失。但是,我们必须记住,战争没有创造出利益的互相依赖性,而正是这种共存共荣的观点赋予一度由个人掌管、眼光狭隘的那种事业以社会的意义。战争只是把这样的事态作了一个突出的展示,而工业和交通运输中蒸汽、电力的应用早就使人们看到互相依存的作用了。我们说它给人们上了一堂渊博而印象深刻的实物课,是因为它告诉我们已出现了何种事态,并使人们不能无视已发生的革命而将其作进一步的推进。这样,由这次战争引致的公共监管和控制,无论就其规模、深度和复杂程度来说,都与其他战争中产生的类似措施不同;不同之处更在于这样的事实,它们已使一个迅即兴起的运动得以快速发展。刻不容缓的情况使各种公共机构短期内建立起来,用以确保公众社会利益较之私人占有利益具有优先地位,而这类机构本来是要用一段很长时间才能建立起来的。在这个意义上,战争的压力消失后,无论这类用于公共控制的特殊机构会有多少衰减下去,这个运动再也不会后退了。当适时出现的出版物提醒人们不要忘记这些教训时,人们已知道将用数十亿钱款来满足公共的需要,并知道这笔钱中有一部分必定会用在身体训练、工业教育、改善住房条件的用途上,或者用以设立为公共服务和私人企业之运转提供保证的各类机构。他们还会问:为什么不能通过这条路径来对未来的主潮加以引导呢?

简言之,我们无论在国内还是国外,都将拥有一个组织得更好的世界,这是个更加一体化而较少带有无政府色彩的体制。无政府党人正在诉说燃料分配的破产,诉说只是由于政府官员的失职而导致的食物供应的部分破产。但是,无论对这类特殊事件的指责包含有怎样的真理,显然,这类情况的发生有着更为深刻的原因。我们的基础工业年复一年地按照社会原则在经营,它们确实是公用的事业;但这类靠着对个人约束存在的公用事业,也会促成私人利益的最大化。我们的重大失败,不过是使任何秉承如此原则行事而触发的无政府混乱状态出了洋相。当利益来自人们造成的分隔和冲突,那就不要指望还有什么协调一致。毫无疑问,战争已显示了工资劳动者的关键作用,同时也把作为一种持续结果的工业社会化的方向揭示了出来。

可是,社会化或者说社会主义这类带有亲缘关系的术语,它们代表着多种多样的选择。迄今采取的许多措施也许可被称为含有国家资本主义的倾向,它盼望由政府来掌控生产和分配的方式,用政府官僚机构的作用取代公司雇佣和各种发号施令的力量。就战争中这种形式呈现的结果看,它是赫伯特·斯宾塞(Herbert Spencer)的主要论点,即战争需要催生了集权制政府的论点,提供了又一个实例。这类国家在其结构上,必然带有军国主义的特征。另一方面,必须指出,大不列颠和我国,甚至是集权制的德国,显然都采取了相当有力的措施,成功地确保了个人活动较之社会需要和服务的那种附属性质。这类措施之所以见效,只是由于它们赢得了以非政治、非政府的原则组成的各种团体的自愿合作,如大实业公司、铁路系统、劳工团体、科学研究团体、银行等等。况且,工资劳动者可能更愿意利用他新近发现的力量来增加自己对工业的控制分量,而不是将其移用到对政府官员的监控上。他将不能不诉诸从内部采取措施以确保工业民主化的那种政治,他的需要也无过于此了。按这些思路所做的整顿,会在将来使我们组成一个对各行业进行自我管理的联合体,或许除了占有特权位置的工业如燃料生产和铁路运输的情形外,政府只起着一种调节者、仲裁者的作用,不再以直接的所有人和管理人的面目出现。征税将是政府的主要手段,据此,它便能获得并维持以自我导向提供土地和工业服务的社会化,而不用屈从心怀叵测的投资者。如果有人说,就像在国际关系中看到的那样,这里也必然会出现更为高度组织化的世界,他却不可能明确地断言这两种组织类型中哪一种会流行开来,但他有理由相信,一种范围内的解决办法会和另一种范围内的解决办法一致起来。体制资本主义会对少数几个庞大的帝国主义组织产生刺激作用,反之亦然。而这些帝国主义组织必定会诉诸武力,以在不牢靠的力量均势中维持自己的地位。另一方面,用适当的立法机构、司法程序和行政授权达成的各个国家的谐和一致,能极大地缓解国家间的紧张关系,以至于对遍布世界的各种自愿组合形式加以鼓励。于是,这种国家间的联合又会凭借以民主方式进行自我管理的各个行业及业余团体的合作推动社会的整合。社会改造时期也许需要扩大政府的管制、监督范围,但这是临时性的;当目前置于控制中的各种贪得无厌的集团势力已得到稳妥的调整,那么,权力分散的时期便会来临。当然,有关这个问题的结论,无论在哪种意义上都不会伴随战争结束而直接得出,这里将有一个长期的斗争和转变过程。但如果我们要有一个为民主提供保障的世界和一个民主能在其中得到稳固安顿的世界,那么,联邦形式的世界政府和涉及地方团体、文化和实业团体之创设的多种多样的自由实验、自由合作和自我管理便指出了一种解决问题的方向。由于最终说来,专制意味着整齐划一,而我们寄予极大希望的民主则显然表示一种多样化,前者对人的天性损害至深,后者却使之得到释放和再生——我认为,这就是我们正在为民主而战的最终理由。

*106*

# 对非理性的膜拜①

107　　对人身上非理性的东西的存在及其正面价值不能加以曲解。所有的冲动和情感是非理性的东西,它们将人推入行动,摆脱枯燥乏味的习惯。自然的深度和各种奥秘是超理性的东西。理性要干的事不是把锅底下炽热的旺火扑灭,也不是再往火里添加些使火势失控的燃料。它的任务是去察看这堆火用作烹饪的某种目的。为了这个结果,使用燃料就要注意匀当,并对温度作一定的调节。

人的本性中那种非理性的东西,在战争期间变得特别显眼。对此,我们不用惊奇,也不要感到羞愧。所有的情感都被证明是背离了我们的习性,都被认为是不测事件和危机的表现。面对战争这样的大危机,人们把明显缺少义愤,或是过度展示的沉着判断,看作是对战争结果漠不关心的表现。这是一种健康的民众感情。

在必须以充分的行动保持所有力量积蓄的形势下,纯粹理性的表现总不免使人生疑。一个人如果感到激动,那便是他作为一名参与者的明证;如果一个人全然若其无事,那就表明他是个旁观者、观战者。许多人会记得,在我们尚未介入战争时,处在战争状态的欧洲人感到多么忿恨不平,他们认为美国人精神失常。在这方面,许多美国人现在已不可能恢复他们先前的那种态度了。即便是很多人出于同情,总是采取亲协约国的态度也罢。一度似乎是疯狂举动的战争,如今被看成是自然、正义和合理的东西;从前显得是一场灾难的事情,现在被看

---

① 首次发表于《新共和》,第17期(1918年),第34—35页;重印于约瑟夫·拉特纳编,《人物与事件》(纽约:亨利·霍尔特出版公司,1929年),第2卷,第587—591页。

成是一种德行。这种差异是正常的,之所以产生这样的差异,因为一种人是从外部看待战争,而另一种人是战争的亲历者。

相应来看,非要对那些想要利用理智对本能和激情进行引导的人加以劝阻,不是非理性的突现。它关系到对非理性深思熟虑的培植,因为膜拜不会自然而然地形成,它是有意且有目的地造成的。它隐晦不明,若有所图。它向我们提出这样的问题:这样的膜拜含有何种图谋?在小心地、有计划地激发非理性的东西时,人们关心的是谁的利益?是谁在对自然而健康的感情波澜戏耍捉弄,对它作畸形的强化,直到看出去遍地皆是赤色分子;或是对它进行扭曲,直至对政治和经济上有害的东西所做的理性批评皆被看成是战时缺乏爱国心的表现?审慎思考的任务,是依据某种结局而对表露的情感加以引导。存在着好多结局,对情感的审慎培养有赖于我们获得何种结局。某些人对民众非理性的培植是否为了转移多数人的注意力,使之不至于从中产生理智的反对派?把非理性煽动起来达到沸点是不是为了把一些不合某个权势阶级之意的安全保障方面的举措一笔勾销,当机会合适时,将某种用莫可名状的流行情绪酿成的计划和盘托出?让我重复一遍:不是非理性本身,而是对它彻头彻尾的膜拜成了一件不幸的事。

所有看到这些事件进程的人都知道,由于已向他们展示的那种结局,全体美国人都真心实意地全力支持战争。他们的情绪已经冷静下来,对过去那些为了战争本身、为了报复和仇恨而以尖厉的叫喊声挑动他们情绪的人感到厌烦。他们看到了他们自己的目的:一个为了进行友善交往而被组织起来的世界,由于它以民主的原则加以组织,所以使以前被整个压抑下去的大量欲求得到释放。但如果有人对目前开展的非理性宣传作一番观察,他会发现,存在着一种别有用心地想把高涨的热情从其原初针对的目的分离出来的企图,把情绪本身由手段化为目的。

不幸的是,四处蔓延的好战情绪本身是很容易被人如此操纵的。当它们膨胀起来,对目的的缜密思考就不见了,这类情绪会趋向把它们为之激动并从中验证了强烈渴望的那个目的搞得污损不堪。非理性膜拜的引导者进而会竭力把人们的情感转化为恐惧、疑惑和仇恨,他们很了解——纵然他们从来没有对此作过思考——当这些感情被激发起来后,它们本身便附有一种卑下的结果,这个结果又有助于实现那些鼓吹膜拜的人们的意图。

几个月前,一般的美国人还不需要有人来告诉他,为什么一定要打赢这场战争。关于赢得这场战争的意义,他也不需要有什么人旁加指点。威尔逊总统已表达了他的目的和意图,然而这种表达以前却不怎么清晰连贯,赢得战争也就是要在将来不再发生任何类似的战争。这样的事态意味着,要摧毁或是减少那种无自制力的、不时在窥探猎物的任性而又隐秘的政府机构;这类政府机构的存在,不符合无论居于世界何处的普通百姓的利益。军事上的胜负应被证明在导致这类事态发生中起着一种作用,因而它们也就成了这种结果的一部分——就是说,成了发生这种事态一个不可或缺的条件。

无论是我方的自作多情,还是敌方的圆滑花招,都不能挡住我们的路。但那种非理性的膜拜却竭力要我们相信,德国军事上的失败本身不过是说我们绝对打赢了这场战争,它并不涉及任何除此之外的后果。这种非理性的膜拜又告诉我们,只有彻底的军事失败,才算证明了我们的胜利;而这一切,与我们的敌人在制度和性格上发生的所有其他变化无关。

为什么会这样?这类言词中隐藏的幕后企图是什么?回答是:那股从来就没有真心赞同过威尔逊总统有关战争与和平目标的势力,他们认为要发动一场正面攻击已不可能;他们既不认同民主,却又懂得争取这样的胜利对他们自身的阶级利益具有的意义,于是就搞起了侧翼包抄。他们在暗中操纵一切,力图制造出这样的信念,即那些把赢得战争等同于赢得战争之各种目标的人,纵然不能说是德国人的实际同情者,却也是一个失败主义者。他们将美国人在战时把理想化为现实所做的种种努力,视之为专横和唯我独尊而痛加指责。他们宣称,这样的行为表明,人们没有看到我们的同盟者做出的种种牺牲,对他们缺少信心。他们口中所说的"我们的同盟者",其意思并不是指自身正受到民主希望感召的广大民众,而是指一群政府。人们看到,这类政府本身差不多便是最具帝国主义性质、最为顽固守旧的政府。

很容易想象会有那么一刻,那时候,这些膜拜的始作俑者会公然跳出来对国际联盟进行诋毁,并建议把阻止未来的战争作为一种替代物,以此防止人们一意孤行地献身于那些为普鲁士所唯一有效地体现着的军国主义原则。围绕这一目的所做的微妙且隐秘的宣传已逐渐趋于公开,人们不用怎么劳神即能了解:随着和平会议的迫近,这类宣传不用费尽心机地将自己再作乔装打扮了。但是,隐藏在这种膜拜背后的还有另一种从未公开承认的目的,它是目前利用战争情绪对讨论和批评进行压制的那种活动的源头。它把所有那些仍在诚实地思考和说话的人当作怀疑对象,尽管这些人对人们今天的满腔激情泼了冷水。我们会记得那些批评民主制的保守派们的热忱和强调的东西,早在战前,他们就拂逆民众的意志,高调主张需要有各种抑制和保障措施。他们的诚意是值得作点说明的。这个阵营里简直没有发出什么声音来对这一件事情表示异议,即需要防范民众捉摸不定的意志——这种意志对已经出现的、颇具识见的讨论显得不耐烦。正是这些反动分子,这些民众中的宪政怀疑论者,他们现在正起劲地挑动民众的不容忍情绪。正是这些人,他们利用了不断增长的政府威信;而在战时,凭着这种威信必定使某些人把污名加到自由派分子身上,因为自由派分子对国内政策施加的影响令他们感到害怕。问题不在于这种压制多么频繁地出现在某类刊物上,或者他们对某个指控之人有多么确信,重要之点在于非理性培植者的观点中从不缺少诽谤之词,它长久地削弱了惹人不快的知识分子的影响。

  每个明智的美国人都愿意对他的一般言论自由作出某种牺牲,正如为了战争,他愿意交出一部分赖以生存的麦子或食糖。他敏捷地了解到,当许多人正在献出生命时,却存在着将所有和平时期的特权如实维护下去的那种粗鄙的唯我论的企图。他会对这样的发现感到愤懑,即他将失去通常属于自己的食物,这并非为了公共利益,而是某些人要把它吞吃掉。于是,他就会对所看到的这方面的任何东西感到忿忿不平,即战争中必要的间谍机构和限制措施正被用来为个人和阶级的意图服务。战争显露出了美国人意想不到的温顺驯服的一面,他们愿意遵守各种含有明确宗旨的限制措施;但每一种指明这类顺服正被转化为个人价值的说法都会使他们感到郁闷,这种郁闷正如造成它的压制那样极端有害。情况丝毫也不是这样,似乎许多经由对国内的压制和对模糊看法的膜拜酿成的恶,除了助长胆怯者非理性的唯命是从之外,也培养出一种非理性的反抗精神。无理性的、本能的自发表演自然会潮起潮落,而得到悉心养护的非理性则是一种有害的东西,它很容易失去控制。

# 战后的心态[1]

要形成将来的计划,我们就要有如何施加影响的知识,尤其是对于情境的独特的人类反应的知识、不可或缺的心理因素的知识。这一点会因我们的文明朝着民主方向发展的程度而变得愈益真实。因为每一个民主的进步都意味着基本的人类品质的释放,意味着他们的力量和威望的增长。在等级制社会里,人的本性只能通过固定的少数几种渠道得以表现。但固有习俗和专断统治的弱化除去了各种限制,使人的本性成了开放、可通达的东西。它得以借助周围环境更为自由地活动,把自身更为直接有力地展示出来。任何对于战后社会未来方面的健全评估,都必须考虑到当下这个最主要的人类反应问题的重要性。

在对那令人振奋的名曰"新时代"的到来作出预言时,最常见的过失莫过于将战时的心理特性向行将到来的和平时期作一种投射。任何正确预测的首要条件是要指出:从总体上看,来自战争的反应与回想起战争的反应是不同的。为避免由战争压力引起的心态延续到将来,我们就应该问:何种心态被战争抑制住了,以至于被迫退居到隐蔽之处?因为当战争的紧张感消除后,当战争造成的特殊渴望因营养品的需要而日渐减弱,这些下意识被压抑的各种意向就会恢复它们的活动。这些重新展现的活动很可能由于曾是被迫禁止的东西而得到有力的强化,以至于直到它们将事情摆平,构成一种举足轻重的因素。这样,评估战后心理特点一种适宜的方式,就是去理解因战争压力所唤起的自发的情感上的诸

---

[1] 首次发表于《新共和》,第17期(1918年),第157—159页;重印于约瑟夫·拉特纳编,《人物与事件》(纽约:亨利·霍尔特出版公司,1929年),第2卷,第596—601页。

种预测,并促其发生彻底的改变。

以严肃、果敢和全力以赴的态度面对未来,面对即将出现的事物,这是人类对战争给出的回答。我们的思想不断被一个重大的、不确定的问题所缠绕,它既不存在于昨天,也不会仅以今天为限。事件的展开变动不居,其结果还在悬而未决之中。这就要求我们去留意那个仍有待证实的事件,留意下一次的失败或者胜利。这样的总体态度,有利于我们思考行将出现的变化。要使对各种重建工作的预计、对全面变化的预计自然形成风气,因为心灵如果要描述事件的面目,它便要看到事件某种重大而最终的变动的作用。随着战争的休止、结局的明朗化,紧张的状况得以缓解,我们又会怀着分外有力的需求返回到当下可感的现在。攫住人们心灵的,不是重建家园的艰苦劳动,而是享受今天利用各种东西所能提供的快乐和益处,不失时机地享用财富。为最现代化的战争所直接唤起的是商业扩张,是狂热的"物质主义的"赚钱浪潮。这类现象的兴起,不能完全归为生产因战争而实际损失了的那部分产品的需要,也不完全是战时那种牟利活动的延续。它们可部分归结为从战争加诸人性的不自然的重负中解脱出来的那种常态心理学的作用。人的本性可在适当时候表现出无尽的英雄本色,但时机过后就不能继续维持这类英雄气概了。一位长期移居日本的英国人指出,日俄战争后,鉴于在国家加诸他们的新的处境中作出的巨大"牺牲",那些先前做着学者梦、政治家梦和军事英雄梦的年轻人转而渴求去赚大把的钱。这只是起于对战争的寻常反应而作出的一种不寻常的天真表达。

我们照例会注目未来战争的玫瑰色的特征。因为对失败的预感,本身即意味着失败的开始。问题既已确定,不可战胜的希望就会用它那无限的乐观主义为我们的前景着色添彩。这样一幅群情振奋的景象,它无视当下的不幸和降临的灾难,它正穿越为战争阴影笼罩着的那部分有限的日子面向未来投射一个新时代的形象,这就是超越一切过去人们所能经历的那种幸福生活。每一次大战都会引领人们走向一段持久和平的日子,我们已经看到正义的确立和新时代的曙光了。并非说我们只有等到繁荣富足之时才有对千禧年的期盼。在这样的日子里,当下的种种诱人之处足以叫人不作他想了。千禧年的临近,为我们遭受的身心痛楚和不测之祸提供了补偿性的理由。但是,胜利导致了一种轻快的心情,这种乐观心绪会通过快速的满足而找到一个排泄口。四周流溢着奶和蜜的天堂代替了人们通过劳动才能建立的新秩序。大多数对战后无可避免的社会重建工作的生动预言,它所注目的仅仅是出于战争独有反应的那个和平的未来。在维苏威火山的边沿继续开垦我们的小块土地,直到一场新的灾难把我们吞噬掉,这好像不是一件多么犯难的事。

战争的悲剧同样酿成了被意气相投的观察者们齐声喝采的某种群情振奋的精神状态,他们看到了人们心灵中类似于归附宗教的那种名副其实的转变。我们无疑听到了这类人痛惜的声音:美国参与战争的时间还不够长,还没能体验到足以提升这类感情的那种极度的痛苦。这种精神激励作用,有时被看成是由战争赐予的无价之宝。这大概并非偶然之事,一刻不停地主张要对德国人抱以无情憎恨的《纽约日报》就对战争的行将结束深表叹息之意,认为我们美国人在战争中呆的时间还不够长,还没能受到十足的"苦难的磨练"。但明智的人性的法官会感到欣慰:人性在经受了不必要的苦难后得以保持,在顶住了苦难造成的异常压力后得以保持,这种异常压力若以防卫的心理倾向对待之,便叫做磨练。除被这种极端行为拯救外,还存在一种更大的希望,我们可在轻浮孟浪的极端之举和不顾后果的寻欢作乐中得到拯救,而所有这些行为只是人性在长期遭受折磨后作出的寻常反应。尽管如此,比起把某些人的目光迷住以致为之大声欢呼的那种昂扬精神产生的结果,被高傲的文学评论家和专门关注市民新闻的道德家们察觉到的那种放纵的性刺激造成的后果,可能倒还易于被人悄然接受。

有一位明达的英国历史学家曾对从梅特涅到俾斯麦时代的政治观念和实践的发展作过锐利的分析,他指出了拿破仑侵略失败所激起的那种未得到满足的强烈愿望。在目前这场被当作新纪元降临的战争才延续一两个月的时候,他就对战争作出了反应。他探查了国际关系、国内政治、两性关系、劳资关系等领域中——所有事实上存在冲突的领域中——昔日那种宽容友善被偏执敌意取代的情况。尽管我们可以看到,他的写作过于看重民众在初次成为"献身同一事业的共同仆人和共同受难者"时所表露的那份欣悦心情。上面的引语出自某个英国哲学家之口,这位哲学家对突然倾泻的兄弟之爱不吝赞扬之词,而这种兄弟之爱的另一面就是打仗。俄国人和德国人曾因结成同盟而对这类团结的含义有所体验,现在他们的枪口却已调转过来在互相厮杀了。值得庆幸的是,我们不会以这样的方式来刻意表示我们回归日常生活。只有在极不牢固的基地上盖房子的人,才会在处理战后的国内、国际问题时,期盼着从战争中产生的情意共同体获得助力。人们将重新看到他们阐述过的那种对立的利益,如果这些对立的利益没有因休战得到强化,没有因战争中产生的仇恨和猜疑情绪而得到强化,没有因不得不采取的异乎寻常的重整行动而得到强化,我们确实要额手称庆了。

以上所说的不是对未来的什么预言。对同一事实所作的任何这类预言都不会有多大的说服力。依其作者的不同识见,这类预言中所说的未来只是依照人们认为当前起着作用的那些力量才被塑造成的。它们忽视了看似渺小便轻松放过的那些力量的效应,这些力量在将来会以迥然不同于所有已知力量最不可预期的方式发生变化。例如,威尔斯先生预告了俄国的解放——这还是容易的,因为所有现存的力量还在维持过时的专制政体。这种政体引致的敌对因素仿佛是可预计的,他却没能预料到布尔什维克以及那种不可捉摸的酵素的作用。在这个意义上,弱小的事物总会把庞然大物搞得不知所措——未来是被正在到来的事态决定的,这类事态在某一给定时刻显得如此稚弱以至于躲过了人们的探查。所以,我不打算就未来发生的事说些什么,也不想扮演一个悲观者的角色,好像对新时代抱有的希望总不免以失望而告终。

我们对美好未来的向往基于将具有战争特色的意识状态投射到未来,就这一点而言,重要的是要懂得:什么是我们可以指望的,什么是肯定会使我们的希望落空的。这样来想问题是必然的,也多半会使人感到庆幸。我还没有提到战争造成的丑陋反应——恐惧和仇恨这对双胞胎。这类不幸意识比已提及的大多数情绪更为耐久。它们不像是有意识的状态,也不表现为各种表面的、短暂的意志或行动态度。它们会急速地将自身化作一种恒久的性情;但这类意识要是面对客观状况的持续作用,是会被转移掉的。鼓吹要培植对德国人的仇恨、对其实施永久报复惩罚的那些激愤之士,可以休矣。我们应经历一个历史的审视期。英、法、德之间被置换了的恩恩怨怨,会形成一个促人警醒的教训。而度过了漫长的、必然发生的情感化解期后,怀疑和仇恨强加给人们的"内战续篇"、"重建"的结局,以及有关这类情绪之恣意妄为的有害后果,也足能说出太多为我们自己需要的真理。

对人类的战争反应作一陈述,这不是在作什么预言,只不过是对已存在的东西——人性——作一分析,这样的分析也许有助于筹划未来。因为它提醒我们:不要把只有凭着锲而不舍、准确可靠的理智才能完成的工作托付给我们的情感。

它提醒我们，如若慎重地看待我们的敌人，则我们对未来的规划不能基于怀疑和敌意。它提醒我们，在对付国内重建中出现的无比复杂的问题时，要信任战时产生的那种隐约可见的抱负和起着保护作用的希望感。它教导我们，依赖如此不加控驭的欲望，正是在人类历史的巨大危机中将人的炽热希望摧折的那种事件进程发生的主要原因之一。它建议我们，要信赖较少伪饰也不太令人激动的理智的工作；这类工作把问题分解为各种详实的要素，并谋求逐个耐心地去解决问题。

# 新的家长制①

有时候,事件铺展的规模之大,似乎足以让人对它有序控制的可能性感到绝望。这类有待处理的事情看上去像个庞然大物,使人感到自己变得矮小了,从而对经济和政治状况的巨大规模感到无力应付。战争用一种新的目光打量广大的事物,显然,事物的巨大规模是会造成对它作散乱的私人处理向集中处理方式过渡的;而巩固集中化控制的一应之需,又会导致这种控制得到毫不含糊的政府支持。经济学家和企业家在数个月里,通过表明对私人企业进行政府管制的实际可能性而在提升工业地位上获得的成就,比职业社会主义者花了一代人的时间进行类似鼓吹所获的成就还要多。他们证明,当今如果能让政府掌控几个大企业,这些企业完全能对整个工业界发号施令,并马上使工业生产的社会导向自动地形成起来。通过接管外国和本国从事交通航运的经理机构,通过发放信用证和发行债券等调节手段,通过对劳动力市场的管理,政府本身即能成为最大的定价者和劳力征用者,从而使生产得到控制。以现代商业为基础形成的工业和经济运转的集中化机制是如此确定,以至于一旦政府掌握了这三样东西,社会化管理之易行的程度简直会使人瞠目结舌。当我们充分具备了制定那种能够科学地控制牟利行为的税率计算方法的经验,便能对国家资本主义(一般称之为国家社会主义)某种形式上的简单性给出证明。

正值战争结束之际,目前出现的反对这种家长式控制的呼声是及时而广泛

---

① 首次发表于《新共和》,第17期(1918年),第216—217页;重印于约瑟夫·拉特纳编,《人物与事件》(纽约:亨利·霍尔特出版公司,1929年),第2卷,第517—521页。题目是"宣传"。

的，并且具有高度的一致性。要维持对他人事务的私人性质的家长式管制，这方面涉及太多的利害关系；个人的积极性便是已知的一种利益，它足以让这种反对事态不致受到质疑。但是，如今还延续着一种被战争激发起来的十分奇怪的家长制；对此，这些利益攸关的人们急切地盼望得到解答，它就是思想上的家长制。

审查制度将会放松，或者被正式废止。信件不会那么随意地被公开。我国或外国政府的特务机构不会再那么放肆地被鼓动去对电报和电话通讯进行无所不在的监听。间谍活动法的失效，使大大小小的政府官员不再能那么轻易地通过对发行权的威胁来控制报刊。通过战时实业委员会报业书刊部门实施的对舆论机关那种有效的管制，大概也会放松。但有一件事不要忘了：已出现引人注目的迹象，它表明存在着对公众意见赖以形成的各类新闻加以引导的可能。同时，这里还存在着沿着某种管道对集体舆论行为加以系统引导所获效果的置信不疑的证明。有人几乎已在质疑，是否"新闻"这个词必定不能被"宣传"这个术语代替——尽管当事情起变化以后，这类字眼还会继续保留一些原有的含义。

世界已成了奇异事件的一个交汇点。政治民主的发展至少会使对公众意见进行磋商的局面必不可免。我们不能公然无视大众的信念。在我国这样巨大规模的民主制中，已不可能再发育出情感和说服的共同体，除非存在一个用以对各种事实、观念进行沟通和宣传的确定的集权机构。于是，到那时，塑造公众舆论就成了一个基本工业，同时还会存在大规模的新闻采集和发送机构。不仅如此，职业条件几乎又会自动地促使这些机构造成便于中心进行管理的高度集中的形式。那些小型的新闻和"事实"收集者很难再生存下去。这样一来，就产生了一个需要拥有巨额资本的、无所不包的行当。一种形式的资本自然而然地会与另一种形式的资本亲近，除了有意无意形成的联系和结合外，这里还存在影响力持续发生作用的事实。于是，这一行当反映的就是那些操控重要信息来源的权势人物的观点，而他们在没有收益时就会切断这条通道。这一背景会持续造成这样的事实：民主精神被他们的各种观点所支配，而这些观点又通过他们提供的素材得以形成，这种假装发布新闻的宣传就成了发展所需要的公众情感状态最虚伪又最能收效的一种途径。

战时紧急状态赋予政府的控制权，只是部分地揭示出从前由私人运作形成的那种影响力的范围。战争还增强了优先集中化的趋势，并创造出有利于向民众灌输当局认为可以让民众知道的那些事且仅限于那些事的氛围。因战事难以预料和惶恐不安而产生的紧张感,已在民众中培养出了一种超乎寻常的敏感心理,而这是有助于加强这种仁慈的家长式统治的。停战协定签字那天,报上发表了一位大学教授写的文章。文章中,他郑重其事地警告美国人:那些讲述德国人起义并真诚寻求和平的报道,十有八九是机敏的德国人策划好用来破坏美国人士气的宣传伎俩。这个警告唯一的不寻常之处乃在于这个事实,它正好在起义发生的几个小时以后,正值和平已成既定事实之际予以公布。其时在德国出现了一些零碎而又怯弱的声音,这是混和着正义和宽容的声音,它对处于休战经济形势下的德国起着慰藉的作用;而从华盛顿发出的这个半官方的警告,却要使我国反对德国政府代表的这类新举措。人们的困惑恐怕就是要对无数这样的报道作出甄别。我们已在其他方面减少了对德国超人的信仰,唯独相信他们是宣传超人那一派的人数还在增加。

大多数持有此类信仰的人,既不笨也非邪恶之徒。战争中唤起的畏敌情绪,总是如同天空弥漫的云团一样,把所有事情以某种方式与仇敌的行为联系到一起。德国人的可憎宣传,足以令人产生正当的恐惧感。这种感觉逐渐笼罩了一切,人们正是在害怕德国人宣传这样的迷茫状态中看到德国战败这一事实的。人性的研究者也告诉我们:一个人是可以对他自己一再重复的和他人作对的行动作出判断的,他的责备往往夹杂着无意识的自白。不难想象,某些不断重复的宣传攻势掩饰着另一种宣传。关于这一点,如诺思克利夫(A. C. Northcliffe)公爵或者说那些鼓吹对西伯利亚进行干涉的人,就很少能从德国人创造舆论的技巧中学到什么东西。

但是,任何事件都因大众关注的事实的性质和有关的看法而引起广泛的焦虑。人们的所听所闻,使他们备感忧虑不安。这种对人们信念的来源表示出的家长式的操心,一度出于战争之需,却在和平时期成了恼人之事。我们从欧洲传来的消息中没有看到的东西甚而比看到的东西好像还重要。谁知道欧洲发生了什么事呢?意大利的革命社会主义党人是否在他们造成的革命事变中已完全恢复平静了呢?法国过去的社会主义少数派已成了多数派,他们在做什么,又说了些什么?什么事也没做吗?比较一下即使是从英国工党那里传来的少数几条消息和收到的劳合·乔治(Lloyd George)、卡森((E. H. Carson))、米尔纳(A. Milner)等人的消息,人们差不多会想到美国人是否也要去投票助选。当然,最显眼的例子就是对俄国事变保持密切的关注了。

没有人能够准确地说出这个新的家长制在多大程度上是一种谋划好了的邪恶之举,在多大程度上要把这种家长制归为人的心灵被国外发生的社会变化搞得神志迷糊产生的恐惧感。引人注目的事实是,战争造成了一种寻求安全的氛围,人们首先关注的是所有那些激起社会变化的事实。没有人可以准确地告诉我们,有关国外骚乱的某个详尽且不偏不倚的报道中含有多少混杂成分,在这方面只有时间可以作证。我们要去除侥幸心理。大众要对某类知识的传播出于善意而有所提防,此类知识可能对他们无益,对社会也没有好处。社会和经济的林地布满了陷阱,我们要小心翼翼地行走,防止出现凶险。上述心理因素配合着新闻采编和发行机构形式的集中化而得到传播,由此发展出一种新的、为那些仍不被信任可自己思考的民众感到忧心不已的家长制。让我们通过对各种事实精确的审核订正而在世界范围内创造出民主的安全气氛,这类事实形成了最终决定社会行动的基础。那些强烈请求放弃国家的家长制,代之以对从事运输业、金融业、投资和制造业的个人积极性加以鼓励的人(以保护性税率限制贫苦劳工进入这些行业,当然不失为仁慈之举),他们会懂得采取最有效的手段保护个人的积极性。异端邪说是众所周知的流行病。所以,比如人们会对罗马皇帝的残暴和愚蠢感到惊讶,因为他想用镇压手段阻止基督教的传播;人们却又心急火燎地想通过散布那种反常社会活动的知识来防止今人的心灵和道德遭到损害。必须承认,与今天使用的这些叫人服从的手段相比,过去使用的手段确是蠢笨、野蛮多了。

# 道德和国家行为①

莱文森(S. O. Levinson)先生在他最近那篇论述战争的法律地位的文章中指出,按照人际关系的古老理论以及仍然通行的国家关系理论,人们可以就较低级的利益、物质世俗事务商讨权衡;但涉及较高级的利害关系的冲突,涉及理想和精神层面的冲突,只有用决斗或者战争等武力方式来求得解决。斯威夫特(J. Swift)自己从没有想象过这类带有讽刺意味的事。如果对它们作一个评论或者详解,那只会使一幅是非不分的、完整的世界图像受到贬损。然而,莱文森先生事先就宣布了战争的不合法,更据此提出了某种超国家组织的建议,这倒是一个可以切实地进行讨论的道德问题。造成目前个人道德和公共道德分离的原因是什么?国家和个人的道德准则的互相渗透会导致怎样的道德后果?

很多人对那条把国家的运作伦理原则和个人伦理原则分割开来的鸿沟表示痛惜。但是,他们对那些迁就这类伦理原则的人所表达的只是虔诚的愿望,不会带来什么效果。他们忽略了这个关键事实,即道德是与社会组织相关的。个人要成为道德的人,就要信守道德;他们之所以能信守道德,因为他们是赋予以力量和责任的那种互相关联的生活样式的参与者。各个国家正由于彼此间缺乏一个对权力加以限定和定位的包容性的社会,因此,它们的活动是非道德的。所以,一旦有迫切需要,它们就要对其权利和义务作出判断和申明,它们就会求助

---

① 首次发表于《新共和》,第 14 期(1918 年),第 232—234 页;重印于《人物与事件》(纽约:亨利·霍尔特出版公司,1929 年),第 2 卷,第 645—649 页;以及《现代世界的理智》(*Intelligence in the Modern World*)(纽约:现代文库,1939 年),第 508—511 页,题目是"国家安全的前提",两书皆为约瑟夫·拉特纳所编。有关本文回应的文章,见本卷附录 4。

其自身隐秘、暴力的策略。将国家采用的阴谋和征服准则与要求个人实行的准则分开的那段距离,衡量着社会组织的道德意义。各国彼此间存在的是从前的作家们所称的自然状态,并不是一种社会的或政治的状态。

那种以为国际法表达的不是真正的法律而是道德律的说法并非罕见,这一说法醒目地揭示出人们普遍缺乏对道德的科学理解。实际情况是,在各个国家被某种社会秩序的法律连接起来之前,它们之间不可能存在任何真正的道德义务。某个特定的国家企图用真正的道德语汇来构想它与其他国家的关系,这也许就成了软弱的来由。对这样一类立场所作的任何直截了当的阐明,正可以被恰当地说成是"令人震惊"。德国方面欣然接受行为的双重标准,似乎为其他国家树立了一个人尽皆知的马基雅维里式废止一切道德的榜样;但人们的这种憎恶态度之所以有效,也仅在于它表明了某种意愿:要在各国之间建立起处处体现道德关系的那种社会秩序。断言某个国家要设定达到"更高"德性的道德期限,这种主张就是对各国交往中存在道德规则的可能性愤恨地表示轻蔑。反之,如果有关各国成为盟邦而达到和谐一致的理念在美国比在其他地方更被人们广泛认可,并得到热烈推崇,这并不是因为和他人相比,我们是如此讲究道德,以至能够构想出一种更高级的社会状态;而是因为我们更为高度地社会化,所以能够构想出一种新的道德。

恳请各个国家应当用那种被个人奉行的道德准则来实行自我控制,这会造成感伤主义的恶果,从愿望而不是事实出发去规划行动。要驱除这种感伤主义,那就只有把它看成是对现存社会秩序表示不满的某种征象,它短暂地表达着对一个新的社会组织的需要。对战争的邪恶一味进行斥责,或者对国家依据光明磊落的法规行事的义务作一番郑重其事的表白,这只不过是人们自己在把玩法利赛人才拥有的奢侈品——除非他决心去为一种社会组织的建立而斗争,使道德的责任和法则变成事实。

我们对自己拥有的道德观念仍难以置信地抱有主观主义的看法。新教世界中存在着一种共同的设定,即作为个体的人被赋予良心,用这种良心造就我们的行动和社会组织,这近乎是它的最高指令。我们已对客观事物、外在于个体之人的事物表示承认,而它通常会是某种超自然的东西:上帝或者现代思想称之为超验、绝对和价值等某些用来稀释神学超自然力的东西。加利福尼亚的一位教士最近声称,他的至高无上的信奉权(supreme right to follow)不仅关系到他本人,同时要求他宣讲由他本人良心发出的指令。即使执行这些指令会使他自己陷入与当地法律产生冲突：如果他选择服从其良心告诉他是上帝法则的那种东西，他有权这么去做，这不光意味着他决意经受随之而来的惩罚，而且意味着国家无权把惩罚强加给他。他无疑对成千上万本国公民的忠诚造成了冒犯。值得怀疑的是，他们中有多少人认可他对道德无政府状态的本质所作的断言。我是说，这样的断言不仅会引发实践中的混乱，而且消除了无论何种道德上的区别。因为"良心"是道德感和人的各种观念的聚合物，它们不是社会体制的创造者和判官，而是社会制度的产物和反映。它们是社会组织的功能，表达着对现存社会秩序的肯定。凭此能力，它们成了变化着的社会秩序的报信者。它们之所以有意义，仅仅在于它们成了为重建社会秩序而作出积极努力的人们赖以行动的支柱。那种认为有可能使人类团体在保持社会组织一般体制不变的情况下，按照较为纯粹的道德感行动的想法不仅是无益的，而且其实正是自高自大和道德唯我论的一种精妙形式。

  只有当我们从总体上承认道德手段对社会秩序的依赖性，才能把如今已快耗散了的情感和良好意愿集聚起来。我们的目标是建立一个得以切实组织起来的国家联邦，这不仅是为了使某些道德义务能得到有效服从，而且是为了让人们知道存在着各种各样的义务。过去对国际法庭和国际联盟问题所做的讨论，在伦理方面显得软弱无力；这些讨论在很大程度上假定：已对道德的因素作了充分考虑，剩下的只是通过适当的机制赋予其法律的效力。结果刚唤起的道德热情又迅速冷却下来，因为它发现已被各种法律上的技术细节问题，众多的国际性法律、规约、法庭、外交官和律师问题缠住了。它寻求将某种伟大的新观念向前推进的机制，却发现自己碰上了那些附加的东西，这是一些使陈旧的机制运转起来更顺手的东西，是一些使关于国家主权和免责制的无法超越的老观念顺遂其道的东西。它发现自己碰上了那些无助于增加战争难度的条款；这类条款反映着酿成战争的社会组织的缺陷，抑制了人们通过任何积极有序的手段来处置战争的问题。国际联盟的目的不是消极地阻止战争，而是要积极地照管好经济和社会的需要；这类需要如今已听任不测事件的摆布，为那些孤立国家的贪心所左右。那种无须考虑建立国际联盟的提议总是认定战争是好战的结果——这恰好是对这个著名观念的纯知识性质的了解，它就像鸦片的催眠力使人昏昏欲睡。

  好战本身并不是战争的原因，组织体制的缺位造成的利益冲突才是其原因。

对这些冲突进行监督、排解和调和的超国家组织,如莱文森先生指出的那种组织,它的成立之日也就是战争本身被宣布为不合法之时。它将把如今分散的道德力量集中起来,使日趋无效的道德观念运转起来。它将使规范国家行为的道德和个人引为最好的那些行为准则得以协调一致,但这还不够,还要为透视个人的良心提供一个新的据点和视角。它将使构成所有道德之核心的社会原则得到充分的表达,而不是使之欲言又止。它将使这个原则因其始终如一而成为直言不讳的东西。它推断说,如今那种使人颇费踌躇又游移不定的道德的世俗化和人道化倾向,使很多人在逃避了超自然信仰后又在寻求任何理智和客观的道德,寻求那种既超越于社会习俗、又高于个人趣味的东西,这使他们陷入了某种半带压抑性质的怀疑论。

  当我说只有感伤主义才从个人的标准出发谴责国家道德标准方面存在的偏差,人们要为社会组织而战斗;有了这种社会组织,才会有道德的关系和规则。我说的"战斗"一词含有多种意思。以战止战不是什么新发明。历史表明,人们进行的大量战争据称都是为了将来不再发生战争。历史也表明,在一个反战主义者看来,战神不会达到他的目的。但是,用诉诸战争的方式来建立某种国际秩序,并以此宣布战争的不合法,这样的事迄今为止,人们还有所不知。如果美国人的战争概念能够占据优势,并且这一次战争成了为建立一种新的社会组织形式而进行的战争,那么,它就会是一次因其道德的重要性而令人刮目相看的战争。

# 走向一种国际联盟①

有关这次战争的官方通讯中,已频繁出现了"联合的政府"(Associated Governments)这个词。无疑,只是由于美国从法律上说不是一个联盟的政府(Allied Government),人们才找到了使用上述一词的理由。然而,我们并不需要通过某种迫不得已的解释来发现该词中表达的有意义的东西。"同盟者"(Allies)充斥着为了进行攻击和防御而结为一体的意思。人们指责它带有旧秩序中那种黩武主义的含义;它所传达的正好是美国外交政策一直要避免的东西,因为我们从来就没有和任何势力"结盟"。相反,"联合"一词意味着一种新秩序,意味着基于共同目的和利益结成的联合体。虽然它出于军事的需要,却示意着一个工业和商业的现代世界——示意着平等的参与者之间的自愿合作,以便获得关系到所有人的那种结果。

我们可以用这两个互为对比的词组来指出通向未来国际联盟的两种途径,一种植根于政治的需要,另一种植根于经济的需要。老的概念不仅表达着一种纯粹的政治传统,而且这种传统与军事上的考虑形影不离地联系在一起。军事上的考虑是独立的主权国家之发展带来的不可避免的结果,这些国家彼此间唯一的正式结盟必定会被引导到对其他一些国家集团进行攻击或进行防御。就连罗斯福先生也没有对人们的错觉说过任何苛责的话,这些人对政治世界中的战争培育的是一种不事准备的态度;而在这个世界中,构成不同国家间唯一的法律

---

① 首次发表于《日暑》,第65期(1918年),第341—342页;重印于约瑟夫·拉特纳编,《人物与事件》(纽约:亨利·霍尔特出版公司,1929年),第2卷,第606—609页。

上的整合因素就是为了战争联合起来。国际联盟作为一种安排，它原先的构想其意图虽不能说唯一，也可说主要就是为了"促进和平"。

那些对国际联盟的可能性抱怀疑态度、只看到各种困难的人，他们一般都在用那种反映着老的军事—政治体系的法律意识来讨论问题。他们中的许多人为此所作的争辩仍然无视战争教训，仍想把体现着某种联盟观念的做法恢复起来。该联盟延续着老的海牙公约的主要特征，其中拟定了法律仲裁以及各种调解机构的条文，如有必要，可以通过强制贯彻决定的联合行动来处置对抗的事态。然而，如果说战争搞清了什么问题，那么，它就是叫人明白：这样一种谋略处置的是结果而不是原因，是症状而不是作用力；它的作用是消极的而非建设性的，到了最需要它来解围的关键一刻，它什么事都干不成。真正的问题，是求得更有效的人类联合和交往的组织问题。新的政治学意味着讨论人类关系问题的那种公德心，而老的政治学则意味着与辩护和讼争相关的法律思想的公式化。当今世界的每一位政治家、政治思想家，他们的计划和观念可以按其是用应付冲突和威胁性危险的消极词语形成起来，还是用为了实现共同利益而寻求联合的积极词语形成起来而加以分类。我们以往走过的每一天（以及行将过去的将来的每一年），都会使我们清楚地看到：威尔逊总统之所以不同于这个时代的其他政治家，正是在于他及时地承认，就现代生活的状况而言，人们不可能找到捍卫并保护和平利益的充分手段，除非是在涉及如此普遍相关的利益方面采用一种积极合作的政策。

这意味着要用清晰地表达现代工业和商业贸易的观念与行动的体系取代古代的体系，后者忽视并鄙视商业活动，并夸大尊贵、名誉、侵犯和防卫的伦理学和政治学的作用。新秩序的表达方式出自我们这个国家，这一点绝非偶然。历史和地理上的幸运使我们从维护着某种尊贵地位的伦理学中完全摆脱出来，这个国家已全身心地服膺于工业和交易的伦理学。威尔逊总统的主张被普通的美国人所接受，因为它们是对我们自己生活定则的质朴、几乎不言自明却又雄辩滔滔的陈述。只是出于礼貌，在欧洲国家中，对美国人援助的紧迫需要，以及对威尔逊总统道出的基本真相的那种缓慢增长的知觉——这种知觉在很大程度上是被这些古老国家中的产业工人不断增长的影响逼出来的——才将其伦理学和政治学中异己的、"唯心主义"的特征遮掩起来。因为支配着这些国家的仍然是个人结盟的老观念，而不是寻求共同活动中的联合的新观念。

国际联盟的主要目的如果是想通过扩展论辩和仲裁的法律机制来促进和平,那它就是唯心主义的学院性质的东西。它可以在恢复期或停滞期进行活动,当碰到国家的扩张和有效力量中心再次分配的问题时,它多半会失灵。从其自身来看,它只是代表着对某个给定时期获得了特定的力量均衡的政治学的奉献。但从普通人的日常需要中产生的国家组织,为了满足食物、劳动的平凡的日常供给,满足对饥饿状况的补救起着保障作用的各种原料的供给等而运作的国家组织——也即产生于需要和求得满足的组织,它一旦形成,就会成为不可或缺的东西,并迅即成为没有它就不能想见世界进步的东西。它将信步向前,它将握有对任何人类制度唯一的最终批准权——去满足公认的需要和促进紧迫的利益。它会适时地找到任何法律和政治的表达方式和运作机制,以便处理仍将产生的纷争和冲突。但是,在这个基于需要和满足造成的某种组织化体系的世界中,由法庭、法律、决定和胁迫及强制造成的现行秩序之间存在着根本区别;某种秩序可以对该体系提供额外的保障,而对于共同利益不作什么建设性思考的那种秩序只是时不时地想通过行使法律的策略来保持和平。

人人都能看到,目前的战争已揭示出经济和工业在涉及军事方面的重要性。人们还不太能经常观察到的情况具有这样一种重要地位,它已使某种形式的国际联盟得以成型,它不是被那些竭力主张依据法律的理由创立国际联盟的人思索出来的。"联合的政府"每天都在处理运输、原料、食物、钱款和信贷等问题。每个稍作思考的人,都不会相信这些问题在和平时期会减少其迫切性;相反,它们在某些方面会变得更为紧迫,因为在因战争的紧迫需要而结为一体的各个国家中会发生灾难性竞争的危险。在劳动的分配、移民、货物出口方面会出现新的问题。要取消或减少已存在的国际性管制机构,将是一种难以置信的不负责任的行为。对其施加影响的范围不去加以巩固和扩张,差不多是一种不可思议的愚蠢之举。就是那些被巴黎和会作出规定和授权的国际性管制机构,也会取得某种新的国际形式的政府的效果。人们怎能相信,一旦这个机构成立,它必定不会趋向于用来为各种各样在其原初章程中没有被明确预见到的目的服务?它那服务于公认需要的功用,使它自然地扩大其处理未来具有国际意义的复杂事态的功能。某种将国际争端纳入法律解决轨道的海牙公约，从这类积极的建设性的国际组织中产生，并依赖于这类组织。它不是痉挛状的发作，不是消极和人为的东西，或在解决重要问题上总是姗姗来迟的东西。它担当的角色将与国内的法庭在处置内部利益的冲突方面担当的角色相同，并保持始终如一。

# 国际联盟和新外交①

名誉和尊贵的伦理学,为它们进行伸张和辩护的那种观念意识深深地浸润于所有统治阶级的头脑——无论他们的统治是行政长官的直接统治,还是更为灵验的舆论和情感的间接统治。这类涉及自负和惧怕的道德规范也深深地植根于所有关心国家相互间关系的那些人士当中。比较而言,工业的伦理学和互惠性的契约服务的伦理学则缺少威信。要取得道德的身份,它们还显得过于庸俗、功利化和物质主义。它们缺乏魅力,不够浪漫。它们自己并没有被映现着历史的牺牲精神和英雄主义的光环所美化。我们不太可能把它们想象为诗歌和传说的题材。如果人的行动被他们那种不能成为诗歌和激情材料的自我利益的计算所激励,人们就不能要求他们保持足够的忠诚。

那些对废弃上述两种原则的道德威信的可能性抱怀疑态度的人,他们很容易就想到,德国人会真诚地把自己视为现代国家中的一类理想主义者,并轻蔑地把美国认作是一个追求物质利益的商业民族。这一事实又会使之发展到乐于承认道德上的紧迫情况,即存在着承继封建社会而来和表达着向民主生活秩序过渡的那种观念和观念化之间的冲突。事实就是这样,它只是需要一种对新型的工业和商业的伦理规范的大胆表达,从而确信诗歌、魅力和浪漫迟早也要附属于它。因为这些事情诚然重要,但本身并不是自我产生的,也不具有实质意义。它们是形容词性质的东西。它们在时间过程中围绕要求人们那种实际的忠诚并获

---

① 首次发表于《日暑》,第 65 期(1918 年),第 401—403 页;重印于约瑟夫·拉特纳编《人物与事件》(纽约:亨利·霍尔特出版公司,1929 年),第 2 卷,第 606—609 页。

得其赞许的任何秩序而形成起来。

132　　　民主政治在我们这一代人中威信的相对衰落,它在时光流逝中的相形失色,这些都将被目前的战争结果所扭转。显而易见,一个国家的努力将决定这次战争的最终结果。它为了求得民主世界的保证而参与这次战争,它将导致感情用事的评价方式的转变。这种扭转的持久性,将取决于民主运动是否能给出它自己的理由,而不是继续无意识地采纳古老的名誉品德并捍卫其地位;取决于是否具备对工业、交易和互惠服务的道德意义进行申辩的知识分子的勇气。

　　这些思考距离用国际联盟来结束国际无政府状态的实践问题似乎还很遥远。但是,如此想法极大地低估了人类生活中积聚的想象力和感情起到的那种实际作用。过去的体制并不是由任何对有用性的理性吁求支撑的。它的维护者总是把这样的吁求公开谴责为与其合乎体统的庄严高贵的情理相反的东西。单凭外在的行为还不能看清这种情理恒久展示出来的带有种种缺陷的面目,还不足以代表那种自我认定的情感的观念化。国家、祖国、民族、名誉、正确、防范、保卫、荣耀、牺牲这些词语,尤其表达着那种维护既定秩序——或谓失调的秩序的力量。基于此,从对基督教所做的温和、和平主义的解释的某种尝试中产生的反向的情感化观念意识,显得悲悯可怜、无济于事。

　　但是,老的观念法则正以极为明确实在的方式在暗中护卫着现存体制。人们如果认真地问一下自己如何理解外交,以及外交为什么成了充斥着诋毁、诽谤之词的地方,他就会想到这意味着什么。在美国以外的世界各处,外交官们是从贵族阶级中挑选出来的——这就是说,恰好是从差不多完好无损地保存着名誉、尊贵、高尚以及纯粹人格关系的那种古老伦理学的阶级中挑选出来的。这个阶级禀其一如既往的方式,对那种由工商业产生的商品交易所提供的非人格性质的服务,保持着旧式贵族般嗤之以鼻的态度。在关键时刻使世人悲观失望的,不是作为一种抽象物的外交,而是具体的人,是那些外交家们。他们对现代趋势一无所知,从而也无力去驾驭它们。

133　　　由这批人构成的阶级,体现着过去那种道德规范的所有特征。秘密外交并不单纯是一种技术手段,不只是传统上袭用的规则。它携有那个阶级人格和身份上如此与众不同的标识,以至于移入了一个高高在上、不可接近的境域。它的所作所为,与平民百姓的利益丝毫不发生关系。它表露出对公开性的不屑,因为它正源于对大众的鄙薄。它维护着那种足以表明绅士们互相交往之特征的私密性质,这皆因他们处理的也是涉及私人关系的事。

当国家间的关系成了统治其国的君主们涉及私人关系的事务,当大使们成了他们各自主人的私人代表,各大国处理国际关系方面在很大程度上直接延续的这种传统便得以展现出来。不是反偶像崇拜者,而是某个像托马斯·巴克利(Thomas Barclay)爵士这样的权威对掌管着我们时代外交政策的那些欧洲政治家们说了如下一番话:"我们这一代人饱受统治阶级的无能和不作为之苦,他们不太可能再被人哄骗,以致搞不清什么叫实在的和平,什么叫实在的战争。"但并不存在有效诊治这种不幸事态的途径,除非把国际关系的处置权从完好无损、潜意识甚而有意识地忠于陈旧信仰的人那里——他们已全身心地臣服于它——转移到持有新的思想习惯的人手中;这种思想习惯通过他们对于现代工业方方面面的处置,通过他们基于共同利益而对现代商业中公平交易的处置,得以形成起来。

要是国际联盟主要按那种老式的政治信条加以构想,它就不可避免地会让那些老式的外交家们所把持。他们有足够的理由待在里面,并且该组织要求的活动也无须从按照现代生活现实进行**率直思考的人那里吸取力量**。就像过去那样,在某个时期,很大程度上是**大金融家和生意人在大部分时间里制约着国际关系**,但他们和那些掌控政府外交部门的人士之间存在着恒常的责任分工。**后者**作为前者在和平时期的代理人,制造出超乎经济支配者的愿望及力量的境况。有时候,这样的安排有助于理清形势,呼唤责任,使那股实业的实际支配力量变得明晰、连续和合乎规范;它会有效地将其代表的训练问题及技术能力直接与国际交往的问题挂钩,但这样的趋向不会就此打住。当各种国际委员会和理事会中有了大实业家们的代表,因为他们的专业训练要求使之适宜处理特定问题;又有了经济学家的坐席和劳工代表,那么,交由他们加以调整的种种不同范围内的意义重大的问题便会不断增多。正如战争已使许多有才干的训练有素的实业家用他的特殊技能服务于公共利益,新形式的国际外交也会对利用现代工商业产生的智力服务于非个人利益的趋向起到刺激作用。没有人可以忽视或轻视这一特殊种类的能力训练。对不久的将来国家和国际事务的特性作一判定,这首先取决于这些事务是否主要通过那种秘密的不负责任的途径处理,以便用来为私人的势力和好处服务;或者是否因为它们代表着公共利益,所以要凭借其公共的用途使它们逐步变得高尚。

# 十四条和国际联盟①

如果仔细察看一下威尔逊总统在1月8日演说中提出的十四条和平条件，人们只会确信两件事：首先，它们涉及的主要是永久和平的条件，而不仅仅是与德国人在当下达成和平的条件；其次，如果没有国际组织的持续支持，它们在细节上全然无法得到落实。该组织应具有行政的特性，而不仅限于司法。在这里，对第一件事的思考必然连带到对第二件事的思考。未来的历史学家将会指出，威尔逊总统并不一味专注于直接的战争问题的惊人的超脱姿态。他会注意到，第六条至第十三条所谈的是直接源于战争的力量组合而产生的领土问题，即便如此，它们也为对世界问题的陈述所框定，可以把它们（在第六条中，某些其他国家的名字被俄国的名字替代）放到和平时期任何有关对世界和平作出根本保证的商讨中加以划定。于是他会看到，这些特定的战争目的，它们作为战争过程中须加处理的紧要事务，成了阐明一般原则的释例。

仔细一看就可以发现，十四条中那些与国际联盟的显著特征问题有关的内容，它们涉及绝对需要一个国际性的拥有立法和行政权力的机构，涉及用和平条约本身来最终解决问题。那些即刻要办的事，必须通过和平会议正式作出决定。这就需要有一个常设的国际组织，以确保正式协议能持久地得到落实。我想，从这样的观点来看，对十四项条件的研判，证实了下述结论：和平条约最终能解决的只有两件事，即对涉及法国阿尔萨斯-洛林问题上的不当做法予以纠正，以及调整意大利的边界。

---

① 首次发表于《日晷》，第65期（1918年），第463—464页。

接下来的领土恢复问题波及所有领土被同盟国侵占了的国家。解决这些问题,当然不需要设立一个国际委员会。但是,处理这件事肯定要待以时日,它牵涉到许多不可能被任何文字协议完全涵盖的要点。如果理智地处理领土恢复问题,使之不起争端,不留后患,那就需要设立各种混合委员会,需要有政治家、经济学家、医生、工程师等各界人士的合作。须知,所有那些要处理的问题并非仅限于实际的琐细事务,这些委员会的审议工作应由某种国际性质的联席会议加以监督。

要更为直接地启动一个永久性的国际政府的议题,它涉及国际性的公约和国际担保。在对巴尔干国家、达达尼尔海峡和新独立的波兰国等事项的讨论中,人们已经特别提出了上述议题;在有关军备削减问题,以及合力保证俄国拥有"不受限制、顺心称意的机会",更不必说"使她得到所需要的、她本身也愿意得到的各种帮助"的问题讨论中当然也直接含涉上述议题。为了使讨论简明合宜,也许要用与东欧和东南欧人的自由并行不悖的民族问题和领土恢复问题对这些切要之事进行估量。

从法律的观点看,在各种和平条约中顺势写下某种保证,又不提供什么使这些"保证"得以收效的办法,这种行为最容易在国际关系中引发巨大的争端。这类举措部分要归为匹克威克式的憨厚,当"严重"事态失控,人们可通过感情用事得到的慰藉,甚而通过职业外交家的大会去克服它。鉴于已存在的事态、更有力的措施——在不存在一个永久性国际执行机构的情况下——即企图强制地兑现那种保证,也许会间接地对世界和平产生威胁。任何一方的真诚努力都会被看作是出于某种与国家利益相关的动机,处于国际均势的其他一方的所有国家会群起攻击它,尽管这类举动和它们自己的国家利益毫不相干。国际性的燃料堆上倘若掉落火星是要出事的,而把和约当作写着保证的纸片则要省事得多。

拿罗马尼亚的状况以及犹太人公民权的保证问题来说,从表面上看,事情很简单。但我们接着会发现,这涉及国内的政治体制问题。大地主通过对特许权的支配控制了罗马尼亚的政治,城镇和工业中心被区别看待,犹太人主要生活在工业中心。要给他们必要的权利关联到给其他那些人以政治权利,这类人如今被剥夺了公民权,为的是确保土地贵族的至高地位。没有整个国家内部权力重心的转移,就很难看到如何使犹太人获得充分的保障。如果人们细想一下充斥着宗教差异和经济竞争的东欧地区各民族的混居和怒目相向的传统,那就更难回避这一结论:它依然是欧洲的火药桶,除非有一个具有广泛代表性且不怀偏见的国际政府在相当长的时间内能够对制度的发展进行监督,这将确保这一极其棘手的局面得到充分的改观。

只要实践中盛行的是那种有关孤立的独立的主权国家理论,人们对以外力干涉国内事务的举动就会持有强烈的偏见。但是,美国至少已大规模卷入了战争,这恰好是因为它认识到,在国内制度和对外政策之间作出划分完全是人为的。正是德国的专制制度,把我们拖入了就其起源来看纯粹是欧洲的一场战争。从美国关心的问题来看,这场战争既是以严峻的必然性加以看待的邪恶之举,同时是对德国人"内部"事务的干涉,这将保证我们能够应对任何这样的灾难再度发生。这种境遇逻辑要求我们对其他国家的事务抱以友善的照管态度。当遍及世界的战火快要燃起时,我们就会预先采取行动去阻止它。美国不打算成为一个四处征伐的唐吉诃德式的国家,这恰好意味着需要一个永久性的世界政府,除了司法权外,它应当更多地拥有行政管理的权力。

还要来谈谈十四条中的其他两条,就其公开宣称的形式而言,它们指出了联盟关涉到对引发战争的经济事务进行恒久控制的经济目的。第三条和第五条所谈的分别是取消贸易壁垒,确立平等贸易条件,以及对所有殖民政策问题作出公允的调整。反对总统的人很可能会把第三条解释为是对抽象的自由贸易原则所做的一种学究气的告白,把第五条解释为仅仅适用于德国那些通过战争夺来的殖民地。但是,这种拘谨的理解已不符合2月11日发布的宣言的原则。该宣言提到了最有可能带来和平的调整行动,这种和平将是永久性的,它不会"存留着可能迟早会破坏欧洲和平、继而也会破坏世界和平的那些导致冲突和对抗的过时的因素"。我们这个讨论的结尾部分将述及以上条款的内容。

# 国际联盟和经济自由①

虽然在这组文章的前面几篇里我们已断定,通向国家间和睦共处的希望之路是旨在谋求更多的共同利益的经济之路,而不是去走那条在讼争和对争端的审理中求得自我满足的消极的法律之路。这篇结尾的文章仍要讨论各国的经济平等问题,这一问题构成了威尔逊总统提到的第三条(对殖民政策问题所作的任何真正的调整都与此密切相关)。"贸易条件的平等"是什么意思,如何来达到并保证这种平等?总统已就这一论题作了阐明。它要杜绝经济抵制和自私的经济联盟,并且正如总统毫不含糊指出的,它要杜绝一切特惠的贸易安排。对于原料的享用机会,可被认为即表示着保证有出海通道、自由港和国际铁路,以及对这些港口加以充分商业化利用的必要水道。但是,各国之间贸易平等的要求显然还不止这些。事实已表明,我们更需要对人与人之间获得自由和平等的条件作出保证,而不是从法律上宣称他们都是自由和平等的,却又听任他们互相进行无限制的竞争,以至于形式上的平等渗入着力量上的巨大不平等。同样的问题也表现在任何国家间那种单靠法律维持着的平等关系上。某些国家具有巨大的人口优势,在自然资源、工业技术的进步、信贷管理和航运方面拥有巨大的优势。要对国家间贸易关系中显现的那种现实的不平等进行估测,更好的办法莫过于找到这样一种体系,它确立了名义上精确的平等,并将一应事务交由现存的一些大国来进行实际处理。在过去的体制下,各大国的目标至少就是使一定数量的

---

① 首次发表于《日晷》,第65期(1918年),第537—539页;重印于约瑟夫·拉特纳编,《人物与事件》(纽约:亨利·霍尔特出版公司,1929年),第2卷,第610—614页。

小国和弱国依附于它，将它们置于其影响范围之下。前者在某种程度上被迫开出价码，同意作出经济上的让步，以换取后者的支持。国际联盟已使老的集团中那些弱国丧失了经济上具备的一切便利和不便之处，它只是让它们通过世界上三四个大国的互相竞争而被通吃。

也许这就能说明下述事实，仍没有看到像西班牙和意大利这些国家对国际联盟的计划表现出什么热情。它们怎能确信，到头来，比方说不会是通过美国和大英帝国对法国免不了作出的让步而形成了某种联合，从而控制了世界的商业贸易？又在没有违反政治平等的情况下，有效地征服了所有其他国家的人？这个问题无疑将事情说得有点刺耳夸张，但它揭示出，例如像意大利这个国家，它不可能真心期盼加入一种新的国际组织体系，除非她能在保护其经济利益方面获得某种保证。她的首要问题以及情况相似的其他国家的问题也许是：新的体系会让更有力量的人以强凌弱吗？它的构建不光充实了我们在世界市场中掌握的强项，实际上还放大了我们的缺陷吗？我们将在煤、铁的开采享用上得到法律的保证，但真正要接受的会是市场容忍的那种最高价格吗（包括其他国家对世界航运业的无形垄断）；或者说，联盟的行政管理委员会会公正地对整个局面进行调查，务必做到使我们得到那部分为充分发展自己的力量所需要的相关的世界资源吗？我们非要为争取世界的资本和贷款而以繁苛的条件展开竞争吗；或者说，我们在贷款的公平发放问题上会得到某种保证，比方说像我们自己的水力发电厂建设会使我们在经济上较少依赖那些向我们提供贷款的国家？

这些问题看来也许没有答案。它们显得好像不仅要强求一种正义的精神，而且要对弱者显示出经济上的利他主义，人们只能绝望地对这种不切实际的利他主义做些预测。尽管如此，这是值得提出的问题，虽说这只是启示我们：一个有效的国际联盟的基本问题，不仅是说它会屈从于我们称作国家主权的那种任性无度的政治力量，还包括对无情的经济活动作出让步。这类活动总的来说，只是由那些凭借地缘和历史运气形成的强势国家操控着。如果从那些大国方面来看，上述问题毕竟也不能认为就是异想天开的利他主义。然而，它们更是假定了一种觉悟了的自我利益——觉悟到足以能够看出，必须付出某些代价，以便确保战争不再爆发。即使从金钱的花费这个最为实利主义的角度估算，战争肯定要比在上述问题中通过实施经济上的自我限制耗费更多的金钱。不仅如此，其中体现的觉悟,还足以使人们能够对贸易的好处进行掂量,对它持向前看的态度。这种贸易伴随一国的日趋繁荣而扩展至一个更长的时期。它反对利用某国的短缺状态来获取直接的贸易利润,反对以屈从工业国的方式来加以核算。

在很长一段时期内,这是个仅存的问题。贸易越是兴盛,一个处于弱势地位的买家会不会付出越多,或者说会不会由于卖家的影响力不断增长而造成一种不断增长的需求?这个问题是狭隘的保护主义对付明智的自由贸易的最后一招。于是,我们或许就要进入一条出乎意料的路径,进入贸易条件的意义和尽可能撤除经济壁垒这个核心问题中去。国际自由贸易的古典信条存在无法弥补的缺陷,如果说它能保证建立真正平等的条件,那么它却完全忽视了理智监督和有力管控的需要。古典信条与有关国家间的自由放任主义的教义有着密切关联,这一信条若运用于各个国家就必然是致命的,正如它运用于人与人之间的关系一样。它以想象出来的有关自然本身就是善的,以及利益的天然和谐的那种虚幻的神学教义为依据。它忽略了这一事实,自然只是表示着实有的力量分布,依靠现存国际社会中相对来说强弱不等的力量的实有分布,那就是把世界的命运交由贪婪的经济高手来任意摆布。可是,针对这样的教义,已有的保护性政策在满足人类对自然力进行引导的某种形式需要方面却显得愚不可及。

换句话说,一般地采纳一种国际自由贸易的政策,如要做到使之可行、可取,那就意味着要形成一个强有力的国际行政管理委员会,用以处理诸如同等的劳工标准、航运规则,以及将要制定的同等的食品、原料和移民规则,尤其是同等的世界资本的输出和可获得的国际贷款的分配规则等等一类问题。贸易条件的平等,说的是条件的平等化;确保这种平等化,离不开维护和平,维护已被战争行为干扰了的对这种和平的极度的智力付出、研究和深思熟虑——尽管一如从前,却更要持久地执著,以显示理解力和公正性的那种识见来推进这项事业。如果某个特定国家通过继续保持很低的劳工标准而在贸易上获利,那么就必须有一个贯彻平等化的权力机关对该国的这种贸易行为进行惩罚。如果某国盘算着其他国家在某个危急关头有求于它,从而百般刺激自身的科学和工业——就像德国发展染料工业以作为制造炸药的辅助材料的情况那样——那么,这种行为必须得到处置,正如国际政府要对过分培植武力的行为作出处置一样。

问题确实困难而复杂,但要解决它并非是想入非非。这里再重复一遍,这种解决取决于各类专家的合作能力，正是借助这种能力使美国在一年内从和平状态进入有效的战争状态。对必备的各个门类、各种规模的力量进行动员之所以成为可能，就因为这是一项显示着信念和献身精神的事业。这是一个在国际民主化的基础上将世界组织化的问题。它面向世界，尤其针对美国。如果我们决意来使用我们的各种资源和能力，那么，它们近在手边，问题只在于我们的渴求有多深，又能持续多久。

# 西奥多·罗斯福[①]

西奥多·罗斯福(Theodore Roosevelt)的逝世,使美国 1880 年至 1910 年的那一代人失去了他们的典型代表。实际上,他与其说是他们的典型代表,不如说是他们活生生的化身。成功的公众人物并不仅仅是他们自己。他们是他们那个时代各种活动以及志向的记录和标准。对这类活动和志向抱以赞叹或责备无济于事,除非我们记住,我们的行为是在对时代以及产生这类活动和志向的人进行评价。至少对政治家们来说,古代那种英雄崇拜的形式已经过时。因为在民主政体中,民众对他们称之为英雄的那个人引以为豪。英雄感染着民众,但英雄首先被民众所影响。普通政治家的幸运之处在于他把耳朵贴近地面,能够捕捉到并反映出民众断断续续的句子中内容连贯的言语。罗斯福没有诉诸这种委曲求全的姿态。他是一架留声机,透过它那铿锵有力的话语,民众识别出并接受了这部用他们个人声音合成的集体作品。

于是,对罗斯福的褒贬就是对美国作出的评判。这个国家突然从内战后对精力的狂热、巨大的挥霍中醒来,它发现自己面临着大量的问题,面临着进行广泛改革的需要。要讲述这个时代的性质和缺陷,最好的途径莫过于从对罗斯福的观察入手。在民众眼光历时长久的塑造下,他成了一个超凡入圣的公众人物。他那地方性的个人特点、他的个人性格完全被他那公众形象吞没,似乎差不多消失不见了。每一个进入政治生活的人物都会逐渐发展出一种双重形象。这个双

---

[①] 首次发表于《日暮》,第 66 期(1919 年),第 115—117 页;重印于约瑟夫·拉特纳编,《人物与事件》(纽约:亨利·霍尔特出版公司,1929 年),第 1 卷,第 87—94 页。

重形象通过那种独有的、个人化的,起先反映着应变能力,后又反映着他人的愿望和行动过程的行为构成。但是,由于罗斯福如此完美地俘获了他的同胞们的想象,他那双重的公众形象妙不可言,高耸入云。人们除了想到他作为公众场景的那部分,想到他在公众舞台上的表现,已想象不出他还会是个怎样的人。他的那些日常的朴素无华的行为,获得了某种典型意义。他与一个火车司机握手,他在牡蛎湾砍了一棵树,他射杀了一堆猎物,或者他在狩猎中给一本杂志写文章,每个行为不知怎么都充满了一种几乎是预兆的意思。每一件事都按其迎合的群众的不同党派倾向,激起了叫好声和指责声。在所有这些行动中,他都被人们高兴地称为我们的特迪,人们或者对他赞美欢呼,或者对他痛心疾首。罗斯福也老是出现在这些行动中:在做政治演说,在写国情咨文,越过运河,或是目送一支舰队环球远航。在他身上,我们看到了理想的实现或是被背弃。那些不喜欢他的人,最耿耿于怀的就是他们难以摆脱他,即使深入他们的内心隐秘处也是如此。他那富于表现、出神入化的力量,使他常驻人们的心中。美国人生活中发生的一切都会提醒人们:罗斯福说过或做过的某一件事。公众设想的形象已完全将他那私密个体的方面同化掉了,以致除了他本人的知己,他的私人一面根本就不为人所知。一个外来者对此所能说的一切恐怕就是:公众性的自我能取得如此彻底的认同可真是了得。这种认同既对他人造成了冲击,又出于一个土生土长的自我对成败利钝、他人的喝采和厌恶的思考。只有当一个人同时兼具平凡而伟大的气质,他才能如此完整地成就其公众形象。如果想到他,人们从不会意识到这里存在什么神秘、不能探查的私密、保持缄默之处,从不会意识到拘谨、隐忧或任何无从感触的渴求之念。他那未经磨难中的拼争而承继来的优越的社会地位、可观财产和教育资源等等,为他提供了足以使他自如地在那个时代履行作为美国代表的使命的外部条件,无须有一个初步的训练期,无须浪费时间。由此,美国对它那通过小木屋和劈木者而为人所知的开拓时代拥有了自我意识,有关这种自我意识的学问很难说是在烛光的映照下获得的。美国向往不太贫乏饥饿的日子,要过较为富裕的生活,要使它的文化和社会境况更加明显地兴盛起来。它在遗留的疤痕中发觉早年的奋斗,并且从容地驻足于对这样一种形象的凝视。这是一个从不会使人回想到过去的形象,这个国家已把过去——看来确是这样——如此欢快地永远抛在了身后。这是一个因为成功地越过障碍而洋洋自得的乐观主义时代,是一个为潜意识地记起那种令人丢脸的限制因素包括有待克服的障碍而感到羞恼的时代。

罗斯福是一个行动的人。正因为如此,他成为时代的化身。他竭力宣扬奋力进取的生活,并加以身体力行。这个时代的活动已令人极度兴奋。它不仅是一项行动,这项行动还要伴以重重一击引起的隆隆回响,使所有人都坐正了竖起耳朵听着。白哲特(Walter Bagehot)[①]曾在某个地方评论说,人类很大一部分无法避免的祸患被引发了出来,因为一些人在某些重要事态发生时无法安静地待在闭锁的家中,对所发生的事情加以仔细考虑。这一代人已不对这样的想法抱有同感。如果祸患存在,那是因为人们没有迅速行动起来,没有加大行动的力度。难解的结只有靠利剑和激烈的行动才能解套,当它们被斩开后,我们得到的是关于多股线索、各种乱结、剑的尺寸,以及在挥剑了断缠结时使用了多少力气的统计资料。细腻精妙的形式、微小的区分不是这个时代看重的东西。

对罗斯福热衷上镜头和使用报纸大标题的做法提出批评是幼稚的,除非我们认识到,我们是用这样的批评对该时代取得任何众人瞩目的成功的那种环境进行谴责。这个致力于行动的时代,只能有一种衡量成功的尺度——数量和规模的尺度。这是一种本质上反映着社会和政治冲力的尺度。不能说要留待罗斯福来发现公众注意力对于一名公众人物的重要性,但他深刻地预见了强调和赢得公众注意力的需求,并且他不以个人的谦逊阻挡这一点。当一个人表现的是一种被人传扬的行为,要让它不被人传扬是徒劳的。当其他政治家还在相信悄没声息的行动时,采用扩音器来讲话就表现出勇气和令人快慰的洞察力。被罗斯福的自负激怒了的批评家们——他们把他的这种自负称为自大狂——忽略了这一事实,渲染小小的行动不会造就伟大。他的行动激起公众的反响,因为它们保有首先要求引起注意的地位。

罗斯福的事业最能博得美国人钦慕的也许莫过于这一事实:他有勇气要求美国人相信他。从政治上说,至少在形式上把民众当作他的家庭成员来看待。在早餐桌上与他们聊聊当天的政治话题,这对今天的政治家来说似乎是件简单的事,这种事情的朴实性正表明了罗斯福办事的细心周到。他树立了一种传统,甚至性情与他截然有别的威尔逊也觉得有义务追随这一传统,不管从事什么实

---

① 白哲特(1826—1877),英国经济学家、新闻工作者和评论家。他曾主编《经济学家》杂志,著有《英国宪法》、《物理学与政治》等。——译者

际活动,都有必要在职业生涯中遵循这一传统。正如林肯时代以来的政治家们认真地对威尔逊式的办事方法作了反复考察,将来的国务活动家们也会对罗斯福创造出的豪放不羁的公开性风格加以复制。自说自话,或者至少显得像是在自说自话,这是罗斯福对美国政治传统作出的一项永久贡献。如果不偶而地袒露一下自己的心情,日后会被人们愤恨地看作是缺乏勇气以及不相信民众。这些将成为——由于罗斯福,它们已经成了——民主政治中最主要的伤害行为。罗斯福的政敌不断地猜想他在政治上完蛋了,他把自己毁了。尽管这种声称其死亡的热情出自于精心的算计,为的是使预言成真,他们却真诚地相信,没有人可以从他们视之为令人震惊的大错——新国家主义的演说、撤销司法裁定等诸如此类的事件中挺过来。他们从来不会理解美国人对一个人抱有的钦慕感和无限信任,这个人从不说别的,他只是要美国人分享他的观念,要他们做终审判官。鉴于他被赋予的权力——当然,同时也认识到并扩大着他自己的权力——或许没有任何国家的公众人物如同执政的罗斯福那样适于"重返政坛"。

　　罗斯福通过行动体现他那一代人的信仰,这是被敏锐的辨识或者过分讲究的良心引导的毫不迟疑、无忧无虑的行动;或许最能对他这种行动的完整性作出证明的一点,就是他的人格令传统人士感到生气。在推行进步主义运动的年代,除某些场合外,从总体上看,他们将信将疑地追随他,或者如他们觉得的那样是顺应形势。一个显然从不曾从事过批评、肯定也没有进行过自我批评、实际上是把各种批评当作突然袭击来看待的心灵,它与终日担忧不安的心灵天生就是不合的,后者老是在批评,从来就不行动,除非迫于外界的压力才去行动。

　　如果单从其涉及的广阔范围来看,要解释为什么又是如何造成了热衷于把行动当作行动来赞美,这需要研究美国在19世纪最后四分之一年代的生活史。毫无疑问,罗斯福是一个伟大的人物,因为他用言词和人格去倡导这一信念。同样不容置疑的是,他积蓄了力量,因为他通过专门用道德术语来思考和评说的行动说明了他的时代。有了罗斯福,有了推崇为行动而行动的模式,思考和评说就成了一回事。有些人认为,直到德性成为一个问题,德性才会进入行动——也就是说,探索的正确途径已变得不确定,并且要通过痛苦的思索来寻求。但按照这样的标准来看,罗斯福很少进入道德的境域。没有证据表明他被那些苦思冥想的问题、萦绕心头的疑惑所困扰,而像林肯这样的人从来就没有完全摆脱这类疑惑。在罗斯福看来,对与错正像午夜的黑暗和正午的阳光那样,按照每一特殊境况而完整明了地互相区分开来。美国人最喜爱他的,就是他的真诚投入。他承认,面对这个赫然呈现的深渊,人们总能发现他站在公正那边。正如他不断坦陈的那样,他要"坚持"正义、权利、真理,反对不公、邪恶和虚假。他不是在坚持,就是在战斗。无论他从事的究竟是何种活动,他看到的是上帝和魔鬼势力之间的一场较量。哈米吉多顿①的决战归根到底就是当他走进公众生活时,他加入的那场正义之役的最后一战。如果说道德之战总体上是人们受到激励而乐于参加的事,而不是谦卑地遁入苦思冥想的事,这正反映出他那一代人的道德的单纯。

当然,说真的,崇奉为行动而行动,这会趋向于要求使行动成为一种成功的追求,或者追求一种玩世不恭的非道德主义,或者是追求上帝存在的确定性。美国任何走前一条路径的政治家都没有成功地跨越狭小的舞台。古老的盎格鲁-撒克逊人用道德主义话语来思考政治的好习惯,随其横跨大西洋的航行非但没被削弱,还得到了增强。然而,直到罗斯福时代,人们才用罪恶和正义的话语来看待经济问题。罗斯福从布赖恩(William Jennings Bryan)②那里借用了许多话,但布赖恩是加利利的拿撒勒人,他操的是说教者和巡回复兴布道家粗陋不堪的语言。当罗斯福发表感想时,他的言谈中散发出某种崇敬对象的光芒和国教会的魅力。我并不打算称颂罗斯福在19世纪和20世纪之交的年代里为我们美国人生活所做的一切。但世事变化很快,如果说罗斯福作为一个新社会时代的预言者,他的形象曾在某个时候比事实证明的更为突出,那么如今已很容易低估我们对他的亏欠。说实在的,我们为解决产业界的不公和冲突所做的事少得可怜,但罗斯福在制止他那个时代某些恶劣趋向上做了些什么呢,他把人们带到那个他们可以看到新问题的地方。要是不经由那条道德的路,或者不是由这个自发地诉诸伦理的确信和热情的人所引导,他们是否会被带到那个地方,这是值得怀疑的。他使经济活动的调节成了对不公进行遏制的问题。他用男子汉的气魄和活力——以及用其他字眼随口说出的所有那些显示着浪漫特性的精力——推动着改革运动。

如果说借着使人轻松愉快并为之摇旗呐喊的理想主义作掩护,罗斯福先生

---

① 基督教《圣经》中所说的世界末日善恶的决战场。——译者
② 布赖恩(1860—1925),美国国会议员,曾三次竞选总统,均告失败,后任国务卿。他因对第一次世界大战严守中立而遭反对,被迫辞职。——译者

采取的是一个汲汲于成功的"实干家"所采取的步骤,全然不顾道德上的考虑,这同样说明他是他那一代美国人的化身。这一代人不是伪君子——他也不是。繁荣就是正义的应有奖赏,就是对正义的承认。失败(美国人已养成用道德律这个主宰对此作一感知)就是邪恶的自供状。正义的事业难能可贵,失败会危及它;人们不仅需要赢,而且需要用胜利来获得道德上的认可。罗斯福先生善于争辩的名气,以及他在发现成功条件方面显示的精明,与他对正义所抱的信仰融为一体。他以建设性的道德热情与呆板的政客不断地进行讨价还价,与乏味的政治频繁地作出妥协。他向那些政治人物证明,他不是学究式的改革家;那类改革家声称抱有崇高的理想,却什么事也没干成。他对正义持有这样一种信念,即"使事情顺利过关"。他相信——而这是无可非议的——某种可以深刻印证的操行端正。这使他免于过分地作出让步,不是他而是那些污浊的政客在见风使舵。理论上的理想主义和便捷明快的实用主义的二元论,仍然庇护着美国人的生活。

当一个时代结束,下一个时代通常不会对它宽宏大量,或者公平地看待它。它所成就的一切变得理所当然,而它未及办成的事则成了一个彰迹较著、惹人恼怒的事实。罗斯福的时期还没有完全过去。那些攻击他的人如今正开始"欣赏"他,他们的称颂交织着过去的战斗和胜利的回声。过去的利益相关者至少表示要提升罗斯福在其鼎盛期的地位,这一事实衡量出了事情取得的进展。可是,人们又用极端保守主义的解释遗弃了他。不管怎样,人们开始认识到,我们的严重的经济问题是一个复杂的问题,而不是简单的问题;要培植根基深厚的条件和体制去疏理这些问题,而不是通过区分拥有大量财富的作恶者和具有高尚品德的布施者来看待这些问题;甚至从罗斯福所从事的最为艰巨的战斗任务来看,其涉及最广的部分也是医治各种症状,而不是寻找种种原因。"前进,基督的战士"时代,以把它推向高潮的进步主义运动而告终。我们处在一个在农场和商店确立工业民主的特殊问题的时代,有关正义的老一套唯心主义口号和艰辛的生活奇异地变得遥远。罗斯福的"运气"没有遗弃他,他已永远保留这份运气,不会遭遇变成傀儡人物或者极端保守主义领袖的任何危险。

# 日本和美国①

克里尔(G. Creel)先生的批评者们应被送往外国,以便从一个新的视角来看待他的活动。当停战协定签署时,公共信息署的活动正达到高峰。日本的各种报纸每天都用两个专栏刊发来自美国、他们认为反映着美国人观点的新闻。日本的各大日报发行量很大,且分布广泛。美国的小城镇把大城市的报纸当作获得某些重要信息的印刷品。而每个日本男人实际上都在读报。老实说,日本公众注意力的国际重要性并不逊于其他国家;有关外交事务以及他国如何看待自己国家的自我意识,或许比其他任何地方都要强烈。没有什么国家会对他人的称道如此感激,会对真实的或想象中的冒犯表现得如此敏感。因此,伴随美国新闻的出现,泛美主义在日本兴起,并在战争行将结束之际形成猛烈的势头,这很难说是一种巧合。

美国人要以饱满的热情参与缔造和平,即使这更多地是出于自身的目的。日俄战争结束后,在东京一家报纸开展民意测验的那些日子里,我们碰到过那份扑面而来的热情。这家报纸的读者通过投票,把乔治·华盛顿和亚伯拉罕·林肯选为世界伟人名录中的榜首人物。在这样的评选中,美国人甚至位于日本的民族英雄之上,这令那些认为日本人持有狭隘的排外的"爱国主义"的国人感到惊讶。但我们可能更多地看到了日本人热情洋溢的反应中作出的表示,以至于不太注意眼下日本人流露出来的完全以自我为中心的那些看法。一个身在日本的人会得出这样的结论:日本的政治家打算把某些至少称得上是极端沙文主义

---

① 首次发表于《日晷》,第 66 期(1919 年),第 501—503 页。

的言论当作起平衡作用的东西,用以制衡民众对外国无时无刻产生的热情。

如今公共信息署已停止工作,日本的报纸大多卷入了反美运动,然而它已经显现出某种减弱的迹象,一些有影响的政治家对这一运动发出了警告。这个运动开始的时候,正好来自美国的新闻有那么几个星期极为稀少,这不是巧合。太平洋的海底电缆被破坏,没有什么直接传来的消息,甚至从美联社间接发来的新闻也没有。于是,所有到达民众那里的有关美国与和平会议的消息都来自三个非美国人(英国人、法国人和日本人)的消息来源。正如现在人们相信的,后两个来源领受政府的津贴。法国的哈瓦斯通讯社即使说不上反美,也是执意反威尔逊的。日本的通讯社分为正规的共同通讯社和有线新闻社,它们主要关注种族歧视问题和中国问题。路透社虽不反美,但受制于英国至上的倾向;并且随着美国的威望遍及整个远东而臻于极盛,它也失去了专门促进美国进一步发展的经济或政治的动力。

结果,这些通讯社的读者得出了这么一种印象:威尔逊总统的政策有一种非常令人不快的背景,虽说他们并没有明确地表示不予置信;实际上,总统在国内外都没有获得一批有力的拥护者;国联要么以失败告终,要么采纳那么一种对威尔逊来说完全代表着失败的形式。先前对美国的重视,大多是因为人们对威尔逊政策的理想主义及受其推动的自由主义的情感浪潮抱有同感。要是这些政策不起作用,那么浪潮自然就平息下去了。还有很多说法更让人留下这样的印象,整个世界的"人道化"与和平不过是一种伪装,背后隐藏着物质主义的美国对中国、西伯利亚以及世界其余地方的商业和领土野心。国际联盟是个阴谋,盎格鲁-撒克逊人的资本主义利用它可以毫不费力、不用花费一枪一弹便能统治世界。正如一位声望颇高的政论家最近说的那样,"你把强盗赶走了,可骗子正要挤进来";德国军国主义的威胁被消除了,换来的却是盎格鲁-撒克逊人的经济统治。

那些相信可以使道德因素成为政治力量的人如果已经起程,他们应该去访问远东。直到他们变成十足的讽世者,他们的信念才会复活。感情好像成了一个差不多具有无比重要性的东西。而另一方面,东方的外交也在从对自我利益的狭隘考虑出发,绝望地看待国际政治的特征方面,为我们上了一堂直观的教学课。许多日本人成了日本政策更严厉的批评者,他们宣称,由于没能做到充分的公正无私,日本在亚洲丢掉了对任何国家来说都是绝好的那种机会。当现在的原敬内阁试图弥补前寺内正毅内阁做下的坏事时,批评者们觉得祸根早已种下了——它起因于寻求直接的单边利益的那种短视政策。此外,很明显,美国的威望和影响伴随人们对其慷慨的理想主义的意图将信将疑,在远东时升时降。国内那些标榜自己反对国联的美国人,设想有一种重大的责任。他们的声音被那些不够格的通讯社所鼓励,从而使很多原先对美国持同情态度的精明的外国人开始得出这样的印象,即威尔逊公开宣称的目的不过是个幌子。他们通过广泛散布那种要使人信服的证据而陷美国于不利;真正说来,美国在国内只关心她在南美洲成为霸主,在国外只追求那种能够促进贸易的权力。

我无意复述美国报纸上那些会激起日本做出类似批评的评论文章。它们和某种对立的目的有关,即要在现时发动各种因素,对公众舆论的形成产生影响;从某种程度上看,大多数东京的报纸对无论何种内阁皆持反对态度。对美国的批评于是成了用来打击政府的方便途径。这表现在:一方面,内阁被指责为屈从美国;另一方面,又被指责为没有在和平会议上促成日本在西伯利亚以及中国的正当权益。这里还存在着一种对美国炫耀其爱国主义以及军事和经济实力的令人称奇的展品的自然反应,存在着某种混杂着怀疑和畏惧的剧烈反应,它与美国在得知日本战胜俄国后作出的反应不无相像之处。结果正如人们所料,但似乎没必要那么感情外露。于是,朝鲜发生的事件,西伯利亚和中国发生的事件,都带有一副不祥的面目,都可能使人想到美国官方或是私人性质的卷入。种族歧视作为一个实质上禁止移民的问题而突然再度获得了重要意义。废除强制征兵似乎成了日本报纸上特别关心的问题。这当中的每一件事都过于复杂,难以仅仅附带地作一讨论。我们只要说在这里它们都构成了反美的主要攻击话题这一点就够了,有许多次要话题则集中在对中国和西伯利亚发生的事进行谴责。如若从这样的观点看,反美运动已不再仅仅表现为报纸上的倾诉和反驳,它变成了一枚凸透镜,两个国家之间产生摩擦的一切可能的原因皆聚焦于此。

直到目前,按照我所能获得的最可信的传闻,反美主义几乎完全是报纸上的事。报纸内外的不同口气使人产生了这样一种感觉,大概是想到民众过于亲美,所以需要让他们的同情心和爱慕之感冷却下来。尤其使人有所怀疑的,是那个唯一能引起自发的民众共鸣、使之越来越多地念叨的种族歧视话题。无论这说明了什么,当美国人看到日本的反美宣传报道时,他们都要不断地牢记这一事实,即战争的结果给予日本的军国主义和官僚主义政党以从未遭受过的最沉重的打击。不用多说,只有一件事能在很大程度上动摇其控制地位,那就是政党自己在竞争中遭到实际的失败。日本人生活中的这一因素在过去无比强大,如果这个因素没有消退到若有若无的地步,其名声已永远地被败坏到如此程度,以至于要对日本的政治作出彻底调整使之重新起步,那么,这些政党会采取措施来恢复其失去的某种声誉。要使这一恢复得以实现,最简便的途径就是助长对其他国家的畏惧和怀疑,这是一切军国主义产生的最终根源。因为只有这件事,才能使一个国家承受军国主义强加的重负。存在着某些征象,失去信任的政党正摇摆于大不列颠和美国之间,以便对风险作出抉择;这种风险只有借助重新选择,才能避免。除了与大不列颠已结成的联盟关系外,目前在每个人的心中,美国是最重要的了。正是从美国发出了呼喊,使战争成为专制与民主之间的战争;而日本在朝鲜、西伯利亚和中国遭遇的各种困难,也想当然地归咎于美国的所作所为。

我曾问过一位头脑活络且消息灵通的日本朋友,他难道不认为正是这种情况,再加上缺少真实的美国消息,才能解释目前迸发的批评声浪吗?他十分肯定地说,并非如此。他给出的理由比我给出的有意思得多。他说,官僚主义者和军国主义分子不可能成为批评的后援,因为他们完全失去了权威和影响力,以至已无能为力了。我所以要引述这一回答,因为它说明了人们提到过的那种丧失了的地位和声望——一种极度的丧失,以致乍一看去似乎不可思议;但我现在对日本当前生活中的这一显著事实确信不疑,即要某个在教育、军队和行政部门仍占有牢固位置的政党放弃控制是完全不可信的,这样的事不经过斗争似乎不太会发生。

我们自己的国家从所有这些情况中得到的教训是一目了然的,故需要提及一下。日本的自由主义运动已向前迈出了强有力的步伐——几乎是难以置信的强有力步伐。产生这一运动的理由,同样应成为维护这一运动的理由。如果他们真的要去维护它,那么后退的步子会很小。如果他们不是继续有效地去维护它,那他们便背弃了它。更直截了当地说,要把禁止状态下缓慢形成的自由主义力量释放出来,这取决于这样的信念:民主政治真正说来意味着公平、人道、友情的至高无上,由此在一个民主世界中,像日本这样一个野心勃勃而在许多方面却力不从心、被它的强大竞争对手环伺的国家就能够走上解放的道路。真正的考验还没有到来。但是,如果名义上的民主世界把那些在战争日子里曾毫不吝惜地表白过的感情收回去,那就会使人产生巨大的震惊,官僚政治和军国主义就会卷土重来。人们不相信会发生这样的事。但民族贪欲的每一种表现,对国际联盟基本观念的每一种冷嘲热讽的攻击,对国际范围的理想主义的每一种拒斥,每一句涉及种族偏见欠考虑的话,每一种针对日本的厌恶表示和无端猜疑,都会不必要地为日本现已衰落的专制官僚政体提供支持。这里的自由主义还面临许多有待克服的困难。只有日本今天那些秉持决心和勇气的自由主义者,才能解决这些困难。但其他地方的自由主义者至少可以为阻击他们本国那种事与愿违的事态发展而战;这种事态的发展,使日本的反动分子得以把他们手中因战争结果丢下的武器再捡回来。

# 日本的自由主义[1]

## I. 思想准备

有个人横渡太平洋,他从日本旅伴的口中不时听到了这个词——民主(De-mo-kras-ie)。船上有个穿一身宽松下垂衣服的乐呵呵的文雅人士,某一天,他忽然换上了一套将军制服,胸前挂着一排勋章,原来他是日俄战争中的英雄。他向你吐露:他从法国返回日本,要向他的国人解释新的世界形势并宣讲民主的福音。一个激动的归国留学生告诉你:他与一位著名的美国教育家会过面,后者对他说,如果日本和美国能遵循同样的原则,它们的未来关系是有保证的。他自己还再说了一遍:"是的,同样的原则。我们互致问候并说了很多赞美对方的话,我们需要采用美国的民主原则。"他发誓说,他要成为这些原则的鼓吹者。靠岸的那一天,另一位归国留学生告诉你:他去年踏上码头的时候,说出"民主"这个词儿是要惹麻烦的,会被送去蹲监狱,而现在人人都在谈论它,就是苦力和人力车夫也在谈论它。一位在日本待了15年的美国教师说,日本精神前6个月发生的变化比他待在日本15年里看到的变化还要大。

但日本人告诉你,他们的观点不稳定。他们是活跃多变的,容易去追赶最新的知识分子的时髦玩意儿;他们快速并浮泛地捕捉最新的思想潮流,当某种更"趋时"的东西袭来时又一味地再去捕捉下一个,而不管它与已有的东西是否会

---

[1] 首次发表于《日晷》,第67期(1919年),第283—285、333—337、369—371页;重印于约瑟夫·拉特纳编,《人物与事件》(纽约:亨利·霍尔特出版公司,1929年),第1卷,第149—169页。

造成对立。所以在最近这几年,在被人们漫不经心地卖弄的哲学领域里,尼采让位于奥伊肯,奥伊肯后面是詹姆斯,詹姆斯后面是柏格森。德国人不仅不光彩地被打败,而且在国内的革命中分崩离析。说着满口漂亮话的美国出现了,并且它还令人惊奇地善于将言词落实为行动。专制不再时髦,民主的风格正流行开来,还有什么比这显示出更大的变化吗?

当一个人处在这种思想潮流中,并且在某种程度上对它变得熟悉起来——这不是件容易的事。这里的语言不为人所知,这里的每一个知识分子又都是名专家,并且你会设想类似的兴趣也是专业化的——他会认识到,变化并不像它表面看上去的那样仿佛突如其来。在极端反动的保守势力当政的整个年代——其反动程度比现在的作家所能想象的大得多——这里还生活着自由派的思想家和教师。西方思想的渗透是持续稳定的,即便还谈不上像西方的冒牌货、医生和知识分子那样大的来头。德国人的失败掀掉了盖子,但这一过程没有造成突然的外表上的变化。大家几乎都知道,已有可能大声说出自由派分子过去在教室里悄悄地说的那些话,或者在大众刊物上用掩饰起来足以躲过警察眼睛的语言写下的那些话。时尚的变化是事实,确实能说明大部分情况。但它的作用主要是削弱了反动官僚分子的声望,提高了自由派人物的声望,使人们愿意甚而乐于去听他们讲话。

最称得上道道地地的意外变化的情况,可说是某个已臻成熟的运动所呈现的外观——这肯定是一个非常健康的事件。整个战争期间,界线已被划清。甚至在德国最终被打败以前,有那么几个有胆识的人就敢于说出这样的观点,即战争是两大体制之战,战时日本是德国的敌人,但德国人的门徒和追随者还待在政府中,还在传授教育的方法。只要这种情况仍在延续,日本的地位就是不正常的。另一方面,甚至就在对德战争中,也存在着为德国制度、德国思想和德国观念评功摆好的很有影响的声音。它们解释道,因为日本已把所有这些东西消化吸收,日本的伟大实有赖于此,所以德国只是日本军事意义上的敌人,即便如此,也只是出于某些特定的目的。我和其他人都听到过石井男爵指责德国的宣传要为离间美国和日本的感情负责的那番话,像我为数甚多的同胞一样,我为此感动不已。但是,当我到达日本后,感到十分惊讶。因为我发现,日本官员在战争中一直从思想、道德和政治方面继续推行一种活跃的德国式的宣传。我获知在军队中,征召入伍的士兵被整齐地集合起来,他们被教导说德国制度要比协约国一些国家的制度优越,德国的军国主义尤其具有优越性,事实上它是不可战胜的。我了解到,正是在宣布停战的那一天,某个颇具分量的知识分子公开演讲的题目竟是"为什么德国人是不可战胜的"。

指出这些事实,并不是要重提冒犯的理由。它们有助于解释自由派人物的勇气,当战争还处于将决未决之时,他们便说一定要打败德国人,这不光是为了把它从远东赶走,还因为它是专制的、军国主义化的。他们祈愿日本人自己动手把日本从德国人那里搬来的所有政府和治理法则清除掉,以免日本到头来发现自己在与整个世界作对。事实上,如此公开和严格地进行划界促成了最终的胜利,更是造成了不可撼动者突如其来的崩溃,这表明自由主义者反对官僚集团分子的斗争取得了令人振奋的胜利。它使自由民主的观念变得时尚起来。假使战争期间没有发生德国观念的支持者和反对者之间的一场斗争,没有把这种争论引入国内政治,那么,这些观念是不可能流行起来的。

日本高涨的民主主义情绪在去冬今春这几个月里明显地消退了下去。日本人是灵敏的——常常过于灵敏——他们没有忘记告诉国人在巴黎接受的教训,威尔逊总统没有兑现他在美国投入战争时许下的美好诺言。日本人在巴黎和会上提出的种族歧视问题,也许是为了使山东问题变得模糊而释放的一道烟幕——当外交官们想要赢得一个具有实质意义的分数时,他们比日本民众更懂得要提出一个道德问题。但是,这个问题在日本无疑众人皆知。很清楚,是那些怀有微弱良心的政治家,如世袭贵族小隈等人,部分"促进了"人们对这个话题的兴趣,但它显然得到了全民的响应。各大报纸已不再关心巴黎和会上的其他问题,它们腾出版面来讨论这个话题。有关在国联盟约的序言中加入承认各民族平等原则的提议没有被采纳,这对自由主义的思想是一个打击。因为这很容易使人断定,战争期间,协约国作出的所有关于平等和人道化的表白只是某种虚伪宣传的一部分。最终,日本的提议被削弱成了一份柏拉图式的几乎是匹克威克式的声明。反对它的人越是相信提交这份声明并非出于本心而带有隐秘不宣的企图,他们便越是愿意对它表示支持——它总能使人舒心解气并挽回一点名声吧。拒绝这份声明,比不人道还要坏,就是愚不可及。接受这份声明就摆脱了种族偏见问题的纠缠,为把移民当作一个经济和政治问题来讨论,既创造了一种良好交流的情感,也创造了一种坦诚、客观对话的基础。正如人们看到的,上述两个问题仍缠绕在一起,主张以经济理由限制移民的人(还有政治的理由,直到日本彻底改变它的统治形式)会受到私心杂念的牵制,因为这将找到把日本的种族和肤色问题引入讨论的机会。但目前的打算所酿成的后果多半是:和会的行动为日本那些希望看到事态如其所愿发展的人提供了巨大的策略上的便利,由此挫折了民主思想的锐气。

使自由主义思想遭受暂时挫折的另一个主导力量,是中国问题的出现。日本的"爱国主义"比地球上的任何国家都要强烈,报纸出版业比地球上的任何国家都要鲁莽行事,不负责任。大众的政治意识仍发育未全。结果,对外交事务进行理智的批评讨论这件在任何国家都很难办到的事,在日本更变得异乎寻常的困难。事实上,日本有一位才识过人的自由主义知识分子,他尽管信奉民主,却说日本的外交要是有一天更多地受民众影响的支配,他则会感到害怕。因为较之民众的取向,职业外交官要开明得多,他们更具全球眼光,对西方的观念更抱有同感,而民众仍陷于盲目的沙文主义狂热之中——如同在抗议采用温和态度提出对俄和平条件时发生的骚乱事件所表明的——他们不断叫喊要采用更强硬的外交政策。无论如何,引导日本广大民众作出这样的思考,即在亚洲存在着一个阻挠日本实现其真正的民族命运的阴谋,那些号称民主的国家,特别是美国,是这个阴谋的始作俑者,这件事做起来很容易。军国主义的政党毫不迟疑地强调道德,或把日本的自由主义者看作是削弱和摧折民族大业的、已然现形了的卖国分子。"我们国家的对与错"的格言,或者坚信我们的国家总是对的那种心理学,并非源于日本。于是,日本那些想告知中国情况真相的自由派人物——这些人为数不少——同时也在妨害着自由主义的事业,因为他们本人似乎没有爱国心,他们进行的是反国家主义的事业。

如果形势能以一种合理、正常的路径发展,那就不用怀疑最终的胜利会落脚在哪里。正是欧洲的帝国主义教导日本人说,使日本受到尊敬的唯一方式就是让陆军和海军力量变得强大。它的艺术、它的精致的礼仪和它的热切的好奇心都不能使日本跻身巴黎和会的五大国之列,所有这些东西并不能在和会上给它带来外交上的胜利。直到有那么一天,世界较少信任军事力量,整个世界能诉诸武力以外的某种其他的基础来看待正义问题。日本民主政治的发展是不确定的,因为与其他国家相比,日本政治上的反动势力集中在军队,由军队反复灌输的观念通过那批自觉或不自觉地受到军队影响的官员表现出来。但这一事件的进程受到了阻拦,有两大立足于自由主义思想和制度的力量在起着作用,一个是知识分子的力量,一个是经济的力量。日本试图在它目前的统治者领导下,从事一项不可能的实验。它承认,它要依赖西方以求得物质、技术和科学的发展,并对引进与此类发展相关的西方的观念和方法表示欢迎。但与此同时,它却想使自身独特的道德和政治遗产保存完好;它声称,它的这些方面与西方所能给予的任何东西相比,更具优越的地位。它是另一个神选的民族,它的起源和命运都是独一无二的。它在大规模引进整个世界科学和工业技术的同时,不知怎么又以惊人的、顽固不化的态度保留着一种封建的甚至是野蛮的武士道的风气和政治。没有什么民族可以承受这种两重性的生活;日本的生活中,处处显露出这种分裂的特点。日本人纵使运用他们所有的抵抗之力,也不可能无限期地阻止真正的西方观念和目标的进入。这类西方的观念和目标已渐渐产生,并正在逐走传统的观念,尽管这里存在着世界上闻所未闻的那种令人难以置信的反动的初级教育体系。这种蔓生的观念的第一批成果,就是伴随德国战败而来的自由主义思想的释放。正如一位新日本的知识界领袖所说的那样,去年日本发生的变化非语言所能形容,它是思想、道德甚至形而上学意义上的变化。

## II. 经济因素

在上述文字中,我对知识界的变化进行了讨论。这种变化使日本的自由化风气进一步发扬起来。我在此斗胆用"形而上学"一词来描述这一变化。我能想象出某些迎合西方观念的人想要取得的成绩,那就是说,思想上的变化会导致政治上的变化。人们爱用思想来说明人。所以,那些对这个世界上观念的力量和思想的指导作用作了最好的现代证明的马克思主义者,他们最为否定对此类思想观念的解释具有任何效验。然而,甚至那些最坚定主张知识分子和道德力量无能的人,他们也许会承认,没有一定的心态和性情上的变化,要成功地促使社会出现某些变化是不可能的。思想的变化至少是一种消极的条件、一种必要的条件。承认这一点并非意味着思想作用的因素就能得到接纳,而是说日本自由主义的前景是幸运的,因为思想上已发生的变化伴随着那种积极进取的经济上的变化,并得到了后者的增援。

战争极大地加快了日本向工业转变的步伐。仅1918年,东京的工厂数量就比上一年翻了一番,尽管上一年工厂数量也有惊人的增长。最近这五年里,日本实际上已从一个农业国转变成了工业国。这个国家今天面临着农业劳力的现实短缺,在农田干活的人的工钱已上涨了一倍有余;城市的工厂以如此大的规模吸收着劳动力,以至眼下至少已不再见到因土地扩张接纳过量人口而引发的老一套的申诉。这种加速发展带来的后果,使日本骤然碰上了劳工问题——它猝不及防地陷入了这个问题。

一个远方的好奇的观察者不禁会想到,一个在最近期间经历着工业革命的新国家肯定会从那些比它更早经历工业革命的国家那里学到些什么。为什么还要坐等童工、女工、超时劳动、污浊的工厂、拥挤的住房、贫民窟等等所有这些罪恶出现?经验已经表明,执行自由放任的政策,这些罪恶必定会接踵而来,而立法和管理则会缓解那些难以容忍的罪恶。像日本这样一个实行家长式统治的国家尤其应该做些什么事,只要看看它的楷模——德国人对它施加的总体影响,它就应该做些事。但在这方面,它实际上并未显示出其先见之明。某种照搬西方模式的工厂法确实已获通过,但把它付诸实施则拖延了许多年——达12年之久——借口是让资本家有机会来作一些自我调整。事实上,不顾最终结果而一味贪图眼前的利润,已在工业化的日本成了令人着迷的做法。

在我看来,在日本活动着的那股最有害的势力——急不可耐地要使日本一下子成为大国的势力——在增强着这种利己主义的力量。日本人十分懂得,现代大国要有发达的工业和大量财富。结果,他们"用大大的赤字向未来透支"。它的政治家相信国家利益和个人的"迅速致富"的欲望是一致的,他们不仅不对其进行制约,而且对其加以鼓励。对每一位外国来访者提出的有关日本政党的差别问题所作的最具启发性的回答是:执政党是"三井"党,它的对手是"三菱"党。日本有"六大巨头"——它们是一些从事金融、航运、采矿、制造和大陆开发等各种活动的公司集团。在这六大巨头中,三井财团和三菱财团最为财大气粗,其他的公司则围绕它们运转。通过直接的家族联姻或者数不胜数的间接方式,这些大企业的利益与国家的行政结为一体。实际上,它们一方面是陆军和海军集团,另一方面就是国家。或许在日本的现实政治方面,我得到的最大启发是有人这么告诉我:大企业的利益还不至于影响到议会选举,它们并不特别在乎哪个人被选上,因为它们直接与当政的统治者做生意。有关日本大企业和政治的结盟值得写一本书——写一段话是不够的。所以,引用一些孤立的释例没有多大用处。但是,它们征税制度中的某些条款可以被认为带有典型意义。当个人的收入达到750美元,他要缴7%的收入税。一家公司若收入50万美元,它只需缴纳7.5%的税款。日本的议会对如何控制这类欺瞒行为不置一词。理论上,它们认为,个人在把日本造就成世界强国方面所作的贡献微不足道。资本的巨大集中才能真正把日本推动起来去发展贸易和工业,以便参与国际竞争。报纸通常用各种专栏文章去抨击政府,却很少放下架子来讨论诸如此类事实的意义。

日本的报纸在讨论国际联盟问题时,习惯于说日本代表着劳工的利益,而西方国家特别是大不列颠和美国代表着资本主义。但是,没有一个现代国家的资本主义像今天的日本这样丝毫未遭遇抗争,几乎获得了无可置疑的权力。害怕国际联盟成为资本主义剥削势力的代言人,事实上只是害怕一个资本家组织被另一个资本家组织剥削——在涉及西伯利亚和中国的开发问题上,尤其是如此。

正是一个愤世嫉俗的日本人——这样的人在日本并不多——告诉我说,日本的工厂法只对西方人有好处。他已不厌其烦地告诉那些好奇的外国来访者,他的国家的法令全书里刊有那么几部法律,但其中大部分内容已中止实行。人们对前面的事实大吹大擂——后面的事实则被隐藏起来,除非有哪位来访者过于好奇地追问下去。过去五年,工业贸易得到了迅猛发展,但这种缺失相应法规所造成的结果是每个西方人都会预料到的。劳工危机出现了,它不容稍缓,激烈异常。目前当政的、声称更倾向自由主义的原敬政府,并没有认可工会这样的组织。工会现在处于晦暗未明的状态,既没有禁止,也没有合法化。一个像我这样的来访者,无从了解它们的数目到底有多少。一个激进的日本青年对我说,它们的势力遍布日本,即使它们被视为非法的时候也是如此。连农民也在团结起来,警察不再向上报告此事,因为警察本人也感染上了"危险思想"——这是日本,也是美国某些体面的社交界里通行的一个专门术语。

日本在经济发展方面是否必定要经过构成西方社会发展特征的那种资本家和劳工对抗的阶段? 对此,知识分子的圈子开展了活跃的讨论。有一个代表古代儒家寡头政治的、很有影响的派别认为,没有这种必要。他们设想把古老的主人和仆人、保护和依顺的封建社会原则引入现代的雇主和雇员的关系中。他们本人并不以向前者呼吁更好地对待其员工、担当起家长的责任为满足。这里存在着为数甚多的、由雇主控制的社会团体,用以解决健康保险、生病费用、增进劳工福利等问题。人们知道,这可以专门被称作"仁"的原则。深受西方思想影响的自由派分子争辩说,这个原则是过时了的封建社会的遗风,肯定是行不通的。他们认为,劳工必须在道德和经济上发出自己的声音;他们要组织起来,为自己去争取权利,而不是坐等仁慈的主人作出让步,这样才能发展壮大。人们知道,这就是"权利"的原则。但力持被神选的、独特的民族类型观的封建主义者反驳说,只有西方的唯物主义,才以争取自由和权利的形式来发展工业;东方至高无上的道德标准使人有可能把仁和情的原则运用到产业关系的发展中,从而避免那种使西方文明蒙羞的阶级斗争。当然,正如在其他地方一样,这时如果提一提布尔什维克分子也是很管用的。

然而,目前发生的情况至少对"仁"的教义的拥护者来说是不利的。米骚动是劳工和阶级意识觉醒的一个信号。与其他地方相比,日本生活费用的上涨问题要尖锐得多。日本相当一部分粮食供应依赖国外进口,大米不像小麦,它不是世界的大宗商品。可以想象,日本将来的命运正系于这一事实,因为大米的价格是30年前的12倍,是战争开始时的3倍多。与此同时,存在着由相对封闭的农村生活变为密切接触的城市和工厂生活而招致的所有那些可想见的后果。我们在工厂作坊等场所看到工头和劳工之间发生着的摩擦不断增加,频繁发生;并如上所述,罢工成了一种十足的流行病,因为工资的增加不能跟上生活费用上涨的步子。各个行业都显示出,通过战争中的牟利行为暴发的百万富翁不乏其人。日本在思想和管理上都没有实际准备的情况下,突然陷入了尖锐的劳工问题。社会主义是被禁止的,有个社会主义的政党被判犯有预谋罪并受到相应的处置。但从所有的报道来看,对于社会主义的兴趣的增长迅猛异常。

有一位私立大学的教师为他的政治经济学专修班的学生事先设置了一个选择课程的机会,学生们可以投票决定是读"商业扩张"课程,还是"劳工运动"或"社会主义"课程,结果要求上"社会主义"课程的学生有一百名,而要求上"商业扩张"课程的学生只有3名。如果考虑到日本人对于实际话题的热衷,以及对于商业扩张的热望,那么可以有把握地说,在战前,这两个数字是会掉换位置的。这一代青年学生们已经被激进的思想感染。帝国大学通常被认为是保守主义知识分子的地盘。该大学的一个学生团体,出版了一本名叫《民主》的杂志。大学里有些教授是某个被称作"晨社"团体的积极分子,而这个社团在对民众演讲中公开宣传民主思想。标有"改造"、"新社会"之类名称的刊物,几乎每个月就有一本面世。在前内阁主政期间,治安部门的监管要比现在严厉。有一位法官被判犯有欺君罪,因为他在抨击官僚军国主义分子时曾说,他们挑拨民众与天皇的关系,玷污了天皇的荣誉。有关天皇可被亵渎的暗示足以把他送进监狱,但他的名声和影响却因这一事件而与日俱增。类似这样的事情，还有一些可加以引证。近来还发生了对许多持有或发行"革命"杂志的人的逮捕事件。甚至还有人预言，在下一个五年里，日本将会发生由经济基础引发的政治革命。但是，我认为，他们似乎过于乐观了。

劳工的处境是严峻的，中产阶级的处境甚至更为严峻。至今，日本的工业革命还没有真正成型。它没有创造出资产阶级，反倒暗中毁坏了日本原先保有的东西。马克思所说的无产阶级和百万富翁的分化，正在加速进行中。富有经验的老人会颇足玩味地向你指出，你在东京街头看到的为数甚多的汽车中，有罗尔斯-罗伊斯牌的，有皮尔斯-爱罗牌的；值得注意的是，看不到福特牌的汽车。在乡村地区，农民的土地所有权正在衰减，大地主和在外地主所有权则不断地增多。农民平均拥有3英亩土地，这很难维持一个家庭，因为除了糊口剩不下什么可供售出的稻谷。高昂的米价，对一个小农来说望洋兴叹。于是，土地兼并以及资本其他形式的集中便快速地蔓延开来。

日本一段时间以来已拥有一批受过教育的下层阶级，人们饶有意味地把他们戏称为"穿西服的穷人"，这些人中有小官吏、警察、职员和小学教师等。这个阶级是官僚政治和军国主义的铁杆支持者。但是，最近生活费用的飞涨，使这个拿薪水的阶级感到苦涩；干体力活的劳工的计时工资有所增加，而他们的薪水未见有什么变化。警察被惹火了，政府就干了些事情来平息他们的怒气，因为警察的地位毕竟事关处置风险的大局。小学教师要求在东京和横滨开会以讨论此事；在政府的授意下，赶来的警察不许教师们开会，会议因而被迫中止。报纸在评论这一情况时问道：老师在学校里讲着一套常规的伦理学，而在校外却反其道而行之，这会对学生造成怎样的影响？换言之，小学里那个叫做"伦理学"的、使人心情发紧的东西就是服从当局。当老师们对在校外煽动闹事、冒犯当局的行为悔过以后，当局给了他们一笔贴补生活的工资。当然，与广大劳工阶级相比，中产阶级的分量微不足道；但情况很可能是，由于这个阶级受到更多的教育，它不再听任它曾为之献身的独裁国家的利益的摆布，这将产生先期的政治影响。

一名观察者可以通过某些外部信号对日本民主事业的进步作一跟踪。首先并且从多方面看，最为表面化的信号就是普选权的扩大。新一届国会通过了把选民扩大一倍的议案。这是一个折衷方案，它既没有满足保守派的要求，也没有满足激进派的要求。除非外交关系完全吸引了人们的注意力，下一届国会还会再起争执。第二个也是更具意义的信号,是间或通过选举权的扩大议题或某些类似议题,使人们看到了下院和上院之间发生的冲突。贵族院想方设法要使老的政坛寡头和新的财阀阶层获得权力,以阻止顺应民意的下院做出放肆的举动。更为严重的信号是要力争使陆军大臣和海军大臣成为内阁的真正成员,而不必作为陆军和海军的特许候选人被独立的、无责的权力机关所任命。它们的独立性到底能有多大,这是一个使任何国家都感到为难的问题,日本却通过这届国会休会期间发生的事毫不犯难地解答了这个问题。各政府部门的支出预算必须得到批准。陆军省却要求追加预算,为驻扎在西伯利亚的15万名官兵发薪水。然而,外务省和其他部门却有不同的看法,认为只要派出七千或一万人就够了,这与其他协约国派出的军队人数相当。人们一时间激动起来,议会暗地里开了会,所需的钱款数目也已经投票决定。几天后,报纸上出现了一份半官方的声明,其中说到派驻西伯利亚的军队人数不能超过7万人。局外人或者大多数了解内幕的人不可能知道,这样一来又如何解决为其他8万名官兵发饷的问题。那些实行宪政的外国的鼓动家们会说,作为政府中一名门户独立的陆军大臣,其意义正要由这一事实来衡量,即他可采取与外务大臣的证词相抵触的方式行事。这样的事例屡见不鲜。尤其可见于与中国有关的事务。当然,人们不可能告诉你:这在多大程度上是那些串通一气的自由派大臣们找到了某个提出其言之凿凿的理由的机会,在多大程度上要归因于陆军大臣(其实是参谋部)在"政府的"其他部门对相关事宜一无所知的情况下,仗着自己拥有的无可争辩的权势行事。另一个显现民主思想传播的令人信服的信号是:出现了一个要求让政府的各个部门对国会负责——结果却意味着是对某个政坛元老组成的派系负责——而不是对天皇负责的运动,以及让国会取得真正的立法提案权的运动。因为人们走进国会就可以知道,除非他们得到枢密院的准许,国会从不会考虑对任何一个重大议案进行讨论。取消警察部门在未进行司法诉讼或审理的情况下压制报刊言论的运动,可以说是一个最能让人看到希望的信号。

然而,正如以上概述中所见的那样,不太可能以如此逻辑性的结果来看待事情的进展。某些事情更有可能发生,随之会使政治结构出现变化。从它产生的效应、后果来看,这类事件将会是一场革命,可是我们很难联系通常的"革命"这个词的意思来想象日本发生的事件。日本人具有某种在外国人看来不可测知的品质,这使他们成为地球上最严苛又最柔韧的人、最知足长乐又最渴望学习的人。完全可以想象,伴随民主意识的发展,会忽然发生相当于 60 年代老的德川幕府向萨摩藩和长州藩藩主移交权力的那种戏剧性变化,接着日本就会统一于中央集权的制度,并放弃孤立政策。对一个学习历史的人来说,今天的日本看上去极似它七八十年代那样处于不断的变动中,好像在发生一连串事件后再有少许的变化,日本就能成为一个逼真仿制品似的法治国家。但不幸的是,正是在 80 年代,欧洲普遍走上了帝国主义道路;到了 80 年代末,日本也从容地采用了一种德国的军国主义国家样式、一部徒有其表而不具代议制政府实质内容的宪法、一个刻意用来培养那种学习英语的日本青年人把它叫作"恭顺"(obeyfulness)的普遍的初级教育系统、一种着眼于在为国家服务方面收到特殊成效的中等和高等教育体制。摆脱这类体制的运动已搁置了 30 年之久,以至没有什么新的进展。

### III. 主要敌人

把日本和德国加以比较已成了常事,或许是太平常的事了。在对所有事件进程的判断中,我通常都没有指出它们两者那些现实的、无可否认的相似之处。这种相似之处既非完全源自内在的本土化的因素,也非完全是靠模仿学得的结果。在七八十年代,日本忙于学习西方世界这个样板,正如一千年前它从朝鲜和中国那里取经一样,从大不列颠那里,它借用了海军建国、商船队、海事通商、海军力量的观念;从法国那里,它拿来了中央集权的观念,用以医治那残存的封建势力离心离德的顽症;从德国那里,它学得了制定婚姻家庭法的技巧(在由家庭组织向个人主义准则的过渡中,这是最重要的一件事)。在采用德国式教育体制的目标和方法,以及建立看似西方式的代议制政府的措置方面,这个政府实际上无论如何不能违背长州藩和萨摩藩藩主独裁寡头集团的利益;后者也不能完全为个人的野心所左右,甚至首先被个人的野心所支配。日本确信,只有运用高度集权的力量,才能使陆军、海军得到发展,才能确立一种强有力的外交政策,使日本不再像亚洲的其他国家那样忍受任由西方列强摆布的命运。面对在最近这代人的时间里出现的帝国主义的欧洲,要求有一种胆大妄为的唯心主义,它不是由现在的学人提出的,它可以宣称欧洲人的行为完全错了。

况且,日本的统一只是最近才完成的一个事实。一个外国人经常会听人们谈起在远东,特别是在日本生活中那种单一和团体的性质。他可能会忽略由实行家庭原则造成的使社会不和的力量。在日本,分离和仇恨仍然是直到晚近的封建时代里存在着的一个严重问题。日本只是通过德川幕府的力量,通过他们玩弄家族集团之间你争我斗的技巧,一直维持着联合。要恢复帝国的统一,要使日本向外部世界开放,日本需要找到某种内在的、更为精神化的连接纽带。它通过德国人,找到了一条更好的纽带。它可以将它过去的理论传统再复活起来,以服务于中央集权的需要。日本如今已有超过一代的人接受过国家宗教和天皇崇拜的教育,因此对新的道德和思想潮流的追求从来就不像日本50年前对新的方法和制度的渴望来得那么大。日本流传着一个故事,它听起来不像是真的,却含有一定的象征性道理。这个故事是这么说的:当贵族出身的伊藤博文率领他的宪政专使团打道回日本的途中——他们刚去了德国人和俾斯麦那里——他们在伦敦停留了一下。伊藤博文拜访了赫伯特·斯宾塞(Herbert Spencer)。后者对他的劝告是(这可能相当可靠),日本要与外国保持一定的(也是防备性的)距离,这对伊藤博文产生了很大的影响。往下这个故事说道:伊藤博文告诉这位哲学家,他随身准备带回日本的是一份立宪计划,一套有关教育体制、经济发展的方案等——事实上,除了宗教外无所不包;他盼望斯宾塞能够为日本提供他们所需的方案。故事中,斯宾塞是这样作出回答的,他陈述道,因为日本历来奉行祖先崇拜,天皇长久以来是一个宗教人物而非世俗人物,日本不需要从外国那里搜寻一套构建国家宗教的方案。

这个别致的说明精心地利用了神道教,以对军国主义的独裁统治表示政治上的支持。这个说明很可疑。但是,没有研究者可以怀疑,在80年代后期将日本纳入现有路径的那些政坛元老们为天皇的统治罩上了一层神秘的感情光环,用神意和神圣血统批准了这种统治。欧洲有些国家依靠国王的神授权力进行统治,这并非多少个世纪之前的事;但我们却要追溯到罗马帝国时代,去寻找那些自称是神圣的、上帝的儿子的皇帝们。一位学者告诉我,直到1889年公布宪法,已逝的天皇一直保留着天神之子的称号,处心积虑地利用宗教神话来阻止民主观念的增长。这一点可见于这个事实,在这部宪法中,这个称号第一次被用来称谓一个活着的统治者。当然,我并不清楚他的陈述是否正确,但民众头脑中的政治观念和宗教以及神权的观念已熔为一炉。这一点毋庸置疑,也不用怀疑这种熔合支撑着日本反对他国的民族主义情绪,维护着统治王朝的威望与权力。由于天皇在京都处于隐居状态,事实上已几乎像个有名无实的君主。这种遍布的宗教激励因素,自然会使实际处理事务的官僚集团获益。让人感兴趣的是要指出,在自由主义的团体中,至少有一派竭力想用一种民主的特色来说明天皇统治的宗教身份。他们并不攻击皇权的观念,因为这种攻击不仅会使他们个人被囚禁,而且会遭人厌恶而使他们的事业的声誉受到损害。他们宣称,传统上,天皇是万民之父,他至为倾心于民众的福祉;就政府是为了民众这一层含义而言,日本的历史就是一部民主政治的历史。于是,他们攻击寡头政治使日本偏离了它的真正基础,为了扩张自身的权势而不惜离间天皇和他的子民。

西方人自然不会认真地把神道教当作一种政治工具。他们不会认真看待神权的观念,他们不会这样做,这种思考方式令他们感到陌生。于是,他们想象日本也不会真的把这种观念当回事。他们认为,这是某种诗意的渲染,是描绘这片神奇土地时的神来之笔。当然,日本的有识之士不会在任何真正的意义上相信这种政治神话。但神权的观点浸透在对所有问题的考虑之中,这也是真的,与此相系的情感是如此普遍而强烈,以至日本成了这么个独一无二的国家,它的目标和方法就是要让所有外国人受挫。或许只有一个对初级教育,特别是对历史和"伦理"的教学进行研究的外国人才能懂得,"天皇的膜拜"是如此有条不紊,它已如此完整地化成了所有学生下意识的心灵机能的一部分。当他们长大后要摆脱它,正像西方国家的少数人要摆脱童年时聆受的神学教诲一样。如果没有抛弃因之而来的爱国主义和民族主义情绪,这时甚至很难避开这种情感上的后发效应。正是对于皇朝的情感,形成了这类近似于宗教的情绪。

*172* 　　三种神话构成了一个更大的神话。首先是由共同的血脉、共同的世系、与天神共同享有的关系构成了绝对的同一种族的观念。天神创立了日本的文明,他的子孙仍统治着这个国家。无论这在人种学上有无不实之处,这个教旨是一个实际上最应得到肯定的真理,因为在时间的推移中,不同的种族因素奇妙地混合为一:日本不是一个孤岛、一个莫名其妙的孤立国家。我们可以这样郑重其事地来质问这个神话,所有稍稍受过教育的人都知道可在民众中发现不同类型的人,所以很难无可争议地从对种族的同一和对天皇的共同关系的否定中得出任何政治上的暗示或结论。学校教学用的"伦理学"课本里谈到,其他国家的公民也具有爱国主义,也有孝顺和慈爱的情感,但日本是世界上唯一一个使这两种情感绝对重合起来的国家。于是,对这一陈述的客观的实在基础小心翼翼地加以否认的科学人种学,发现自己碰上了麻烦。

第二个神话是有关延续两千五百年之久——自天神创造了日本以后没有中断的王朝世系的神话。作为这一叙事的基础,学校里的孩子们认真听取了许多有关日本的形态及其久远历史的神话;这类神话所浸染的思想和美学,不是那种北美印第安人的传说所能比拟的。于是,历史的真实论据就被系统地篡改了,历史是不能证明血脉的延续和王朝的统一的。日本搬自德国的宪法宣告了有关在远古时代即已存在又将万世传承下去的皇室的纯正血统的神话。这个神话仍是日本的国家柱石。第三个神话是头两个神话的结果。日本把它过去和未来的一切都归因于那些神圣创立者的源始禀性,以及他们的神圣后代。日本国民心系皇朝的风尚显而易见,公立学校中的伦理和历史教育不会伺机和这个朴素的事实过不去,毫不奇怪,崇奉这些教旨的狂热信徒们为了维护神圣天皇的形象,曾不止一次地让人们的小小不满在烟熏火燎中化为乌有。

大学教师在他们的授课中讲解历史的真相,他们口头上履行着历史教学的学术职责,但这种高等考证仅限于课堂上建立起来的自信,这种献身精神并没有致使他们通过供大众消费的文字印刷形式来阐明事实。有时候,我想,最能传递民主主义进程的信号是我们读到这样的消息,即某个知识分子团体勇敢地面对牢狱之灾或者死亡,仍在向大众讲述这些事情的真相。

看来我恐怕完全偏离了主题。我所讲述的似乎不是日本的自由主义,而是那种最阴险最有影响的极端保守主义。但是,对自由主义成长中必须克服的困难作一了解,也并非毫无价值。这种了解,会使我们更具同情,更有耐心。自由主义出现在这里,它会拥有眼下受过大学教育的一代人。当我开始写这篇文章时,一个日本的大学生代表团正在北京向中国人表示,他们完全不支持日本对中国的政策,并说他们的敌人是共同的——日本军国主义的独裁统治。这使日本不可能与整个世界进行贸易,交换商品和技术科学,在世界政治中占一席之地,使日本仍隔绝于世界形势和世界潮流之外。这个事实的重要性已通过战争及其结局为日本国内不断加快的发展带来了动力,目前这种民主和自由的扩大就是其发展的成果之一。巴黎和会上的帝国主义协议,无可否认地造成了某种挫折感。民主潮流在整个世界的倒退,会使日本的运动放慢。但除非世界公开大规模地背弃民主,否则,日本会坚定地朝着民主的方向前进。我对日本人民的复原力、适应性和实践智慧抱有的信任,以及对已化为民众的举止习惯的社会民主抱有的信任,使我相信,变化的来临无须经过流血和灾难性的动乱。

# 东海的两边①

174   从日本到中国只需要三天便捷的旅程。很可怀疑,是否世界上还有其他什么地方,伴随另一种同等距离的行程会使人看到政治倾向和信仰上出现如此彻底的变化。它肯定要比从旧金山到上海的旅行中感受到的变化大得多。区别之处还不在于生活习惯和方式上的改变,这是不言自明的事。它关涉到观念、信仰以及对当前同一个事实所散布的传言:日本在国际交往中的地位,特别是它对中国的态度。人们在日本到处可以发现某种无常、犹豫甚至脆弱的感觉。那里正弥漫着一种难以捉摸的神经紧张的气氛,国家正处于变化的边缘,但又不知道变化会把它引向何处。人们已感觉到自由主义的到来,但真正的自由派分子被形形色色的困难所包围,尤其可见于为他们的自由主义套上一件神权罩袍的问题,统治日本的军帝国主义分子已如此老练地把这件罩袍扔给了皇室和政府。但一个人到达中国后,他的第一感觉就是感受到日本遍地渗透的势力,它正以命定般的力量发挥作用,以便毫不迟疑地达到那种结局——由日本用它那最终同化的观点来主宰中国的政治和工业。

我的目的不是对形势的现实性加以分析,或者去查究中国这种普遍存在的感情是不是某种集体幻觉或具有事实根据。现象本身就是值得记录的,纵使它不过是一种心理现象,必须把这个事实认作既涉及中国人也涉及日本人。首先,

---

① 首次发表于《新共和》,第 19 期(1919 年),第 346—348 页,文章注明的发出日期和地点是南京,5 月 28 日;重印于《中国、日本和美国》(China, Japan and the U. S. A)(纽约:合众出版公司,1921 年)和约瑟夫·拉特纳编,《人物与事件》(纽约:亨利·霍尔特出版公司,1929 年),第 1 卷,第 170—176 页。

就感受到的不同心理气氛而言,任何了解日本方方面面情况的人都知道,它是一个拘谨缄默的国度。一个一知半解的美国人会告诉你,这是装装样子的,是在对外国人进行误导。而一个明白人则懂得,这种态度之所以会向外国人展示,只是因为它扎根于日本的道德和社会传统之中;日本人可能真有那么回事,那就是说,他们更可能与一个怀有同情心的外国人进行交流——至少可以在许多事情上进行交流,而不是在他们彼此间进行交流。拘谨的习性深植于所有的礼仪、习惯和传承下来的日常仪式之中,深植于性格力量的观念之中。只有那些受到外国影响的日本人,才会去驱除它——许多人又会回复原状。说得温和点,日本人不是一个夸夸其谈的民族,他们拥有的是做事而非闲聊的天分。

因此,当一个日本政治家或出访的外交官用一种非常冗长、坦率的话语阐述日本的目的和做法时,一个长期待在东方的政治学研究者马上会警觉起来,更不用说产生怀疑了。最近的事例是如此极端,以至它看上去无疑是出于一种狂热而非信念。但中国国内的学生如果愿意体察当前气氛的话,他们就不能不严肃地来看待这些貌似真实的狂热。越洋电报对后藤男爵在美国的某些讲话作了片断报道。在美国的环境中发表这些讲话,无疑是为了取得这样的效果,即让美国打消有关日本方面持有任何不正当野心的疑虑。在中国,人们则会把它们看成是某种宣告,它们宣告日本已完成了同化中国的计划,一种深谋远虑的试探性吞并行动即将开始。读者事先应被允许对他所感觉到的事实本身持有怀疑,也可以对我就有关报道所做的纠正表示怀疑,这些报道对所称的事实信以为真。他的怀疑论,不会超过我处在他的位置所感受到的那种怀疑的情况。但必须指出,这类陈述引起的怀疑,以及最近对外务大臣内田和石井男爵的访谈,在中国已被当作产生某种普遍信念的证据,即日本的外交对东方国家是一个样,对西方国家又是一个样,它对西方国家说的话必须反过来才能被东方国家读懂。

不管其他方面如何,中国总是一个不存在隐私的国家。有一句谚语称,别指望在中国长久地保持秘密。中国人说起话来要比他们做起事来更为得心应手——尤其是谈论政治方面的话题。他们擅长揭露他们自己的缺点,他们以非同寻常的、合情合理的态度对他们自己的弱点和失败进行详细评论。他们沉溺其中的毛病之一,是喜欢寻找某些积极行动的替代品,喜欢避免介入也许是不可回避的行动过程。人们几乎会感到诧异,是否他们自我批评的力量本身就是这样一种替代品。他们对所有事件都要坦然地诉诸喋喋不休地评说。在两个对立阵营之间，总会有一条流动的对话渠道。在正式的敌人中间，还会存在"盟友"。在这片无休止地进行调和的土地上，仪礼及其必要性都要求使后来的和解之路保持通畅。结果，在日本压低嗓门说的事，到了中国便要爬上屋顶喊叫出来。如果有人在报道中暗指某些具有相当影响力的中国内阁部长们不断收受日本人的贿金，当欧洲和美国正忙于战事之际，这些腐败官员欲起着尽力逼迫中国作出政治和经济上让步的作用。这样的报道放在日本，很难说体现着良好的趣味；但在中国，竟没有人会自找麻烦去否认这些事，或者竟会对这些事展开讨论。使人心理上感受最深的是这一事实：这种事情理所当然。当有人谈起这类事情时，其情形就好像已到了大热天而人们才提到天气真热一样。

在谈到目前日本存在的有关日本的脆弱感觉时，人们必须提到经济形势，因为它与国际形势有着明显的关联。首先，人们有一种强烈的印象，大多数国家由于考虑到要奉行一种安全政策，它们不会像日本那样更多地依赖外国市场的产品。但这里的信念是，日本必须这么做，因为它不能不大量进口外国的销售品——之所以说是大量的，乃相对于仍处在很低的生活标准的民众购买力而言——它要购买的是原料，甚至是食品。但战争期间，国内制造业和贸易对于外国市场的独立性得到了极大增长。国内财富的增加固然十分可观，但仍被少数人所掌控，这严重影响到对国外商品的需求。这条理由可以唤起我们对处于有点危殆形势的日本的同情。

另一条理由与劳工的处境有关。日本好像感到自己处于一种进退两难的状况。如果它甚而以通情达理的态度体面地通过工厂法（或者竟然要使之得到贯彻），并对儿童和妇女的劳动加以规范，就将失去它现在赖以抵消它许多不利之处的廉价劳动力的优势。另一方面，罢工、劳工的困境、鼓动联合的趋向等等在不断出现，形势的紧张已变得显而易见。米骚动已不常被人谈起，但相关的记忆仍然存留。事实上，它们已十分接近于呈现出一种直接的政治外观。仍然握有控制权的军事集团要实现其远大的抱负，而从未终结这些抱负的真正的民主势力要使自身壮大起来，两者之间是否存在着竞争？德国的战败确实打击了日本蠢蠢欲动的官僚军事集团。它还会有时间对外交政策施加影响吗？激起对自由派分子同情心的很大一个因素在于，官僚军事集团还存有这种希冀，自由派分子正在开始承受变革带来的阵痛。

至于说到当下的国际形势，日本感觉孤立的危险愈益迫近。德国垮掉了，俄国垮掉了。这些事实有点简化了有关日本的事务,同时也出现了潜在的联盟已被剥夺的看法,这将削弱日本确立平衡和反平衡总体策略的力量。特别是帝国主义俄国势力的消除,确实减轻了印度面临的威胁,而大不列颠在建立英日攻守同盟时是考虑到这种因素的。美国穷兵黩武可能性的显现,是另一个严重的因素。日本、意大利和法国三方互相谅解的友好关系,并不足以取代国际力量的重新调整;在这种调整中,一般人认为,大不列颠和美国将成为主导因素。如若还不至于成为一个借口,由这个因素就能够解释为什么日本的报界数月来大体针对威尔逊总统和美国,特别是就日本与国联的关系发出的抱怨声和费尽心机的攻击。与此同时,日本也燃起了讨论种族歧视这类问题的热情(中国人的幽默感成了他们可靠的庇护所,指出这一点很有趣,当日本人在巴黎获得了想要的结果后,中国人高兴地获悉日本外务大臣"他所关注的问题最近引起了"各大报纸对美国的攻击,他本人极不赞成这样的做法)。不管怎样,说现在所有关于日本外交政策的讨论都充斥着焦灼不安和紧张气氛,这是不错的。所有的方面都能看到对老的信念产生犹豫动摇,以及沿着新的路线展开行动的特有的信号。日本的精神状态似乎与它在80年代前期直到末期那段日子里曾经表露的精神状态非常相似,它通过接受德国的宪政、军国主义、教育制度和外交手腕使其体制得以成形。所以,一个观察者又一次得出这样的印象:日本实际上是把整个表现出来的充沛精力都用到对迫切问题作出适应上面去了。

178

再说中国,区别之大令人难以置信。人们几乎好像生活在梦境中,或者说,某个初来乍到的爱丽丝正用一面外国带来的镜子进行探视,从中看到的所有东西都是颠倒的。我们这些对中国的事态和心灵构造了解很少的美国人,对此不用感到惊讶——特别是考虑到新闻审查制度和近几年来关注点的分散。日本和中国的地理位置如此靠近,然而与它们有关的各种事实看起来恰好是对立的,这都是要人们终生体验的东西。日本的自由主义吗?是的,曾听说过有这么回事,但只是与一种形式有关,即渴望请出一位创造奇迹的解围之神。也许日本的革命会对中国拯救其跌宕不定的命运造成干扰,但并不存在任何尚称不上是完全革命性东西的改变或甚而阻碍了中国进程的迹象,这类革命可归于日本的外交策略与商业利益及军国主义联手运作。俄国与德国的崩溃吗?这些事仅意味着日本在这几年成了俄国的希望、功绩以及在满洲里和外蒙古拥有的财富的完美继承人,并有机会使西伯利亚落入它的股掌,而这是过去在它最乐观的时候也很难向往得到的东西。如今,日本承巴黎诸列强的赐福,又成了德国的租界、密谋和野心的继承人。当世界正忙于战争的时候,它通过秘密协议,从腐败无能的官员手中强取了(或是拿到了)另外的租借地。如果所有的列强害怕日本以至对它的各种欲望作出让步,中国怎么能逃脱为它设定的劫数呢?整个中国为此都在无望地呼喊。日本的宣传家们抓住这一有利的形势,指责和平会议证明协约国并不关心中国;如果中国真想得到任何保护的话,必须投入日本的怀抱。简言之,正如日本已在朝鲜做好了准备那样,它也已准备来保证中国的完整和独立。即使中国憎恨日本,它也必须接受这一命运,以便在灾难当头时摆脱更为糟糕的时运。这恰好与目前日本的自由主义者持有的感觉互为补充,他们认为,日本也许在经历一个周密而较缓慢的过程、把两个国家统一起来后,会永远把中国当作另一个国家看待。至于提到日本的经济困境,这只不过是一个理由,用以解释日本为什么要加紧施展它的外交压力、它与中国的变节分子所做的肮脏的秘密交易,以及它的工业渗透。当西方世界设想日本的军国主义或实业派政党在确保其在东方的至尊地位使用的手段上持有相反的观念时,中国普遍流行的意见是:两种观念以彼此完全理解的方式发生作用,有时由东京的外务省发表一种意见,由陆军省(它拥有超体制的地位)发表另一种意见,其中的区别是为了获得台面上的效果。

以上所述是许多作者曾亲眼目睹最为剧烈的变革场景的某些方面,但愿它们产生的只是某种非同寻常的心理感受!但就索求真相的旨趣而言,必须把下述内容记录在案:我在最近这四个星期中与之交谈过的每一个现居中国的人,中国人或是美国人,他们都不约而同地相信,未来大战的种子已在中国深深埋下了。为避免出现这样的灾难,他们指望国际联盟或没有直接涉入有关事件的某种其他的力量。不幸的是,日本的新闻界竭尽各种努力来讨论中国的舆论导向和实际状况,用以证明尝到战争甜头的美国现已把目光移向亚洲,企图稍后能把亚洲弄到手。于是,美国的兴趣便是想在中国和日本之间培植敌意。如果亲美的日本人无从启发他们的同胞去了解事实,那么,美国可将抵达自己海岸的这种宣传奉还给日本人。每个想去日本的人,也应当去访问中国——即使只是为了使他的知识完备起来。

# 理想主义的不可信[1]

人们会记得,凡尔赛和会就日本对中国所提要求作出的决定是在四月底宣布的。当我在中国一个教育中心进行演讲时,请老师和学生把他们所提的问题记下来交给我。提问题的人相当多,其中用不同方式一遍又一遍重复的有关问题大致如下:"战争期间,有人要我们相信,德国人被打败后,将会确立一种以对所有人的公正为基础的国际新秩序;此后解决国家之间的问题也许不用诉诸权利;弱国会和强国得到同等的对待——确实,之所以要打这场战争,就是为了确立所有国家的平等权利,无论它们的面积和军事力量有多大。由于和会的决定显示出国家间仍会诉诸权利,强国会用它自己的方式来对付弱国,中国难道没必要采取措施去发展武力,为了这个目标,难道军事训练不应成为中国教育体制的一个正常部分吗?"此后的每一次讲学聚会,这个问题都是最突出的一个话题。

我们暂且不去联系中国来讨论这里涉及的问题。中国只有通过工业和经济发展,才能成为一个强国。任何与这种发展无关的军力扩充,只能延长目前的混乱局面,并且至多也就是制造出一种有关国家实力的幻觉。然而,我国每一个支持美国参与战争的人,是以理想主义的理由来领会这个问题的含义的。对那些总体上强烈反对战争的人来说,这使他们获得了与和平主义人士决裂的特殊力量,因为他们通过这场战争看到了实现和平理想的途径——切合实际的军备削减、废除秘密的少数人的外交、废除特殊的结盟关系、用质询和讨论代替密谋和

---

[1] 首次发表于《新共和》,第20期(1919年),第285—287页;重印于约瑟夫·拉特纳编,《人物与事件》(纽约:亨利·霍尔特出版公司,1929年),第2卷,第629—635页,题目是"力量和理想"。

恫吓、摧毁凌驾一切的专制政体以建立起按照民主程序运作的国际政府,由此走向消除战争的时代。一旦采取这种立场,人们就可以变得理直气壮。如威尔逊总统正在朝着"取得最好的"现实成果的方向迈进,所有基于理想主义的理由支持美国战争的人也都情不自禁地想要得到战争的最好结果。但是,"得到最好的东西",意味着使不合心意的特质变得模糊,以满足我们的虚荣心。结果,那些转而支持战争的反战人士就有责任联系他们以前的专业和信念,对实际结果作一番不寻常的探究工作。那些认为企图通过战争来推进永恒和平理想是自相矛盾的人,他们的说法是否言之成理呢?有人会想到,这是人们在推销理想主义的行话,使他们轻易地接受这类包裹着一层糖衣却充塞着暴力和贪婪的苦涩内容的行话吗?是否只有极端的和平主义者、绝对主张和平的人,才能提出一种没有污点的理想主义的有效主张呢?人性和自决的(self-determination)理想,以及对于弱者的公正,是否借助这类要人们铭记的行话,已无望成为让人相信的东西了呢?

可以毫不夸张地说,理想主义的目标已遭致巨大的失败。那些一贯坚持反战立场的人要用他自己的正当理由站出来说话,他有资格来夸耀个人的胜利。表面上看,他的对手——我是指同样为自己寻找理想主义理由的那些人——已没有很多要说的东西,除非是讲讲那些诚属可信却相当贫乏的理由,诸如要是没有美国参战,德国人胜利了,事情就要糟糕得多等等。可是,失败总要归于没有以理智和力量作为支撑——或进而言之,没有以理智地运用力量来作为支撑点的理想主义的失败。看来好像还是要让反战人士来作一番小小的尝试说明一下,目前美国战争目标的破灭要归于这一事实:美国运用了"极度的武力,不加限制的武力",却仍被自负且情绪化了的和平主义搞得昏昏然。或许可以公允地说,失败的真正原因正是在于充分使用了武力,却没有理智地使用武力。美国的理想已在解决问题的方式中破灭了,因为带入战争的有我们的感伤情绪、我们视为灵丹妙药的那种道德感的附属物、我们对于"正义"必定胜利的虔诚的乐观主义、我们那种可以用体力来做而只有靠理智才能做成事情的儿戏般的信仰、我们那种以为道德和"理想"具有自我驱动和自我践行能力的新教徒式的虚矫态度。

如果代表理想正在起着作用的是有限力量的原则,那么,我们很早就应当获得尚未实施的秘密协议的完整信息,因为战争行动有赖于首先除掉各种障碍。并且这是否也说明了我们盟友的不信任以及那种苛求,即到他们有紧迫需要的时候，我们能帮上忙？这正说明了我们根深蒂固的感情主义，我们不愿意随时准备用力量来捍卫我们的理想。我们和我们的盟友要么是在为同样的目的而战，要么不是在为同样的目的而战。我们不需要表现出道德上的慷慨大方，让他们能够声称为了民主的目的愿意接受我们的帮助；而事实上，他们却用它服务于帝国主义的目的。就我们这方面来说，如果我们在感觉良好的阶段哪怕对于在恰当时刻运用理智抱有十分之一的信念，那么，我们在1917年的头几个月就会把许多障碍物清除掉了。这些障碍物之所以存在，正是为了确保有一个与我们的理想主义相符合的和平结果。把那些应被指责为因我们缺乏常识而造成的结果视之为理想主义的失败，这是再愚蠢不过的事了。

  过去的历史应该表明了，被有关当前形势的任何知识证实的是何种东西——人们通过战争获得的那种类型的知识，它所断定的东西并非是获得和平所需要的那种类型的知识。紧迫的战争将这样的人推到前面，这种人能够面对环境的直接压力迅速作出决定。这样的政治家必定是好斗的、近乎玩弄游戏的那种类型的人。他们最多也就是战争政治的代表，他们并没有对和平状态下的长期利益和结果进行探究。诺曼·安吉尔(Norman Angell)先生和其他一些人，尤其是安吉尔先生在整个战争期间都告诫人们，要制定出民众代表参与和平会议的责无旁贷的必要条文。每个听他讲过这番话的人，都对这种合理的提议印象深刻。但是，最后什么事也没干成。难道这就是我们在理智地运用力量吗？

  作为和平缔造者的威尔逊总统，他对证明这个规定是一个例外。由于我们的选举制和政党制度包含的不测因素，他在议会中是个未被战争的紧迫性赋予其地位和影响力的人。他代表的不只是一般代议制能够容纳的东西，而且是和平时期人民和政府的正常利益。然而，他实质上受到了某种念头的支配。为什么这样说呢？因为有一种想法以为，似乎通过某种魔法变出来的、没有发言权的大众能够通过他发出有效的声音。他似乎认为，与所有代议制政府积累的经验相反，他可以"代表"普通民众未被代表的利益，这些民众主要关心的是和平，而不是战争。很难想象，这类最大限度地动用力量的任何想法不会招致更大的嘲弄，即认为一个人能够通过诉诸外交官们对地球上散乱无序、无知无识的民众所做的即兴发挥，就能对一种正义的决定作出担保。当他倾向以这样的方式行动后，外交官们只得向他指出，他的行动会减少政府部门每况愈下的权力，增加民众的不安，并贸然使欧洲一下子陷入政治革命的漩涡。自那以后，他不再全然只顾谈论自己,更不说要"代表"地球上未被代表的民众了。确实,他为民众关心的阜姆①问题发出呼吁,但所造成的可感触到的主要效果正是加强了帝国主义日本对中国民众的侵害。

美国本可以运用另一种力量、一种巨大的力量来体现它的战争理想,它仍然能运用这种力量,虽说未必起到那么大的作用,那就是美国的经济和金融的力量。最近几年,世界是否看到了这样一种景象,是值得怀疑的。美国几乎"不加限制地"对欧洲的一些政府提供钱款和信贷,不管它们是否支持过美国已宣布的政策,不仅如此,提供的范围还扩及千方百计诋毁美国的那些政府。毫无疑问,普通的美国人对这一事实颇感自豪。我们如此慷慨,如此不计利害,并不讨价还价或强加条件。简言之,我们像小孩那样显得如此天真烂漫,对成熟的理想如此无动于衷,以至宁愿通过采取大贵人似的行动赢得的名声来实现我们的国家目标。这使我们的感情主义达到了巅峰。要是欧洲的政客们用一种不折不扣的庸俗手段来与我们玩游戏,该怎样责备他们呢?

对这样一些问题的思考肯定还会成倍地增加,它们表明,并非理想主义而是我们的理想主义,是不可信的。这是一种隐约包含着感情和良好意愿,不考虑对如何有效地使用手中的力量作出判断的理想主义。或许可以说,这不是我们的错,而是威尔逊总统的错。某些人有权从这类诉求中获益,但也只是某些人而已。威尔逊总统是为了慰藉我们的虚荣心而找来的替罪羊。但是,他成功地将这种理想诉诸美国民众,引导他们走近这种理想。

如果他们——如果我们——是不一样的,那他是要用不同的方法来赢得效果的。历史也许会记下他那符合美国民众精神的理想主义的讲话;而对他的责备不是说他背叛了美国精神,而是说他过于尽职地将其弱点具体化了。举例来说,用力量来展示我们成熟的理想,肯定包括要给予所有自由派和激进派人士以思考、发言和写作的机会,这些人会对威尔逊总统明确指出的目的最终表示同情或理智上的支持。然而,我们采取了压制自由发言的政策、间谍活动的政策、对反动分子的暴力和放纵倾向起鼓励作用的政策。我们极易为此指责威尔逊总统的个人欲望,他要扮演阿特拉斯②那样的角色,独立地支撑起一片自由理想的天

---

① 阜姆,是前南斯拉夫西北部港市里耶卡的旧称。——译者
② 阿特拉斯,是古希腊神话中以肩顶天的巨神。——译者

空，确切地说，他那自高自大的同伙不是别人，正是美国民众，他们的感情冲动、执著于为自由而献身是主要的原因。在国际事务上，由我们的孤立主义造成的不成熟和不老练或可使之情有可原，而如果我们并不怀有对那种脱离理智、脱离运作和操控能力的传统新教徒的道德的信任，就不会采取如此这般的感情形式。我们的基督教已化为一种模糊的感情和乐观主义。我们认为，它们是对天启的一种虔诚信仰的标志；但从现实方面看，它们却成了无需借助对成功之本质作出任何理智上辨别的东西，相信运气，相信成功之感情的神圣性质。

  也许要与理想主义和理想这类字眼作别，它们无望成为让人相信的东西。它们也许会成为浪漫主义、盲目的感伤主义、托付良心的同义词，或者会被视为把罪恶勾当掩蔽起来的文字装饰品。但这个问题是真实的，并非只是一套言辞。狭隘的部分的目的与充分的着眼于长远的目的是不一样的；在某一时刻获得的短暂的成功，与在其过程中感受到的大量的幸福是不同的；把幸福看作是粗劣艰辛的生活要素，与把它看作是变动不居的生活要素是不同的。这里涉及的只是可以用唯物主义和唯心主义来加以说明的区分。当我们坚持从以下事实出发持续展开行动，认为这种区分有赖于对力量的使用，只能用理智来引导这种力量，那么，我们将继续待在这样的世界中。其中，唯物主义和唯心主义的区分将被认为只是事关意见、争执和个人趣味。使理想和力量互相对立起来，就是使这样的体系永恒化。问题不在于纵容理想而反对以现实的手段来使用力量。一旦造成了这种对立，我们就使我们的理想成了不起作用的东西，就会做出使那些将武力视为主要力量的人得利的事情。只有依靠组织化，坚定地利用现代生活的伟大力量——工业、商业、金融、科学的探究和讨论，以及人类交往关系的现实化，我们的理想主义才能成为合宜的东西。

# 中国的学生反抗①

当巴黎作出了把山东让与日本的决定后,中国被击垮了。它在沮丧中变得极度悲观和痛苦。中国知道它在世界其他任何列强面前显得软弱无力。它知道,由内战造成的政治分裂还没有正式结束。它那落后的工业,它那混乱的财政,使它无法对企图蚕食它的任何国家说出一个明确的"不"字。于是,它忧心忡忡地聆听着和会的议决。它一再念叨着协约国政治家们所作的担保,以此夜以继日地维持着它的希望,这就是创造一种新的国际秩序以及能在将来对弱国反对强国的劫掠提供保护。它的希望需要得到支持,因为这些希望中搀杂着恐惧。它比西方国家更了解日本还准备走多远,因为它已两次受到日本几乎不加掩饰的战争威胁。它比西方国家更了解秘密条约和协议的情况。所以,只是对美国和其他协约国来说,巴黎的决定才产生了也许已如其所料的失望而不是激烈的对抗。这种结果正好印证了:列强仍在充当主宰;在国际事务中,强权就是公理;中国软弱无助,日本来势汹汹。

5月4日的一阵紧张唤起了这种无助感。有人做了什么事了。北京大学的学生进行了抗议,并在他们的游行示威过程中蓄意袭击和殴打了两名中国官员;这两人同属众所周知的三名卖国贼,因为他们参加了与日本的各种秘密条约和贷款的谈判。骚动将全国的冷漠情感一扫而空。官员的软弱,也许还有腐败,是他们在有关山东的决定中要承担的一份责任(这里提出的老是中国的山东问题,

---

① 首次发表于《新共和》,第20期(1919年),第16—18页。文章注明的发出地点和日期是北京,6月24日。

而从来不提青岛问题)。如果中国不能拿其他国家说事,那它也许就要做出一些事来妥善处理自己的问题。人们并不认为学生的行动是非法的惩治性集会导致的莽撞之举,而是认为它表达了一种义愤。人们的预感使气氛再次紧张起来,这个事件后还会发生任何比过去事态更为严重的事件吗?

  一连串事件接踵而至。政府逮捕了一批学生。于是,他们的同伴进行抗议,军队包围了大学校舍。这座城市实际上已处于军事管制之下。谣言在各个省份到处流传,说是中国的各路军阀已准备就绪,不惜以杀戮等极端方式将反对派镇压下去;甚至还流传着一触即发政变的谣言,为的是徒劳地稳固军人政府和亲日派政党的控制权。被军阀们视为自由派知识分子领袖而对之衔恨于心的北京大学校长辞职并出走了,因为根据报道,不仅他的生命且数百名学生的生命都受到了威胁。之后又有消息说,北京小学以上的所有在校生进行罢课,以抗议政府的行动。他们不仅罢课,还提出明确的要求(下文将对这些要求作进一步介绍);他们以十人为一组,在各个地方作公开演讲,对军警逮捕学生的行为表示蔑视,并尝试将倾听他们演讲的民众按类似十人小队的方式组织起来,继续进行宣传。

  整个国家这时就像电击般地颤动起来。5月7日这天一向被视为国耻日,连一些小学也打出了"毋忘五七"的横幅。这个国耻日是日本就"二十一条"发出最后通牒的周年纪念日。日期的相近,产生了有力的效应。北京大学的学生迅即走向全国,他们首先向各大城市的学生们发出呼吁。后者变得焦躁不安,于是开始罢课,其范围再次涉及除小学之外的中学(高中)学生、师范和技术等各类学校;到处可见组织起来的十人小队,讲演者各有一套讲些什么、怎样讲的办法。大众化的宣传遍及各个省份,为民众所喜闻乐见。

  对日本的散乱的敌对情绪要汇合成联合抵制的形式,这是男男女女的演讲者们的话题之一。他们并不满足于一般的倾诉劝诫。日本商品的清单被大批刊印或油印出来;在中国销售的所有日货的分类目录,以及替代它们的国货的类似目录,被人们广泛传阅。一些院校的工业科系已开始着手让公众知晓,在不追加资金的情况下利用现有工厂生产日本商品的秘密。一旦绘制出商品图样,人们就把它们带到小小的工厂作坊和已予讲解的制造流程中去。接着,为了打开市场,其他学生便携带着这些产品,一边沿街叫卖,一边就政治形势进行训斥、劝告和解释。随着假期的到来,这些学生将奔赴全国各地售卖国货,并一再地说啊、说啊、说啊……

同时，政府也没有闲着。政治性演说已遭禁止，学生集会被强令解散，全国各地有大批学生被殴打致伤，一些人失去了性命。不难想见，将来会开追悼会向这些爱国志士表达敬意，甚而设立圣坛缅怀他们的功绩。北京政府采取了严厉的措施。在所颁的训令中，学生们受到谴责，被责令返归学业，他们的团体被迫解散，并被停止对不属于他们份内之事的政治进行干预，以免遭到关闭学校的惩罚；称赞已被公众指名道姓视之为卖国贼的那些人物；对抵制日货发出警告；并大体认为外交事务应让政府来管。与此同时，据说北京已有数百名学生被捕。中国还有他国的军国主义分子昏昧无知，他们竟以为这样一来就可以制止学生们闹事。然而，第二天到街头演讲的学生数量成倍地增加，被逮捕的学生已超过一千人。学生们打算继续走上街头，直到所有人被关进监狱为止。女学生们排着队伍（其中有些人是砸破校门跑出来的），等候总统答应释放学生的要求；她们说，如果总统置之不理，就彻夜守在原地祈求公理。监狱已容纳不下众多关押的学生了。他们被拘进大学校舍，只供应少量的水和食物，四周是驻扎军队设置的警戒线。教员们联合起来，抗议这种军事占领；抗议把学堂当作监狱的丢脸行为；抗议对爱国学生的摧残；他们向外界发出大量的抗议电报。

事件的发生地正移向北京城外。这类新近发生的任意行为表明，运动正进入收尾阶段。上海的商人罢市，包括米店在内的店铺全部关门歇业；天津和南京的商人也加入了罢市的行列；北京和其他城市的商人也准备罢市。大量的证据显示，学生们实际上已成功地把商人争取到他们一边；他们不再孤立，而与商会缔结了一个攻守同盟，人们在谈论要进行罢市以反对纳税。政府突然间不怎么体面地屈服了下来。军队从大学校园撤出，学生被劝说出狱，他们予以拒绝，声称仍要待在牢里直至各地学生的自由演讲权利得到保证，直至政府向他们作出正式道歉。两天后，运动结束了。政府的代表按要求出面作了道歉；一道新颁布的训令说，国家已认识到，学生们是出于爱国的动机，如他们遵守法律，其行动就不应受到干扰。那三个被称为卖国贼的人的"辞呈"已被接受。无疑，各地商人的罢市，以及惧怕其进一步蔓延，是造成这种极不光彩的投降的驱动力。但是，学生们已试图到军队里去进行他们的宣传。曾有传闻说，军队不想再进行镇压了——尤其因为迟迟看不到这种镇压能得到什么回报。当学生们昂首走出他们自囚的监狱后，他们悲哀地获悉政府频繁更换看守，以至他们在各个监狱出出进进的速度还不及看守更换速度的一半。

原先对政府提出的是几项直截了当的要求,即必须释放因参与殴打事件而被拘捕的学生,并免遭起诉;被军阀集团如此憎恨的北大校长应恢复原职。正当政府准备答应第一项要求(至少从表面上看)时,所提的要求又大大增加了,即必须向巴黎和会的代表发出训示,除非保存山东,否则即应拒绝在和约上签字;必须将所有"卖国贼"免职;废除与日本达成的所有秘密协定;保障言论自由。除第一和第三项要求外,在一个月左右的时间里,学生运动赢得了它所有的要求;并且对第一项要求,政府承诺只要国际形势许可即当勉力去办;在接到大不列颠、法国和威尔逊总统准备签约的消息后,怀着日后再作计较的希望,政府含糊其词地作了让步。然而,没有证据表明学生们取得的一系列胜利只是骗骗人的。军阀集团仍然大权在握,三名被解职官员的位置可能由那些同为亲日派系的人来填补,从表面上看,一切好像跟过去没什么两样。政府以及外交事务方面都没有发生预期的变革,从而为这场持续的学生运动的全部价值给出理由。

但是,军阀派系的威信首次受到了沉重打击——而威信正是东方政治学的首要特征。消极的抵制最后肯定是失败了,但它变成了一场发展国内工业的建设性运动——这场运动仍处在初级但能够得到有效发展的阶段。那种独立于政府但最终能够控制政府的组织,已显示出其存在的可能性。很难对这一事实的意义作出评估,即这一新兴的运动是由学生团体发动的,对学者表示崇敬在中国已成为传统。在早先的日子里,对这一阶层保留的崇敬仍给予了知识分子。从西方的观点来看,这无异于是由迷信造成的崇敬。然而,学生们第一次在政治中竟然起着一种组织的作用。在目前的危机中,超越于他们在组织公共舆论时所说所写的东西的,是那种可在将来见到的经久不变的影响。这一运动的外在标识——除了叫卖国货兼及讲解爱国主义之外——现在已趋于消失。但是,全国的学生联合会已经成立,并拟定了将来的明确计划。如果不存在一种正向前推进的新的宪政运动,那么,人们尝试要做的事会令人大吃一惊,他们打算以抛开南北军阀势力的方式来谋取分离为南北两地的民众的统一。学生和商人的联合已被证明如此有效,很难认为它只能成为一种记忆。在某些城市,它已扩展成"四团体(工、商、学、报界)联合会"。人们正在努力把这个大规模的组织进一步推向全国。

或许外国的观察家们会把处于被动观望状态的中国觉醒,看作是这场运动最值得珍视的成果。锐利的打击使中国意识到无所依恃,必须展开自救。无论日本的报纸怎样进行猛烈的攻击,把这场运动说成是受外国人,特别是美国人唆使甚而金钱资助;其实,它完全是一场本土的运动,显示出开明的中国能够做些什么,将来又会做些什么。一段时间以来盛行的悲观主义似乎破产了。人们以行动来说话,以他们的所作所为来说话。也许现在发生的是一场源自中国本身的自救运动,较之革命以来任何时候曾有过的运动,它显得更为健康、更加有序。

即使这场运动不再会遇到什么事,它作为使中国真正得到治理——当它在被治理的时候——的一种方式的展示,也是值得观察和记录下来的。所有美国的孩子都会听人讲授那些源于中国的许多"现代"发明物。然而,他们不会被教导说中国发明了作为控制公共事务手段的抵制、总罢工和行会组织。在当今的其他文明国家里(俄国不在其列,因为它现在反对一切规则),不存在中国官方政府中那种如此蛮横无理的因素;但其他国家也不会像中国在过去五六个星期中所经历的那样,如此快捷而平和地成就了道德和理智的力量。这表述着中国长期存在的矛盾。但在过去,这种用以进行根本控制的道德力量只是为了抗议和造反才被组织起来。当危机过去,这些力量又会分解为它们的各种要素。如果现存的组织为了建设性目的持久而又耐心地运用这些力量,那么,1919年的5月4日将是标志着新时代黎明的一天。这是一个开阔的"如果",但就中国的未来迄今为止一直有赖中国自己这一点而言,它现在正取决于这个"如果"。

# 在中国进行的国际对决①

每个人都知道,早在战前,中国的领土和资源就构成了五大列强争斗的背景。经由这场战争,情况完全发生了变化。俄国和德国已不再成为举足轻重的因素。大不列颠和法国在一场生死搏斗中,把它们的精力、注意力和资本全都抵押了进去。这让日本成了战场上的霸主。按照已确立的国际外交规则,它充分把握了这一有利时机,用以改善它的国家地位。很难说其他那些参与这场比赛的国家的公平竞赛风格会使它们对日本的成功满腹抱怨,不管怎么说,它们都是日本的同谋。日本和俄罗斯之间某种类似攻守同盟的东西已臻完成,但后者看来似乎仍是个强国。大不列颠和法国则与日本达成了秘密协议。在所有这些场合,日本的盘算是要中国为之付出代价的。直至有关太田在斯德哥尔摩活动的详尽报道得到证实或被否认,作为第五位参赛者的德国人是否还未与日本进行谈判仍是个问题,中国仍要付出代价,但这回俄国是否也会成为一个可能的牺牲品呢?

日本显然造成了对它有利的战场态势。然而,近两年来,一场对决正在升级,这场对决涉及中国的国内政策和它的国际关系。这是一场与操控着中国国内政治发展的观念和理想相关的对决。它要建立一个真正的民主政体,抑或它还是继续沿袭专制政权的传统——是否考虑以共和国或帝国的名义则还在其次。就国际方面而言,问题在于能否通过某种临时性的国际监督,使中国的完整

---

① 首次发表于《新共和》,第 20 期(1919 年),第 110—112 页。注明的文章发出地点和日期是北京,7 月 8 日。

得到恢复和保持；或者中国是否要走日本的老路，这条路使日本成为能够保护自己免遭欧洲侵犯并确保西方国家尊重的唯一的亚洲国家。可是，这种观念和理想上的对决需要具体化。美国和日本就是两个使这种理想之争得以展开的载体。驾驭形势的力量，而非有意识的选择，决定着这场对决的形貌。

详言之，就西方列强玩弄的这套秘密外交的手段来说，日本也许正是一个独具慧眼的学生，但它有权声称，它从来没有隐瞒制约着每一特殊步骤的最终目的。它所宣扬的目的，就是把亚洲至少是东亚，从外国也就是欧洲的控制中解救出来。亚洲的门罗主义、亚洲人的亚洲，是一个人人皆知以至势不可挡的信条。每个日本人都有资格声称，如果外国人把日本对中国领土完整所作的保证竟然不是从反对欧洲侵略者这层意思上来理解，那么受到责备的，只是外国人自己的愚不可及。日本还认为，它信守对朝鲜领土完整作出的保证——用一种在当前条件下唯一有效的方式，信守着这种保证。换言之，对于让中国把中国振兴起来这一结论而言，长久不变的小前提就是由组织化、军事化了的日本对软弱、无序、停滞的中国行使保护国的权力——日本已采纳西方的科学、工业、教育和军事的方法以便转而用它们来反对西方，使东方、亚洲的文化和领土保持完好无损。在"二十一条"要求以及日本与中国进行的其他谈判的每一段言词背后，都潜伏着这类疾言厉色、明白无误而又未说出口的话：你要依靠日本的绝对保护，这样才能保证你得到与日本享有的同样的国际威望，以及和日本一样免遭瓜分计划、租借地、势力范围和经济奴役。舍此，你没有其他途径用以确保你的完整、自由和尊严。

当然，日本无意中积累了物质和产业上的巨大优势，更不用说那种对不可胜数的人力发号施令的军事优势了。但只有极端民族主义偏见的盲目性，才会使人看不到宏伟计划含有许多想象性质的东西，就像曾经把任何西方列强实现其民族命运和使命的计划包装起来的那些东西一样。夹在日本人和欧洲人争夺对亚洲的控制权中间的，是把最终的威胁挡在自己国门外的冷漠挖苦的美国人，他也许易于保持一个中立观察者的地位。正如现在看到的，日本已赢得了官僚政府统治的中国——至少是赢得了国际社会承认的北洋政府。这并不意味着那样的基本想法已获赞同，或者如今在玩弄中国这出游戏的那些官员们不在盼望着，总有一天会发生使日本放松对中国掌控的事情，但他们的确认可了让日本用以实现其目标的特别行动。如果行动变得过于强加于人，例如发生了提出"二十一条"要求的那种情况,他们会提出强烈的抗议。爱国主义被抛在一边,他们本人的财产利益、地方势力和威望要求他们对日本人的得寸进尺进行阻挠和抵抗,直到日本准备支付索要的确切价钱为止。

日本已经赢得了中国的官方统治派系,这一点可由围绕中国的和谈代表拒签和约的事态得到佐证。在政府对学生运动作出的让步中,政府作出了一个坚持把山东归还北京的半带约定性质的东西,却从来就没有同意代表们拒绝签字;而按照这种含糊约定发出的训示到达巴黎时,则是代表们拒绝签字以后了。这些代表们禀持自己的责任感,并在整个国家反对他们接受官方训示的道义支持下,没有签署和约。如今,政府尽可能对这件事加以掩饰,企图一方面取得民众的信任,另一方面安抚日本。它极有可能仍会要求巴黎的代表事后再签字。但军国主义的亲日集团由此会使它的道德权威遭到几乎是致命的打击,甚至可以设想,这时如若被迫签字就发出了一个民众革命的信号。

简言之,日本的宏大计划没有估计到这种形势中的最本质因素——中国民众。这种失败的程度可从这一事实推测出来,即在美国的日本宣传家们有时将他们在中国的使命与他们好心指出的美国在墨西哥的使命相提并论。中国以它的四万万民众以及作为日本文明的创始者,并不认为自己像墨西哥那样要等待日本的拯救。说是中国本身的骄傲、无知、民族自负、自尊或者对于相对的民族价值持有的真实意识都可以,如果你愿意,不妨可以这样说,但事实仍然在于日本误判了中国的心理。当它赢得那些官员的同时,却使自己成了民众的死敌。有一件事,只有一件事,可以使中国投入日本的怀抱,即重新启动类似西方国家过去对中国示以尊重的外交。可以想象这帖药是苦口的,中国会把日本的统治看作两种恶行中较轻的那种,而西方国家光有良好的意愿也是不够的。它们甚至必须避开恶魔的外表,因为神乎其技的宣传总是随时准备告诉中国人——那些西方人如何想要来欺压他们。避开恶魔的外表甚至还不够,困难的任务莫过于找到并建立途径和手段,提供给中国迫切需要的帮助,这必须由它自身从外部给予,又不能引起她的民族嫉恨、怀疑、恐惧、对抗和对立。须知,这样一来,又要请日本帮忙来反对外国人了。

这就很自然地把我们带到了观念和道德势力对决中的另一个角色——美国的面前。当然,这基本上是情境的逻辑,尤其是情境的心理学,才把美国置于这一地位上,它实际上没做过什么事。如果美国的观念这时在赢得民众方面如同日本人强加给最有势力的官方集团那样有效,那么,这是由于引起反响的那种方式使然。当形成反差的情绪被深深地搅动起来后,观念化的作用就变得极为生动。对日本的恐惧,即孕育着对美国的信任。毫不奇怪,日本因其对于民族心理的蹩脚解读,已被眼下中国的亲美情绪的迸发搞糊涂了,它在其中看到的只能是那种搞阴谋以及花费无数金钱用于宣传的超人能力的证明。但事实上,形势比人强。中国在其绝望处境中创造了一个具备强烈民主意识、爱好和平的美国人的形象,后者尤其致力于为弱国确保国际的公理和正义。它仍然相信与美国一起去并肩作战的英雄传奇,同时会添加它自己的篇章。

对美国的信任是那么天真无邪,这一点可见于5月4日那天收集到的向美国代表们所致的各种祝辞。上海是爱国学生运动的真正的中心,下面是上海见到的一些演说辞的摘录:"如今你们伟大的国家正把正义和公理的原则引入遍及整个世界的国际关系之中。"这颇有点柏拉图哲学的味道,但往下几段话说到了具体的意义:"我们期望有一天,中国和美国能共同来维护太平洋地区的和平,正像你们的国家和大不列颠在维护大西洋地区的和平一样。"广州的同业公会对美国主导推进人权事业的国际会议表示祝贺,它毫不怀疑它对这种领导地位性质的理解,并说:"中国和美国必须持有共同的理想,中国和美国必须维持亚洲的和平。我们期待美国能对我们的正义之战提供帮助。"另一个演说(这回是妇人和女孩子们献上的)更是不同凡响,在谈到美国海军过去从未剥夺任何人的自由后,它接下去说:"如果有那么一天,中国不得不从它的土地上把侵略者赶走,美国海军将发挥正义事业的影响力。"商业联合会用某种不同的声调发出了同样的声音:"就是在这个独立日,我们吁请美国人来帮助我们获得独立,开发我们的铁路、水道,开发我们的资源,与中国合资以使我们从所遭受的商业奴役中解放出来。"

自然,所有这些字句中流露出获得实际帮助的愿望,以反对民众认为是打着帮助中国的幌子而决意要统治中国的那个国家;但同时渴望物质帮助,渴望海军、陆军、外交、金融方面的帮助,也是实实在在的。这些演说背后展现的,不止是某种使国家得利的精神。对国际社会发出的呼吁,还与建立一个真正的民主中国的民族抱负密切相关——直至今日,这一抱负仍可悲地遭到挫败。日本在这样的形势下出演了一个掠夺者的角色,而美国则被指派了一个拯救者的角色。这一形势同样使日本成了中国本身的专制、军国主义政府的象征,而美国则成了事关中国进步与否的自由民主政治的象征。如果人们没有从中看到中国为自己投射的民主希望,那他是不会理解目前中国对于美国的理想化的。我不再详尽引用这些演说了,但每一篇我曾提到的演说都相当感人地谈到这一事实:当这个庆祝了八年之久的国家仍在为共和政体而战,还没有赢得胜利的时候,美国的7月4日却标志着一个成功了的事实。日本被传统的统治派系的官员蒙在鼓里,至今还没有看到在它自己的中央集权制和中国大众生活的民主模式之间横亘着一条巨大的鸿沟。也许这就使人不用感到惊讶,为什么西方国家的代表会对中国本质上的民主要素频频产生误会,并渴望有一个强有力的统治者把中国带向和平和秩序的美好境地。尽管相对而言,只有少数受过教育的人明确有力地主张这种民主;然而这些少数人懂得,沉默的大众也觉得,唯有它才符合中国人的历史精神。美国从来没有使自己成为一张反映着日本官僚专制体制的民意的票据存根,而上述事实应对它有所提醒了。

这是一种让美国人更感到蒙羞而不是自豪的形势。我们的国家将度过一个艰难时刻,以担当起它已扮演的角色。困难不仅是理智和道德上的,而且涉及实际判断和机敏的行动方面。我们具备了所需的素质和活力吗?或者说,我们会再次徘徊于灵活的商业精神和无用的夸夸其谈的理想主义之间吗?总而言之,需要发挥理智的精力和耐力来构想出一种一以贯之并可以操作的计划,并予以坚守之。

谈到迄今为止的远东局势,美国的态度总的来说是求得和平解决。美国的行动,也包括国联的行动,就是如何用它以其宣称的世界民主理想的代表身份去对它的行动自由和行动力量施加影响。至少对中国来说,它害怕一个缔造着可靠的民主世界的美国由于与那些仍不为处理国际事务中民主理想所打动的国家保持的密切关系而使自己受到连累。如果与协约国协力发挥作用的美国在巴黎被迫对它确信的山东问题作出妥协,中国宁愿去信任已免于这样承诺和纠缠的美国。总之,国际关系中的民主涉及的,不是代理机构的问题,而是目标和结果的问题。就远东来看,某种情形下,比之让美国待在一个联盟里,而联盟的其他成员又不相信美国的理想,一个单枪匹马的美国更能有效地充当真正的国际主义的工具。但无论联盟存在与否,美国要考虑的远东问题不是一项轻松的任务。第一项必要条件是一种明确而公开的政策,一种先由国内讨论并使世界得以了解的政策。然后,我们即需准备以行动来作为它的后盾。不以理智的行动、坚毅有力的行动支撑的理想主义,将很快使我们在远东变得人微言轻——并把我们的命运拱手交与军国主义支配。考虑到国际性联合放款团的构成和功能,举个典型的事例来说吧,我们不能继续爽快地向法国贷款了,如果法国同时又在支持日本政策的话。这或许只是个假设的例子。但我们很需要这样来问一下,美国是否仍然意识到目前掌握在它手中的强大力量,一个访问远东的人得到的深刻印象应当能衡量出这种力量有多大——同时,我们又要问,是否人们已用愚蠢无知的理由把这样的一种力量多半浪费掉了。

# 中国的军国主义①

"和平会议上协约国作出的保证日本权利的决定,其结果是增强了军国主义政党对中国政府的控制,也使这个黩武主义的邻国加强了对中国决策权的控制。"我们可以在中国各种自由派报纸上一而再、再而三地读到这类用词上稍显变化的字句。一个美国人对此会感到震惊,他已知晓中国与和平主义根深蒂固的关联;并且,他在罗斯福先生的影响下,相信中国化即等于因循苟安的和平主义。中国是一个军国主义国家吗? 这不可能!

在此可引用一些统计资料。据最低估算,目前中国政府维持着一支130万人的军队。中国并不实行征兵制,这是一支被雇用的、常备的职业化军队。中国没有派兵去欧洲,也没有训练一支部队准备派去那里。最让人能够闻到战场硝烟味的,是俄国溃败后鼓吹对西伯利亚进行干涉的宣传。如今,中国的内战也是有名无实,不管怎样,极大部分士兵从不会去打仗。于是,从它的常备军队的规模这一点上看,中国没有被"中国化"。

中国的预算同样告知了这一点。中央政府去年为常列军事项目开支了2.1亿元,为"特列"项目开支了3000多万元。百分比更能说明问题,这一数字要占全年政府开支的50%。由于国家的总收入除贷款外,只有3.7亿元,这意味着国家总收入的65%花到了军队身上。还可用另一种方法来计算,扣掉这笔开支中为国家债务支付的利息,中国用于军事目的的花费差不多是所有其他目的的花

---

① 首次发表于《新共和》,第20期(1919年),第167—169页。文章注明的发出地点和日期是北京,7月28日。1919年10月14日出版的《北京的领导人》(*Peking Leader*)一书亦收入此文。

费总和的2倍,是中央政府用于学校教育方面支出的50倍,是中央政府和所有省份用于公共教育方面支出的6倍。另外,现今中国在民国八年这一年花在军队上的钱,是清王朝末年花费的2倍以上。这些事实并没有证明人们过分沉溺于和平主义。

然而,与证明巨大的军事开支一事相比,还要对所称的政府的军国主义性质作一证明,因为这一术语总体上含有使国民的政治事务服从军事控制的意思。这件事不能用统计数字来证明,但甚至比本文开头所引句子中谈到的军队的规模和花费还重要。这种军国主义可溯自民国初期,特别是溯自袁世凯的野心。很难说这是一种巧合,即目前中国的政治领导人正是那位企图把革命果实化为一个新帝制朝代的家族财产的"强人"的旧部和门生,但它的现有形式还得溯自两年前,特别是溯自中国向德国宣战的相关形势。可能还没有什么人写过这段插曲的完整过程。但当战争仍在进行的时候,甚至一个初涉中国历史的新手,譬如本文的作者也能对某些没被讲述的事实,或没对西方人讲述的事实——在远东也只能被悄悄讲述的事实——作一些报道。有关军国主义势力增长的显著事实是,它现在增大的调门要溯自中国作为协约国一方参战造成的局面。如果这一事实没被载入记叙近年来中国历史的书中,其中的部分原因是那些作者如此热衷于协约国的正义事业,以至他们很难让自己去想象这样的事实;部分原因则由于当战争仍在进行的时候,如果作者们对有可能面临的助长德国人阴谋的指控不置一词,他们就会变成亲德分子。

人们大可不必为反对中国参与战争的那批人寻求解释。存在着各种造成美国一方拖延时间的理由——德国广大民众已显得一蹶不振这条理由还不算在内——加之,还存在着对德国得胜以及德国随后进行报复的真正担忧,有关这种报复的性质,中国已受到了足够的警告。并且,与任何其他国家的侨民相比,在中国的德国侨民总体上更受人欢迎,或许美国的侨民除外。无论德国人作为一个民族有多么傲慢,就个别的德国人来看,他们都倾力追求事业的成功,显得谦逊、友好,并留意当地人的愿望和习俗。在反对不对德国人宣战的所有理由中,实际上,只有两条这样做的内在理由。有一部分中国真正的自由主义者和拥护共和思想的人士,他们在情感上确实相信:当美国参战以后,战争就变成了民主和专制之战,变成了能保障弱国权益的新的正义的国际秩序与旧的、贪婪的国家帝国主义之间的战争。于是,中国的历史所形成的人道主义理想便要求自由中国投入战争。这一方向指明了自我利益之所在,因为参与这场战争能使中国在和平委员会中获得代表权,使它得以提出归还山东的要求;并且从总体上看,能使它甚而开始成为对新的国际外交事务作出安排的伙伴,仅仅在两年前,除中国人之外尚有许多人热切信奉上述结果。美国与德国断绝外交关系后,中国立即以内阁和国会协调一致的方式效法了美国的行动。这是对威尔逊总统的请求作出的直接回应,而且,中国是第一个作出这种值得赞许的反应的国家。

接着便有了 8 月 14 日中国最终向德国宣战前情节跌宕的那数个星期和数个月。这几个月中,首先发生的事件是 2 月初美国对断交行动的那种明显支持已被日本的支持取而代之;其次,总理段祺瑞和国会发生了冲突——一场最终通过武力解散国会而告结束的冲突,并且北南双方仍未愈合的争斗又爆发了。由日本造成的美国外交失败的程度可从这一事实看出,6 月 7 日,美国向中国发出一项警告:与重建稳定和统一的中国相比,中国的参战是"次要的考虑之事"。在日本有关解散国会问题的法律顾问的授意下,6 月 12 日,军阀领袖们发布了一项命令,其直接的结果是结束了清朝年幼皇帝十天的复辟闹剧。最终的结果则是驱走了黎总统,并通过强制解散国会使立宪政治归于失败,接着便开始了内战,它转而成了军阀派系操控的一场战争。

总理这时是军国主义分子、反宪政和反国会的派别首领,虽说他现在尚未执政。自由派分子的国会不管它有何不足,仍献身于共和制的立宪主义,它在与德国人作彻底决裂的进程中变得越来越不热情。要是美国以及民主的威望如日中天,它准备紧紧跟随美国。当外交的主导权转到了日本人手里,当它开始相信内阁无须煞费苦心地用打败德国人作为借口来扩充军队和军国体制以确保其权力延续下去时,它变得踌躇不决了。

一种颇具嘲讽意味的命运是:军国主义反民主的派别成了协约国的公开发言人,而倾向宪政主义的国会却坐在了亲德国的位置上。稗草和麦子如此混杂不分,以至厌倦了拖延不决和密谋策划的那些标榜自由思想的外国通讯社对段祺瑞解散国会的"有力"行动表示欢迎。这只是因为,该行动加快了中国正式站到协约国一方日子的到来,并给予德国在远东的商业利益以虽非致命却显沉重的一击。人们看到,外国人的自由情感有多么地不适当——也有几个显著的例外——从袁世凯冒险称帝一事中可看到这一点,从他们现在都在咒骂处于草创时期的议会制一事可再次看到这种不适当,尽管在这两件事情上,自由的本土中国思想都发出过警告。人们是以这样的方式来接受明显教训的,即要按照所设想的外国利益向世界解释中国的事件,却很少联系中国自身的命运和发展问题来考虑事件的现实后果。有时人们会感到疑惑,中国人仍然相信外国人在对其现代史的解释中表现出的那种政治智力。

目前,那个势力在1917年夏天发生的事件中再次得到证实的军阀派系仍控制着政府。毫无疑问,它的所有成员都很爱国,欢迎归还山东。但人性终究是人性,他们同样欢迎巴黎提供的在处理弱国问题时也许仍显得正确的那种证明。于是,尤其是日本,一般而言也是帝国主义,便用那种奇怪而又难以捉摸的方式取得的外交胜利,对它们自己的反民主的军国主义政策进行了辩护。如果战争中曾被慷慨陈词的人道化的国际主义和民主理想已在巴黎实现,那么,中国问题的观察家就不会怀疑本应发生的广泛的国内政治的重组了。对于和世界的民主政治连为一体的国家自我利益所作的证明,本应通过国内政策而见到某种不可抗拒的促人反省的效果。很少有人会怀疑,除了看到有待攫取的山东的具体的经济优势之外,对上述事实的认知也正是日本要在巴黎表现得那么急不可待的原因之一。当它的报纸夸大其辞地说确保它的外交胜利已关系到它的民族生存,这种夸张掩盖了这一事实,即它的外交失败,随同专制的德国人的垮台,会把远东的军国主义的声望葬送掉,并迫使人们重新思考中国的国内政策和日本的外交政策。这种道德上的回响看来在巴黎完全被忽视了,很值得怀疑,华盛顿是否会给它应有的关注。

表明中国军阀统治制度延续性的特定标记有多种。在各个省份,"督军",也就是军人统治者的权力,仍高于文职省长,并凌驾于国民的利益。他们不顾教育和改善交通的迫切需要,利用钱财和权势为人数众多的军队招兵买马。在一些边远省份,他们鼓励种植鸦片,这或是为了获得直接收益,或是为了征税,这种征税几乎就是不加掩饰的敲诈。他们阻止开发自然矿产资源和发展制造业,因为他们的随从会让他们获得强行索要从生意买卖中产生的大笔收益的那种有效权力。尽管北南双方存在着和解的普遍愿望,两地的军阀(认为他们只限于在北方活动,这是个极大的误解)却阻止达成所有最终的解决方案。近几个星期来已闻知开始了对蒙古的神秘冒险活动,以及一名督军企图获得对三个满洲省份实质上的独裁地位。但尤其要指出的是,正是军阀统治,使中国陷入了对外国人的阴谋和不期然的干涉加以诱引和奖励的状况之中。

虽说目前的状况会延续一段时间,但没有一个观察家认为它会长久延续下去。这种平衡状况太不确定。当变化来临时,没有一个敏感的人打算对它的性质作出预言。但读者如果回到本文开头给出的统计数字,他会注意到,现在中国一年的开支已超出其可支配的收入达一亿一千万元之巨。自然,这意味着要借钱——而当中国要借钱时,它是通过将某种限定的资产抵押出去,才从外国那里借到钱的。换句话说,把军队削减一半,中国就能做到收支账目的平衡。继续维持现在的军队规模,将此责任维系在某个国家或国家集团的贷款上面,那么,它——或者它们——是很愿意组建一支在国外不会被看成或者将不被看成是中国力量之源,在国内会把整个中国吞吃掉的军队的。中国的军阀统治仍在延续,在这种情形下对历史所作的经济解释比惯常认为的要明显得多。这样看来,说中国下一步要发生的事将取决于财政上的考虑,或者说决定权掌握在有能力控制贷款的那些人手中,就很难说是一种预测。然而,要是某个国家以准予贷款来服务于它自身的利益,其他的那些国家也不能仅仅通过奉行婉拒贷款的自由放任政策来充分应对这种局面。这里需要采取某种积极的立场。

# 中国心灵的转化①

现代中国的发端始自那桩血腥事件——义和团的造反。这场骚乱的爆发清楚地表明,古老中国所做的显著努力不能不永远地牵扯到不受欢迎的侵略者,于是它也许会轻车熟路地返回到其自足状态。这一结论明显地表示着它承认,古老的中国或者说中国从今往后的生活,注定要或者说必然会笼罩在西方生活的力量——思想、道德、经济、金融、政治的力量之下。中国用它惯有的耐心,开始使自己去适应无法规避的东西,但在这类场合,需要的不只是某种善于忍耐的被动性。中国在1900年知道了它不能不作一番自我调整,以适应西方人各种活动所强加的要求。自那以后的每一年,它不断地懂得,这种调整只有靠对自己长久保持的习俗再作某种调整才能达到;它必须改变自己的历史意识,而不仅仅是某些实践方式。20年过去了,这场好戏看来没有取得什么进展。中国似乎经历着一段步履维艰的时刻。这出在中国舞台上演的戏剧,其主要剧情显然已在一大堆缺少开展、高潮和情节的变幻无常的事件和刺激中走失了。

但是,怀有一颗适应西方快节奏的心灵的外国诠释者也来观看这场戏了。他盼望通过这场戏,能看到那种在电影样式中无从展现的东西。他对以中国这样规模上演的历史还不习惯。当他匆忙得出结论,说什么事也没做,或竟不如说虽然每天都在发生新的意想不到的事,但一切就像是一种漫无目标的循环运动。他忘记了20年只是它那经历了四千年之久的历史的一瞬间。一种历时四千年

---

① 首次发表于《亚洲》(Asia),第19期(1919年),第1103—1108页;重印于约瑟夫·拉特纳编,《人物与事件》(纽约:亨利·霍尔特出版公司,1929年),第1卷,第285—295页。

之久进化了的文明,一种缓慢演进的将每一种当时碰到的阻碍吸附消融的文明,一种自身内部容纳着累积经验的无数褶皱的文明,它在新的进程中能很快找到自己的位置吗?我们不假思索地谈论着和平问题的重要性,就是一名学生也会引证西沃德(William H. Seward)①、海约翰(John Hay)②和塔夫脱(William Howard Taft)③,但我们会想到这是什么性质的问题吗?我们是那种关心流淌之河的表面景色的人吗?不,真正的和平问题是对中国的心灵加以转化的问题,是地球上最为古老难解的文明自己来再造那种与巨大的外部影响力相适应的新形式的能力问题。

  各种类比,尤其当它们变得显然如此,正如它们很久以前在自然科学中已被证明的那样,它们在政治思维领域也会带有欺骗性。在其对西方的观念和制度的反应方面,对中国的未来与关于日本的记录进行的诱人比较是要误导人的。蕞尔小岛和广袤大陆的规模之不同,使得它们之间不可能存在相似之处。中国兴起于两千年前的封建制度,与此同时并没有成为我们熟悉意义上的民族国家。日本的崛起缘于它对西方世界的开放,所以其内部条件和来自其他国家的外部压力使它确立了一种(点缀着某些制度上的装饰品)绝对国家的形式;这种国家形式从表面上看,与从近代欧洲封建制度的演进中产生的那些国家十分相像。日本很容易发展成一个拥有统一的行政体制和军事防卫手段的强大的中央集权国家,而中国则很难做到这一点。更为根本的不同点,在于民族心理方面。一千多年前,日本通过朝鲜从中国文明中拿来了一些东西,并且基本还保留着日本特色。在过去60年里,它接纳了西方文明中的一些东西。然而,大多数抱有日本情怀的作家和思想家会告诉你:日本的心灵没有被西方化,虽然它全盘引进了西方科学、工业、管理、战争和外交上的方法手段;它引进它们,是出于增强自己的传统政策之抗衡能力的慎重考虑。它对此表示感谢,但并不准备承认西方方法的优越性,这类先进的方法一直是用来维持本质上优越于外国的东方理念的地

---

① 西沃德(1801—1872),美国国务卿。美国内战前辉格党和共和党内反对奴隶制的领袖,国务卿任内从俄国买进阿拉斯加。——译者
② 海约翰(1838—1905),美国国务卿。曾任林肯总统私人秘书,参加结束美西战争的巴黎和平谈判,主张对华实行门户开放政策,提出各国在中国享有平等贸易权利。——译者
③ 塔夫脱(1857—1930),美国第二十七任总统。他在总统任内建立邮政储蓄体系,推行反托拉斯法,实行金元外交政策。——译者

位的。这在外国人看来,或许就是那种经常与日本相联系的自负的证据,但反驳起来也很容易:欧洲人对于优越性的自以为是,难道不比偏见的自负更甚吗?在看待所有事情上,日本人生活中体现出来的这种两重性,将传统目的和道德取向与外国的技能和专业知识这类外在物结合起来的做法,可用来说明人们在与当代日本的接触中屡见不鲜的那种口是心非的印象。

值得怀疑的是,这种二元论,这种表里生活的不一致,还会保持多久。可是,它那份与西方文明关系的成绩单显示的却是一帆风顺的成功。这样的事情恰好不会在中国发生。它的文明是演进的,不是引进的。它没有成功引进的巨大本领。它的问题是转化的问题,是发自内部的转化的问题。有教养的中国人肯定会告诉你:如果你想使中国完好无损地复活,你就要去日本——而日本人也会同样跟你这么叙说一番,虽然是带有点不同的口气和意思。一个来访者会对这样的事实感到吃惊:在日本,而不是在中国,人们在公共建筑物和学校内到处可以看到古代儒家学者的语录,特别是那类体现极端保守思想和威权思想的语录。中国因为它的落后、它的混乱、它的虚弱,如今与日本相比,更为西方的当代思想所渗透。有一个事实带有某种意义:在日本,散布威尔逊总统有关战争的演说是被法律禁止的;而在中国,这些演说却在过去两年里成了畅销作品。日本把保持它从处于历史鼎盛时代的中国那里取来的观念并保护它不变质看作是日本得以强盛的原因,关于这一点有许多话可说;而中国的衰败,恰好是由于它让那些外国的而且是建设性的思想观念渗入进来,这也是真的。在此,我并不关心如何去否认这一点。无论如何,它说明了我的命题:中国必须走一条截然不同于日本的路。要么是衰败和解体,要么就是彻底的内部转化,这里不存在为了直接的实践目的而对西方的外在方法的采用,因为中国的精英们不想沿着这样的方向走。

日本对中国的影响是巨大的。对这样的情形不甚了了的外国人几乎不会意识到,特别是日俄战争后,中国采用日本的管理和教育方法已到了怎样的程度;但这一点也已很明显,这类方法的作用并非是它们在日本所起到的那种作用。眼下中国的大部分思想和道德危机,要归结为对中国人生活中这类因素作出的反应。无疑,从表面上看,当下直接的政治运动增强着这种反应,但在这层外表下酝酿着的却是知识分子一般的激动情绪以及那种信念:中国不能求助于日本式的西方化版本,而要走进给予西方道德和思想以灵感的泉源。这样的求索并不是为了获得自己往后用来仿造的模式,而是为了获得借此可用来更新自己制度的观念和思想的本钱。

　　民族的自大、民族的虚荣是被外人看作高深莫测的东西。只要我们表现出我们的自傲和自尊就够了。那些外国人对我们自己珍爱的生活方式,要么抱之以荒唐的态度,要么给人以对此嗤之以鼻或用心险恶的印象。但对这样的事情进行概括是令人生疑的,人们会对日本和中国的群体自我意识之间存在的某种差异感到吃惊。这种差异或许可从他们某些绝非少见的互相之间传来传去的评论中得到暗示。一个日本人会告诉你,中国人不在乎别人怎样看待自己。一个中国人则会说,日本人没有"面子"意识。这两种批评都好像显得十分诡秘。但是,这类说明却使人想到,中国人的自满有着更深的根基,所以并不表现得那么剧烈。它是固有的,是理所当然的东西。它并不需要用特殊的事例加以断定。只要中国人保持他们对自己原本的判断,他们便保住了自己的荣誉和面子,其他人的想法无关紧要。另一方面,像日本那样去"借",对他们来说是一种羞辱,这好像是一种缺乏内在源头的自供状。日本雇佣外国专家,它的兴趣在于结果,所以会让他们放手去干,直到学得了他们不得不给的东西。中国雇佣外国专家,往往有礼貌地把他们搁置起来。这里的差异,是看待西方生活之态度上的那种差异。它在很大程度上成了日本飞速进步和中国贫穷落后的原因。日本人很自然地将自己置于西方观察者加以注视的地位,他强烈地意识到旁观者对其不时看到的东西作出的批评,他尝试去改变这类事物以满足那位外国观察者的要求。他对他的民族理想深深地感到骄傲。中国人很少关心外国人会对他们看到的东西作何想法,他甚至会把他的家丑兴高采烈地拿来供来访者观赏。这种态度中包含的自满和自负,极大地妨碍了中国的进步。它造成了对古老传统持有的保守主义偏见,以及中国文明在所有方面对于外国蛮夷文明生而有之的优越性的信仰。同时,它也产生了难以在日本遇见的某种客观批评和自我分析的力量。一个有教养的中国人,会以一种无与伦比的冷静的客观性对自己国家的风俗习惯进行剖析。我想,这里的基本理由正在于同样的民族自豪感。他生活于其中的制度也许并不能很好地避免批评,但这些制度的创建者本质上是无懈可击的。他们创造了制度,当他们有时间对它进行考虑,将会创造某些新的能更好适应现代生活条件的制度。无论当前的事态多么令人绝望,中国人对他们国家最终结局的信心,使人想到一个美国人对他自己国家饱含的那种相似的信念。

　　让我们返回到我们的主要论点。中国在借用西方的城市管理、公共卫生、税收、教育、制造之手段方面的迟缓松垮,是与它通过与西方文明的接触对自身制度造成一种彻底转化的那种努力相互兼容的。在这种再造过程中,它会做到"恰适"而不仅仅是"拿来"。它会设法去洞悉之所以造成西方进步的那些原理、观念和理智,并通过对新生的活泼泼的民族心灵的运用而达到对自己的拯救。这是一项艰巨的任务。时间是这一行动至关重要的因素。正因为这项任务是要造成一种内部的变换而不是外表的调整,实施这项任务将耗费很长时间。那些正在挟持中国、谋划着使其国土解体的无处不在的势力,那些渴望控制中国的政策、掠夺中国的自然资源以服务其自身利益的势力,它们会让这样的正常进化进行下去吗?它们会伸出援手,还是入侵、挑衅、转移视线或横加阻挠,直到无人可知的那场悲剧性灾难达到最终的高潮?所有这些,正构成了如今上演的这出宏伟戏剧的基本要素。

中国向西方表露的那种让人摸不着头脑的"神秘"特性,可说是够真实的了,但这似乎并不能归结于任何乖僻的幽暗玄妙的心理学。在中国认识的人性好像示意那是不寻常的人,如果人们可以这样说的话。这些人为数甚多,并且也是可加以评点的人,而不是隐身人。但是,中国的社会心灵、政治心灵已有几个世纪隶属于那种不仅对现在的西方人习惯上显得陌生,而且历史上没有先例的制度。无论是我们的政治科学还是历史,都不能提供对中国制度之甚具特色的现象进行理解的分类系统。这一事实使不谙中国心灵作用方式的外国人感到不可思议,并使人们用矛盾的语汇对如此众多的事物进行描述。这一文明本身不会是矛盾的,但就其自身是自我一致的这点而言,它含有与西方生活尖锐对立的东西。于是,便存在我们必定没有抓住的那种中介形式、政治上失落的环节;它们显得模糊不清,因为我们没有用以对它们进行定义和诠释的比较形式。自然,中国心灵按其对习俗惯例的思考来看,本质上与我们对它们所作的思考无异。我们只是忘记了我们是按深植的以至习以为常的习惯和传统来对其进行思考的;我们想象我们是在用纯而又纯的心灵进行思考。如果把心灵习惯看作是心灵规范,我们便发现了那种并不适合称之为病态、神秘而狡猾的思维方式,就能找到只有通过对社会前身和环境的研究后才能进行心灵操作的要点。这个道理对于理解像中国这样的古老文明,是事先便明摆在那里的事。我们不能不去理解信仰和传统以便理解行动,我们又不能不去理解历史的制度以便理解信仰。

很明显,朝鲜问题几乎成了亚洲许多最为紧迫的对外政治的中心问题。霍尔寇伯(C. Holcombe)先生已告诉我们,那种形成西方国家处理朝鲜问题基础的误解如何在早先年代使问题变得复杂起来。这些国家知道,朝鲜保持着对中国某种依附性质的关系。它们想当然地以为,这是西方熟悉的那种宗主国与附属国的关系。当中国拒绝禀其权威承担起对朝鲜某些请求必加照管的责任,西方国家便认为中国要么是不诚实,要么就是放弃了所有政治管辖权。但这里存在着真正的附属关系,它是一种劝导、说教、祖孙般类型的关系。它超出了西方由其先例和理解形成的视界。西方与北京朝廷的早期外交关系,也是一份充满类似误解的记录。所有的地方都展示着对中国表示忠诚的标识,甚至对暴虐的君主权力表示效忠的标识。所以,若涉及各个省份发生的事,它们自然会赋予北京"政府"以如同欧洲形成的那种君主制的所有属性。这是说(除了某些已完备地建立起来的税收关系以及摊派劳役外),与中国大部分地方主要保持着仪式上和劝勉督促关系的中央政府是无所不能的。在对中国制度生活的几乎每一个细节进行思考时,这些大而无当的误解层出不穷。人们必须如其所是地加以理解,不能把它翻译成那种疏异的政治形态学的类别化的语言。

中国在引进铁路时不得不克服许多困难,或许这是最为人所知的中国事件。它之所以再被提起,是因为它足以成为下述事实的一个典型释例,即思想和道德上的东西是造成东西方接触的主要障碍。反对引进铁路并非事关寻常的保守主义,并非事关因它是新的所以要把它当作新东西来反对的那种茫然呆滞。中国人具备正常含义上的好奇心,也许这种好奇心甚而超出那种从新事物中获得某种好处的正常的实践含义,假使这种新事物不与传统信仰造成冲突的话。难题本身表现为要在一座座坟墓间为铁路辟出一条确定无碍的通道,这些四处散落的坟墓在西方人的眼中显得杂乱无章;但从中国人的观点看,它们坐落的位置是极其科学的,惊扰了它们就是打乱了会影响到健康和收成的环境作用系统的平衡。并且,墓葬之地是祖先崇拜仪式的中心,也是民众组织活动的中心。这则信口说出的故事表明,我们要多么完整地来看待思想和道德的力量,它们是多么完整地嵌入生活的结构。没有民族心灵的转换,我们无从设想中国会伴随着与西方的交往大踏步地向前迈进。

对中国大众心理学中无论是积极的还是消极的因素所作的某种匆忙的概括工作,会对完成中国复兴的任务产生极大的影响。但是,在个体性格方面,一个民族的优点与其缺点之间的距离只有一步之遥。我们这样说,或许还不致引起争议,那就是中国通过成为现代世界的真正成员而重获新生的期许取决于它养成民主生活和思想的习惯。这又以我们提出的另一个陈述为条件:这一民主的特殊性质,同样构成了中国在面对一个期待、骚动和贪婪的世界时进行改造的巨大障碍。因为当中国在思想和道德上拥有一种家长制的民主时,它缺少一种特殊官能,而只有凭借这一官能才能在国际或国内范围有效地保持民主。中国面临着两难的处境,这种处境的严重性怎样夸大都不为过。它那常见的权力分散的习惯,它那离心离德的地方主义,所有这些都对它成为一个国家性质的实体造成了掣肘。这样的国家实体有它必备的公共财政制度、完好的公共秩序、国防、法律和外交。它那源远流长的传统,它那坚不可摧的思维和感情方式,它那本质上的民主精神,所有这些都已在各个地方、各个村落以及周边邻邦遍地开花。我们现在中国看到的,正好是缺乏地方形制的相应转化(或更适当表达的话,就是未能体现出地方的民主精神向着整个国家范围扩展)的那种强加的民族国家形式:军阀集团统治着名义上的共和国,维持这个共和国部分要靠出卖国家资产和权力换得的贷款,部分则靠着与地方上那些拥兵自重的首领所做的交易。对枪杆子的控制,使这些首领能够对丰润的行业和财富实施敲诈。事实上,我们如果静态地、冰封般地来看这个国家,那么,它用新形式的罪恶再现了老的专制统治的罪恶,这只有靠释放具有美好前途的民众力量才能找到出路。但是,问题仍然在于要把这些力量组织起来,使它们发挥作用,为它们创造一个常规的运作通道。

　　直到今天,西方思想仍把自己限制在比较明显、比较结构化问题的因素上。这自然是西方政治生活中一些最为熟悉不过的问题,诸如权力的调整和中央政府对地方和地区政府部门的权威、政府中行政权和立法权的关系问题、对法律程序的修正,以及通过法律取消任意的个人的决策权等。但这类问题毕竟只是症状、结果。要想借此入手对中国进行再造,好比要靠着熟练地耍弄戏法来解决一项工程问题。真正的问题在于如何让民主精神在缺少阶级的情况下历史地显现出来。那种在社会和国民中普遍存在的平等意识,那种通过道德而不是物质的力量——就是说,通过教诲、劝导和公共舆论而不是通过明确的法律手段——对个人和团体取得的控制,应能为自身找到一种组织化的表达方式。我再重复一遍,由于传统形成的信仰以及行动的习惯,问题显得异乎寻常的困难。这些在中国转化过程中必定会产生的力量,是反对对整个国家进行组织的。举一个明显的例子,要在当代世界上使自己作为一个国家站立在其他国家面前,中国即需要具备一个国家金融、国家税收体系。但是,建立这样一种体系的努力不仅徒劳无功,而且不得不遭遇壁垒森严的地方征税程序;这些征税程序如此根深蒂固,以至于去干预它们可能就意味着中央政府被推翻。实施另一种税制需要国家的官能运转起来,而这种运转又依赖国家的公共收入制度。这是一个有关谬误循环的绝佳的例子,它困扰着中国所有走捷径的制度改革。它又表明,发展必须是自内部而来的转化性生长。它既不是外部强加的东西,也不是靠着对外国种种资源的挪用。

有很多人,包括数量上十分惊人的中国人以及外国人,他们认为,中国只有经历一个由外国人监护和托管的时期,才能迈开步子并行走自如。一个相邻岛国的某些人士在勤勉地培植这种感觉,而中国也作出了某种明确无误的反应。虽说这类观点如果没有不适当地用刺刀来加以力挺,它所引起的反应也许会小得多。另有一些人则盼望西方的民主制或者国联来实施监护的责任。我们也许要搁置这样的问题,即在当今的世界上,是否还存在足够公正的理智来担当这份监管的工作。假设我们自己只限于去说:要成功地成为这样一个监护人,只有努力去刺激、鼓励和促进那股通过内部发生作用的民主势力,那么,我们倒还能做到言之有物。由于这是一项几乎完全涉及思想和道德方面的任务,假设中国有一个能够防止外部分裂图谋的成长的保证期,那么监护并非必要。在为中国提供暂时(*ad interim*)保护方面,大有必要的是,来自国际社会的充分的正直态度和开明的自利。它也许仍会变得一团糟,然后会坚定地站立起来,并自由地向前行进。唯一的危害之事就在于低估这项任务的严肃性。

我已说过,日本的演化提供的并非是一个尚属正确的先例,存在的问题比进入现代欧洲时的封建制变化还要复杂。因为中世纪的欧洲,并不存在类似中国这种意义上的文明化过程。在中国,人们并不能找到容纳着人们的深厚感情和深刻思想的那些风物形制造成的惰性和压力。何况,欧洲的变迁可以自定时间来自行完成,中国却要面对急躁、多变的西方世界来完成这种变革。如果说这会带来助力,那它同样造成了一个贪吃的胃口。对一个外出漫游中四处搜寻浪漫生动景致的人来说,中国看上去好似一幅令人扫兴的图画。然而,要是用心灵的眼睛去观察,那么,它处处显示出现在正上演着一部极富吸引力的大戏。

214

# 中国的国民情感[①]

215　　一个西方人有可能理解中国人的政治心理学吗？没有关于中国历史形成的习俗制度的先验知识，那肯定是不会理解的，因为制度塑造心灵的习惯，而不是心灵塑造社会的习惯。西方人依据民族国家模式构成的观念，依据其主权以及明确地履行着特殊功能的政治、司法、行政和管理等机构去看待所有的政治问题。我们甚至要改造历史，以适应这一模式。我们已把欧洲的发展视为正常的政治进化的一种必备标准。我们相信，从野蛮到文明的整个发展必须遵循此类过程，经历相似的阶段。当我们发现有些社会与这一标准不合，便满不在乎地把它们当作反常社会、落后状态的遗留物或者缺乏政治能力的表现而打发走了。用这种预设的概念去理解中国的制度和观念，它便经常被作为拙劣的活计、作为抑制发展的个例而被抛弃。然而，从实际情况看，它们标志着在一个特殊方向上的超常发展，只是由于我们对这类东西极不熟悉而把它们看作是令人绝望的政治上的一片混乱和整体堕落，或者看作是惹人注目的发现物，而它碰巧竟是一套并非在神启中被赐予的高级的伦理规范。

　　试图按西方的观念解读中国人的制度，早在我们刚开始接触时便导致了理解和行动上的失败。举一个例子，在早期交往中，那些在朝鲜沿海地区遭遇海难的西方水手对他们的待遇有理由提出抗议。外交部门知道朝鲜和中国之间存在

---

[①] 首次发表于《亚洲》，第19期(1919年)，第1237—1242页；重印于约瑟夫·拉特纳编，《人物与事件》(纽约：亨利·霍尔特出版公司，1929)，第1卷，第222—236页，标题是"中国国民情感的成长"。

着某种朝贡关系,如同霍尔寇伯(Holcombe)已指出的,他们把这种关系解释为依附关系。他们认为,这种关系是封建宗主国和附属国之间存在的关系,于是要求中国采取相应的行动。当中国否认其权限,他们便认为,这要么等于宣布中止所有的关系,要么是采用独特手法存心玩弄的一招骗术,为的是逃避应有的责任。他们没有可资说明这种关系的先例,在这种关系中,一方是真正的附庸,它却可以保持教化的劝导的性质。西方国家与北京朝廷打交道的整个早期历史,充满着类似的误解。这里存在着一位毋庸置疑的君主。这种君主制甚至是专制型的,不存在西方人心目中熟知的那种有关宪政和代议机构的任何核查标准。所以,一切内外政治主权的特性统由朝廷来说明。可是,这里构想出的再次是一种无先例可循的王朝统治,它把原始的对于进贡—征调的绝对控制和某种道德主义、教化、劝勉性质的权威捏合在一起。当我们从这类外观出发,深入到它们的形成条件,我们发现,只有按那种在其历史进化中发挥着作用的制度和观念,才能对中国有所了解。

  中国历史形成的政治心理学的中心要素,就是其对于我们与国家、与政府相联系的所有一切表现出的那种极度的冷漠之感。人们有时不免会疑惑,为什么那种持和平主义的逍遥自得的无政府主义者没有抓住中国来作为验证他们理论效用的范例。其中的理由或许在于,要是为积极地废除政府的问题操心,他们就不可能揣想出一种只应对政府抱以极度冷感的无政府主义。或者说,他们同样被民众那种混同于极端的自由自在和变幻不定的无政府主义给误导了,而不会想到这种无政府主义与造成中国停滞的状况是有关系的。

  根据文献记载,下述诗句出自语言文字诞生以来最古老的一首诗——一首从农夫口中吟出的诗:

> 凿井而饮,
> 耕田而食,
> 帝力于我何有哉!

  如同过去多少个世纪一样,中国仍然是一个农业社会。这个社会里的农夫,为了他们自己的耕作、温饱、婚丧嫁娶而忙活。就像过去一样,他们自己料理自己的事,皇帝或总统的权力扩及不到他们那里。地方大员们来了又去,为了他们追名逐利的琐碎的谋划而奔忙。他们管不到占人口大多数的农夫，后者唯一能够知道的统治形式就是自然，就是自古已有的四季变化的法则，就是生与死、播种和收获、水患和疫病的性命攸关的规律。他们最常引用的箴言是这样一句话："天高皇帝远。"言下之意，土地才可以相亲相依，家庭和村庄才是贴近人的。

　　古伯察先生（E. R. Huc）说过一件事，那是发生在1851年的事，然而这样的事情在中国漫长历史的任何时期都会发生。皇帝驾崩后不久，有一次，他与几位宾客在路边的一家茶馆喝茶。此时，他尽量想让大家一起来议论政治的前景和各种可能的情况，但枉费了心机。虽然他使出各种巧妙的手段，但总没有人响应。最后，有一位中国人答道："听我说，朋友，为什么你要这么心焦神疲地对这些事儿妄加猜度呢？国家的事自有那班官员去打理，他们就是干那事儿的，让他们去挣他们的银子得了。我们要是用那些和我们毫不相干的事来折腾自己，不就成了个傻子？想去鼓捣那没有结果的政治的买卖，那才是个大傻瓜蛋呢！"这则轶事往下又提到，"'说得好极了'，他的其余同伴叫唤起来。随之，他们向我们比划了一下，意思是我们的茶快要凉了，我们的烟也快抽没了。"国家、政府涉及的是一桩特殊的买卖和交易，比起大多数人操持的日常事务，并不令人感兴趣，也并不重要。可是，对那些擅长此道的人来说，它倒也不失为一份能够生利的差事；让他们去挑起那副担子吧。与此同时，不光婚礼丧葬、春播秋收这些老百姓生活的固有之事，就是对一杯茶和一斗烟的社交性善意提醒，也比国家事务来得重要。

　　如果人们对政府的事漠不关心，那么，政府——用西方的术语，我们称之为国家，是会作出报答的。从理论上说，它成了天的代表，所以占有了地，也就是土地；并且成了土地丰产象征性的原因，它对国家的繁荣施加有益的父亲般的影响。事实上，就像天自身一样，政府高高在上。在较早的时期，天也许会直接干预人类事务，但在往后更长久的岁月里，它依然冷漠超然，满足于很久以前确立的那种关系，只是在发生巨大危机时才对人类事务进行干预。除了很好地体现在习俗中的几种目的以外，中央政府与老百姓的生活毫不相干。它是朝廷，它的威严、显贵、仪礼和消遣的形式不能不维持着。这种生活的物质一面，需要有物质和货币的供给。理想的生活，统治王朝的荣耀和至高无上，可以象征性、仪式性地得到满足，正如鬼神已学会满足于象征的货币，奴仆、牲畜和粮食。这时，政府的首要物质功能就成了受纳或以实物或以货币形式供奉的土地出产物。这种贡赋并不沉重,并且长久相沿的习俗把这种贡赋转化成了自然的正常秩序的一部分,虽然说像自然的收成和其他现象一样,它也会突如其来地变得起伏不定。道德和礼仪的统治通过朝廷的辅臣、地方大员、专使和其他各类官吏予以实施,他们代表朝廷,他们用极其文静的风格向老百姓传递各种训令和劝诫,以此显示出天的代表为了他们的道德品行一如既往的善意的挂念。这些道德品行反过来,成了国家繁荣和帝国稳定的源泉。这些官员花钱显摆具有一定象征意义的光宗耀祖的生活,但税赋被习俗限制在一定范围内;作为通例,它的负担并不很重。痛苦便尽可能地让有钱人来承受,以便达到既对可能的竞争对手的势力进行打压,又不至引起老百姓不满的双重目的。如果对古老中国的政治理论作一追究,有可能看到某种始源性神权统治的复活。但即便与欧洲自然神论最为盛行的年代相比,中国的上帝或者天显得更为疏远,它以一般的仁慈的照看为满足。它的地位带有缺席者的性质。代表天的朝廷也甘愿模仿"天"的那种对生活的琐碎事务不闻不问的性质。

  结果从所有的实际目的来看,各个省份都成了一个独立王国,它们由大量叫做村庄的小共和国组成。1900年,一位英国作家依据长期居留获得的个人经验信笔写道:"中国的十八个省份,每一个本身就是个完整的国家。各个省有自己的陆军、海军、税制和它自己的社会惯例。只是在与盐的贸易和海军相关的问题上,某些拥有特许权的地区彼此间不得不听从帝国那么一丁点儿的调控。"这些独立的单位,在传统上称之为省。但正如引文中表明的,除了没有传承的国君世系外,它们可以被叫做公国。中国甚至不是一个邦联,从西方历史赋予下述词语的意思上看,它更不是一个民族国家或者是一个帝国。

  我们再次碰上了没有先例可供对这样的境况加以诠释和理解的情形。我们了解到的是这样一个帝国:它们听任地方上的习俗自主其事,并以征税、进贡和索取战利品而自得。但它们是一种军事力量,并总是处于不稳定的平衡状态之中。它们从不曾与地方上的习俗交融成一体,使之成为已确立的自然秩序的一部分,并能够对军事力量进行调配。然而,中国制订出一种出色的保持静态平衡的谋略——一种历史上已知的最为稳定的谋略。中国的政治生活基本上一直没有受到干扰,虽然说一些王朝被民众的造反推翻;这类造反正像间或有的水患和疫病一样,本身就是天或者自然的确定秩序的一部分。这类危机无论多么令人不安或者带有毁灭性,都有其自然的原因,所以是适宜的、正常的。生活的条理不会发生变化,它持续地展示出同一种样态。平衡出自人类,出自内部,出自道德,不是靠外界的压力和武力维持的东西。中国的执政机关是一个被精确计算过的个人和集体的压力系统,是一个将各种主张和产出效果、各种实验以彼此间取得极佳平衡的方式加以吸收、敲打和"挤压"的系统;当某个要求显得过分以致召来同等的反作用力,这个系统就能看到该要求在多大程度上是可行的,是有产出效果的。早在伊萨克·牛顿爵士(Isaac Newton)的时代以前,中国就在政治、法律的领域给出了证明,作用力和反作用力相等,而方向则相反。它举例说明了人类交往各个方面的运行原理。这样的社会系统示意着一种高度的文明状态,它几乎自然而然地造就出了温文尔雅的人物,因为礼貌的本质,或者说文明的本质,就是那种有意识地与他人相处的本领;就是对他人的期待、要求和权利的觉知;就是觉知到他人能对某个人施压,而同时意识到那个人又会在多大程度上对他人相应地还以颜色。正是在没被他人打扰的那段时间里,中国人以无与伦比的精确性思索出了社会方程式中所有的复杂因素。他们的社会演算法、社会微积分学超过了其他任何地方现存的相关学问。这个事实,也唯有这个事实,导致了中国有文字记载历史以来几乎延续四千年之久的那种忍耐力。

接着,外部种种带有全新性质的新生势力崛起了。它们前所未闻,对此没有社会演算法的规则可援。严格来说,它们是非人化的,是那种怪异的无法预料的物质势力——战舰、大炮、铁路、陌生的机器和化学品。中国起先仍不屑一顾,它想起了过去年代里试图冲破它的体制的无数次劫难和侵略,并想到它们如何通过吸收同化而被慑服,它们如何逐渐汇入那种使中国得以形成起来的调适、请求、让步、妥协和交流的模式。但事实变得越来越明显,老的公式不敷运用,这股彻底的新生势力被引了进来;并且愈加明显的是,这股新的势不可挡的动原和力量,本身就是用以构成很不寻常的社会政治秩序的工具和设计。中国文明碰上了一种组织得与中国不一样的文明,中国成了一个民族国家。有关这种接触的后果,在占据着今日中国的每一个内外问题中都被人们所提及。

有一则传闻是这么说的:一名中国的士大夫要求一位外国人向他解释日本向中国提出赔偿要求的性质和意义,这项要求源于日本因朝鲜问题发动的一场成功的战争。听完解释后,他略为思酌了一下,便以一种满意的口吻评论说:"不错,这是满人的事,此事与我们无关。让他们而不是我们来赔付这笔钱。"这段评论表明的,显然不仅仅是前面已谈到的那种对于政治异乎寻常的冷漠,而且显露着一种异乎寻常的政治愚念。然而,只有依照西方政治制度的模式,才会把它看作是植入心灵的愚念;从中国人的习俗观点来看,这个评论明智通达,因为与外国的关系属于帝国朝廷处理的事。这类关系造成的费用,当然要由朝廷掏钱来支付。在已确立的征税和岁入制度中,通过对外国进口货物征收关税累积的资金统归帝国国库。朝廷如何花这笔钱,不干任何人的事。逻辑的结论是:任何借贷项目同样也是统治王朝专管的事。这个逻辑当然不错,但它以过去为凭,以不再有效的前提为凭。继日本人提出赔偿后,又发生了义和团酿成的赔款。收入制度的整体平衡被打乱了。帝国长期维持的收支的平衡被摧毁了。然而,要使已确立的税收制度发生任何根本性的改变,在实践上是不可能的;迫于形势的需要,以任何直接或唐突的方式对其作出改变完全没有可能,这种改变会使整个社会制度陷入无序的状态。

甚至那种被迫引出的变化也导致人们对满清王朝大为不满,这使它被推翻了。不光在各个地方,人们能感受到对于明显增加的税收的对立态度;不光是说对习俗的干涉,这种习俗自远古时代以来便对强索和抵制的游戏划定了界线;征税牢不可破地关联着帝国朝廷与众不同的特权,这一点再怎么往乐观方面想,也不太受人喜爱。增加的税收与官僚阶级的"榨取"同样有着固定的联系,与腐败形影不离。确切说来,这种腐败如果保持在某个百分比的限度内,不算是腐败;但如果超出这个百分比,它就不可容忍了。这个足以应付所有内部不测事件的国内征税系统,在面对外部引发的危机时便不够灵活。人们不得不求助外国的贷款。补救加重了病情。它为来自外部越来越多的干涉提供了机会;它得到的恰好是那种对外国势力成倍增加的依赖性,这些国家是麻烦的始因。于是,与外国势力接触的结果,使整个国内的平衡逐渐被打破了。中国历史形成的政治体系若不经历一场彻底转化,是不可能恢复这种平衡的。它必须以某种样式使自身国家化,以便符合它与其他那些按国家形态组织起来的人们开展交往时诉诸的条件。税收和岁入事情上的真相,涉及的几乎就是中国人生活之方方面面的真相,公共财政问题不过是提供了一个典型的例子而已。

人们还就中国人是否具备对国家的忠诚、是否具有爱国主义作过讨论。在这方面,我们那些含有其惯常意义的语词同样误导了我们。观其字面意思,"国家"(nation)一词一开始就系于对这个字眼所作的推衍,因此它含有共同体的意思,中国人当然同属一个国家;但在其获得的历史含义上,国家意味着一群生活在一定政治组织中的人,这群人宣称或拥有对某一片土地某种集中形式的主权。这却是中国人不曾做过的事,而在面对外国的苛刻要求时又不能不学做此事。这件事与他们社会的惯性和动力不合,他们以迅捷而复杂的方式在数个世纪的调适中学做此事。爱国主义表示对国家的热爱。就眷恋他们的土地、他们的故土这层意思上看,中国人也许是所有已知民族中最爱国的人了。这种爱也许不如日本人那么急切,不如波兰人那么热烈,但它与生活的每一个细节环环相扣。它作为生活一种不易打破的习惯,并不怎么表现为是一种情感、一种意识的事实。对土地和出生地的眷恋与有效组织起来对国家效忠是十分不同的事情,后者不是从日常生活和交往习惯中自然而然形成的政治现实,而是通过政治手段构成的政治现实。人们习惯于试图逃离这样的窘境,即这里存在着对国家自发的、遍布的无争议的爱,可在这样的爱中又看不到那种熟悉的公共精神和政治民族主义的显示。说中国人具有强烈的民族意识和自豪感,就像西方人对他们的爱国主义表现出的那样,真正来看,情况很难说是这样。他们的旗帜可以作证,中国人视他们自己由五大民族而非单一民族组成。就某种真实的感觉而言,中国人对种族和种族差别深表冷淡,他们并不像欧洲人和日本人那样感染上人种学的病毒。满清王朝是异族的统治,这一事实促进了国民革命;然而,这一反对的理由在过去两百多年里未见起到什么作用,只是在与西方接触后唤起了民族主义的感情,它才成了有意义的东西。中国人富有的是生活的共同体,是一种文明统一体的感觉,是那种自古以来一直延续着的习俗和理想的感觉。他们从未离弃用他们生存的全部材料织成的整幅图样。成为一个中国人,并不是成为某个种族之人,也不是对某个民族国家表示效忠,而是以某种方式与无数的他者分享感情和思想;基于长期建立起来的调适和交往模式,这类分享伴随着无尽的记忆和期望。

这种意识正是在这样的程度上变成了忠诚和爱国主义,即它转换成了我们所能辨别的、依循我们所熟悉的那种模式的民族国家的观念。这样的国家拥有陆军和海军,拥有按时征税和公共财政系统,拥有立法、司法和行政组织系统,拥有相对于中央权力的所有附属地方权力的设置，以及我们熟悉的所有其他体现主权的设置。由一种传统的感情转变成民族主义并非轻而易举，于是人们为它附加了一个对象；这是一个在很大程度上不存在的对象，是一个信仰的而非洞察到的对象。

鉴于此，中国人的民族主义感情便带上了一种排外的色彩。尽管出现了排外的义和团运动和其他暴力抗议，值得怀疑的是，这类举动是否表明存在着对外国人的强烈敌意。人们的揣测是，中国人毋宁说非常宽容。他们到处运用的是温和的你我两便的政策。他们的一贯态度是对外人不关心，而不是采取咄咄逼人的攻势。但情况是，他们走的这条只有他们能够以此显示其献身于他们自己文明的道路是消极的。正是外人在干扰这个文明。中国人缺少用以抵抗外国侵犯、国家赖以生存的积极工具。于是，人们会说，他们对自己习俗的忠诚，势必采取袭击外国居民这样反常混乱的形式。有少数人认为，义和团的日子还会重现。中国人是聪明的，他们知道用这样的手段来保持自己的力量是没有希望的。然而，这也是真的，即他们的民族感情会被唤起，并且更容易集中到抵制和反抗外国的目的，而不是用于建设性的目的。

在中国最近的国际关系中，可找到说明这一事实的很好的例子。很少有人怀疑，政府正式训示它出席凡尔赛和平会议的代表签署和约，事实上承认了日本人拥有德国在山东的权益。然而，民族情感猛烈爆发了。如果日本准备把一股新的足以压倒老的地方分治主义的民族精神煽动起来，那它就不能继续以有效的方式来实现其图谋了。民众使事态脱离了政府的控制。他们向巴黎发电报、向北京通电、举行群众集会和公开辩论，最后学生进行了罢课，一些大城市的商会团体又进行了罢市。他们以此清楚地表明，国人的感情会将那些参与签约的人视为叛徒。这是有关中国的生存状态和民族感情之力的一次给人非凡印象的展示。说它给人深刻的印象，因为它没有借助有组织的政府力量展开活动，并且确实对盘根错节的亲日本的官僚阶级进行了抵制。如果在什么地方还会有人怀疑中国人爱国主义的力量和普遍存在，那么，这一示威就是一个决定性的、使人信服的教训。但是，它造成外国人对这种感情进行恫吓的巨大危机。日本在最近两年对中国干的事，也许人们要花一代人以上的时间才能办成。当阻止签订出卖中国权利的条约的直接任务得到落实后，人们的感情便减退了。也许它仍然同样的强烈，但失去了方向上的确定性。为建设性的国家政策作出实际决定所需要的外部手段与确立的思想习惯仍然是不完全的。

每个人都知道,外国侵犯中国的主要工具是财政手段。俄国首先想到利用银行和铁路的征服政策,其他国家也掺和了进来。日本以它惯有的警觉态度,看到了问题的核心所在,并以惯有的精力按其觉知行事。资金问题在中国任何积极的国家政策中仍显得极为重要。尽管中国有资金来关顾它自身的发展,它的资金比它已使用的要多些,但喜好私营化的习俗使老百姓不愿向政府借这笔钱。对官员们的能力和诚实缺乏信任强化了另一种影响,该影响不利于扩展为了公共需要的国内信用。很清楚,国际银团向中国大量贷款,签订这种贷款协议不用向任何特定国家让渡特别关税优惠和势力范围作为回报,这是一个明确的解决办法。但是,要使人们对这件事唤起任何广泛的兴趣却极其困难。反之,某些利益集团借此煽动对立却相对比较容易。它们只会不停地说,这是个有利于外国势力完全制服中国的举动,民族感情便沿着消极的方向被鼓动起来。一种替代方案即由列强分别贷款的方案,事实上就是日本声称的以获得特定权利和特权作为回报的方案,还未见有人提出,却变得更加明朗化了。民众相信以自由放任、听天由命的政策来应付银根紧缩,而不是举全国之力制定出某种全盘性的计划,后者由于关联到涉入其中的组织,会使外国影响的事实变得明显起来。由于惯以零敲碎打的方式来对付障碍和危险,以绝妙的技巧在一种力量和另一种力量之间玩弄平衡,举国上下那种对未知的东西全然感到畏惧的情绪可以在人们针对大型组织的态度上觉察出来。而由于组织是属于外国国家主义的一部分这个事实,使之显得特别令人惧怕。谁能责备中国以其过去的经验对外国的影响抱有的这种看法呢?如今还有某个小宗派几乎是振振有词地在说,与其让青岛成为国际殖民地,还不如让日本占有它为好。

形势已到了危急关头。至少就目前的情况来看,那种对外国组织抱有愈益迫近的恐惧足以在近期将统一全国铁路的计划挫败。最终,这个计划将意味着在中国单独的控制下形成大规模的国有体制。而在目前,它还容纳着某种程度的国际控制。外国对维持分割的范围感兴趣,这自然使它们彼此间产生敌意。它们最简便的活动方式不是造成公开的对立,而是通过国内代理人展开秘密活动,基于中国全民性的恐惧而从现存的事态中获益。这股势力已经在着手攻击计划中的国际性协议,并有可能使之破产。事实上,它们差不多肯定成功地使这项协议受到了耽搁,直到它成为一件可怕的必办之事。然而,这一点看来几乎是自明的:要是中国依赖外国的贷款,那么,与那些只能以专门的租借地和对战略要地的控制(这些要地的战略意义不仅是经济上的,而且体现在政治和军事方面)作为回报才会放款的单个、分散的列强相比,它求助于已同意放弃各种特权的列强的联合贷款要好得多,后者会用它们的资金把整个中国建设起来。乍看起来,这一点似乎极不合理,即中国宁愿继续维持一种体制,或者缺少体制,这把它逼到了现在的关口,而这是极不合理的。但是,我们需要理解,中国现在达到了强烈的民族感情的沸点,并处在一个能够有把握像一个国家那样行事的地位。感情就是感情,人们能相对容易地唤起一种民族抱负或者全民性的恐惧。要使任何可操作的全面的或建设性的计划取得同意,并确信能取得整个国家的理解则不太容易。理由很明显,不存在什么国家机制、国家机关去提供理解的材料,并为那种持续的信念和信任提供基础。一方面是强烈的民族情感,另一方面却不存在或者缺乏国家的活动渠道和机关,这两种情形的结合正描绘出今日中国在国内外发现的它所面临的窘境。

尤为重要的是,美国应当以同情的态度来理解这一情况。目前,特别是在官场之外,正涌动着一股亲美的情感暖流。这中间好像涉入了日本人的诡计,这是真的。但它在很大程度上是普遍流行的反日情绪的一种反弹。无论如何,它总是民族的感情,而不是一种民族的思想。它在将来仍会受到种种势力的支配,这些势力总会以有别于思想的方式操纵感情,把它造成一种波动起伏的事件。美国基于过去的历史和经济利益反对瓜分中国的政策,无论是公开的还是采用对势力范围和特殊利益进行划分的手段。就中国对待我们的感情而言,这全然是有好处的。正如在铁路一体化和联合资金援助的事例中表明的,中国同样期待有组织的国际帮助。这类政策如果顾及惯常的体面和善意,它会使中国快速得到建设,并使它走向能够摆脱外国控制的目标。但出于刚才作过解释的理由,中国会表现出犹豫、反对和迟缓。可以想象到它会完全停止不前,宁可继续玩弄让一个国家与另一个国家相争的策略而全然不顾这一事实,即在现时,这将意味着增强日本人的控制。至关重要的是:美国要理解这种态度的原因,并耐心、执著地推行其政策,而不是因"忘恩负义"而被情绪上的一阵强烈厌恶搞得摇摆不定。因为我们的主动示好和计划没有得到直接由衷的赞同,便收缩和撤销我方的积极利益,这只会让那些在中国谋取特权和私利的国家占到便宜;这些国家基于这样的诱因,并且由于对中国人的政治能力缺少信心,在它们的头脑中总是存有造成最后瓜分和征服的计划。我们需要认识到,正因为中国人具备极大的政治能力,国家的转向是一个艰巨而缓慢的问题。因为这种能力是沿着既定路径行进的能力,而这条路径与切合当前形势的路径方向是相反的。这将使人怀着理智上的同情记住这一点:中国还没有在现代政治民族主义的道路上足够地向前推进。在这里,人们的民族情感真挚而强烈,但表达民族思想和行动的确定机制还处在初期的形成阶段。

# 美国在中国的机会①

一般美国人也许会对美国过去在中国取得的进展感到沾沾自喜,并想象我们赢得了中国人的赞美。甚至那些偶尔翻翻报纸的读者也知道了返还庚子赔款,并以一种含糊的方式设想我们对中国门户开放所做的声明成功地阻止了对中国的瓜分。消息灵通的读者会为在库欣(Caleb Cushing)②、蒲安臣(Anson Burlingame)③和海约翰那里看到的一贯开明的美国外交政策,以及在义和团暴乱被扑灭后力主相对温和的措施感到自豪。我们乐意这样来幻想,整个进程确保我们赢得了中国人颇表感激的信任和尊敬。我们在太平洋沿岸给予中国移民的待遇以及排外行为会令人想到,但我们很快便把如此大量源于以往历史的令人不快的思绪置诸脑后了。

我们很值得花些时间来问一下:关于中国人对我们态度的上述想法究竟在多大程度上符合事实?或者说,这类看待事情的方式是否含有对中国公众意见普遍性的一种错误假定?那么,什么是那部分有影响的公众人物的态度呢?这种态度的理由何在呢?这类探问的结果即使不那么赏心悦目,却是为将来提出某种适当政策的概念所做的必要预习。要是用几句话作个不无贬抑的回答,那

---

① 首次发表于《新共和》,第21期(1919年),第14—17页。文章注明的发出地点和日期是北京,9月12日。作为"美国与中国"的第一部分重印于约瑟夫·拉特纳编,《人物与事件》(纽约:亨利·霍尔特出版公司,1929年),第1卷,第296—303页。
② 库欣(1800—1879),美国外交官,第一个派来中国的特使,谈判缔结望厦条约(1844)。——译者
③ 蒲安臣(1820—1870),美国外交官,1861年任美国驻华公使。他在任内推行通过外交谈判解决纠纷,而不诉诸武力的所谓"合作政策"。——译者

么,我们以前的行为给许多中国人,特别是那些美国境外的中国人留下的印象是:我们的外交行动显得我们是不那么讲究实际的人;我们缺少在紧急时刻作出决定的警觉和快速,缺少行动的敏捷性,特别是缺少执著精神,甚至在自己的利益受到威胁时仍是这样。从总体上看,我们被认为是乐意助人的人,但行动中有点不讲效果。虽然人们对我们拒绝参与攫夺中国的游戏表示感激,但也未尝不夹带着一丝怀疑:也许我们还缺少赢得这场游戏的精力和技巧。

这种感觉的当下背景,关联到日本和美国在过去两年半中为了尊严和道德权威展开的竞争。就美国方面而言,可以确信,这毋宁说是一场被动的竞争。某些方面的竞争记录,在美国推行成功的远东政策的道路上明显意味着是一种挫折。美国在参与这场战争时表白的目的和理想,以及我们参与战争的魄力,激起了中国相当部分知名人士的极大热情,一时似乎出现了一个已站稳阵脚的强大的、把亲美作为其政治纲领要点之一的自由主义党派。他们对协约国事业的热情有增无减。在1917年的头几个月里,甚至那些如今执掌权柄的军阀也颇具反日倾向;事实给出了有说服力的证据,未经与任何日本代表的磋商,与德国的外交关系便中止了。事实上,日本的一名大臣当时正在中国,日本直至既成事实后才获知这一消息。人们对中国军队积极参与西方战事非常热心,军阀首领出于使军队得到训练的目的希望促成此事;自由派分子则出于他们亲协约国和亲民主的意愿,他们看到战争结束后中国享有国际谈判地位时带来的好处。把被扣押的德国舰船用来运送军队的计划已经制定,但协约国存在运力短缺的状况,它们把船只分配掉了。如果说美国多少尽了一些外交努力来帮助中国人执行他们的计划,那么,在中国人看来,这种努力要么是失败的,要么是不得其法的。

接着,中国需要钱,并急需这些钱。它用这笔钱不光为了国内的整顿,也是为了积极参与战事。美国定期向其他协约成员国预先发放贷款。中国需要贷款,却拿不到手。日本人通过金融援助慑服了它。目前的传言坚持认为,这些资金或多或少落到了腐败的中国官员的口袋里;但就大的方面来说,这种指控的精确性是无关紧要的。明显的事实是:当美国毫无作为的时候,日本却在得寸进尺。从这时候起,日本控制了中国的政界。另一个事实,则使军人积极参与战事的热情也冷却了下来。

1917年8月后,协约国军队的运气落到了谷底。许多日本领导人开始确信,德国的胜利要么不可避免,要么战争以僵局而告终,这差不多等于是德国的胜利。那些负责任的政治家、曾担任过首相和外务主脑的人物公开声明说,日本在整个战争期间忠于它的盟友,一种国际性的结盟关系到战争结束时已确定下来。日本已经肩负起与俄国恢复友好关系的重任,并显然要承担阻止美国势力在远东增长的那种责任。在战后日本、俄国和德国结成攻守同盟的情况下,中国将处于何种地位呢?对它来说,对那些不久的将来很可能统治远东的列强态度和缓、不加冒犯,显然是值得考虑的事。我相信,在决定目前各派势力的地位时,不可能夸大这个因素的影响。因为当这种特殊性质的预测还没有出现时,亲日和对美国不冷不热的形势便产生了。就在最近,一个被奉为政界中亲日派系军阀首领的人(亦被看成是个清廉之士)说,中国不能不亲日,日本的陆军和海军如此强大,又如此邻近,"如果太平洋缩小成一个池塘,我们就会亲美了"。

这就是能够从中国人对美国政策的看法中引申出更为一般思考的那种具体背景。比如说,当美国人开始说明他们对庚子赔款仁慈地予以返还时,中国人很可能回想起,作为一种实际力量,美国以提出满洲大铁路的中立化建议开始其远东之旅,继而又栽在俄国和日本的手中。这件事本身算不了什么,所有国家都要接受外交的考验,但在中国人看来,在提出一项宏大计划并遇到最初的抵制后,美国政府既没有用所做的检讨以确保别的地方取得补偿性进步,也没有试图用其他手段来维护它已制定的原则。

平汉铁路事件同样使他们感到吃惊。这是美国政府办事倾向的一个例证,即构想出一套相当宏伟的规划,然后又遭失败,或一遇阻力便予以撤销。美国红十字会做了重要的水灾灾民的救济工作。但是,还存在一项大规模的河道管理的工程计划,这个计划在最初被吹捧一阵以后便不了了之。西姆斯-凯瑞公司修筑铁路的计划也许与以上情况不一样,因为这些计划处在假死而非死亡的状态。但事实仍然是,美国是唯一一个没有在中国通过大规模成就证明自己的大国。或者不如说我们的决定性成就表现在教育领域,坦白地说,我们在这个领域远远走在了前面;但就其所做的有关国际事务的决定而言,这类成功并不会给人留下深刻的印象。上述事例必定成了说明这些事实的样本,即它们使那些受过教育的、有影响的中国人感到,不能郑重其事地依靠美国人。中国人并没有像某些国家那样把我们当成虚张声势者,但除了断然为"门户开放"说的话,以上提到的事例连同做出的许多失败之事,不能不使人感到,我们容易发布宏大美好的计划,但在经受行动的考验时,却起不了什么作用。中国人并不把感情带入实际事务中去。他们根据结果而不是意愿进行判断。与我们美国相比,他们发现,日本人在不停地工作,从不以任何事情能够过得去为满足;他们充分利用每一个机遇,挫折只是激发他们努力作出更新和更改,他们勤快、耐心、执著、坚忍。如果日本在评估中国人的感情上没有犯下大错,中国或许已经把它的外交政策交由日本掌管了。因为中国总得依靠某个外部势力,即使要花很大的代价。有太多的理由说明它要依靠这样一个国家,这个国家敏锐、强悍、警觉;当它开始实现某个计划时,从不轻言放弃。对美国人来说,涩泽男爵就日美在中国的合作提出的建议,即美国提供资金、日本提供智力,绝不能仅仅看作是一种圆通的表达方式。可是,这位日本的大金融家和慈善家所指的,就普遍情况而言,不太可能是说日本人的智力优越。他说的话毋宁是基于这一事实,即日本人勤于用脑,并坚定地向中国推行他们的计划,美国人没有做到这一点。

当然,现在从美国的立场来回答这个问题还是容易的。我们从未对远东产生过足够大的兴趣,以至值得花时间把我们的注意力和精力集中起来。除了门罗主义,我们从未像其他大国那样奉行一种带有连续性的外交政策,我们有太多其他的投资赢利途径;要取得较好的收益,莫如不再去关注任何其他计划,而不被投资铁路或其他项目不断招来的令人烦躁、一波三折的障碍搞得终无宁日。另外,此事也关乎我们的信誉。我们和其他那些典型的大国一样,从未在与经济落后国家、与中国打交道的过程中,与其结成紧密的商务联系并产生政府行为。从美国人的观点出发,开脱或者善意的理由可找上一大堆。但正如前面已指出的,当中国人回到他们有关外交关系的公式时,辩解和理由皆与他们不相干。他们感兴趣的是过去的结果和现实的成果,并用这些东西来作为预测未来可能进程的手段。

这次战争已确实证明,美国可以在其外交事务中迅速、有效地行动,并大规模地展开行动。不幸的是,威尔逊总统的话与和会的具体成果之间存在的反差——这种反差由于时势的缘故而在中国变得极度惹人注目——趋于恢复了关于美国的老观念。这还不是全部,当广大民众哀告我们救助他们时,那些地位显要的领导人又有了新的兴趣和期待。对于美国的历史形成的友好情感是如此强固,它成了一笔具有巨大潜在价值的资产。问题是要用借由行动展示的建设性政策,把实践转化成可加以估价的东西。我们不能说存在着绝对必要的任何单一的特殊的政治行动,但存在着一系列至少在相当长时间内可以决定命运的行动。对山东问题进行了多次讨论,却未对这件事负起责任,或者说听任它们自行其便,这将使人们进一步得出我们的政策犹豫不定和徒劳无功的那种最坏的看法。坚定地遵循某种明确的行动方针是必要的,除非中国已实际臣属于另一个国家。因为中国需要外界的帮助。和平协议在此刻成了最为尖锐的政治性国际议题,而资金和工业问题将是一个带有长期性质的重要议题。这正是为美国准备的一个大好机会。引进统一的无所不包的货币体系和铁道系统,改进现代港口和货物处理设施,对内陆的河道水系进行改造以改善运输条件并防止水患灾害——这些就是应予承担的重要任务的实例。美国是目前唯一拥有必需的资金、工程能力和管理才干的国家。

重要的是,在大规模引进重大项目时,美国要避开会酿成刺激和猜疑的那种竞争。如果规模足够的大,就不会产生竞争。日本并不准备大量涉入这些事务。一种可解释为构成日本合理发展道路的障碍的消极政策,充满了危险。以建设性方式全神贯注于重大的事业会给日本带来众多机会,却使它永远消除了向中国道出日本的实质目的的可能性——只要军国主义-官僚集团分子继续掌控日本的政策,就连日本最亲近的朋友都得承认这种危险是真实存在的。当前形势下不幸事件发生的重要根由缘于这样的可能性:美国会对远东表现出足够的兴趣,它滔滔不绝地谈论,而把行动放在次要地位;这总体上可被解释为是在以一种多少带有正义的方式行事,好像它的主要目的就是挫败其他国家,特别是日本的野心。

没必要告诉人们,今后几年是关键的年份。就像其他地方一样,中国的重建即将来临,但眼下还有亟待解决的事情。距离对所有次要的关系是不利的,但美国如果把它的注意力放在大规模的任务上,那么,距离也可以成为有利的东西。对中国外交方面过去已做成的事情中,有相当部分的摩擦应归于没有确保与中国人取得管理上的合作。美国的事业应当有理由摆脱用经济投机家们来充任角色的诱惑。那些在美国学习过或正在学习的中国学生,为管理上的合作奠定了明确的起点。如果中国人中没有足够受过训练的人士,那么,商务计划中应包括教育技能的推广,以便对急需的人才加以培训。过去的那块大绊脚石,也就是在商业利益和政治性的政府权威之间缺少共通性,这同样可以转化为一份实在的资产。中国人很像美国人,他们具有勤勉自助的传统;他们在本质上对政府的活动感到嫌恶。为了避开政府,他们采用拖拉、阻挠和贿赂等几乎不易打碎的传统方式行事是一个于己有利的步骤。征用中国志愿劳动力的合作方式,在很大程度上也会受到这种行事方式的影响。然而,派一名低级官员去执行计划,与不同的中国人商量,事情不一定办得成。中国的官员视之为与其地位相等的长官必须到场,这名长官必须也同等地看待中国的长官,并准备与他理智地打交道。计划显然必须具有这样的分量,它们会为外国投资者带来足够的安全性和合理的利润,同时使中国成为它自己经济命运的主人。如果这一点得以谈成,它就能毫不费劲地从政治上进行自卫了。正因为其他国家政策中的主导因素是鼓励对中国的经济征服,美国便取得了得天独厚的机会去探寻相反的做法,它有这样的想象力和精力吗?

# 给中国下药，我们也有份[①]

除了对英国在"鸦片战争"中的作用留有模糊的印象外，在无数把鸦片和中国联系在一起的人中，大概只有少数几个人知道，这种麻醉品使用的引进和散播从一开始就牵连到外国的责任；很少有人知道，有责任感的中国当局如何持续不断地进行抗争，以阻止这种麻醉品的输入；也很少有人知道，其他国家的官员在中国当局的抗争道路上设下的障碍物。就在罂粟的种植在英帝国遍地蔓延之时（我们不必否认这一点），公平原则不能不叫人承认，中国人得出了这一结论：既然不可能阻挡鸦片从印度流入，他们自己最好也能分沾一些利益。1906年发动了最后一场反对种植罂粟以及全面根除吸食鸦片习惯的重大战役，并就确保从印度输入鸦片的事项与大不列颠取得了合作。即使对中国人完成任何改革的能力持最为悲观态度的人，也不能不把他们反对鸦片的斗争看成是个例外。他们有处理问题的魄力，又有查明以及对付冒犯者的那种智谋和技巧。就其诚挚的态度和中国老百姓的适应性而言，五年中取得的成就宣示的是中国人管理能力上的一项奇迹。历史上很少能找出这样一项进行得如此迅猛和彻底的全面改革运动。

工商业界抗议"感情用事"，在对这类做法加以指责和反对的压力下，其他国家慢慢地同意与中国合作。它们施加了严格管制以确保合法地使用鸦片，否则禁止其出口。中国方面也实施了这类管制。自1905年以来，每年只有约40盎

---

[①] 首次发表于《新共和》，第21期（1919年），第114—117页。文章注明的地点和发出时间是北京，10月6日。

司的鸦片从中国海关入境。这个数量是根据医生、医院和药剂师确定的用于医学用途的相应标准规定的。然而,很难使法律和道德跟上科学和商业的进步,不可能用上述数字来衡量中国使用麻醉品习惯的状况。

随着供使用的鸦片的进口量减少,当从新的途径增加可卡因的供给后,科学以衍生物,尤其是吗啡、海洛因和可待因等衍生物的方式,提供了替代品。使用这些形式的"毒品"扩展得如此之快,以至它们很可能超出了鸦片造成的最惨痛的恶果。吸食鸦片要花大钱,现今这种嗜好被限制在富人阶层。使用注射器的价钱与抽一管烟同样低廉,这很有吸引力。出3个铜币就给注射"一针",照此情形,毒品贩子所获的利润何止十倍。吸食鸦片是贵族的恶嗜,打针却及于广大苦力。人们毫不费力就可以发现那些吸食鸦片者。但无须告诉美国任何大城市的居民,要去查找出现代形式的毒品贩卖者该有多难。要冒险去获取利润,中国的毒品贩子使用的狡计堪与美国的毒品贩子相比。人们听说,每次交易中玩弄的花招都被运用到偷运、分送吗啡和海洛因的过程中。买卖变得更容易了,因为中国人对药物有极大的需求,我们这里看到的那种有开业执照的医师在中国很难看见。鸦片的衍生物以各种药丸的形式被售卖,沿途叫卖的小贩向人们兜售各种药丸和针剂,蒙在鼓里的受害者直到他养成痼疾后才知道他得到了什么东西。这类证据的分量在于,与吸食鸦片者相比,吗啡、可卡因和海洛因对一般毒品使用者的身体、心灵和性格所起的腐蚀作用更为彻底。如再考虑到注射药物的毫不起眼——最近在上海查实的一次案例中,走私药物可供1200万次"注射"之用——很容易看到,新的威胁要比老的更为严重。

然而,由于现在进入中国的毒品仅通过偷运者的渠道,可以认为中国政府不用再为把这种罪恶强加于中国而承担责任了——现在,它单纯成为走私者和毒品贩子个人的邪恶之举。不幸的是,对那些具有良好声誉的西方国家,情况却并非如此。说得轻一点,如对其作出和实施有关制造、运输和出口鸦片产品的规定这一点忽略不提,那么,这些国家皆成了这桩罪行的共谋。1912年举行的一次国际大会,禁止再向中国输入吗啡。在这之前,从大不列颠向日本出口的吗啡一年达3万盎司。凭良心说,这个数量是够大的了。而其中的大部分无疑觅到了流向中国的出路。到1917年,这一数目增至20倍,达60万盎司。四年中,有超过50吨的吗啡从苏格兰输往日本。这是官方海关统计的数字。无须指出,英国政府和日本政府知道,这一数目远远超出了合法需求——或者说,这类货物的目的地正是中国。向该国出口这类货物,名义上是被禁止的。但在此,道德责任却被撇开了。英国远不止是在从事零售贸易并成为最终的消费者,它的利润成了种植鸦片的印度、作为加工中心的爱丁堡以及航运贸易业的收入来源。日本(在那个时候)不具有制造和出口的责任,它仅仅充当中间人的角色。在这种情形下,它很容易逃脱指责,并且也很难有效地诉诸良心。只有国际性的合作,才能解决问题。海牙大会通过了一项出色的决议——大不列颠这个动议者声明,如其他国家遵守该决议,它会将其付诸实施。

可是,对英国政府良心的呼唤在1917年变得如此强烈,于是管制规定以这样的方式得到实施:只有当出口商拿到许可证,鸦片的衍生产品才能被运到日本及其租赁地满洲(后者是吗啡到达中国人手中的主要中转地)。要拿到许可证,只有事先出具日本官员开出的凭证,此项凭证证明吗啡仅供医疗之用,并指定仅在日本和其租赁地消耗。后一限制性条款使日本成了不让货物流入中国的保证人。到了下一年,输入的货品大大减少了。但仍要看到这一事实,日本在这期间加工的东西超出了供它自己医疗需用之数。人们困惑地发现,日本进口了15万盎司的货品。这个事实大概会证明那种廉价的良心。然而,我们还没有对此充分地展开论述。

首先,大不列颠没有强求这种许可证制度也适用于包裹邮递的出口业务——单个的邮寄包裹一次可以塞入10万服注射药剂。英国在中国的国民指责他们的国内政府有意造成疏忽和规避。另一方面,香港和新加坡的英国当局将鸦片制品的生意包给当地人做,以此为这两个租借地各挣得两百万的年收入。有确切无疑的事实可以证明,这类特许经销商只有向中国大陆运送这些违禁品,才会为他的生意花钱。很明显,没有人会一年花上两百万以得到只能在香港市内售卖鸦片的那种特权。特许经销商们获得如此大量的工具用于向中国走私货物,以至有人说,英国在对日贸易中采用许可证制度不是出于道德上的理由,而是为了保护"鸦片种植者";这些人在与日本人的走私竞争中困难重重,他们呼吁英国政府保护他们的权利。

大不列颠的份儿就说到这里。再来说说日本。且不提日本政府对于颁发各种凭证的漠视问题,以及人们指责它经由缩小对英贸易而鼓励在日本和朝鲜种植罂粟以从中捞取好处的问题,事实上,日本在中国的领土上,也就是在"大连及周边地区"的租赁地和青岛,各种凭证从低级官员和草率办事的官员手中发放出去。光在一年中经"大连及周边地区"进口的"仅供医疗之用"的吗啡就达6万6千盎司。这个数字可以明确告诉人们，日本的行政当局成了以满洲地区作为始发地向中国输送违禁品的共犯。总的来说，日本人在近些年里对零售和批发贸易的控制已变得如此完备，以至纵然谈不上是仅有的罪犯，也逐渐被视为一个主犯。造成目前反日情绪的一大原因可见于这个事实：山东现在成了分发毒品的一个中心。

现在要说到美国参与毒化中国的罪行了。英国对出口到美国的这类货物并不索要许可证。我们的法律是这样的：当这类货物抵达我们的一个港口，人们只需把这些货物放进供转运用的货栈，这样就不用支付关税了。我们自己的法律不允许把吗啡直接运往中国，但有关转运的法规并不含有询问货物性质的内容，人们只需对这些货物大略作一下描述就可以了。如果贴上"药品"的标签，那么所有如今在苏格兰加工成的吗啡制品就很容易经由美国非法运往日本，再从那里运抵中国。记住这一点，这类货物是不能从大不列颠直接运往日本的。如果我们的海关官员和国会都被要求正视这件事，却仍使之照做不误，那么，我们就与英国和日本一道负有对中国下药的责任了。

我们的罪过并非都是间接的。最近在上海告破的走私案中，被缴获的吗啡全是在费城制造的——这一事实由反鸦片国际联合会的一名律师在公开法庭上予以证实。将这批毒品直接运往中国是犯罪行为，但仍然没有什么法律阻止把它们运往日本。美国通过英国堆在货栈里的这类货物和我们自己的制品这两种渠道从事的交易，已达到了惊人的程度。官方统计显示，在今年的头五个月，从美国港口运往神户港的吗啡制品有2.5万盎司。但神户出版的《日本记事报》却愿为这样的陈述负责：同期抵达神户船只的运货清单显示出，有9万多盎司的吗啡制品没有出现在海关申报单上。结论显而易见，这批数量的货物经神户港被转运走了，继而被偷偷地运进了中国。这是否表明神户港的官员存在恶劣的纵容行为，对此可以争论。但首要的责任，要归于美国的法律和行政管理。当中国正以极大的努力去扑灭它染上的毒瘾祸害时，我们却成了给中国下药的卑劣行径的主要参与者。

我们必须抛弃对大不列颠和日本的假仁假义。我们还没有看到产业和商业利益拥有的巨大政治影响。这只需稍微顾及一下非法交易的危害，稍微花点精力去制订一些法律和行政法规，使之对输入美国港口的所有鸦片制品强迫进行适当的登记,并将再出口这些货物视为犯法行为。我们很容易采取一些措施,使美国的吗啡和海洛因制品不可能出口到日本,进而输入中国。我们可以来照看一下,使我们设在上海的邮局不至于通过邮寄的包裹成为把毒品输入中国的场所(目前,我们的邮局还没有成为这样的地方,即成为破坏中国法律、毒化中国民众的地方)。

国际反鸦片团体已制定出一些计划,如果能采纳这些计划,不仅使中国而且能使世界有效地对邪恶交易进行全面控制。这些计划从这一事实出发,即控制小批量的零售买卖并最终控制消费者难处甚大,以至于几乎是无望实现的。对源头加以控制,则要简便得多。可以对罂粟的种植进行监管,对每一株未加工的鸦片果实做到心中有数,以便对其加以跟踪。确定所需的作为合法医疗用物的毒品数量是可能的。这些必需品的加工量必须得到政府认可,并置于政府恒常的监管之下。根据统一包装上的连续编号以及售卖记录,可以对所有分发过程进行跟踪。除非进口国能拿出证明其拟议用途的需求凭证,以及事先向进口国就与订货单相符的交运货物的性质和日期发出通报,鸦片制品不能被运送到远东的任何一个地方。

我们的兴趣并不带有纯粹的利他主义性质,也不光是借助中国来履行我们的明显的责任。我们自己就承受着毒品之害。在我国,这种害处的增长正是当今最令人感到窘迫的事件之一。要是我们不采取使中国也能铲除此害的措施,就不能保证我们自己能够消灭此害。有关对进口、转运、出口、加工和批发销售进行控制的法律法规,它们为中国所需以便对我们也参与其中的那种损害其生命的罪恶行为进行防范,它们也恰好是保护我们自己的健康和道德风尚的手段。要是我们不把自己的屋子先打扫干净,何以能够发挥我们在国际行动中应当发挥的作用,去有效地规劝其他国家,特别是大不列颠和日本。巴黎和会向中国承诺,国联将关注鸦片和吗啡的非法交易问题。美国会继续参与这种罪恶勾当,直到迫于外部的行动压力才放弃此举吗?它会用不干净的手去参与国联会议的审议表决吗?

# 伪饰下的专制政治①

241 在距今已远的那个年代，在战前，一座大城市的市长任命了一所学校董事会的七名成员：一个瑞典人，一个波西米亚人，一个波兰人，一个挪威人，一个俄裔犹太人，一个爱尔兰人，还有一个"美国人"。市长解释说，有必要使各个民族都有发言权，这是没有问题的。这样的分配，把宗教以及民族的差别遮盖了起来。存在着某种大惊小怪、某种地方性的势利眼，它经常以"崇美主义"的姿态出现。为反对它，我对早先年代的那位市长寄予同情。可是，唉，人们不能不对这样的任命表示怀疑，因为他们是否承认具有代表性的分配，以反映不断展示出来的美国人生活的丰富多样。这里的理由毋宁说关系到是否承认那些可以参加全体投票的人，是否承认为某个街区的居民团体说话的人。上述任命是要对过去为保持一个相当孤立和固定的团体作出的奉献给予犒赏。要处置这类团体的事好像还是容易的，他们对更大程度上的隔离予以高度评价，并坚持令人厌恶的归化主义。这样的"承认"其实是对在真正认可移民团体带来的价值上，美国人生活面临的困境所作的一种掩饰。

但愿这件事成为一个象征。我所忧虑的是：许多美国人头脑中那幅若隐若现有关异乡人的画面挥之不去，他们生怕这些异乡人会化为真正的美国人，固执地要把后者赶到一起。这幅画一边构想出一个开放、诱人和好客的美国，一边是那种对陌生的习惯和理想的顽固信守。当美国原住民基于语言、经济交往和排外的难题形成的障碍也被自我宽慰地画入其中时，甚至那个并不引人注目的、形

---

① 首次发表于《新共和》，第 16 期（1918 年），第 103—106 页。

成画面的底色也被忽略掉了:经济、教派和政治力量与个人野心、威权嗜好纠合在一起,藉此使外来者陷于孤立,使他们不能真正分享美国人的生活。把他们赶进单独的街区以致造成隔离的措施,很可能也就是致使他们改变信仰以供追逐特殊利益者和私利者驱使的方便措施。

这一看法在我上几个月对费城一个很大的波兰人居住区进行的相关考察中变得实至名归。这个居住区里的人,大多数勤奋节俭,由于就业稳定、收入不错,目前显得繁盛兴旺。他们非常爱国,对这场战争充满了激情。他们私下感到,这是他们的战争。因为威尔逊总统代表自由和统一的波兰宣布,为美国而战和为波兰而战已交融成一团火焰。详言之,他们表现出农民那类人的无知,在他们的故国要对其进行教育是困难的;把他们塞入一个拥挤的工业中心,就像给他们压上了一种重负。泛泛而言,他们对历史上波兰的荣耀抱有一种热切而情感化的认识,并对其救赎怀有一种生动的意识。这是一段他们的无知和他们的认知如何混合在一起致使他们成为被异己力量利用的方便材料的故事,至少是这段故事的典型一章。

波兰人大会于8月份上个星期在底特律举行。该大会作为一个引人注目的标志,预告了四百万美国波兰人的统一意志。大会声称,其结果是以自由、独立和统一的波兰名义,对下阶段采取的步骤,就全体爱国波兰人的愿望发出权威的声音。

这个表面上代表着波兰人和波兰的组织,是一个以芝加哥为中心、由一小撮人自我形成的圈子召集的。他们在现时对国家命运扮演着天启的角色。他们是分别来自波兰民族联盟、波兰罗马天主教联盟和波兰—美国(这里不可避免地要使用连字符)政治家,这些政治家在地方和国家政治中为共和党稳固地控制着波兰人的选票。然后,这个自我形成又具有自己风格、被称为波兰国家部的执行委员会任命了一个大会委员会。该委员会中,有来自它自己一方的人物,以及其他被认定怀有同样利益的人物。该委员会当然认为,自己有权决定大会的章程和代表人选。大体说来,这种方法就好像一架形如腐朽的政治机器的主管,能体恤地决定他自己属下的地方上的同伙应被允许去选择出席非常代表大会的代表,而主要的官员则被当作当然的代表。加之,该委员会声称有权决定任何已有的组织是否属于用模糊措词规定的类别,从而决定它是否有资格派遣代表。这类地方团体对代表的派遣,也许会通过堂区神职人员召集的会议;这类会议通常在教堂举行，并由堂区的神职人员主持，如果他有此强烈愿望的话。这些事实自动排除了所有不合时宜的因素。还有所谓本土的代表，但对他们的选取已被初步的机制设计所控制。

该委员会并不以决定大会的构成为满足，它还担负起代表们会齐后对他们的事务加以管理的重任。有关大会运作的规定，也许会使一位异常精明的政治压路机的操纵者心中产生嫉羡。反复提及的词句，最常见的是"不作讨论"。只有一个例外，那就是在全体会议上听取例行报告和慷慨激昂的演说的时候——自然，帕岱莱夫斯基(I. J. Paderewski)先生是思想喷涌的泉眼。实际事务由七个分组会议加以讨论。他们要考虑的题目已在数星期前由执行委员会事先指定的与会人员审慎地拟定好了。大会主席将指定各个会议的主持人、秘书，以及各小组的九名成员。闭幕大会确实不容等闲视之，它作出的决议不能不考虑各小组汇报的情况，但甚至没有对他们的汇报进行过讨论，除非得到三分之一代表的书面请求。这个众人齐集的大会，居然没有发生任何偶然的事情。

这就是对一个大会加以召集和运作的技巧，用它那富于灵感的发起者的话来说，它将是"全体美国波兰人一个最伟大的政治和民族事件，是所有移民意志一次明显的对外表达"。就这样，它的决议将通过美国的新闻机构公诸美国民众。

将自己视为权力的来源，是移民与这个国家关系中产生的一个教训。美国人没有读懂的，是崇高名义和伟大人格引发的魅力、常见的追求地位名誉的野心，以及借助隐蔽场所的活动和新闻掩护提供的惊人机会。对各个分离团体的蓄意勒逼是联手进行的，但主要的增援力量毕竟来自声称首先有权把自己称为美国人的那部分人心甘情愿的无知。

更多地了解这一点，更好地使人们熟悉这种创痛，就要克服导致人们对"外国人"保持冷漠的那种本能，但也牵连到承担责任后在理解和交往方面带来的不便之处。有意识地为"美国化"去作出努力，是抵消无知较为自在的进程。这个进程是如此不被理解，以如此表面的症状为人们提及，以至它唤起的是下面这种相当典型的反应："当我们需要和你们紧密接触，以个人和人性的方式接触时，你们却把我们撇在一边。你们这些美国人中，有许多人正在试图要我们去讲一种混杂语，它既不是纯正的英语，也不是得体的地方英语；还要我们嚼口香糖，去适应其他种种美国人的习惯。"这类感情冲动的表达说明，一种将外在的习惯强加于移民而不是进行平等交往的企图是广泛存在的。它使人联想起那种隔离的生活环境,这极容易使移民把更多的精力和能力放到与政治家和其他那些从中渔利的人的接触上面。这就是诸如对美国波兰人"代表"大会进行操作一类现象产生的缘由。

即使处在和平时期,即使人们只考虑波兰人国内事务的问题——即使真的出现这样的情况,上面讲述的道理也从与常人不同的视角,以及我斗胆认为极具意义的视角,提出了移民的美国化问题。因为它将注意力聚焦到这样一种力量上,这种力量不停地要被街区隔离起来的民众保持顺从帖耳,以便听任专制的管理人来加以勒逼。于是,欧洲被压迫的民族在这里找到了他们实实在在的同仁;他们也存在着自决的需要,以及不受阻碍地享用各种物资的需要——在此提及的情况中,是享用人之为人的物资。

通过选取的典型事例,也就是"大会"的例子,很容易看到其中牵涉到的真正的美国人的利益。纵然说不上是一个目的,但大会召开的起因之一,是在为波兰的战时救济物资和政治宣传等募集的资金上引起的意见纷争。对这些资金用途的决定权主要掌握在某一帮人手里,而募集资金则由另一帮与移民主体有直接接触的人去搞。且不说这两种势力之间不时会相互奉承和相互指责,这里还有需加调和的利害冲突。仅就这个与战事有关的重要的资金问题的事实,就确证了那种归属美国的利益。因为它会造成很大的不同效果:对这些问题的处理,会使美国人和移民走到一起,还是把分裂延续下去甚至加以扩大?

就波兰人涉及募集和使用资金的情况而言,一种适度的叙述是说,我们还没有充分利用这次造成更紧密团结的机会带来的好处。没有必要接受刚才提到的争论中某一方的观点。就是说,这是因为所称的关系到救助战争受害者的利益已从属于把这些资金用于政治目的的利益,因而不要去对贪污进行太多的影射,只有他们自己才能讲清楚这些事实。尽管美国波兰人对战争作出了奉献——到目前为止,在法国阵亡的美国士兵中,波兰人超过十分之一——尽管战争期间本土的波兰人遭受了极大的苦痛,尽管出于慷慨仗义,美国听到了比利时、塞尔维亚以及其他遭受劫难的国家发出的呼救声。在我们国家募集到用于战时救助全体波兰人的资金不幸是很少的——比如,与募集到的救助美国人的救济金相比,它几乎不足十分之一。这肯定是一件令正以有力方式介入战争的全体美国人关注的事,无论这次大会是否造成人事调整或达成金钱利益上的和解,或者是否把这样的行为视为要对美国波兰人的财务管理方面赢得波兰人和美国人的完全信任,从而扭转从前造成的不良记录。当美国用于救援的钱款汇到了欧洲,不是出于别有用心的目的,而只是为了解危济困,每个人都会知道美国人的慷慨对那些领受的民众达到的效果。这一效果至今还没有在波兰人当中产生。它并不会产生,直到那种一直以来对金钱援助的诉求不作回应的情形被彻底、果敢地抛却,波兰在美国的支持下得到统一为止。这次大会能合乎这一高标准吗?不幸的是,人们很少能从它那组织条理中找到乐观的理由。

他们自己经大会认可的有关政治决策,也在表达着同样的机会和同样的询问。这些政策并未涉及根本的目标,而是达到这些目标的方法;就目前的情况来说,这类方法如同许多其他方法一样,与目标的达到存在直接的关系。所有的波兰人都同意建立一个拥有出海口的、自由、独立和统一的波兰。所有人,甚至包括激进的社会主义者,都同意对俄国的布尔什维克政权采取反对的立场。在我国,无论如何,所有人都同意美国在和会上成为波兰利益天然而强有力的保护者。由于已就这一目的的达成统一,看来要达到实践上的一致并非难事。但历史的原因在波兰人中造成了党派分化,这类分化异常激烈、为数甚多,个人之间争夺领导权的斗争又使之复杂化,这将使波兰通向新的命运的道路变得迂回曲折。如果你设想应付任何欧洲国家把左中右各派包罗其中的多党制的办法,是超越对这些势力的划分而产生党派,并用党派力量的谋划来施加影响,那么,借此为你提供的只是波兰政治一幅粗略的画面。由于有希望看到新国家临近诞生,一笔巨大的赌注放到对其政府组建拥有控制地位带来的好处上,很难叫人诚实地放话说,波兰人已"中止"了派别政治和个人政治。

这次大会能够拥有理智和忠诚来按照某种基本的统一观点行事吗?如果有的话,它将力主举行一次容纳所有不同党派分子的国际会议;将坚定不移地与所有那些真正地把波兰当作波兰来效忠的政党进行尽可能密切的接触;并且将坚持把华盛顿作为讨论波兰问题的中心,正如所有人在私下谈话中承认的,那里有波兰最具势力、最无利害关系的朋友。但过去那种过于强烈的影响如果继续起着作用,人们就会利用那个貌似真实的、为全体波兰人说话的权威的面具来增强宗派势力,对个人的人格进行炫耀,并把美国的影响和权威置于其他那些国家之下——由此,也许就危及波兰自身的未来。分离的隶属于美国某个特殊团体的各种力量和决定美国国家政策之最终实施的力量之间存在的联系,就是如此微妙而强烈。

# 有关美国波兰人状况预估的秘密备忘录[①]

## 关于底特律大会

应军事情报部门的要求,正在起草一份更为全面的报告。本人谨借此机会,就与底特律大会有关的活动提交一份初步报告。这次大会定于8月26日举行,这里提出的仅限于直接的紧迫方面的问题。

### I. 大会的特征

大会由一个总部设在芝加哥的委员会召集,这个委员会自称为"国家部"。这个中央委员会任命了一个大会筹备委员会,由它自己一方的成员和其他与之有密切联系的个人组成。该委员会发布了委派代表和大会实际运作的规定。值得注意的是,大会的运作并不置于大会本身的控制之下。表面上,大会呼吁要权威性地表达波兰人中全体波兰移民,包括大量过去曾支持国家部的人,以及那些与之有密切联系的团体的"外部意志",但大会显现出许多磨擦和不满的迹象。这些委任代表的规定模糊且复杂,国家部可以决定某个送审的组织是否列在有资格选派代表的名单上。它的这种自封的权威正好佐证了人们的怀疑和批评,

---

[①] 根据现存于爱德华·M·豪斯文档中的打字稿刊印。耶鲁大学图书馆,纽黑文,康涅狄格州,文中注明的日期为1918年8月19日;首次刊载于路易斯·L·热尔松著《伍德罗·威尔逊和波兰的新生,1914—1920》(*Woodrow Wilson and the Rebirth of Poland, 1914—1920*)(纽黑文:耶鲁大学出版社,1953年)一书,第149—153页。

即这次大会事实上并非如它打算做到的那样。有关大会运作的规定把大会的实际事务交由六个小组掌管，主持人、秘书和这些小组的九名成员统由大会主席任命；另外，大会筹备委员会事先指定一名文书拟定了供这些小组考虑的一大堆主题。只是到大会最后一天，整个大会才不会采纳听取演讲和报告的程序，对它们的讨论不予正式鼓励。闭幕这一天，全会只是根据小组的汇报批准各项决议。可能不会对这些小组的汇报进行讨论，除非有三分之一的与会者提出书面请求。

这些事实解释了波兰人中有相当部分人对此作出的广泛批评和不利评论。除非十分注意在大会的实际运作中采取一种坦诚布公的政策，以平息怀疑和不信任，否则，他们事实上不可能使大会成为一个最想成为的权威和统一的大会。显然，这里所做的相关批评并不单单针对 K. O. N, 或者说激进的派别。

## II. 大会和波兰人的财政

实际上，所有波兰人团体都对他们的财务管理状况表现出极大的不满。这里不断地出现反诉和反指责，全然不考虑对滥用资金行为提出的指控；这些指控涉及丰厚的薪水、对社团和职务作不必要的重复设置、对募集到用于明确的救济目的、宣传和出版事务、政治和军事目的等方面的资金不作仔细区分。至少在掌管资金的芝加哥总部和很多负责筹集资金的地方组织之间存在勾心斗角的情况。由于堂区的神职人员与大多数波兰人有着最密切的接触，在筹集地方资金中，他们在很大程度上被当成了工具，他们的指控和反指控无疑对大部分波兰移民造成了恶劣的影响。据报道，就我们所了解的情况，这个报道是正确的。去年5月份，一笔汇给总部的钱款被扣留下来。所有波兰人都对这笔在美国筹到的、用于波兰人的、相对来说为数很少的钱款极不满意。他们试图对这笔少量的钱款作出解释，表现在如今波兰人看待他们在美国操作的事务方面是以很大的势头抨击美国人缺乏兴趣，抨击红十字会的行为，并对人们已注意到的他们自己的那种互相指责加以痛斥。

这一局势又因为近来所谓"白十字会"的介入更趋复杂化。虽然法国对波兰士兵进行救助的相应团体是在红十字会的牵头下展开工作，美国的所谓"白十字会"却是独立运作的。广大波兰民众不解的是，为什么它们不跟美国的红十字会一起开展工作。白十字会的权威人士试图对这些问题和批评作出答复，结果导致了对美国红十字会的攻击。另外，对职务的重复设置和发放双份薪水也受到了指责。大会的任务是对所有这类事加以澄清,确保团结和效能,筹集并分发资金。就我们掌握的所有情况来看,实际上,只有通过一条途径才能完成这项任务,即通过有代表性的美国人把人们团结起来,这些美国人能够取得波兰移民和普通美国人的信任。如果缺少这一条,无数波兰移民团体就会把上述意愿视为不过是将过去不幸存在着的混乱争斗状态作一种小小的改变而长久保持下去而已。美国政府与这件事的利益攸关。当前形势会对波兰士兵的招募和士气产生不利的影响,对美国红十字会——美国总统是该会会长——也是不利的;并且还会在波兰平民百姓中造成一种完全不必要的划分和失和,而他们本可以万众一心地支持战争。加之,如果与欧洲其他被压迫民族筹集的资金相比,为波兰人筹集的资金相对来说数量很少,这会对美国在海外的威望造成不利的影响。

一般来说,所有波兰人的派别都信誓旦旦地认可威尔逊总统申明的战争政策,特别是关于波兰未来的政策。这样来看,凭借从正当来源说出的一些话,依仗美国人的明确支持,很容易求得所需要的团结和效能。显然,犹豫不决地回应这样的请求,将表示听任代表着个人或宗派野心的那股势力凌驾于对美国或者甚至是波兰的忠诚之上。

### III. 大会的政治定位

几个星期前,一项议案正准备提交参议院。该议案的行文中有这样一个条款,它实际上要把一个设立在巴黎的委员会视为新的统一和独立的波兰"国务和国防部"。据报道,这个议案是由华盛顿的波兰新闻社的代理人准备或传递的。我们也得到了有关结果的消息,由于高层政府当权者的建议,这项议案的实际引荐过程被拖延了下来。我们还得到了这一大致消息:设在美国的一个外国军事委员会的一名重要代表称,法国和大不列颠的参谋部极愿确保使巴黎的委员会得到这样的承认,但美国政府至此阻止了这一行动。我们得到了帕岱莱夫斯基先生的一份个人声明,声明说,试图通过吸收左翼党派人士和奥地利社会主义者中颇具影响的代表而使巴黎的委员会更具代表性。这已经被大不列颠和法国军事参谋部的代表拒绝了——可以设想,这个事实表明美国国防部对这一整体局势的某种关注。

就控制大会的人士已准备好的那份决议的情形来看,可以作出一个应有的推断:大会的主要议题之一,是向美国政府施加压力。该决议声称,为便于使巴黎的委员会成为新的波兰国的外交和国防部,就要将全体美国的波兰移民的意志表达出来。如果这一点已经应国务和国防部主管的请求付诸行动,自然就无话可说了;但如果这项准备的决议中没有包含关于国务和国防部清楚的、完整的解释,那么,该决议好像也表明了服从美国外交利益的某种意愿。

从这样的联系出发,我们要适当地注意到两个事实:其一,威尔逊总统和美国政府是唯一对美国和海外所有波兰人具有感召力的权威。在1917年1月的讲话中,威尔逊总统表明,他是首先对自由、统一的波兰表示关切的政治家。况且,由于过去历史的复杂原因,美国是唯一被此地及海外波兰人信任的国家,它制定的影响波兰问题和平解决的政策完全是公正无私的。在这样的情况下,美国领导层对妄称传递全体波兰人声音的大会感受到压力是很自然的,作为美国的领导人,他们会感到忧虑和令人遗憾。其二,帕岱莱夫斯基先生是巴黎委员会派往美国的正式代表,他称自己为"全权代表",他的身边随从径直把他称为波兰驻美国大使。

## IV. 小结

无论从总的方面还是就波兰的特殊问题来看,为了维护美国波兰人整体团结的利益,以及美国的影响和美国的海外威望,底特律大会应推迟举行;直至能够充分保证它的构成具有真正的代表性,它的程序符合切实的议会政治。它要对先前被美国国务院和国防部认可的政策作出承诺。

如果这样的延期不太可能,那么重要的是,通过相对较小的团体对大会取得的控制把大会引向上述指示的方面。即是说,首先,以充分主动而非有名无实的手段来清理财政并达到团结,美国的代表和从没有卷入目前利益相争的人士中选出的额外的波兰代表将对人们的信心提供保证,并对资金的筹集、分发和审计的方法步骤进行监督;这里有些人,因为对争吵和个人密谋感到厌恶而抽身而退了。其次,涉及外交事务方面,一个美国的委员会应授权起草一份决议,该决议应作为威尔逊总统已宣布的政策的代言者,将达成全体波兰人党派团体的团结作为宗旨,并且——通过权威的代表——与海外的类似团体,包括波兰本土的团体取得接触。从驻在美国较保守和较激进的党派的高级代表那里获知的消息使我们确信,尽管有德国人的占领,这样的交流也是完全可能的,事实上也一直维持到现在。

坚决认定这样的主张将构成严峻的考验,它关系到首先是美国的利益,其次是波兰的利益能否被看作至高无上;或者,这些利益是否要从属某种个人和派别的利益。无论哪个团体的代表都要经受这一考验,并以其结果对它们作出判断。

如果对已拟定的程序还存在值得考虑的重大的反对意见,那么,声明说团结一致、热情高涨的波兰人已把他们国家的未来利益托付给威尔逊总统,进而予以通过决议,肯定是一件简单的事。如果某个代表国外委员会的个人宁愿用另一份决议来取代现存的决议,那么,不管他过去拥有多大的影响力,人们不会对此作更多的讨论,他好像只有安于他现在的位置。

1918年8月20日。近来有消息说,某个派别打算把帕岱莱夫斯基夫人从财务和美国国内的活动中排除出去。如果她失势了,那么,帕岱莱夫斯基先生也将被搁置起来。如果他拒绝这一结果,他将被告知,他也必须退出与财务和美国的波兰人事务相关的活动;鉴于他是巴黎委员会代表这个事实,他会被"提升"到华盛顿去照管国际事务。

这个意义重大的结果关系到那份提出的决议,该决议建议把巴黎的委员会组建为新的波兰国的国务和国防部。大部分波兰人对国际性的纠纷并不特别感兴趣,或者对它们一无所知;这一因素,有利于把那份决议只是作为排除帕岱莱夫斯基对美国国内事务和财务影响的途径予以通过。这一结果部分地是由那个对帕岱莱夫斯基的统治实在感到厌恶的派别所为,部分地出自想把美国筹集的资金掌管在自己手里的那些人的行动。

当然,所有这些党派内部的纷争都打着支持现在的帕岱莱夫斯基和芝加哥集团的旗号。

*254*

# 有关美国波兰人状况预估的第二份秘密备忘录[1]

## 宣传

对波兰和波兰事务加以宣传的问题刻不容缓。

1. 在波兰人中间,对宣传波兰人事业取得的效果表现出极大的不满。无论从哪方面看,在我们为其自由而战的欧洲那些被压迫民族中,波兰既是最大的又是最为重要的一个。波兰人指出,甚至在战后马上就能看到,波兰位居西班牙之后,或者说按人口计算,它构成了欧洲的第七大国;它的地理位置,成为决定欧洲东部甚而东南部战争与和平关系的关键所在;由于过去夹在三个列强之间引起的分裂,它的政治问题比其他任何被压迫民族复杂得多,波兰与犹太人、立陶宛人和鲁塞尼亚人(Ruthenians)的关系具有特殊的重要性。另外,他们指出,美国人先前对波兰怀有情感上的兴趣,由于充分认识到波兰遭受与比利时和塞尔维亚同样大的伤痛,这种兴趣得到了强化。他们证明,美国国内人们的兴趣与这一事实相关,即波兰人占了美国人口的二十分之一,占了美国移民总人口的六分或七分之一。战后的劳工和移民问题,以及与新的波兰国建立一种令人满意的商业关系问题,都使广泛的宣传变得极为重要。

在引证上述事实后,他们指出,就连有教养的美国人也对波兰问题漠不关

---

[1] 根据现存于爱德华·M·豪斯文档中的打字稿刊印。耶鲁大学图书馆,纽黑文,康涅狄格州。文中注明的日期为1918年8月23日。首次刊载于路易斯·L·热尔松著《伍德罗·威尔逊和波兰的新生,1914—1920》(纽黑文:耶鲁大学出版社,1953年)一书,第154—156页。

心,以至于几乎不做什么宣传。他们比较了提供给波兰事务,以及比方说提供给捷克-斯洛伐克事务的宣传空间,认为要想打入美国新闻界,总要通过正规的外国通讯渠道,没有什么人尝试一周又一周、日复一日地去说明上述材料的意义或关联。

2. 对这种事态的指责,使人们把矛头指向坐落在华盛顿的波兰新闻社,或所谓的波兰联合新闻社。对其不学无术、毫无效率和干劲不足的指控满天飞。有人说,怀特(J. C. White)先生过去的记录证明他没有资格成为该社的头儿,他所以占有其位是靠了帕岱莱夫斯基先生的影响力和财力支持,而不是他的能力或有关波兰事务的特定知识;韦达(J. Wedda)先生是一个美籍波兰人,他不太会讲波兰语,他据有其职是靠从前跟史穆尔斯基(J. F. Smulski)的关系。由于有传闻说帕岱莱夫斯基集团和史穆尔斯基领导的芝加哥集团发生了不和(尽管表面上还是一团和气),据说这两人待在那里是要使两个派别都受到照顾。有人说,有个与该社有关系的人物对波兰事务相当熟悉,能力也很强,但此公生性懒散——遗憾的是,我不知把写着他姓名的字条放在哪了。就指控整个新闻社缺乏干劲的相关事实而言,人们指出,用以对美国人进行宣传的《自由波兰》(Free Poland)杂志的六月号一直拖到八月才出版;人们尤其用该期杂志中吁请用资金援助波兰军队的报道作为例子指控新闻社的无知,这篇报道谎报军队的一般事实,使人们对征招兵员的前景感到沮丧。由于自恃有一种粗略了解的特权,它也助长了人们对法国管理波兰事务部门的怀疑。

3. 除了声称无知和无效率造成了缺乏充分宣传外,据说与展示波兰事业的兴趣相比,新闻社对进一步促成现在美国某个派别的鸿运的兴趣要大得多;它使自己成为密谋、恶意中伤和其他种种意欲分裂波兰人的活动的大本营。我手头便握有一份源自可直接对波兰新闻社面临的这项指控提供支持的有关方面的情况通报。波兰人中的派系倾向已如此强烈,以致它们日趋偏激,惑乱人心,对所有这些活动的危险的反美特征再怎么强调也不为过。

4. 在说明新闻社缺少真正的宣传时,我们同样提到了密切的私人关系,也就是我们已指出的其成员与帕岱莱夫斯基和史穆尔斯基先生们之间存在的那种关系。人们一般相信——差不多每个派别的波兰人都相信——新闻社把自身看作是为帕岱莱夫斯基夫妇工作的私人新闻机构,而并不怎么关心对一般波兰事务系统的诚恳的宣传。如果这种指控是真的并使人感到困惑,那么,它所造成的极大损害是值得我们追究的。唯其如此,才能使这种局面得到根本改观,并通过权威的手段使之平息下来。这种追究不应仅止于个人赞成或者反对的表态,还应包括对财务支持和各种开销所作的审查。

5. 除了充分宣传所涉及的一般利益,除了这类宣传涉及与我们已指出的那些事情的关系,即(a)使在美国的波兰人和其他美国人结成更良好的关系,(b)消除各种派别以使团结得到保证,(c)从第五类公民中招募波兰士兵,这一情况还涉及政府的双重利益,它们是——

(1) 国防部现在可以叫所有打探新闻者和其他人去新闻社了解有关波兰军队的消息。这即使不是正式的,实际上也使华盛顿的记者们在报道波兰事务消息方面获得了一种半正式的地位。

(2) 韦达先生是公共信息署波兰事务处的主任,这一职位与他作为波兰新闻社成员担任的职务过于靠近。

**建议**

1. 对新闻社的效能、情报工作和上下属关系作一次正式调查。如上所述,这种调查应涉及财务以及新闻社长期内部争斗的结果。

2. 立即中止韦达先生与公共信息署的联系。

3. 建立一个精心筹划的有效的宣传波兰的组织,其主要目的应当是:

① 收集并发布有助于使美国人和波兰移民团结起来、支援战争的有关波兰方方面面问题和一般知识的信息。

② 促进波兰人的大团结,尽可能减少以至消除他们的相互倾轧和宗派行径。

# 有关美国波兰人状况的秘密报告[①]

## 引言

### 报告的起因

我于1918年8月15日收到一份署名为丘吉尔(M. Churchill)将军的电报,他要我到华盛顿去一趟,把我掌握的美国波兰人状况的讯息向军事情报局作一汇报,以便作出决断。在8月17日的会议以及随后那些日子举行的会议中,我遇见了乌特哈上尉、达尔林普勒上尉和霍根中尉。我在这些会议上呈报的讯息似乎牵涉到政府的多个部门,并且有些事首先落入国务院的管辖范围。于是,亨特少校嘱托我就整个情况写出一份书面报告。

我已就较紧迫方面的问题提交了两份预估报告,一份是8月19日提交的有关底特律大会的报告,另一份是8月23日提交的有关对波兰事务进行宣传的报告。在以下的报告中可发现我在必要时对以上某些材料所作的穿插讨论。

准备这份报告不可避免地要面临选择,要么是把材料加以压缩,这样的压缩也许不足以显出其意义;要么是对已记录在案的那些人所熟知的历史和其他事实作一些铺叙。考虑到相关关注点的多样性和复杂性,看来还是选取不惮其详的解释方向为宜,哪怕这样做会造成差错。

---

[①] 首次在费城(?)刊印:私人印刷品,1918年,共80页。

### 讯息的来源

去年4月份,费城的阿尔伯特·C·巴恩斯(Albert C. Barnes)先生在纽约市跟我说,有无可能利用暑期的数个月,找一些受过训练的哥伦比亚大学的研究生对费城移民团体的状况作一项研究。结果选中的是波兰人的团体。这项研究的主题是搞清这个团体的成员中反对形成自由民主的生活态度的那种势力和条件,把那股将他们置于外部压迫和控制的支配力量揭露出来。用巴恩斯信中的话说,就是:"以第一手的知识为凭,这一思想应导致制定出一套实际方案,以便消除那股与民主的国际主义格格不入的势力,按照威尔逊总统在他各种公开讲话中宣布的原则来推进美国的理想。"在方法上,他只是强调科学的不偏不倚的探究的重要性。无论在当时或在其他任何时候,巴恩斯先生都没有对被调查的特定问题给予指示,更不用说对取得的任何种类的结果作出指示。

按他的要求选择了以下这些人,经过大约一个月对费城状况的初步调研,他们各自按照分工而被指定了如下研究课题:布兰德·布兰夏尔(Brand Blanshard)先生,宗教状况和教会活动;弗朗塞斯·布雷德肖(Frances Bradshaw)小姐,公立学校和堂区学校的教育状况;莱维塔(A. Levitas)女士,对家庭生活和妇女产生影响的环境;欧文·艾德曼(Irwin Edman)先生,起先从事有关一般知识分子、审美艺术和地区活动的一项调研,但随着与下述问题相关的兴趣的发展,他逐渐把精力转移到研究国际政治对各种状况产生的影响。5月,巴恩斯要我担任这项工作的顾问和总监。这项调研任务于1918年5月15日开始实施。以上提到的人员中,莱维塔女士本人就是波兰移民。有些人员固定从事调查,并在规定的时期里担任解说和翻译工作;有些人员间或到图书馆去进行研究。所有这些开展调研的人员,在对移民进行研究期间都住在波兰人聚居区的一所房子里。

就在这项调查开始后不久,我们发现了若干难以理解、头绪不清的情况。尽管波兰人一致拥护战争,却存在着无法从表面上说明的冲突和骚动的明显征象。简言之,我们发现了某一部分波兰人存在着极度恐慌的心理,另一部分波兰人则被操纵和利用,与此同时,他们还对自己表面上热情洋溢追随的那些领导人进行猛烈的批评。查明以至理解这些状况的愿望,促使我们把调查扩展到纽约和华盛顿。在那里发现的东西,又使我们感到有必要对其中折射出的欧洲和整个国际态势进行延伸性的研究。可以看到,这种扩展并非我们的初衷,它完全是意外碰上的地方情况和事件的发展结果。

在调查过程中,我们这个团体的多名成员与许多波兰人进行了交谈,其中包括一些领导人和所有派别的重要人物,只要他们当时在该地区活动的话。由于下述在很大程度上可说是成功的尝试,我们对波兰人中亲德国的进步民主党作出了描述。以下报告所用的材料,除另外指出外,皆可追溯到保守的或者说是帕岱莱夫斯基-史穆尔斯基派别,或是经这个来源核实过。在对欧洲形势的研究方面,我们尽可能利用书籍和独立来源的材料,以及英国、法国和瑞士的期刊报纸。在看待欧洲事务方面,我们不能不更多地引用激进派而不是保守派的陈述,因为前者无可否认能够提供更多的知识。然而,取自激进派的材料只有当它有可能被独立的文件资料加以核实,我们才会在某个地方使用这种材料。

以下报告的叙述次序与我们的调研和发现过程首尾倒置。报告首先叙述欧洲状况,然后谈到处于其影响下的美国状况,最后述及美国波兰人之地方性的、特定的当下状况。这种状况牵连到波兰人看待战争的性情气概,因为他们发生了争吵,并对有利于参与战争的那种团结造成了干扰。

简单来说,在欧洲方面,人们看到的就是一部两个党派互相争斗的记录。这一争斗早在战前很长时间便开始了,它发生在波兰人中一个主要持君主制、反动的教权主义政策的政党,与一个激进的、经常主张革命和社会主义、反教权并倡导共和制的政党之间。如以下将会看到的,这两个党派都不特别同情犹太人的要求,但保守党有着极富攻击性的反犹记录。两党都迎合波兰人的倾向,张扬其基于过去历史事件的领土要求,有些古老的事件竟要追溯到12世纪。但保守党作为"波兰人"的党更具扩张主义倾向,更为极端。而特别是因为发生了俄国革命,激进党人已软化了其要求。

谈到美国方面,我们发现了一种联盟。这种联盟公开宣布且很活跃,它存在于反对并无疑害怕"美国化"的波兰神职人员与以芝加哥为中心、在过去主要对波兰人团体的财源感兴趣的政治团体之间,存在于他们与欧洲保守团体之间。这个联盟的重要领导人是帕岱莱夫斯基夫妇,以及与他们有着直接联系的那部分人。

另一方面,这里的激进派组织人数要少得多,它们从属于欧洲那个革命社会主义团体;这个组织由于亲德遭到谴责,已不为人们信任,以致政府情报部门实际上不再从它那里获取情报,并不再企图运用它在工业中心的影响力去平息产业工人的骚动。

可以发现,费城所观察到的地方状况源于这两个派别的冲突,以及对芝加哥的帕岱莱夫斯基的领导表面上服从实则大为不满的情况。这一糟糕的状况又被那种公开或私下发动的、旨在反对激进党党员和支持者的造谣运动搞得更加严重了。

## A 对美国波兰人产生影响的总的欧洲状况

1. 除非对奥地利控制的加利西亚地区远为有利的事态所作的陈述可对以下相关事件提供某种启示,否则没有必要列举波兰被俄国、德国和奥地利瓜分造成的后果。我们要记住的是:400万波兰人已是德国人的臣民,另有400万是奥地利人的臣民,1200万是俄国人的臣民。下面我们把奥地利和俄国作一个醒目的对比:

在奥地利控制区,每个波兰人团体都有它自己的公立学校。这类学校用公共税收开办起来,学校里的老师是波兰人,使用的是波兰语,波兰的历史、地理和文学是常规的课程科目。无论在小学和高中,情况都是这样;而在克拉科夫,则有它自己的波兰人的大学。在俄国人控制下的波兰,为波兰人开办的公立学校一所也没有,任何学校都不允许讲授波兰的语言和文学。一度存在的波兰人的大学被关闭了。当俄国人占领加利西亚后,利沃夫的波兰人的大学改成了俄国人的大学。在加利西亚,波兰人占有绝对的优势,民事法庭的法官是波兰人,而证人则准许使用波兰语。加利西亚境内的公共服务部门雇佣的是波兰人和乌克兰人。波兰人的政治俱乐部遍地开花。成年男子具有完全的选举权,许多代表被选入了奥地利议会。并且,加利西亚有它自己的地方立法机构,从中又选出它自己的地方行政官员,大致比例为四个波兰人对一个乌克兰人。所有这些情况,与俄国控制下的那种波兰人的生活状况形成了几乎是黑白分明的反差。第一届杜马中,有36名波兰人组成的议会代表;但到了第三届,这一数字被任意削减成了12名。另外,奥地利的所有政策是尽量迎合波兰人。它这样做,是沿袭将不同民族置于二元帝国内又使它们互相不和的传统政策。这样一来,波兰人无疑以波西米亚人、乌克兰人和南斯拉夫人为代价得到了实惠。差不多每个奥地利的国家部门中,至少有两名波兰人。事实上,除了一定意义上的经济剥削和压迫,奥地利治下的波兰人实际上享有完全的自主权;而在俄国人治下,他们面对的是最带强制性的镇压措施。除此之外,波兰人和奥地利人在宗教信仰上和睦相处,而在俄国控制下的波兰却存在着尖锐的宗教和教会冲突。关于这方面的联系,必须指出的是,俄国所谓的立宪政府很少施惠于波兰人,而只会造成严厉的专制。米留柯夫(P. Miliukov)手下的立宪民主党人,并不想使波兰获得政治上的独立或自由,而是满足于确保俄国控制下的地方自治。

2. 波兰人和其他臣服的民族存在着相当大的经济和政治上的摩擦。德国人,还有俄国人,都在使立陶宛人和波兰人造成相斗之势。同时如上所述,奥地利政府在乌克兰人和波兰人中间煽动敌对情绪。甚至在战前,德国就利用各种可能的途径帮助乌克兰人反对波兰人,并在乌克兰扶持一个强大的亲德政党,这个情况后来使他们在与乌克兰单独签订的协议中捞到了好处。

犹太人问题在波兰王国——即俄国控制下的波兰变得特别剧烈。波兰人声称,俄国人有条不紊地利用犹太人来挑动国内的不和。自从俄国驱逐犹太人以后,大批犹太人利用他们移民波兰的便利,对波兰人进行经济上的剥削,特别是在波兰王国境内。即使是持自由主义观点的波兰人也在说,一些犹太人并不以鼓吹个人和公民权利为满足,而想在波兰国土上得到作为一个民族群体的明确的政治权利。他们还说,是俄国在唆使他们采取这一政策,老一辈出生在波兰土地上的犹太人完全忠诚于波兰的政治大业。犹太人则不仅抱怨经济上的抵制,而且抱怨与俄国人的大迫害相差无几的现实的迫害。

直至最近,波兰人和波西米亚人之间还在产生摩擦。波西米亚人中的激进分子通过他们的革命活动来反抗奥地利,并在探寻一种全然亲俄和亲斯拉夫的政策。他们在这样做时,经常放言反对波兰的独立,声称波兰应在俄国的统治下取得统一。如今身为捷克-斯洛伐克领导人的马萨里克(T. G. Masaryk)教授,过去曾亲自表达过这层意思,这对波兰人来说是一件非常令人伤心和激起大量怨恨的事。由于俄国革命,由于罗马召开的意大利会议发表的声明和兰辛(R. Lansing)国务卿的声明,这个国家的波兰人和波西米亚人的关系至少得到了可观的改善。捷克-斯洛伐克人、南斯拉夫人和波兰人如今看来正团结起来,要求使所有这三个民族获得政治上的独立和自由。

3. 除了一般地把政党划分为保守党和进步党或自由党之外,波兰的政党处境,特别是在奥地利,被那些主要兴趣放在关注某些群体经济利益的政党弄得复杂化了。在加利西亚,农民被很好地组织了起来。除这些划分之外,一种重要的并对美国的状况产生影响的是对行动主义者和消极主义者所作的划分。到战争爆发的时候,也就是两三年前,德国控制的波兰地区的所有人,俄国控制的波兰地区的数量更多的人口——以及加利西亚的相当大一部分人,实际上是消极主义者。这就是说,他们实际上放弃了政治独立的希望,只是一味地关心使他们各自的政府在使用语言和教育设施、经济的改善、民族文化的发展等方面作出让步。

长期以来,实际上唯一的行动主义政党是由一个1892年在巴黎发起其革命运动的团体领导的党。这个党在追求一个自由、独立的波兰时,将温和的社会主义和远大的抱负融为一体。他们的主要行动从一开始,就是反对俄国这个最反动并占据着屈从国波兰大片领土的国家。他们的社会主义具有民族主义而非国际主义的色彩,这是因为,该党的目标在于确保使波兰成为一个民族国家。从1892年制定的政治纲领中,可以看到该党具有的那种温和的、进步的而非极端的激进的特征:

> 一个独立的波兰民主共和国以下列原则为基础:直接、普遍和秘密的选举;人民的议会,包括公民的立法提案权和复决权;所有公民无论其性别、种族、民族和宗教信仰一律平等;收入的累进税;一天八小时工作制;最低工资制;男女同工同酬;禁止使用童工;土地的逐步社会主义化;运输、生产和通信工具的逐步社会主义化。

在他们严格制定的政治纲领中,首要的一条是对俄国实施打击。这个团体在1905至1906年的流产革命中表现得十分积极。他们与俄国本土的革命党人取得了联系,并最终在波兰王国这片远远超出他们团体扩展范围的国土上成功地搅起了一阵骚动。当革命被镇压下去以后,波兰对俄国不喜爱的表现使俄国增加了对波兰人的压制,这一点被持保守的消极主义的政党利用来表示对激进派别的不信任。后者的革命活动被说成是政治上不成熟的一个证据,他们的错误判断反过来又被宣布为是导致俄国没能为波兰人创造更为大量的政治自由和地方自治的原因。

这个纲领的第二条是利用奥地利同意给予波兰人大量的思想、公民和政治自由,从原有的地位出发为波兰的未来自由而斗争。于是,他们特别是自1906年后,把加利西亚当成进行革命宣传的大本营,甚至扩展到对波兰青年人进行兵器操作和军事战术方面的训练。他们还利用加利西亚人拥有的自主权来培育由俄国和奥地利控制下的波兰组成一个新波兰的观念,这个新波兰应是对奥地利友好、对俄国则起缓冲作用的国家。奥匈帝国的内部政策中,过去和现在都存在着各种使这样的政策并非不可能实现的东西。就是现在,这还构成了一个用以与德国方案抗衡的所谓奥地利有关解决波兰问题的方案。

这个纲领的第三条是把普鲁士控制下的波兰置入新的国家。由于普鲁士西里西亚地区的矿产资源,这一点由其经济和工业上的原因而特别令人渴望。第四条以及最后一条谈到了联邦国家的形式,它将从波罗的海一直伸展到黑海,鼓励立陶宛人和乌克兰人实行自决,也鼓励爱沙尼亚人和列托人这样做,进而鼓励所有这些民族加入联邦。这个联邦制国家将从北到南纵贯整个欧洲,在俄国和所有西方国家之间树起一道屏障。波兰是这个联邦中最大的国家,理应占有支配地位。当然,这个全盘计划要经历很多年才能实现。它那广远的视界使该党被讥讽为理论家和梦想家,而其渐进政策又使之受到相反的指责,即它唯一地服务于奥地利的利益,甚至是德国的利益。后一指责忽略了这一运动的全部阶段,只是以一个阶段为据,即利用奥地利作为打击俄国的基地,以保证俄国控制下的波兰获得独立。

## B 战争期间的欧洲发展状况

### I. 俄国革命前与俄国的关系

战争刚一爆发,在俄国活动的保守的或者说右翼的波兰政党便热情地听命于俄国的要求。民族民主党人、现实党人和波兰进步党人于1914年8月7日发表宣言,呼吁全体波兰人站在俄国一边反对德国。在俄国的大公发布了那份赞同波兰拥有俄国人治下的自主权的公告后,这个集团的一些人于1914年11月25日发表声明,其中用上了这样的词句:

> 我们的民族找到了一个目标:在俄国君主的节杖下完成波兰的统一。有了这个目标,我们的民族才能专心致志;有了这一目标,我们的努力才有

方向……所以，今日已在声明中签字的人便一同组成了波兰国家会议，至此打下了波兰的政治组织的基础。

据说在俄控波兰地区招募的一支庞大军队，竟有 70 万兵员之众。这部分原因是在俄国的消极主义者的态度盛行；但更主要的原因，在于俄国不遗余力地强制征兵。

放弃波兰的完全自由和独立，以换取俄国统治下的地方自治，这自然使参与过这种表示的保守党派不仅博得了俄国政府的好感，而且获得了协约国各方，特别是大不列颠和法国的赞赏。然而，它遭到了波兰左翼政党的怀疑。后者一直在指出，公告纯粹是一个军事性质的东西，它是由俄国军队的总司令发布的，没有政治上的约束力和权威性。他们还针对从彼得格勒发往俄国派驻波兰地方当局的一份指令指出，这表明大公的公告并没有造成在处置波兰问题时采用不同的方式。1906 年初，后来成为俄国驻法国大使的马克拉可夫在国家杜马中声言，有关使波兰获得自主权的允诺是一出伪善的闹剧。俄国占领加利西亚地区后对待波兰人的行为，使大批波兰人更加确信：俄国人的姿态不可信，它至多仅止于打算让德控波兰地区获得自治。

这个信念对波兰人产生了影响。他们希望借助协约国使波兰得到完全的自由。他们普遍对协约国的政治家们没有兑现在各种讲话中承诺的东西感到不满，这些政治家们声称，协约国正在为被压迫民族而战斗，这中间当然也包括波兰这个特定民族。这一不满因协约国于 1917 年 1 月 10 日对威尔逊总统作出的正式答复而增加了，威尔逊总统曾要求协约国就战争的目标发表一项声明。这个答复谈到的，仅仅是俄国看待问题的立场。法国则对新闻界讨论波兰问题，实施了全面审查制度。这一事实以及其他的事实使有独立见解的波兰人深信，协约国方面在将波兰问题一古脑儿丢给俄国去解决这一点上，认识是清楚的。当然，这一信念随着布尔什维克那份所谓的秘密协议的公布而得到了证实；在这份协议中，达成谅解的协约国各方还有俄国一致同意，不在和会上提出波兰问题。于是，针对协约国各方日益激烈的批判态度，便在很大程度上导致人们作出把那些渴望拥有一个完全自由的波兰人说成是亲德分子的歪曲表述。一般的说法是：协约国各方未能发表赞同一个自由波兰的毫不含糊的声明，这一失策给了德国一个机会；德国乘势组建了一个国家会议，以后又在俄控波兰地区建立了摄政政府。它不停地通过宣传说服波兰人：同盟国才是一个独立波兰的真正朋友。

## II. 与奥地利的关系

在眼下这十年的头一年，奥地利的激进波兰人已相信奥地利和俄国间的一场战争不可避免。由于在奥地利的波兰人有着不错的地位、俄国对波兰王国的极端压迫，以及该王国拥有的众多人口和偌大面积，他们决定站在奥地利一边反对俄国。反俄的宣传已经展开，年轻的波兰人接受了军事战术的指导，一支波兰军队的核心已经形成。1912年，从加利西亚派往伦敦的一个代表团指出，处在欧洲大战的形势下，波兰的无党派人士将助奥反俄。向美国派出的一个代表团，则要谋取该国的波兰移民的支持（见下述论及K.O.N形成的有关段落）。战争爆发后，波兰的一队士兵正是第一批越界攻击俄国的军队之一。在境外的军事组织中，毕苏斯基（J. Pilsudski）将军率领的是较激进的一群人，较保守的人则听从哈勒（J. Haller）将军的指挥。这个军事组织后来的命运下面还要提到，这里要表明的是：直到最近，欧洲的民族民主党人和美国的帕岱莱夫斯基-史穆尔斯基教会派的政策是告发毕苏斯基是德国人的奸细，而全然不顾这一事实，后者是很大一部分波兰人的偶像，他的名字正像柯斯丘什科（T. Kosciusko）将军那样受到人们的欢呼。可是，由于哈勒将军已找到了去巴黎的路，并成了巴黎委员会的一员，这些早先的政策不免令人尴尬；他们转而放下了它，如今的趋势是热情地为毕苏斯基说好话。与此同时，他在美国和其他国家的支持者仍被谴责为本性未改的亲德分子。

## III. 俄国革命的效应

我们可分三个阶段来谈论俄国革命影响到的围绕波兰问题引发的国际政治。在第一阶段，对一个自主的波兰的承认，要比沙皇政府所曾给予的慷慨和真诚得多。然而，这是附带两个条件的：

首先，新波兰国的边界要由俄国的立宪会议来确定，没有任何独立的波兰国家代表参与的份；其次，未来俄国与波兰应结成一个军事联盟。波兰的国家会议（见如下）发表了一个公告，对俄国新政府及其波兰独立原则作出的承认表示欢迎，但对两个附带条件提出强烈抗议。那些中、左党派的委员会也发出了抗议。

在第二个阶段的事态发展中，克伦斯基（A. F. Kerensky）领导的社会革命党政府在其声明中,对一个自由、统一和独立的波兰表示不折不扣的赞同,安排了一个俄-波联合委员会来清理某些重大事项,并开始对协约国各方进行游说,使其改变从前的态度,促进一个自由和独立的波兰的诞生。

第三阶段的主角是布尔什维克政府。波兰的左翼政党十分同情克伦斯基的政府,而它的对头却恰好在与布尔什维克政府发展关系。这可从以下理由中得到说明:(1)如上所述,波兰的激进党派对克伦斯基的党表示同情,他们是民族社会主义者,不是列宁代表的那种国际社会主义者的类型。波兰的社会党领导人和国际社会主义者的领导人之间,过去曾发生过很多摩擦。(2)过去及现今仍存在的一般看法是,布尔什维克的领袖们直接为德国所操纵。有一种普遍观点认为,俄国陷入的这种正在崩溃的社会状况,直接使德国得到了好处。(3)布尔什维克明显忽视波兰的利益,它的领导人在与德国进行和平谈判。布尔什维克宣称极大地关注其他那些被压迫民族的自决权,却在与德国签署的和约的第三款中就德国军队所占领土的问题同意:"俄国将在涉及那些领土的内部事务方面完全保持克制,并将其交由中央帝国在取得当地人民同意的情况下决定其未来的命运。"波兰自然是这些被占领的国家之一,波兰人将这一条款视为对他们利益无所顾忌的出卖。(4)波兰人认为,布尔什维克要为把海乌姆省割让给乌克兰负很大的责任。

从下面这份正式抗议中摘取的引文,可看到它表露出的一般情绪,并表明摄政政府远非是仅照管德国利益的俯首帖耳的工具。

> 波兰的独立地位、政治生命和经济活力已形如泡影。它的利益和权利被忽视了,它的领土完整没有受到尊重。我们向上帝发誓,要捍卫波兰的安宁、自由和尊严。今天我们谨记我们的誓言,在上帝和世界面前,在全人类和历史的法庭面前,在奥地利人民和德国人民面前,就波兰遭到的新的分割发出我们抗议的声音。我们拒绝承认它,并把它看成是赤裸裸的暴力行为。

由古恰尔卓夫斯基(J. Kucharzewski)率领的全体阁员的总辞职,表明了内阁对上述举措的抗议态度。这里用上了这样的词句:

我们看到,我们的责任就是在我们的职权范围内,尽我们的一切可能对和平谈判的进程施加影响,但我们必须指出,要战胜对波兰怀有敌意的势力,要战胜那股借助布列斯特-立陶夫斯克和约纠合起来给予波兰沉重一击的势力,断非波兰政府的力量所能及。鉴于两个同盟国与乌克兰缔结了和约,这是一份造成对波兰新的分割的条约。我们不可能再继续履行我们各自的职务了……今天对波兰人民来说是一个极其紧要的时刻,由于波兰人民受到的这一沉重打击,他们要坚强起来,与最高国家当局站在一起。这个以最广大民众为念的最高当局,会为这个民族指明前进的道路。

这些表述无论如何不能看作是一种辩护,好像德国占领区的摄政政府是一个能够真正代表波兰的政府,它要完全成为一个自由和独立的波兰政府显然是不可能的。但几乎是散乱蔓延开来的事实却使人提出这类疑问:是何种动机叫德莫夫斯基(R. Dmowski)和帕岱莱夫斯基先生们手下的波兰代理人不让世界知道摄政政府在极端困难的条件下开展的英勇斗争?又是何种动机叫他们说些含沙射影的话,使人总能从中听出连带提到的那种亲德的证据?最终,这些情况又反馈到波兰,这种无来由的、失实的叙述使忠诚的波兰人感到困惑,反倒使德国得到了好处。那些忙于传播风言风语的人起着的,正是德国想使他们起到的那种作用。

尽管保守的或是激进的所有派别的波兰人均与布尔什维克形成了激烈对抗,还是促成了强烈的、联合一致的干预,甚至是日本人的干预。俄国革命标志着围绕波兰问题展开的国际政治的一个转折点。它使激进的团体收回了明确的反俄政策,使他们转而准备去反对德国。它使奥地利包括波兰人在内的自由派分子不再害怕俄国,使他们愿意改变态度,从原先鼓吹三元帝国(波兰作为拥有与奥地利和匈牙利同等地位的第三个国家与之共同组成的帝国)转而主张成立一个由波兰王国和加利西亚共同组成的独立的波兰国。它对奥地利议会中的波兰社会主义者和激进分子所具的影响最好还是联系以下的题目来谈,因为这种影响与威尔逊总统1917年1月22日在参议院的演讲引发的反应密切相关。

### IV. 威尔逊总统1917年1月22日声明的效应

威尔逊总统声明的效应,即他认为所有国家的政治家都同意要有一个自由、

自主和统一的波兰的演讲引发的效应,或许可以从德国占领军扶持的波兰临时国家会议发给威尔逊总统的电报的字里行间判断出来:

> 在目前这场战争中,一位中立大国的领导人,他作为一个伟大民族的最高代表,第一次正式宣布:独立的波兰国是解决波兰问题的唯一方案,并且是永久、正义之和平必不可少的条件。临时国家会议作为一个再次苏醒了的国家的核心,谨以波兰民族的名义和它自身的名义,就这一明智的高贵的建议,向您、总统先生表达深切的感激和尊敬之意。

市政会议、波兰民族委员会和联合民主党派团体纷纷从华沙发电表达同样的意思。在华沙的美国大使馆门前举行了集会游行。从这时起,德国总督辖制下的国家会议的要求变得更为急迫和积极了。

还有一个更明显的(连同俄国革命一起发生的)效应是对加利西亚的波兰人议会党团,一个由奥地利议会中全体波兰代表组成的团体产生的作用。波兰人迄今一直对预算案进行投票并大体支持奥地利人的政策,以此作为一种回报。5月初,波兰社会党领导人达申斯基(I. Daszynski)表示,波兰人议会党团正在失去公众的信任,它现在必须要么公开要求治理的权力,要么成为一个反对党,并宣称胆小怕事只能阻碍波兰人捍卫波兰民族的荣耀和尊严。5月16日和17日,波兰人议会党团在维也纳举行的一次会议上提出了三条动议,保守党人提出的第一条动议赞同一个哈布斯堡王朝统治下的自由、独立和统一的波兰;由于政府已倾向于使加利西亚和波兰王国获得统一,波兰人议会党团既已表示不再支持政府,故第二条动议被放弃了,两条动议均未获通过。第三条动议中提出的总体方案,内容涉及建立一个拥有出海口的自由和统一的波兰,并声明波兰人议会党团将不再支持政府,除非波兰人能更大程度地参与加利西亚的管理事务。不久后,克拉科夫出现了示威游行,通过了一项有利于重建独立的拥有出海通道的波兰的决议;并宣称有奥地利的帮助,波兰国的重建将确保前者有一个自然、永久的盟友。尽管获得出海通道唯一要让德国付出代价,奥地利政府没有对示威活动进行干涉。因为自这时起,达申斯基先生领导的激进派日益对奥地利政府采取反对立场,要求后者在缔造一个自由和独立的波兰的过程中采取合作态度。奥匈帝国把波兰的海乌姆省割让给乌克兰,则更是加剧了波兰各政党与奥地利政府的对抗。

## V. 德国的占领、国家会议和摄政政府

1916年11月5日,同盟国发表了一份赞同波兰独立的声明,当然这也意味着赞同俄控波兰地区的独立。与此同时,它们开始作出努力征招波兰人加入德国军队。左翼政党立即声明表示反对,要求新的独立国家拥有它自己的政府,以及它自己控制的由毕苏斯基将军统领的军队。次年1月,毕苏斯基的秘密军事组织并入了先前由国家会议控制的、在帮奥地利与俄国打仗的波兰国家军团。2月,国家会议给奥地利皇帝发电,请求将这支波兰人的军队转正。3月,当有传闻说奥地利打算把波兰军团编入奥地利军队,国家会议于3月30日威胁要全体辞职。正如上面提到的,俄国的社会革命党政府承认波兰的独立,国家会议也作出了回应。4月,就在国家会议请求对摄政加以任命并暂停其活动以等待同盟国的答复后不久,奥地利皇帝发布一道敕令,将该军团交与德国将军冯·贝斯勒指挥。与此同时,国家会议举行全会要求有一个政府和一支国家军队,以及由一个议会召集的代表大会。7月,对摄政政府的不安增加了,并且人们还要求德国方面的态度更明朗一点。左翼政党(即与毕苏斯基将军有着更为直接联系的那些党派,见下述K.O.N部分)的代表辞职了。7月的9日和10日,毕苏斯基率领的波兰军团拒绝宣誓与德国军队患难与共,它被扣押起来。7月20日,毕苏斯基遭逮捕,自那以后被关进德国人的监狱,尽管激进党人不断呼吁释放他以作为德国良心的见证。鉴于亲德人士不断谴责这些激进党人,这里或许要引用一下8月份左翼政党宣言中的一段话:

> 同盟国对我们权利施加的这种新的暴力,只能是他们锻造的波兰政策这根链条中的一环。我们的信念仍是百折不挠,不让这场可怕的战争来加固这根链条。我们民族的意志将战胜侵略者的诡计。通过战争,我们民族将比已往任何时候更懂得独立之存在价值。它将拼尽全力反对侵犯其权利的吞并政策。所以,我们为这个在奥地利-德国联盟的野蛮暴力下巧妙作战的军团致敬,并高呼:"独立万岁,毕苏斯基万岁,打倒侵略者!"

这个并无威胁要进行反抗的军团撤到奥地利帝国境内,一度曾在与意大利

接壤的边界作战。随后,由于那项把海乌姆割让给乌克兰的条约,他们开始拒绝听从命令,接着便频繁出现了叛乱。有些叛乱者被打死,有些被抓了,剩下的残余部队在哈勒将军的带领下自谋生路。由于哈勒将军如今是巴黎委员会的成员,他与一个指责毕苏斯基是亲德分子的派别挂上了钩,于是也对追随毕苏斯基的政党进行了同样的指责。没有理由怀疑哈勒将军和他的追随者的忠诚和爱国主义,但事实是,当较激进的派别拒绝这种指责时,他们却对天发誓,这表明保守的派别缺乏诚信。这一派别如今正以极大的骄傲,将哈勒将军这位英雄视为自己的成员之一。

经过多次踌躇不决和短暂调停后,德国当局在国家会议威胁全体辞职的压力下,于1917年9月12日对摄政政府的形式表示同意。三位成员中,一位是华沙大主教,他的地位可使他置身于党派斗争之外;一位是卢伯缅斯基王子,波兰贵族世系的代表之一,他直至战争爆发时仍属消极主义的党派,但在战争压力下成了一名行动主义者;一位是奥斯特洛夫斯基,著名法学家,他曾是前俄控地区国家会议的六名波兰成员之一,并是保守的现实主义党的第一任主席,尽管存在这些联系,他仍打消了成为摄政政府成员的念头。首相是古恰尔卓夫斯基先生,他属于自由主义行动派。1908年,当民族民主党的领导人德莫夫斯基先生对俄国沙皇政府采取和解政策时,他离开了民族民主党。

为了平息有关摄政政府和它所有支持者的亲德性质的那些经常出现的含沙射影的话,最好要求帕岱莱夫斯基先生及其主要支持者写下一份书面声明,他们是否认为摄政政府对波兰无忠诚之心,是否认为摄政政府在困难的条件下已尽力而为了,他们找到了何种可说明其亲德或有意无意充当德国人工具的证据。这样的书面陈述会使流言成为可查明的事实,使之成为无所遁形的东西,把它们看作是人身攻击。应当指出,彼得格勒的民族民主党人与摄政政府有密切的接触,他们在向摄政政府表示祝贺时曾说,"谨对你们着手处理国内事务表示热烈致意"。

尽管存在着对于对立一派不负责任的流言蜚语和含沙射影的攻击,负责任的权威人士却从不攻击摄政政府是亲德的,或其除了建立一个独立和自由的波兰外还存在另外的兴趣。最近从巴黎派往美国的代表塞伊达(M. Seyda)先生,曾明确地为所谓摄政政府之亲德倾向遭到的非难进行辩解。然而,摄政政府打算在德国军队武力占领的地方将政府维持下去,它要面对德国当局持久不变的压力。在这样的情形下,它会探索一条保持平衡以及多少带点妥协的政策。它把它的精力主要放在改善内政、教育、重建和市政管理等事情上,它声称有权保持它自己的外交部,并向其他国家派驻大使,且有权维持一支国家军队,但同时它并不大声嚷嚷来强调这些要求。它将自己看作是未来波兰国政府的核心,并没有任何政党谴责它试图篡夺未来政府的权力。

波兰所有波兰人的政党欢迎摄政政府的成立,视它至少为未来自由国家的形成提供了基础。激进的党派不久撤销了在所有国内事务上对摄政政府的积极支持,并基本回避参与任何政治活动。与此同时,他们承认,摄政政府不同于在非波兰国土上形成的任何党派团体,它是体现波兰主权的核心。他们以此理由为其拒绝与摄政政府合作进行辩解,即摄政政府的政策应造成对德国当局更大的压力,并逼迫他们作出更大的让步。摄政政府最近对凡尔赛会议的作用提出抗议,如这一消息属实,看来好像摄政政府比过去更多地屈从德国人的压力。另一方面,有一种说法是,摄政政府的摇摆政策在很大程度上是由于协约国的政治家们未能发表一份联合声明,该声明事实上应否认先前把波兰的前途托付给俄国,并将波兰问题直截了当地置于威尔逊总统有关一个自由、独立波兰的政策之上。其时,从欧洲传回的新闻报道表明,在事关波兰未来的问题上,德国和奥地利之间的摩擦增大。奥地利方面这样的意愿不断增长了,即同意由加利西亚和波兰王国联合组成一个独立国家;据推测,国王将由奥地利大公查理·斯蒂芬(Charles Stephen)担任,他被认为明显同情波兰人。德国似不太可能同意这一动作,因为这会使这个二元帝国将来不太听从德国人的控制,并在德控波兰地区的居民中搅起一种脱离旧国家、加入新国家的不断增长的渴望。然而,要是德国被迫屈从,那么,新的王国会强化其要求,要求所有协约国的政府应就波兰的未来发表一份明确的正式声明,以使波兰国的波兰人维系对于协约国的忠诚。

## C. 巴黎委员会及其政策

### I. 民族民主党

这个党构成了下述巴黎委员会的中坚力量。它在已划分成三大块的波兰地区都有其支部。在它早期阶段,即它形成近似它的名称的那种抱负的阶段,它成为一个把三大地区每个党支部的观点加以调和的党。如果从各自区域的政府的善意理解出发,那么其目的就是确保这些政府在语言、教育和宗教、经济条件的改善等方面作出让步。简言之,它是一个消极主义政党。德莫夫斯基先生是一个知识分子,并是该党在俄控波兰地区的实际领导人。它在所有内政和经济事务方面奉行的,同样是教权主义和明显偏于保守的一般政策。以下摘自《沙俄帝国》(*Empire of the Tsars*)一书的作者列奥-布留尔(Leroy-Beaulieu)的一段话,可看作是对该党抱有很大同情的一位权威法国作家作出的公正陈述。谈到民族民主党人被选入俄国杜马时,他说,他们是——

> 聚集在托里达宫所有党派中最保守的一群人。比昂松甚至在《欧洲信使报》(*Courier European*)的那篇著名文章里指责他们暗地为俄国政府效劳。当然,正如所有其他国家一样,波兰也存在社会主义者、进步党人、激进分子和革命分子,但在当时情况下,这些人抵制了选举,选举的人是一些效忠君主和信奉天主教的波兰人。在第一届杜马中,差不多唯有他们反对通过新的有利于俄国农民的土地法;而在第二届杜马中,他们和那些中间派联手行动。多亏了他们的意见一致,预算案得到了字斟句酌的推敲,它是铁定可以通过的。他们解释说,他们赞成一支庞大的军队,因为他们信任一个强大的帝国。

在第二届杜马和第三届杜马期间,民族民主党在德莫夫斯基的领导下变得如此保守,以至甚至停止了与俄国的"克代兹"①就宪政改革进行的合作,并与十月党人结盟。与沙皇统治的这种极度联系,甚至又使其从上述活动中退出。战争刚开始,德莫夫斯基先生和他的党派中的其他人,就在涉及以上问题的那份宣言中表示波兰应由沙皇来统治。战争初期,德莫夫斯基先生政治活动的中心是奥地利,随后他始终一贯地奉行亲俄反德政策,竭力去说服俄国当局,最好以对波兰人作出的让步来应付德国人的威胁,这会使他们在政治上、军事上成为俄国的坚定追随者。这一政策实际上没有获得成功。一般人相信,德国和俄国在对

---

① 沙俄帝国于 1732 年起专为男孩设立的军事中学的名称,学生毕业后入伍成为候补军官。十月革命后,其组织遭苏维埃政府解散,其成员流入南斯拉夫、美国、加拿大、阿根廷、澳大利亚等国家,并在这些国家建立相应组织。——译者

待波兰问题上持有相同的看法,即是说,无论哪一国都不会对它的波兰臣民作出让步,并会运用其全部影响去制止它的邻国波兰臣民中存在的躁动不安的情绪。很多人相信,这类看法在战时直至俄国革命开始这段时间里一直存在着。

德莫夫斯基先生在波兰也以从事反犹活动著称。他的对手声言,他鼓励引进俄国人迫害犹太人的办法,包括引进黑色百人团①和集体迫害的组织。他的支持者愤愤地否认后项指控,声称除了对犹太人进行文字讨伐外,他仅限于去组织经济上的抵制。由于德国人对俄控波兰地区的占领,造成了政治家们向瑞士和巴黎的大出走。

## II. 巴黎委员会的形成

1917年5月,洛桑的民族民主党机构和结盟党派向华沙的下属组织送交了一份有关指示要点的备忘录。这份备忘录概述了成立一个组织的计划,该组织日后发展成今日的巴黎委员会。备忘录中,对成立该组织的缘由作了如下陈述:

> 在巴黎,不幸的是,有些波兰人正在造成政治上的危害,因为他们具有极大的影响力。他们被法国政府的某些头面人物称为"游击队员"。他们到处抛头露脸,并醉心于赢得的好名声。为了反对他们这种有害活动,我们打算在巴黎成立一个波兰人的有代表性的团体。作为一个组织,它的工作将通过个人来承担。这个团体的名称叫波兰议院,它在巴黎的负责人将是扎莫伊斯基(M. Zamoyski)伯爵。

要知道,那个有影响的、造成有危害的活动从而要加以反对的团体是波兰民主主义者联合会,它是波兰党派中最少极端色彩的共和派左翼的一个分支。莫兹(B. Motz)先生和著名的女科学家居里(M. Curie)夫人就是这个团体的领导人之一。那位据说受到了很大影响的政治家看来是指克列孟梭(G. Clemenceau),当时他还没有进入政府。1917年5月的备忘录包含有对波兰政治形势的一个总览,包括各协约国政府与波兰问题关系的报告。报告中特别夸耀

---

① 俄国1905年期间和以后成立的持极端民族主义立场,拥护沙皇、反革命、反犹太人的组织。
——译者

民族民主党对英国政府的巨大影响力,说"波兰利益的重心是在伦敦"。

它为这一情况感慨,劳合·乔治(Lloyd George)仍没有被争取到波兰事业一边,并称他被犹太自由派分子的圈子熏染了。谈到美国,它说美国正在探寻一条对俄国大胆而又不失远见的政策,并想在那里进行商业扩张。在谈到美国国内政治问题时,它说道:

> 这里的波兰人在上次大选中投了威尔逊一票,为此他很感激他们,并对他们予以高度评价。帕岱莱夫斯基对他有相当的影响力,在与总统交谈时,总统把11月5日通过的法案称为"肮脏的德国人的诡计"。通过这次交谈,产生了总统那份闻名遐迩、真挚感人的声明。美国参与战争,其产生的是带有普遍性的影响……波兰的中央会议选出了一个国家部,它将与洛桑的机构(见下述)一同开展工作。这个国家部宣布,波兰国是它的顶头上司,其次是洛桑的机构。它要求在波兰境外建立一个强有力的民族政府,它自己愿意服从其权威。史穆尔斯基先生拥有强大的影响力,他是国家部的主脑。这里正像其他地方一样,犹太人干的事正对波兰的事业造成损害。幸运的是,这里正在展开强大的反犹运动。

激进的党派批评协约国把波兰问题置于俄国人的利益之下,这引发了从属德莫夫斯基集团的欧洲和美国的保守党派对他们的攻击。关于这点,以下的说明会令人感兴趣:

> 四国联盟对于波兰的态度并非基于人民的自由、民族权利等观念,而是基于国家利己主义,基于结盟的国家的个别和集体的利益。

### III. 巴黎委员会的构成

德莫夫斯基先生和他下属们的努力,成功地赢得了法国和英国政府对巴黎委员会某种形式的官方承认;借由这些国家,又获得了美国政府的承认。虽说如以下会看到的,至此获得的这类承认远远不能满足巴黎委员会自身的胃口。除德莫夫斯基先生同为民族民主党人的哈勒将军外,以下人物也是该委员会的重要成员:塞伊达先生,他长期以来一直是德控波兰地区波兹南一份民族民主党机关刊物的编辑。为了顺从民族民主党人的政策，他利用刊物来推动德控波兰和德国政府的良好关系，他的兄弟最近有报道说成了柏林的波兰人议会党团的领袖人物，其人奉行同样的政策。皮尔兹（E. Piltz）先生，他在八九十年代不仅是俄国政府政治上的支持者，据说还直接从俄国那里领取报酬。不管怎么说，1901年俄国发行过一本小册子，该小册子得到当时德莫夫斯基先生与之有联系的某个团体的赞助，书中载有皮尔兹先生向俄国政府呈递的备忘录内容的那些篇章曾被人大量翻印。在这份备忘录中，他详述了他和他的刊物为俄国利益提供的服务，包括对那些梦想重建波兰的波兰人进行的攻击。皮尔兹先生是巴黎委员会中因其早先的记录而受到最为尖刻抨击的成员。斯科蒙特（C. Skirmunt），他早年是一个主张与俄国和解的党派的成员。这个党的极端色彩如此浓烈，以致在1908年甚至遭到德莫夫斯基先生的批评。扎莫伊斯基伯爵，民族民主党人，他以前政治上不活跃，但他是波兰、确实也是欧洲最富有的人物之一。库兹茨基（S. Kozicki），前加利西亚利沃夫民族民主党机关报的编辑。罗兹瓦多夫斯基（J. J. Rozwadowski），前驻纽约奥地利领事的一位远亲，他也是加利西亚的民族民主党人，是个地主。弗朗兹扎克（Major Fronczak）少校，一位美国的代表，前布法罗市的卫生专员，但在其他美国事务或波-美事务方面并不特别为人所知。帕岱莱夫斯基先生，一位大音乐家，他也是委员会的成员以及委员会派驻美国的正式代表。他早先在瑞士结识了德莫夫斯基及其同事，人们指责他与德莫夫斯基先生一样具有反犹主义倾向，尤其他还在华沙持有一份反犹刊物，他对此予以否认。

鉴于波兰有十个或十几个持不同观点的政党，而事实上民族民主党只是数个右翼党派中的一个，委员会中的大批民族民主党人就显得很扎眼。当人们对委员会的追随者包括帕岱莱夫斯基夫妇和德莫夫斯基提到委员会明显清一色的性质时，他们集中火力猛批了所谓无代表性的说法。这个回答带有如下形式：首先，对无代表性的问题予以否认，并声明委员会十一个委员中只有四至五名是民族民主党人。这样的计算似乎以此为据，即只计算波兰王国的代表，而把加利西亚和普鲁士占领的波兰地区的民族民主党人看作是波兰这两个区域的代表。在一般的否认之后，他们也承认，委员会中找不到左翼党派、甚至温和的民主主义者的中间派成员。

这种代表性的缺乏要归于这样的事实，这类党派没有足够出众的政治家，或者它们具有亲德的记录。当人们要求他们注意到民族民主党外也有相当有名的政治家时,他们的第三个也是最终的立场是:这一届委员会正试图变得更具代表性,它要把现在还未有代表的那些团体中的人士吸收进来,但是(a)这些受邀团体拒绝派出代表,他们认为除非派出的人数足以使之能够控制委员会。(b)对有些代表的提名,如对波兰民主主义者联合会的莫兹博士、奥地利社会党领导人达申斯基等人的提名,要么被英国政府拒绝,要么被英国和法国军队的总参谋部拒绝。另一方面,激进的团体声称,委员会费尽心机不让他们获得成员资格,不仅如此,还发起了一场恶意丑诋的运动,使他们无从向协约国作出任何申辩,进而能够打动协约国。显然,除非某人拥有某种法定的权威,任何人都不可能看清这些驳杂不一的陈述和抗辩的真相。

然而,如果从为被压迫民族的民主和自由而战的视点看,这样的疑问会经久不散:为什么一个持君主制立场、代表保守集团的经济利益、相当程度上反犹太人的组织会占据如此重要的半官方的政治地位?撇开官样的文章,从事情的本来面目中作出的推断是:只要俄国仍是协约国的一员,并在协约国处理波兰问题的立场上占据主导地位,那么,这个组织战前和战争初期之亲俄的宗旨便会使其获得某种程度上的特权地位。该组织得以亲近俄国驻巴黎和伦敦的大使,这本身就否定了他们的民主派代表的身份,更不用说是激进的和社会主义团体的代表身份了。这种特权地位一旦获得自然会持续下去,无论俄国革命和美国投入战争会造成什么变化。

就这方面的联系来看,或许要指出,帕岱莱夫斯基先生感到十分恼火,因为激进派老是揪住这一事实不放,即他邀请俄国驻巴黎大使伊斯沃尔斯基(A. Iswolski)先生出任法国的波兰难民救援委员会的主席,而尽人皆知,这位先生是波兰人事业的死对头。他说,伊斯沃尔斯基先生是他本人的敌人,他并没有邀请他;后来很多法国高层政治人物告诉他,只有先同意让伊斯沃尔斯基先生进入委员会,否则委员会不可能得到法国政府的认可。加之,委员会一旦形成,无论打算如何扩大其势力,从争取有利的形势出发,都必须得到无论何种官方形式的承认,尤其是军方的承认。波兰军队很需要有这样一个官场中颇显分量的人物为波兰的事情说话。而委员会是处理政治事务的,军队方面的高官并不特别对委员会这样的政治机构感兴趣。我不知道洛桑机构的那份指示要点为何竟具有如此特殊的分量,塞伊达先生和霍洛津斯基(J. M. Horodyski)先生现在是英国外交部的行政人员,此前曾以某种方式与民族民主党人保持着联系。他们在伦敦广为人知。然而,上述这份备忘录中又指出,外交部的官员仔细阅读了塞伊达先生编辑的《波兹南信使报》(Posen Journal),这份刊物是英国获知波兰事务信息的主要来源之一。

为了不至于使任何欧洲大国相信某种君主制已在俄国复辟,目前的混战造成了保守势力的统治,这股波兰独立进程中的政治力量就要使它的利益服从于一个作为俄国的准军事仆从国之波兰的利益,以确保更强有力地抵御德国对东方的觊觎之心。然而,考虑到德国和反动的俄国过去总能在波兰问题上达成默契,考虑到反动的俄国在将来某一天极有可能变成德意志帝国的盟友,除了选择夹在德国和俄国之间的若干与我们结成同盟的自由国家加以支持,或是把这些国家视为西方民主国家的当然盟友,相比之下,其他的政策是一种短视的政策。

无论如何,巴黎委员会要成为波兰新政府的外交部和国防部的这种野心,通过委员会核心成员的言论,特别是通过塞伊达先生在美国时对他所做的正式访谈得到了证实。确保获得美国波兰人的支持以成全这种强烈的欲望,正是召开底特律大会的主要原因之一。虽然塞伊达先生否认委员会自身渴望成为波兰国的政府,但在底特律大会召开期间,波兰的新闻机构还是把它称为波兰的临时政府。这种野心以及对它的表白,强化了派别之间的敌意。波兰的绝大多数波兰人团体、俄国本土的波兰人、法国的大多数波兰人社团以及伦敦最大的波兰人社团,均否认巴黎委员会的代表性。民主主义和激进的组织谴责巴黎委员会利用有几份偶然获得的特权地位,为他们自己的政治野心和极端保守的宗派利益服务。他们争辩说,如果该组织被协约国政府承认为新波兰国的外交部和国防部,从而使其野心得以实现,那么,在逻辑上,这个组织就取得了作为新波兰国的正式代表出席和会的资格。这一事实可以解释他们目前开展的大规模活动,特别是他们对所有那些还没有向他们输诚效忠的团体进行痛斥的举动。下面还将提到,这个组织与美国波兰人中的教士政治势力的代表于1915年在洛桑结成了一个完美的联盟。这一点为巴黎委员会赢得了极高的声望和对美国这片土地极大的影响力,也在很大程度上要为现今存在的激烈争吵负责。我们现在还难以获得非偏袒性的意见,但有充分理由相信,任何对巴黎委员会的进一步认可都将削弱协约国涉及波兰的利益,并造成一种特别糟糕的疏离的后果,假使德国对奥地利有关让波兰在查理·斯蒂芬督导下获得独立的计划表示同意的话。

## D. 美国波兰人的状况

### I. 人口特征

人口调查当然没有把波兰人列为波兰人,所以在对美国的波兰出生和有波兰血统的人口进行统计时存在很大的变数。人口数的变动范围在350万到450万,甚至500万之间。较准确的估计,约有380万人。波兰移民大部分出身于农民,虽然现在大多落脚在工业中心地区,他们仍首先想得到一块自己的土地。他们的憧憬之一,就是拥有一幢属于他们自己的房子。当他们来到这个国家时,很大可能还想着要回去;作为通例,他们改变了自己的主意,成为一户家庭的主人定居下来。波兰的那些领导人有一个普遍的共识,即从农民的境况转变为在拥挤的城市谋生,对移民,特别是对第一代移民的孩子,造成了思想和道德上堕落的后果。他们对保证美国乡村地区的波兰农民有机会分得一块属于他们自己的农庄的美国政府或半政府机构一般表示欢迎。波兰人主要在采矿业和钢铁厂工作,如今在造船厂和军需品生产厂也可见到他们的身影。如果就波兰的总体人口而论,在俄国、德国或奥地利控制的不同波兰地区出生的人,并不构成一个十分重要的问题。共同的语言、宗教信仰和对以往国家历史的挚爱,要比不同的出生地来得重要;然而,后者的差别现在成了相当一部分摩擦的起因。因为奥地利和德国控制地区的波兰人从严格意义上说,成了异己之敌。德控地区的波兰人在数量上相对较少,而奥地利控制地区的波兰人感到他们与俄控地区的波兰人一样爱国,却无由来地受到歧视,尤其见于在重要的军工厂的招工方面。

### II. 美国波兰人的组织

在对以下这些主要的组织作出简短的概述之前,我们或许要说,美国的波兰人并没有被很好地组织起来。如与犹太人、波西米亚人、俄国人甚至意大利人相比,在这方面,他们处于十分不利的地位。只有不到十分之一的波兰人,以其民族身份加入了各种公益性质的、教会的和政治的组织。这种情况使一些人数很少的波兰人团体的领导人可以巧妙地把他们当作全体波兰人来说事,以他们的名义来放言高论。美国的波兰人组织的历史极为复杂,它表现为组织内部一长串脱离、结盟、分裂和争斗的过程。三种主要的作用因素造成了这一系列变化。

1. **资金因素**。最大的和最重要的组织要对救济金进行分发处理。首要的目的是帮助那些刚到美国的移民,他们人生地不熟,又陷入经济的窘境。这些救助活动包括为他们建房和贷款提供方便,保护他们免遭疾病和不测之灾等等。就在战争爆发前不久的那些年里,成立了一个用于向欧洲筹集和分发资金的组织,它曾被人们宣传过;它代表一个自由和独立的波兰,还组织过与此事有关的军事训练。自然,战争本身增加了这种筹集资金用于救助波兰人的作用。

2. **教会势力的因素**。严格说来,这一名目与上述因素是分不开的。就第一次大的分裂而论,波兰民族联盟和波兰罗马天主教联盟之间不和就涉及对资金的控制,这导致波兰罗马天主教联盟作为一个新的组织形成起来。一般来看,这些组织之所以称为教会组织,与其说是因为它们对一般的教会政治和教团活动感兴趣,不如说是因为事关堂区教士们的利益。事实上,波兰教士、爱尔兰教士和教会集团在处理他们内部的问题上产生了很大的摩擦。波兰人指出了这一事实,他们只有一个罗马教的主教,并声称爱尔兰人和德国人不断地从这件事上受益。波兰和爱尔兰的神职人员也在美国化的问题上发生了摩擦,后者赞同美国化;而前者,特别是出生在波兰的老一代堂区教士,则反对美国化。就对如此复杂的事务作出的任何一般陈述来看,对美国化的恐惧并非指对美国的政治和社会生活感到害怕,而要归因于这样一种信念,即美国化会削弱堂区教士对教徒直接的人身控制。普鲁士的西里西亚地区存在着很多强大的新教组织,美国的波兰人组织中却找不到这些新教徒的代表。这造成了以信仰划界、鼓励宗派冲突的不幸后果,因为这里也许不存在所谓宗教的中间阶层。在波兰人的思想和道德生活,包括波兰人的报刊评论中,可清晰地看到划分出的教士和反教士的阵营。

3. **政治因素**。总体而论,这是一个明白无误的从属因素,尤其在看待国内政治的问题上。波兰人大体会把选票投给共和党。筹划波兰事务的总部一般说来设在芝加哥,史穆尔斯基先生在处理波兰事务方面是个极具影响力的人物,他与共和党的地方机构有着密切的往来。在费城地区,除社会主义者的团体之外,波兰人实际上完全被彭罗塞(B. Penrose)的政党组织控制,直至最近某些波兰人的社团倒向瓦雷(Vare)一派。在1912年的大选期间,派作广告宣传的日常媒介就是那份民族联盟的机关报,它花了5000美元用于支持共和党候选人竞选美国总统。虽然该项动议以这笔钱今后须返还为条件在联盟大会上获得通过,但有人指出,波兰民族联盟从未遵守这项决议,理由就在于史穆尔斯基的影响力。

### III. 主要的组织

波兰民族联盟是第一个成立的组织,也是最大的组织。自它于20世纪30年代成立以来,它促进了移民的一般利益,它在这方面的工作很长时期一直开展得卓有成效。美国南北战争期间,它显示出了高尚的爱国精神。第二大组织是波兰罗马天主教联盟,或者叫教会同盟,正如以上提到的,那次分裂主要起因于让未受神职的一般信徒还是让教士首先有权来掌管资金引发的争论。一段时期以来,波兰民族联盟和波兰罗马天主教联盟之间为此一直进行着激烈的争斗,直到波罗马天主教联盟对波兰民族联盟实质上占据了上风为止,以下马上会对此作出一些相关的思考。到了1912年,美国仅存的一个对欧洲的波兰政治问题还表现出积极关注的组织,是波兰之鹰联盟或者像"索科尔"之类的组织。这类团体的原本意图是着眼于为波兰的独立而斗争的最终目标,对年轻人进行军事训练。当波兰独立的前景变得越来越渺茫的时候,这些社团愈益带有如同德国人的体育协会那样的性质。人们既然谈不上对体育抱有浓厚的兴趣,这类社团也就失去了正当名分。加之,约在1905年,总部设在匹兹堡、称为"自由之鹰"的组织与总部设在芝加哥、坚持原有路线的"鹰"组织闹矛盾了,后者与波兰民族联盟有着较密切的联系。1912年,加利西亚革命运动的发展开始在这里激起反响,在教士政治势力的支持下,人们在匹兹堡召开了一次大会,以使这两个代表全体美国波兰人的组织为再次积极参与支持国外的革命运动而携手合作。与此同时,美国的毕苏斯基的激进党的代表与波兰民族联盟中较倾向于民族主义的一派,以及与一个较小的、名为波兰青年联盟的组织取得了共识,打算在与较大的波兰人大会的合作基础上,而非限于与两大"鹰"派组织中哪一派合作的基础上,成立一个联盟。其目的是将美国的所有移民团体团结起来,只要这些团体支持欧洲争取一个自由、独立的波兰的运动。德布斯基(A. Debski)先生是一个已取得美国国籍的公民,他在这次大会上代表毕苏斯基将军一方。这次大会唤起了对独立波兰的极大热情,一个新的联合组织由此形成,这个名为"国防委员会"的组织以相应的波兰文字的首字母K. O. N为人所知。于是,这个组织便于1912年12月在匹兹堡诞生了。它是美国级别最高的组织,其目标是赢得波兰的独立。下面就是已通过的决议:

由于我们的祖国远在数千里之外,我们不能积极参与制定国家的政策,我们服从波兰的主张统一独立的党派的指导,这些党派的主张体现在他们的代表于1912年秋季在扎科帕涅达成的决议中,他们现在已在为波兰军队创设一项军事用途的基金。按照上述党派提出的政治方案,我们发誓要全力以赴去推动反对俄国的革命运动。俄国是波兰最大的敌人,是压迫、野蛮、黑暗势力的代表,是欧洲专制主义的代表和无视国家主权的代表。出于推动这一运动的目的,我们在这里成立了国防委员会。武装斗争万岁!自由万岁!独立的波兰共和国万岁!

美国所有党派的代表,以宣誓的方式接受了上述决议。波兰民族联盟的会长当选为委员会的主席。波兰天主教联盟的司库以及罗德(P. Rhode)主教成为该组织的名誉主席。

鉴于上述很容易就能被历史文件佐证的这些事实,显然,把K.O.N组织说成是在奥地利支持下形成起来的,或是凭借了在美国的奥地利代表的活动,甚而得到了奥地利大使馆的资金支持,这就犯了故意捏造的过错;或者说,如今发布这些有关K.O.N声明的波兰联盟和教士组织的代表,正是他们自己在1912年执意犯下了把一项代表奥地利利益的运动当作自由、独立的波兰事业看待的过错。要在这两者中作出选择,是很容易的。

1913年6月,K.O.N中的教士代表退出了该组织。他们的反对者声称,这种脱离归于他们无力为其自身目的而对新的组织取得控制。同时,国家会议诞生了。国家会议的特质可从下述他们的正式报告中所用的字眼看出:"基督的圣心庇护下的波兰罗马天主教联盟属下的组织创设了国家会议。"与此同时,波兰民族联盟发现自己遇到了两股火力的夹击,一股火力来自移民中的激进分子,与那些热衷通过革命斗争来争取波兰自由的人;另一股火力来自罗马天主教联盟。1913年到1914年,它实际上投向了罗马天主教联盟一边,次年也退出了K.O.N。罗马天主教联盟为自己招降了民族联盟而大喜过望。

就在此时,在1914年的春季,更为反动的一伙人的代表到欧洲去了一趟;1917年5月,这伙人使波兰民族联盟和那份洛桑备忘录中提到的民族民主党的组织挂上了钩。于是,这个联盟的对外政策不再反俄,转而变为亲沙皇了。这一属从关系的存在,可从美国以及欧洲的信息来源处得到证实。国家会议的报告中使用了如下词句：

> 我们和代表着波兰民族决定性多数的所有三大部分团体的人士进行了对话,他们使加利西亚、德占波兰地区的国家会议和波兰王国的民族民主党人的组织走到了一起,并达成了团结。我们的新闻办事处与国家会议设在伦敦、巴黎、罗马和慕尼黑的相应机构保持着密切联系。

把炫耀"决定性多数"这一点暂且略过不谈,这一段话清楚地表明了国家会议的保守的属从关系。虽然它得到了亲俄势力的支持,但并没有采纳有利于协约国的立场。它提醒波兰移民,不要为了救援的目的,把他们辛苦挣得的钱送到除波兰以外的任何遭受战争侵袭的国家。

与此同时,国家会议终于公开地、直言不讳地反对美国化。

> 来自波兰第四个部分的波兰人即美国的波兰人,他们终究要为反对美国式的滥用自由,以及由此助长起来对波兰的漠不关心而斗争,最终要为反对整个美国化而斗争。
> 
> 我们这里存有的是英-美式的教育体制,它们用其法定地位使我们失去了判断力,并以其自由教育的方式或许使我们诉诸那种袖珍本之类的知识。这样,它们就扼杀了我们良心深处发出的声音,而正是我们的良心使我们为自己的祖国而献身。
> 
> 我们让我们的孩子听从那些陌生人的指导,我们把他们移植到一块陌生的土地上,他们在那里不幸吸收了异乡的流质,丢失了波兰人的元素,并且在逐渐丧失这种元素。于是,美国-波兰人失去了他们的孩子。如果任这一过程进行下去,这一可怕过程的最终结果是:美国的波兰人不再会被称作波兰第四部分的波兰人,因为他们最终消失不见了。

当波兰难民救援委员会在帕岱莱夫斯基先生的领导下建立起来后,它与国家会议联合组成了所谓的国家部;自那时起,它便吹嘘自己掌控着美国的波兰人事务。在一段短时间里,这个国家部是国家会议和波兰难民救援委员会的下属机构,但后来它们之间的关系突然发生了颠倒,这两个组织反而成了国家部的分支。我们已能发现,这个新的组织受着欲望的支配,是在几个领导人的统盘策划下形成的。就此而论,不管怎么说,它使波兰人的不同活动处于一种无助的混乱状态,这在很大程度上要为现今存在于波兰人境况中的各种难点问题和有害的因素负责。因为它所包罗的东西:对国内的波兰人示以关爱的一般的慈善和赔偿活动、国内的政治活动和通过帕岱莱夫斯基先生与巴黎委员会的关系进行的国外政治活动、罗马天主教联盟的教会组织活动等等,没有任何明确的劳动分工形式和适当的战时协作救助活动的形式。很难发明一个类似这样的组织,它能更为有意地引入混乱,更适合让自己听命于高层控制的目的。这个"控股公司"构成了召集和操办底特律大会的基本队伍,以及那个自此对波兰人进行永久控制的组织的基础(见下述)。

至此,我们找到了美国的波兰各党派一定的分化路线,以及这种分化与欧洲的政治脉理存在的关联。一方面,K.O.N 组织仍坚守着 1912 年制定的、以首先反俄来为波兰的独立而斗争的原则,它的残余人员接受了以毕苏斯基将军为首的激进组织的政治策略,后者如今被关在德国人的监狱里。另一方面,自 1914年以来,教士的保守派别直接挂靠上了欧洲的民族民主党,并倾力要使美国的广大波兰人改换脑筋去支持这一派别,其中的一项安排已如上述,这就是 1918 年8 月终于隆重召开的底特律大会。

为了牢牢控制美国的局面,保守的派别不断对 K.O.N 进行指责,一会儿说从其愿望和原则上看,他们事实上是亲德的;一会儿又说从其更为谨慎的声明来看,他们正在探索的那种政策其结果也只能是亲德的。这类指责部分的是基于无视上述历史形成的欧洲的相关事实,部分的是基于对 1912 年 K.O.N 组织形成情况所做的捏造,部分的则是由于 K.O.N 的领导人犯下的政策错误所致。虽说必须公正地指出,这些现在反对 K.O.N 的人当初也参与犯下了这许多错误。这些政策上的错误涉及与波兰军队的关系问题、对摄政政府的态度、对协约国的批评,特别是对大不列颠的批评等。

K.O.N 过于偏向摄政政府,把它看成是独立的波兰国的合法的临时政府,过多地曲解德国军事占领的后果。这一错误使 K.O.N 的敌手一方面基于对摄政政府明确的亲德性质所作的蓄意附会,另一方面基于对 K.O.N 的动机所作的虚假陈述,对 K.O.N 这一组织做了失实的报道。K.O.N 对摄政政府忠诚的程度和性质被夸大了。在国内政治方面,K.O.N 与波兰的左翼党派站在一起,与摄政政府教士的、君主制的和贵族派头的体制形成了巨大的对立;他们还在制定有关让摄政政府对德国当局施加更大压力的策略问题上,与后者针锋相对。在对外关系方面,他们宣称,摄政政府作为波兰国土上的政府,有权要求得到外国土地上那些无人能够代表的移民的承认。这一要求部分应归于历史的连贯性,由于过去的波兰也出现过一些起义和造反的情况,这个问题就变成临时的治理实体是否非要放在波兰的本土或者它是不是一种老的治理体制的问题。对这一问题的看法,K. O. N 坚持前者那种激进派的立场,而德莫夫斯基先生的立场却出现了变化。这一要求的另一个或许更主要的理由在于:激进的党派宁愿摄政政府也不要控制巴黎委员会那个组织的统治,尽管前者具有保守的特征。当各种人还在不同场合轻率地敦促协约国对摄政政府予以正式承认之际,K. O. N 在1918年5月的费城大会上径直宣告道:

> 我们对波兰王国的摄政政府表示崇高的敬意!它是波兰唯一现存的政府,它对德国人阻挠波兰独立的侵略行径庄严地提出抗议并对其进行抵制,并反对在未得到波兰民族授权的情况下在国外成立所谓波兰政府的图谋。

最后的一句话,明显是针对巴黎委员会而发的。

目前,在美国的波兰人的心目中,摄政政府的问题已不再重要。K. O. N 的领导人已承认他们先前的政策是不明智的,如今只是要求在美国和协约国的控制和监督下成立一个由各党派委任的代表委员会与波兰的所有团体,包括摄政政府进行接触。保守的和激进的党派成员已告知我们,通过设在瑞士和斯德哥尔摩的各种地下渠道,这样的接触是完全可行的。

对大不列颠和法国的批评要归为两个原因。首先,波兰人中有一股强烈的同情心,认为他们代表着一个被压迫的民族和爱尔兰人。于是,激进的波兰人竟然不适当地将他们自己与美国爱尔兰人中的极端分子联系在一起。其次,在于协约国将波兰的利益交由俄国这个波兰历史上最大的敌人和压迫者来掌管。这一摩擦的根源在很大程度上被消除了,因为美国投入了战争;并且人们相信,美国的影响力将在和平会议期间抵消任何欧洲国家的影响,以及凡尔赛会议①公布的

---

① 协约国于第一次世界大战后举行的旨在协调各国军事行动的会议。——译者

那份声明的影响。如今的趋向是,批评协约国政府没有进一步落实军事会议这份声明的并不仅限于激进分子。K.O.N的领导人现在已同意放弃对协约国政府再作任何批评,并动用他们的追随者在美国的所有影响力去阻止这类批评。

K.O.N的敌人在他们的社会主义问题上大做文章,目的是要把K.O.N和美国正式的社会主义政党在圣路易斯政纲中阐述的非爱国主义态度联系在一起,以此强化对其亲德倾向的谴责,或至少是指责他们对这场战争漠不关心。事实上,美国的K.O.N如同它从属的欧洲那些激进政党一样,并不持有正统的社会主义立场,因为它将民族主义置于国际主义之上。美国的K.O.N的追随者已被人们从社会主义政党中正式逐出。就在美国参战之前,费城的波兰社会主义者受到了惩戒,因为他们筹集了一笔钱,并把它交给了毕苏斯基将军。正统的社会主义者提出了反对意见,认为这显示了一种黩武主义和民族主义的精神。在上次芝加哥的市政选举中,激进的波兰人主要支持持社会主义立场的候选人当市长。在纽约市,他们更明确地提出了忠诚问题。他们支持米切尔先生,毫不留情地将希尔奎特痛斥了一顿。

在K.O.N中,也许有个别人情感上特别亲德,其中甚至有德国人的内探,其情形一如我们人口的其他成分中存在的情况。我不能过分激烈地谈到对K.O.N的领导人进行的含蓄批评、失实报道和个人攻击等恶意伤人的运动。在纽约,这样的领导人有三位:库拉科夫斯基(Bronislaw D. Kulakowski)先生,他显然是个学者和该团体的思想领袖;德布斯基先生,一位编辑和一个注重行动的人;索斯诺夫斯基(George J. Sosnowski)先生,他那些欧洲的同伴更确切点说是一些军人。我与最后这位先生没有什么个人接触,但令人惊奇的是,有关他的传闻并不涉及其忠心耿耿的个人品质,那些诋毁性的个人报道老是影射他可能的亲德倾向。他在个人和财务的诚信问题上招致的非议,引起他的朋友包括受人尊重的美国人的指责,认为他的行为是一种恶意诓骗。我从可靠的消息来源处获悉,一位从华沙过来的波兰人(当他待在美国的时候)是这些报道的始作俑者;他拒绝与索斯诺夫斯基先生会面,就后者遭到的指控当面对质。据我的判断,如果这些报道像帕岱莱夫斯基先生的同僚们深信的那样事关大局,那么,这些指控会形诸文字,索斯诺夫斯基先生和他的控告方会受到法官公正的审判。

我已经看够了对前面两位先生所作的评判,人们确信他们有欺瞒行为。有关他们肆意欺瞒的报道在到处散播——比如,德布斯基先生拥有一家农庄,他在新泽西州的这家农庄是在奥地利前驻美公使杜巴先生的帮助下得到的;这一传闻如此明显地缺乏任何事实根据,只有恶意中伤才能对它的流传加以解释。又如,德布斯基拍过一张"身穿奥地利军装"的照片,这套军装事实上是一支波兰军队的制服,德布斯基先生穿上它是为了冒着生命危险前往华沙探视,他要在德国占领区增强波兰民族主义者的人手以对付德国人的阴谋。这两位先生都在欧洲从事着争取波兰人独立的斗争,两人甘冒坐牢的危险,他们的家产甚至生命都已从属于自由波兰的事业。而在那时,这些现今在猛烈攻击他们的人却不作任何牺牲,生活得轻松、富足,并与波兰的压迫者保持着良好的关系。尽管如此,尽管事实上德布斯基先生是毕苏斯基将军在美国的正式代表,人们还是使用十分卑劣的影射手段来攻击他们。

我再举一个采用这种手段的事例,军事情报局的一些官员是这一事件的目击者。我们于8月17日在华盛顿与波兰新闻社的怀特先生和韦达先生做了一次交谈,军事情报局雇佣的情报人员、前美国驻彼得格勒大使馆的首席译员斯达林斯基(John Stalinski)先生也是被邀谈的人员之一。怀特先生就斯达林斯基先生对波兰问题兴趣的用意加以影射,接着,好像是为了最终证明其身份不合,他又说,他想知道斯达林斯基先生是否与彼得格勒的列德尼茨基(A. Lednicki)有过联系。我对他说,我对斯达林斯基先生和列德尼茨基先生的关系一无所知,但怀特先生是否能解释一下,假如斯达林斯基先生果真与后者有任何途径的联系,他为何就要招致非议呢?怀特先生答道:"那我们现在就不能讨论下去了。"事情是这样的,列德尼茨基是俄国波兰人中的波兰民主党人的领袖。正像该团体中的其他人一样,他与克伦斯基政府保持着十分良好的关系。他被摄政政府任命为一个委员会的主席,以便与克伦斯基政权处理有关波兰和俄国之间存在的有待解决的事宜。或许是受到了德国政府的压力,布尔什维克党人拒绝承认他——简言之,列德尼茨基先生是个有胆有识的清廉正直之士,唯一可说他的,他是激进分子,而不是保守人物,虽说也不是极端分子。我之所以提到这件事,并不是想借此对有关库拉科夫斯基先生和德布斯基先生贪污受贿、生活奢侈、作假行骗的谴责作一个对照,而是因为它提供了采用拐弯抹角和含沙射影手段进行攻击的一个极好的例子。运用这种手段,非常成功地使美国人在对外政策方面陷入无知,败坏了所有那些不愿息事宁人地臣服于美国的辛斯基(A. Syski)-帕岱莱夫斯基-史穆尔斯基联手打造的组织的那些人物及其活动的名声。

采用这样的手段,其动机值得仔细观察和反复诘问。他们之所以要这样做,是因为借此有效的手段可以封堵对美国政府提供信息和施加影响的重要管道;当统一之大势不可避免到来的时候,在美国的波兰人中间挑动冲突与不和。有一个值得注意的理由促人思考,除了个人和派性的动机外,K.O.N的敌对者无意中干了德国人要干的事,因为比起对波兰人的激进团体进行诽谤从而败坏其名声,没有什么东西更能用来帮助德国人对这里及海外的波兰人进行宣传了。K.O.N作为有组织的波兰人的一个团体,其成员的数量不及民族联盟或罗马天主教联盟,但它的敌人却众口一词地认为,它容纳着美国波兰人中"最有能力和最有头脑的人",它对所有较具理智和技能的工人具有极大的影响力。这类恶毒的迫害还未造成更大的伤害,唯一的理由在于K.O.N的领导人对美国政府的彻底忠诚。他们已相信未来之自由和独立的波兰的希望要仰仗美国,所以用很不一般的平静和耐心忍受着对他们混淆视听的攻击。前面提到的对协约国采取的批评立场含有其另一面,这就是一种热情的信念:波兰的事业和美国在如今这场战争中的利益是相统一的。这个对于美国和威尔逊总统的政策的信念在他们的敌人看来,是企图用一套迟来的伪装将他们的亲德面目遮盖起来。对K.O.N在整个战争期间公布的材料所做的带有扩展性的研究使我确信,无论这种攻击是出于无知还是蓄意恶谋,它都带有谎言的性质。

通过充分的文件材料的证据可以确认,与它的对手相比,K.O.N在当前的争斗和内讧中不负主要责任。它的对手处于极为有利的地位并发动了攻势。加之,K.O.N一再表示要团结起来参与战争,这种关注的态度有利于休战和形成各种力量的联合。但是,史穆尔斯基-帕岱莱夫斯基一派对这些有利因素要么视而不见,要么拒绝考虑。1917年10月,K.O.N的代表向国家部的官员提出了这样的建议,要是后者同意这个条件,美国应"接管波兰事务并以协约国的代表身份来指导其解决"。在一封日期为1918年9月9日的"致罗曼·德莫夫斯基先生的公开信"中,他们建议"巴黎委员会应吸收左翼政党的代表参与工作,组织起一个协商机构,它将与华盛顿的总部一起利用它的信息资源和各种关系来协助协约国内部处理波兰事务的委员会展开工作"。他们还建议召开一次会议,以便对促使共同的民族目标得以实现的方法一起来进行商讨。一位美国政府的代表参加了所有这些会谈,"因为唯有美国政府有权对美国国土上从事和进行的各种政治活动加以监控"。有时候,K.O.N除了成为个人争执的一方和遭受残酷无情的帮派手段打击之外,它对美国领导层处理波兰问题的热心,似乎还成为试图将其领导人错误地指斥为不可信的一种缘由。

### IV. 对美国波兰人状况加以了解和解释的方法

在看待波兰人通过传媒、大会、公开讨论或私下的流言和报道展现的种种活动的问题上,需要经常记住以下须考虑的事。

1. 波兰民众还没有组织起来,还没有找到清晰表达的手段。战争造成了有组织的波兰人的急速分裂,一方是教士的保守的党派,另一方是反教士的激进的党派。由于波兰民众是虔诚的天主教徒,相对而言,教士的党派较容易声称在为他们讲话,并把事务管理得看似能被事实证明的那样(见下述底特律大会那一部分)。

2. 要把美国波兰人的状况和活动置入欧洲的背景来看待,舍此不会得到理解。正如前面陈述所指出的,这一背景中有三种因素占据主要的地位:首先,波兰人分成了对奥地利相对宽容的政策和对俄国持几乎是决然偏执的政策的两部分人;其次,分成了赞同坚持以革命斗争来争取波兰独立的行动主义者和放弃斗争而达成妥协的消极主义者;再次,追求君主制和经济上持保守政策的政党与追求民主、显得激进和反教士的政党之间出现了冲突——这在很大程度上是与上述、也就是行动主义者与消极主义者的划分重合的。

3. 必须牢记这些事件发生的历史顺序。除非把对任何个人、境况或活动的陈述放到其合适的历史顺序中,否则无法作出正确的解释。重要的日子有：1905—1906年的流产革命和与1912年俄国立宪政府不断增长的撤军行动相联系的事态发展,这时革命党人的活动明显地聚集到加利西亚;1914年爆发的战争和俄国对波兰的态度,以及这种态度被协约国的谅解协议所接受;1917年,威尔逊总统的讲话、俄国革命和美国的参战。忽略由这一连串事件造成的变化和重新调整,就丢失了理解那些尚存疑问的事件的线索。

### 结论

1. 由于保守的和激进的政党之间的派别斗争长期延续、愈益升级,由一方对另一方形成的说法、指控、谴责等应以书面文字记录下来。对于那些附有证词的、如此具体而肯定的陈述,它们的作者应明确地负起责任,以免日后的调查表明其中存在无知或言语失实的地方。应当对提到的各种事关任何个人或运动过去的记录进行充分审查,对所有陈述进行反复究问,产生这类陈述的动机也要加以小心审视。如果能遵循这一做法,就会发现至此显露的各种细节逐步各得其所,它们会给出有关美国的波兰人之事件过程一幅相当完整而精确的画面。我已试图在这份报告中绘出一个概要,它相当全面,其主要特色就是尽可能做到准确。我刚才推荐的做法当能在充实这一概要中派上用场,并且其准确性事实上也能在这一过程中得到检验。如果把通过所建议的方法另行挖掘出的细节充入这个概要,将使之变得精确;如情况恰好相反,那证明我们走入了歧途。我很高兴呈交这份报告,以接受这样的检验。

2. 美国的广大波兰民众,包括那些表面上顺从帕岱莱夫斯基-史穆尔斯基领导的人,坚定地相信美国对战争取得主导地位的重要意义和对波兰的和平政策,对此不用丝毫怀疑。人们已就这一观点对我们作了反复申说,甚至那些在底特律大会上投票赞同使美国的波兰人听从巴黎委员会指挥的人也这样对我们说。这种确信,一方面要归于当其他协约国的政治家默不作声时,威尔逊总统对波兰表明的态度;另一方面要归于这一事实:历史条件和地理位置使美国可以做到公正不偏,而欧洲国家则无从做到这一点。有充分的理由相信,波兰人和其他被压迫民族恰好是以同样的眼光来看待美国这种领导地位的,而这一问题却由于美国的领导层明显屈从于从巴黎放逐到这里来的某个组织领导人而被搞得复杂化,且变得令人沮丧了。在对帕岱莱夫斯基提到这个问题时,他在谈话中采取了以下立场:首先,不需要突出美国的领导地位,因为眼下大家完全是融洽一致的;其次,他本人在一年半前联系波兰军队的组建问题曾提出过这个论点,但没有回音,即巴黎委员会的领导地位如今已是既成事实,法国承认这个委员会的态度已如此明确,以致它与美国处理波兰事务的委员会发生摩擦;再次,美国不仅是波兰而且是欧洲所有被压迫民族利益的天然卫士,但他作为巴黎委员会派到美国的正式全权代表,不能就改变目前的安排方式提出什么建议,任何变化都不能不是来自美国的倡议。如果美国提出这类倡议,他"原则上"会接受。在德莫夫斯基先生的公开讲话和私下交谈中,他强调美国在事关波兰未来问题上举足轻重的地位。波兰人愿意接受能使波兰人不同派别达成团结、对波兰问题进行专门研究并与海外波兰人的状况进行沟通的一个特别的美国委员会,这一意愿看来似乎对任何波兰人或波兰人团体是否把他们个人或派别的利益,或者他们的欲望置于自由、独立的波兰之上,构成了相当大的考验。这个委员会无论如何会对巴黎委员会以及它现在拥有的正式地位造成妨碍,这样的想法当然是荒谬的。美国的委员会当然会与巴黎委员会以及所有波兰人的党派团体进行合作。美国的委员会唯一会妨碍到的,是巴黎委员会要成为波兰临时政府以及作为其代表出席和会的那股野心,以及美国的某些波兰人的欲望和活动。他们如此害怕美国化,以致实际上宁愿对某个外国土地上的组织表示效忠,也不愿对美方通过一个特别的美国委员会探讨波兰问题表现出积极的兴趣。

### E. 底特律大会

我们将以上述各种势力的活动这样一个特定、具体的情况作为示例,对这次大会作一个简要的说明。

#### I. 大会的目标

8月26日开始的这一星期在底特律举行的大会,其召开要归为三个互相缠绕的原因。首先是财务问题,这将在以下较大篇幅中加以叙述。它至少包含四种因素:与筹集波兰难民救援基金会的钱款、军事委员会的钱款、芝加哥总部的钱款、地方市民委员会和堂区组织的钱款直接有关的问题。其次,在看起来和谐的外表下,三方不断发生的争吵,就美国民众和新闻界知晓的情况而言,则是指帕岱莱夫斯基及其同僚与以史穆尔斯基先生为代表的芝加哥集团之间发生的争吵。其三,以罗德主教和辛斯基司铎为首的教士集团据说成了更重要的引领者。贯彻1914年制定的计划,将美国的波兰人置于欧洲保守的民族民主党的控制下开展工作,大会指向此种关注的问题即是这一征象的表现。

七月,巴黎委员会极其保守的成员,普遍认为(如以上已叙述的)对英国外交部具有强大影响力的赛伊达先生肩负明确的使命被派到了美国。他是否对华盛顿的政府部门报告过什么情况,我无从了解。1918年7月16日,国家部的执行委员会与赛伊达先生作过一次正式会谈,过后通过了如下决议:

> 执行委员会把波兰国家委员会视为管理波兰人事务的政治组织。在它的领导下,正如我们迄今一直在做的那样,我们将为祖国而工作。执行委员

会承认这一波兰国家委员会对涉及波兰国家政治和波兰国家军队的所有之事拥有唯一有效的权威。

这份通过的决议与国家部为底特律大会所做的准备工作是存在关联的。在同一个会议上,还向德莫夫斯基先生发出了一份电报,邀请他出席大会。

要对这份决议和给德莫夫斯基先生的电报及其与大会的关系加以充分理解,就不能不提到在华盛顿同时发生的事件。7月18日当天出版的数家报纸刊载了一则报道,内容涉及参议员希契科克(G. M. Hitchcock)向参议院引荐的一份议案。这份议案除了承认一个自由、独立和统一的波兰外,还附有一则明确承认"总部设在法国巴黎的波兰国家委员会是波兰人民的正式代表"的条文。该议案明确地给予这一委员会这样的权力:由它决定那些从严格意义上说已成了敌人的波兰异己分子是否应当继续维持该身份或者应被视为友好国家的公民(后来才得知,这份议案的起草并没有打算引起公众的注意,只是由于希契科克办公室一位办事员的疏忽,导致报界获悉了这份议案的内容)。同时,据我们所知,驻美国的英国和法国政府的代表表达了两国政府要求所有协约成员国正式承认巴黎委员会为新波兰国的外交国防部的愿望,并且有几位代表私下批评美国政府几乎是无所顾忌地阻挠实现这一愿望。根据这些事实,可以使人明白无误地了解到那份决议的立意了。正如怀特先生在华盛顿的联合会谈中承认的,该决议是准备让底特律大会正式采纳的文件,力荐把巴黎委员会当作新的自由、独立的波兰国的外交国防部予以承认。透过这些情况,我们搞懂了1914年的联姻关系、赛伊达先生的来访、7月16日的决议、发给德莫夫斯基先生的电报和他到美国来出席大会(另外还应说的是,在根据来自参议员希契科克办公室的信息确立的这一联系中,那份起草的议案是通过华盛顿的分别代表帕岱莱夫斯基先生和史穆尔斯基先生利益的波兰新闻社的渠道送交参议员先生的)。在前面提到的那次对华盛顿的访问中,波兰新闻社的怀特先生强调要对这份决议进行公开讨论,试图将压力转嫁到美国政府头上,要美国去做至此为止它不愿去做的事。乌特哈上尉告诉我:出于这样的考虑,怀特先生对他说,这份拟就的决议就不交给他看了。

### II. 对大会的操纵

为了让这份决议具备应有的分量,在发起大会的有关表述中,这次会议的召开被看作是"所有美国波兰人都不持异议的最有可能发生的政治、国家事件,是全体移民的外部意志在可见的外部世界的落实"。而事实上,大会始终被一个小家子气的委员会组成的国家部全盘操控,确保这种操控的手段体现在两方面:

1. 选举代表的规则。这些规则是如此含混繁复,以至 8 月份大多数在美国出版的波兰人的报纸对它进行了直白的批评,包括那些基本上属于帕岱莱夫斯基-史穆尔斯基圈子里的热诚支持者的批评,以及独立人士或所谓贩卖波兰新闻的人士的批评。唯一众口一词、全力捍卫规则的是教士的报纸。首先,为名誉代表或凭其职位成为的代表,以及为指名道姓地提到的两个组织的主管,即"在不同的波兰人社区中拥有其基层组织的所有教士团体的主管和所有世俗国家组织的主管"制定的条文十分宽泛。地方市民委员会和国家部的地方办事机构的代表,也享有凭其职位成为当然代表的资格。此外,没有指出有资格选举代表的机构的名字。是什么目的使这些条文显得含糊和模棱两可,对此还不能确知;但毫无疑问,其效果是加强了芝加哥的执行委员会的控制力。例如,费城一个拥有全国性团体身份的组织,其选派代表的证明条件被拒绝了,理由是这一组织不具备选派代表的资格。这一规则后来在适用对象上发生了扭转,因为在实施过程中受到了压力。它表明中央委员甚至在大会召开前就让自己拥有了权力,但在引荐和委派自己的委员会代表时也要对其作出证明。值得注意的是,宾夕法尼亚州的组织和芝加哥的委员会就资金处理问题发生了摩擦,拒绝发给代表证书可视为是一种惩罚的措施。

波兰罗马天主教联盟的控制力可从以下的规定中看出。地方代表选举的区域范围与堂区的范围紧密挂钩。堂区的教士召集社团和地方社区的选举会议,并由他主持会议,除非他授权他人。大会的运作规程明确规定,教士团体毋需提供一定数额的筹款用于公共目的。我们已率直地报道过,名义上存在着为这次民众代表大会制定的条文,但显而易见,在费城和其他地方,它们是不起作用的。一个直接隶属于召集和掌控大会组织的、人数很少的团体,实际上自己选出了应选派的代表。

2. 在国家部为大会运作而事先制定的规则中,那种对大会加以操控的处心积虑甚至更为明显。除了一天以外,大会的全体会议都被用来聆听各个波兰人团体的发言,或者听取有关财务和其他事项的一般报告。应用于这类场合的规则指明,应聆听发言并听取报告但不作讨论。大会的实际事务交由数个小组会议去掌管。在这七个小组中,重要的人物,也就是书记员,是由国家部的执行委员会至少在四个星期前指定的;这些书记员拟定讨论的主题,并向小组提出以供参考。所制定的规则使任何代表都难于提供新的讨论材料。这些小组会议的成员不经选举而由大会主席指定。当全体大会在会议最后一天要对决议等进行最终表决时,有关规则认定,除了某个小组先前递交的提议外,整个会议结束前不再对新的提议作出考虑。此外,全体大会不以任何个人提出的方式讨论问题,除非小组里至少有三分之一的选举代表提出书面请求方予允准。

制定这些规则,显然是为了排斥 K.O.N 和通常持有异议的非教士派别的任何充分的代表性。这样的设计,也是为了把各种不和因素以及由于已提到的三方争吵而在较保守的党派内部造成的不满掩盖起来。在与一些派别领导人的交谈中,他们为制定这些代表选举及大会运作的规则的理由进行了辩护,首先,它们不管怎样,并不比那些经常施之于美国政治会议的那类规则坏到哪里去;其次,形势是如此复杂且具有"爆炸性",为了波兰人的团结和谐,要对局面保持强有力的控制,并将公开的议论批评降到最低的程度。

## III. 大会的决议

要对大会的各种活动进行巨细无遗的报道是不可能的。一种不可示人或至少是隐秘的而非广为宣传的气氛,笼罩着大会。很少看到底特律的报纸的报道,如果有的话,相当程度上也带有新闻机构刊登消息的特点,这种报道大多极为笼统。《纽约晚邮报》(*New York Evening Post*)和《基督教科学箴言报》(*Christian Science Monitor*)是美国唯一派有记者对大会进行报道的报纸。我们向一家新闻检索机构查询有关大会所有的新闻消息,结果只有纽约州的尤蒂卡市和宾夕法尼亚州的匹兹堡市的出版物中载有相关的报道,这两份出版物中刊载的主要是帕岱莱夫斯基先生的讲话。直至今日,莫说是波兰新闻社,就我们的探究所及,也不能对大会的实际成果作出任何充分的报道。就我们所能掌握的信息来看,大会主要取得了以下方面的成果:

1. 国家部这个现有组织的控制地位得到了确认。芝加哥的史穆尔斯基先生当选为国家部的常务主管。这个统管波兰事务的组织下设五个部门：军事部、救援部、财务部、新闻部和教育部。某种程度上可以说，根据对资金进行更大监管的要求选举产生了一个监督机构，该机构由一国派出一名代表组成，每年碰一次头。对现有组织的监督体现在如下规定所做的约束，即取得出席大会资格的那些代表在下四年举行的所有集会或会议中应继续保持他们的代表身份。按《基督教科学箴言报》的报道，罗马天主教会的代表和独立的波兰天主教会发生了争执，主要的争执点表现在持教权论和持君主论的教士们对美国的波兰人进行控制或企图进行控制的问题上。对波兰军团的主要争议或实际说来唯一的争议，表现在教权势力对这一组织的控制问题上。按这份报纸的说法，千余名代表中约有三分之一是罗马天主教会的教士，其余代表大多是罗马天主教的信徒，教士们掌控着大会。

2. 在涉及战争的问题上，计划征募50万人的军队，40万或50万人（原文如此——译者）从美国征召，其余要从西伯利亚和俄国征召。同意每月筹集150万元救济资金和保险资金等等。就军队的问题而论，鉴于以前征召的人数量很少，如何来做这件事，公开的报道对此语焉不详。

3. 德莫夫斯基先生是作为巴黎委员会的代表出席大会的，根据新闻报道，他对大会拥有支配权。有些报道说，德莫夫斯基先生建议在美国各城市设立领事馆，为在美国未取得美国公民身份的波兰人颁发波兰国籍证书。新闻报道说，这一计划已获得美国国务院的授权。除了号召建立一个包括但泽地区在内的自由、统一和独立的波兰外，决议较少使用民族民主党人以前惯用的那种帝国主义的言辞，他们欢迎"波兰的姊妹立陶宛获得自由"。德莫夫斯基先生和最后决议也煞费苦心地向犹太人保证，他们在新波兰国不会受到压制。

### F. 引起摩擦与失和的特定问题

这里我要讲到造成不满和争吵的某些特定的令人忧心的问题及起因。以上谈到了对费城一地得到的证据所作的初步探究的结果。我只是打算把这些问题列为产生那种状况的一个方面，该状况减缓了与战事有关的活动，或者引起总体上不利于鼓舞波兰人士气的内部纠纷，由此它使反美甚至是亲德的宣传得以继续进行下去。我们下面拟定了不同的标题，但我们碰到的大部分事情是互相影响的。就第一个标题即个人的特点以及它和财务、救济资金、白十字会、对波兰事务的宣传等标题存在的关系来看,这一点显得尤为真切。

## I. 个人的特点

　　个人的特点很大程度上集中表现在帕岱莱夫斯基夫妇和芝加哥的史穆尔斯基先生,以及与他站在一起的那些政治家之间存在的区别上。一些野心勃勃想要取得个人权力和声望的教士们,据说也是推波助澜的因素。我个人只同第一位先生有过接触,因而他是唯一一个被议论过的人。我们感到抱歉的是,形势使我们感到有必要把那些在正常情况下会被看作是令人不快的流言蜚语之类的东西照着再讲一遍。在当前,这些私人的事已凝结为某种呈现为有形事实并能够呼风唤雨的公众舆论了。

　　没有人怀疑帕岱莱夫斯基先生的口才、个人魅力和感召力,他运用婉转得体的方式处理那些引起他兴趣的事情的能力也是众所公认的。同时,他的声名的价值以及作为一名音乐家的崇高地位,使他被认为是美国波兰人中最受尊敬的人物。事实上,一般的说法是,他的声名显赫要归于这一情况,他是唯一在美国广为人知的波兰人。他的个人地位,连那些对他的手段加以批评并对他免不了因其影响力成为波兰政治和美国救援活动中的头面人物感到抱憾的人,也不能不点头称是。这类批评的主旨,据说是因为他想当一个令人敬佩的立宪政体的君主,他君临天下,但不用进行治理。他的统治以此为唯一条件,即他有一个由合格的顾问和能干的执行者组成的内阁的辅佐,然而,这一条件一般说来不是那么容易满足的——应当认识到,这类相关批评来自看似帕岱莱夫斯基忠实追随者的那些人,他们中间的许多代表参加了底特律大会。据传,他的自负竟使得他被身边的人轻而易举地作弄,以达到个人的目的。围绕着他的不同的小圈子里的那些人物彼此显然存在着相当激烈的竞争,因为在私下谈话中,他们任意贬低其他人对帕岱莱夫斯基先生的影响,把其他圈子里的人说成是骗子,这类现象并不罕见。人们普遍认为他是个大音乐家,但不是个实干家。他并不执意要使他本人学会一种严格意义上的经营型方法。

　　最强烈的批评以及绝大多数批评是针对帕岱莱夫斯基夫人而发的。人们指出,首先,她不是波兰人,她的父亲是俄国人,母亲是罗马尼亚籍犹太人。有人说,她对帕岱莱夫斯基的影响过了头,以致后者在涉及重要的政策问题上为了满足她的私欲而对她言听计从；她是一个十分强硬且精力充沛的人，直接或间接地插手波兰人各种形式的活动；哪个地方插不上手，她便要去搞垮它。我们听到对她持批评态度的人最温和的一种说法是，她患有歇斯底里症，缺少待人处世的意识；最激烈的说法则认为，她持有一种荒诞不经的唯我论，以至不顾一切地欲保个人的荣光。要是说帕岱莱夫斯基先生那些据说是反犹的活动并非源于他与民族民主党人的关系，那么这要归于她的影响。

对她的批评也牵连到她的儿子、帕岱莱夫斯基先生的继子戈尔斯基（Gorski）先生，他是波兰难民救援基金会的主席。有人说，从他过去的经历和现在的活动中找不到证明他足以胜任这一职务的东西，他之所以担任这一职务，完全是凭借其母亲的个人影响。他的萎靡不振、人头不熟、不会办事，被人们直言不讳地指责为是导致波兰难民救援基金会的运作相对来说失败的原因之一。坊间大量流传的报道形成了这样一种叙述，他领取大笔薪水，每星期的薪水从150美元到300美元的说法都有，通常的说法是200美元。身为救援基金会的主席，他每星期只花一两个小时来处理该会的事务。在回答人们的问题时，他说他的薪水不是由救援基金会支出的，而是由他的母亲自掏腰包。于是出现了反诉，帕岱莱夫斯基夫人本人付给他儿子的钱中，有两万美元是从波兰军事委员会的资金中划拨给她的。我不便一味地主张我们并不握有无论何种证据来验明这些控诉和反诉，但听任它们无休止地传播，其结果是极其有害的。就此而论，非常需要进行某种权威性的调查并发布声明，以便使它们永远不再散播开来。

有关这些琐碎的个人私事就说到这里。对帕岱莱夫斯基先生的批评还有：他太容易接受在某一既定时刻向他的耳朵里吹风的那些人的影响，以致他并不追求一种连贯的全面的政策，而时不时会莫名其妙地改变主意；他与亲俄和亲沙皇的人士过于接近并受其影响——在这方面，我们已在前面提到了与伊斯沃尔斯基有关的事件，同时在启程赴美国之前与英国报界进行的一次谈话中，他用阿谀奉承的措辞说到了"神圣沙皇的仁慈之灵庇佑波兰"；就在相对较近的这段时间里，他身旁的随从中出现了许多德国的支持者，他以他本人还未感觉到的方式被人利用了，受到德国人的影响。他先前与《自由波兰》（*Wolna Polska*）的老板克那普先生在这方面的密切关系也值得一提，这份刊物被人们看作是他的私人喉舌。

## II. 财务问题、救济资金等等

人们对美国波兰人事务中存在的财务问题普遍感到不满。这一不满关系到筹款数、筹款使用的方式,关系到对资金的管理、花费和账目说明。帕岱莱夫斯基家族一直企图保持其在用于战事和救济资金问题上独自拥有的支配权和发言权,这也是招致不满的原因之一。

1. 按《纽约时报》(*New York Times*)9月8日已公布的数字,波兰难民救援基金会筹到的钱款不足110万美元。考虑到美国的移民数量,在近期的战争年代里,他们中挣工资者的富足滋润,以及这些挣钱者未能如他们战前习惯的那样将钱寄回老家;同时,考虑到波兰经受的巨大苦难,以及美国人对波兰情形的感同身受,一如他们对所有欧洲受难者表现出的那种同情,这一数额看上去真是少得可怜。如果与筹措到用于其他遭受战争劫难民族中的那些难民,尤其是比利时人、犹太人和亚美尼亚人的款额相比,它更加显得微不足道。筹到的这笔小钱引起了人们的批评和互相指责,它们并不仅仅针对帕岱莱夫斯基,也指向了美国人。事情变成了这样,那些受到批评的人以指责美国公民对波兰持无关痛痒的态度来作为他们自己的挡箭牌。有人说美国人甚至暗地里在制造敌意,据说这种敌意一直在与波兰人的利益作对。前面提到的帕岱莱夫斯基集团、史穆尔斯基集团和波兰教士之间发生的摩擦,似乎很大程度上与在资金问题和资金筹措手段上引发的不同意见有关。但任何人都很难取得一种官方权威对这种摩擦的准确性质作出判定。除了缺少精明强干的办事能力,除了存在着将各个集团的个别人物的公众名声置于波兰利益之上的那种倾向外,只筹到这笔小钱的真正原因看来还得从对这一章节的其他段落的叙述所做的思考中去寻找。

2. 人们对筹款中使用的手段感到相当厌恶和忿恨。据说,这是因为它使波兰的事业显得一文不值。这类怨恨特别针对着帕岱莱夫斯基夫人,她并没有向民众讲述波兰的重要意义以及波兰遭受的真正苦难,她考虑的是次要、琐碎的个人之事。她就像在街市兜售兴奋剂的人那样在筹款。更严肃的批评则直指那项以筹集资金用于支持波兰国家军队的名义发起,并得到帕岱莱夫斯基支持的所谓"五月筹款行动"。波兰的新闻界和布道坛为此做了许多准备,并投入了大量的精力。直到底特律大会召开,有关这次行动却未见有收到了什么钱款的报道。与这些筹款的事相关的非议驳难,构成了先前提到的召开底特律大会的一个重大的财务上的原因。我们不断听人谈起,地方市民委员会和在筹款中起骨干作用的教士拒绝把他们筹到的钱送往芝加哥总部,因为以前送去的钱仍没有账目上的说明。这些资金其实用于秘密外交和政治目的上了,而其中的缘由是不能公之于众的。手头握有资金的地方组织认为,这类花费可能完全是合法的,但他们应有权派遣代表去芝加哥并坐镇在那里,这些代表可以监督秘密资金的用途以避免滥用。据我们听到的报道,芝加哥总部不见得同意这种监督,但它建议举行一次会议,这个会议应对处理资金的一种新的更令人满意的办法作出安排。有关"五月筹款行动"的一项特别针对帕岱莱夫斯基夫人的批评,还与这期间举办的几场音乐会有关;这几场音乐会皆由帕岱莱夫斯基负责组织,由一个名叫沃隆斯基的波兰人具体策划。据传,后者每星期可拿到350至400美元的高报酬。不用说,这笔钱来自筹款,它占了筹款的一大部分。这几场音乐会筹得的钱,甚至抵消不了包括支付酬金在内的演出开支。在音乐会上所做的吁请捐款的主题讲话和讲演,温和点说是琐碎而有失庄重的,放映的20张幻灯片的内容无一与波兰状况或直接与波兰军队有关。当出现帕岱莱夫斯基的形象时,打出了帕岱莱夫斯基先生是"我们的骄傲、我们的光荣、我们的领袖"的字幕。幻灯片的内容大多与所谓的"烫金证书"有关,它或由帕岱莱夫斯基先生拿着,或者摆放在战前克拉科夫的王室城堡里。幻灯片说到了各类证书,它们将由堂区教士作为奖状授予那些捐款者,证书上写有捐款者的名字。

3. 管理和使用资金的办法。人们提出,没有必要通过组织的重复设置而使某些人兼任双重职务,并领取双份薪水;不存在为不同团体的活动或者这些团体间的互相协作划定的一条泾渭分明的界线;这种叠床架屋不仅徒增开支,而且本身造成了财务管理的松弛,使各个团体交叉记账,或把账目转来转去。后一指责,是财务部门的人士郑重其事地对我们这样讲的。与指责没有必要的重复设置相呼应,有人指出,光是在纽约市一地,在戈登饭店、伊奥利亚会所以及第五十街七十号便各设有奢华的办事处。据说,如果把不同的办公室互相靠在一起,不仅可节省办公费用,而且会更有效率。有人问,为何战时贸易委员会发出这样的指令,只通过帕岱莱夫斯基先生之手才能把资金送往欧洲,而地方组织却要把他们的资金首先转交给芝加哥。姑且不论对实际贪污挪用资金的指控,这种不协调之处、缺乏条理和相应宣传的现象也是造成风言风语满天飞的主要原因。

不幸的是,在相关军事委员会支援波兰军队的活动与基金、政治宣传基金和一般波兰事务宣传基金与活动,和帕岱莱夫斯基先生及其夫人使用的基金与活动之间,并无明确的划分。这种明显的缺乏条理引起了人们的指责,即看似为了救济目的筹集的资金却花在军事、政治、新闻宣传等其他方面的用途上。举个事例说明一下,有人事后问一位捐出1000美元给救援基金会以救助波兰受难者的先生,他是否愿意用这笔钱来资助波兰军队,他表示同意;但留给他的印象却并不好,因为波兰难民救援基金会只应当关心对难民的救济。对以上提到的"五月筹款行动"中筹到的资金,波兰民族联盟公开宣称,不能把这笔钱花在军队上——他们的呼吁书中谈到了其中的理由——他们要把这笔钱留下来供和平会议使用。费城的地方社团以前一直把他们的钱直接送往瑞士的维维依的救援委员会,他们解释道,因为这能及时送达并令人满意地清账,还能获得应有的地方信誉。最终,他们被喝令停止直接把钱送往瑞士,而要送往芝加哥,虽说帕岱莱夫斯基先生当初也是这个瑞士委员会的发起人之一。费城的波兰人说,拒绝听从这一命令,也是拒绝接受他们的代表参加底特律大会的起因。这里我们随意聊起的这些事以及其他的事,说明了人们目前的不满和造成不满的缘由,以及在筹集、处置和花费资金中各团体因缺少适当的协力合作而造成这种摩擦的原因。

4. 也许我们所知的与救济资金有关的最重要的传闻涉及所谓的帕岱莱夫斯基夫妇的狭小气量,他们把筹款的功德全归于自己并将筹款之事严格地控制在自己手里。自战争爆发后波兰救援组织演变的简史,可对此事提供一个说明。先是在瑞士成立了波兰中央救援委员会,为波兰的饥饿人口筹集钱款。该委员会由显克维支(H. Sienkiewicz)、奥苏乔乌斯基(A. Ostrowski)和帕岱莱夫斯基等人组成。在美国,波兰民族联盟通过它的名叫独立部的机构筹款,波兰罗马天主教联盟则通过它的国家会议部门、"波兰之鹰"通过柯斯丘什科基金会进行筹款。1915年,这些社团联合成立了美国的波兰中央救援委员会。帕岱莱夫斯基先生此时在巴黎,委员会曾打电报给他,请求将他的名字列入荣誉委员名单,他回电表示这么做似不太妥当。这时,他在巴黎成立了一个由前面曾提到的伊斯沃尔斯基大使领衔的委员会。当他抵达纽约后,美国的委员会曾向他致电表示欢迎,但他没有回电;直到此类事情引起他的注意后,才答复说他从没听人说起过有这么个委员会。

塞布里切(Mme. Sembrich)夫人被选为纽约市成立的波兰人救援组织的主席,其委员中,有一些从事银行业务并具有广泛社会关系的美国人。这个组织的筹款活动很见起色,在巴尔的摩举办的招待会上,一次就筹到1万美元。塞布里切夫人不断催促帕岱莱夫斯基先生和其他人加入这一委员会并提供帮助。他没有答应,理由在于他是被波兰派来的,代表着全波兰。他不能仅作为美国委员会的一名成员,他要效力的委员会在其构成上必须带有全国的性质。他还宣称,一个重组的委员会除了他以及他所指定的人外不能有其他波兰人加入,所有资金必须经他的瑞士委员会转送,不得把资金交给波兰国土上的三个组织,也不能把它们交给瑞士的救援委员会。他特别反对把资金交给克拉科夫的最高国家委员会,理由是该委员会的军事机构要为毕苏斯基率领的军团与俄国交战一事负责。正是出于这个缘故,那种把毕苏斯基将军说成是德国人间谍的指责声沸沸扬扬。有人是这么说的,帕岱莱夫斯基夫人曾声称,他从德国政府那里领来马克分给每一个加入波兰军团的士兵。帕岱莱夫斯基先生开始筹组他自己的委员会,只要有可能就让塞布里切夫人为首的委员会中那些有影响力的成员转向他自己的与之抗衡的组织。与此同时,出现了对塞布里切夫人亲德国立场的含蓄的批评,甚至说她是德国雇佣的间谍。不久,塞布里切夫人发生了精神崩溃。结果,自那以后,她脱离了与波兰救援活动的联系。一批颇具影响力的美国人对事情的剧变感到愤慨,也退出了这类活动,此后再也不去关心与波兰受难者有关的事了。一些怀有异议的委员打算另组一个波兰-美国救援委员会,但该委员会也中途夭折了。

多少有些相似的传闻涉及纳依姆斯卡(Naimska)小姐从事的活动。纳依姆斯卡小姐是个谦逊、低调的女人,由于她竭力帮助波兰的受难者,因而遭到了极大的伤害。她本人不愿谈起这些事,而她的姐夫莱温斯基-科文(Lewinski-Corwin)先生也不愿多谈此事。莱温斯基-科文先生是纽约医学科学院的秘书,是《波兰政治史》(The Political History of Poland)一书的作者,该书被1918年7月号《美国历史评论》(American Historical Review)称为已出版的有关波兰历史的最佳书籍。尽管这些人品格高尚,当他们拒绝使自己服从帕岱莱夫斯基的利益时,便被说成是德国的同情者,并在从事亲德国人的活动。以下传闻是从我们的朋友那里听来的,我们有各方面的理由相信这些传闻是可靠的。纳依姆斯卡小姐曾于1916年的夏初到波兰开展救助妇女儿童的工作,她是受波兰国土上最大的妇女组织——波兰妇女同盟的邀请去那里的。为了在美国代表她们开展工作,为那些孤儿和波兰饥饿的孩子筹集资金,她携带适宜的证明文件返回美国,并在很短时间内为波兰以及波兰妇女同盟设在53个不同城市的分支机构汇去了2000美元。尽管纳依姆斯卡小姐筹集和汇往波兰的每一分钱都能找到适当的证明人,她的账目经审计后也都交给了纽约的慈善组织协会,但她的工作还是不断受人指责,她本人一直遭到迫害。帕岱莱夫斯基阵营的喉舌说她从未去过波兰,她的授权书是伪造的,她筹集的钱没有花在波兰孩子的身上,而被德国人的孩子花掉了。眼下她所从属的组织握有17000美元的捐款,这些钱大部分是那些不信任帕岱莱夫斯基先生及其夫人的人捐献的;这些人为他们的赠与设定的条件是,这笔钱不能经帕岱莱夫斯基之手送往波兰。似乎没有理由怀疑,如果不把如此大量的时间花在消除由对立派别制造的罪名和流言上,在美国的波兰妇女及美国同情者中本可很容易地筹到为数多得多的钱款。

图斯津诺维奇(Turczynowicz)女伯爵是一个美国人,她嫁给了一位波兰绅士,她还出版了一本名叫《当普鲁士人来到波兰》(*When the Prussians Came to Poland*)的书。当她在美国基督教女青年会的支持下开始为波兰的重建工作独立进行活动时,遭到了帕岱莱夫斯基夫人的反对。图斯津诺维奇女伯爵最初的活动是为波兰的疗养院筹钱,这项活动是在波兰军事委员会的指导下进行的。于是,图斯津诺维奇女伯爵成了波兰公共卫生委员会的一名成员,但帕岱莱夫斯基夫人突然指示波兰军事委员会不要让她出席任何有关会议。继而她被安排一个受帕岱莱夫斯基夫人领导筹措钱款的职务,每月可领取500美元外加旅行的费用。当她问起她筹到的钱派作何用时,她被告知这不是她能够管的事。她还被告知,要把已筹到的钱如数上交,否则军事委员会要警告波兰人对她加以防范,她不太可能再去从事任何工作了。此后不久,帕岱莱夫斯基派系的报纸上就出现了这种人身攻击。在1918年6月9日,威斯康星州密尔沃基的《波兰信使报》(*Kuryer Polski*)上可看到对这一传闻的详细报道。我们所获传闻的基本内容都得到了座实,而图斯津诺维奇夫人给我们留下的大致印象也得到了进一步确认。身为一个美国女人,图斯津诺维奇夫人与其他从事波兰救济工作的人的性情不同,她没有被吓倒,仍在继续从事她的活动。然而,就我们所知,帕岱莱夫斯基夫妇及其周围的随从会对他们不能亲手控制的每一个组织进行攻击并最终扑灭其活动,她算是一个仅有的例外。

其他有关企图保持一种专断地位的事例据传从以下这一情况中表露出来:威尔逊总统宣布1916年1月1日为波兰日。可是,是红十字会而不是帕岱莱夫斯基的委员会送交了筹款。如此对立造成的结果,是在美国全国只筹到区区几千美元。1916年初即有流传的报道说,波兰不可能接受到钱款衣物;帕岱莱夫斯基在美国的委员会并没有采取措施对这一报道进行驳斥,该报道对筹款一事产生了有害的影响。在维维依委员会(关于这个委员会,我们还记得,帕岱莱夫斯基先生是它的创始人之一)1916年3月7日收到的回电中,电文却是这样说的:"我们可以毫无延误地汇上钱款供给波兰。"

打算在美国的公益事业基金募捐日那天在波兰人社区中开展筹款活动的那些独立的组织,也经常招来不明就里甚至是隐蔽的敌意;在某些场合,甚至有人会把警察叫来进行干涉。在纽瓦克的一次筹款活动中,一个叫米由科维奇的人与纽约的戈尔斯基先生直接搭上了关系。米由科维奇试图将筹款收集起来上交,但遭到纽瓦克的波兰人的抵制;他便向戈尔斯基汇报此事,于是后者带了一帮波兰人到纽瓦克,他们在整个城市里竭尽全力地阻止人们进行筹款。以下一封由洛杉矶的 W·A·波洛夫斯基先生署名、于1918年8月3日发出的信,道出了到处都在使用的此类手段的特征。这封信是写给洛杉矶的波兰妇女同盟的,内容如下:

我们最近谈到了9月份某个时候上街进行募捐活动的事,我愿意向你奉告,一旦获得波兰的官方代表 I·J·帕岱莱夫斯基阁下授予的适宜的证明文件,你们社团的工作将得到联盟委员会的全力支持。

帕岱莱夫斯基的追随者不仅随意地把他称为大使、全权代表和阁下,而且从这封引述的信中可以看到,当其他手段均告失效时,他作为巴黎委员会代表的官方地位就被用来维护他自己对救济团体的专断权力了。

### III. 白十字会和红十字会

所谓白十字会的创建和活动,足以成为帕岱莱夫斯基夫人依仗她丈夫的支持从事有欠谨慎活动的又一个例子。今年4月份,拥戴帕岱莱夫斯基领导的波兰新闻社宣布,已在美国组织了一个波兰红十字会,它将成为法国的波兰红十字会的一个分支机构,而后者将与波兰国民军并肩进行活动;帕岱莱夫斯基夫人被任命为法国的波兰红十字会的会长,她在美国也将以相似的身份开展工作。这一声明甚至提到了波兰军事委员会的荷林斯基先生的名字,以显示其权威性。显然,因为还未采取这样的行动,从这份声明的产生可推断出是为了对采取某种这样的行动而做的铺垫。然而,这一计划面临某种显然不可逾越的障碍,例如将会出现一个法国的红十字会和一个美国的红十字会。但直至波兰成为一个独立的国家,不可能有个什么红十字会,即使出现了一个红十字会,其活动范围也只能限于波兰本土。可是,这个计划不久就以另一种方式复活了。约在7月中旬,波兰新闻社宣布,一个波兰的白十字会在法国成立,并得到了法国政府的正式认可;帕岱莱夫斯基夫人被任命为它的美国的领导人。可法国那边宣布的是:在美国成立了一个白十字会,它将与在法国的红十字会辖制下运作的波兰伤员救助委员会并肩开展工作。法国政府并未允许在它的领土上存在任何不受法国红十字会领导而自行其是的组织。这一事实可从7月12日那天从巴黎发来的电报中清楚地看出,电文中指出了美国的白十字会藉以进行运作的授权资格:

> 由与波兰国家委员会进行合作的法国-波兰军事委员会组成一个称为"波兰伤员救助"的委员会。该委员会与法国红十字会的下属团体结成紧密的工作关系,并直接与美国的由帕岱莱夫斯基夫人担任会长的波兰人组织结成紧密的工作关系。

华盛顿的法国驻美大使朱斯朗(J. J. Jusserand)在7月29日发表的声明中是这样说的:

> 法国大使很高兴地指出,他已告知海伦·帕岱莱夫斯基夫人担任会长的波兰白十字会组织(它与其他国家的红十字会禀具同样的目的),法国已完全承认该组织。这一组织将与巴黎的由波托斯基伯爵领衔的波兰伤员救助委员会联合开展工作。

这些官方文件清楚地表明,帕岱莱夫斯基夫人先是在美国成立了一个社团,她自己成为会长,接着就要确保它得到法国的承认;然而,这种承认完全限于美国一地,并没有给予波兰的白十字会以无论何种在法国国土上的正式地位。在这样的情况下,由波兰新闻社发表的误导人的声明以及波兰人实际上的一味崇信,特别是在美国为之动容的波兰妇女的一味崇信,至少也是令人遗憾的。即此而论,应当指出的是,无论何地存在的为波兰伤病员服务的妇女缝纫小组或其他组织付出的辛劳,都算在了属于海伦·帕岱莱夫斯基圈子的白十字会的头上。至少,在某些社区,此类组织被告知:除非它们成为海伦·帕岱莱夫斯基的白十字会的分支,否则,便不能继续进行活动。

正如我们所发现的情况那样,没有理由认为费城一地的组织终究是个例外。从这些情况得出的判断是:作为红十字会的一个抗衡者在实际运作的白十字会,它的存在极不受人欢迎。波兰妇女大多在宾夕法尼亚紧急事务委员会的指导下开展救助工作,该委员会是个官方机构,其目的是为了解救在法国的协约国军队中打仗的任何操外国语的军人家庭可能遭受的困厄。在费城的织造工居住区生活的男人大多属于 K. O. N 组织,妇女则直接在红十字会的指导下开展工作。我们在这里绝对找不到对任何新组织抱有何种渴望的迹象;事实上,人们极大地偏爱现存的组织,对强加于他们的那个新组织则表现出十足的怨恨。

此外,某些特定的恶果显露了出来:(1)认为波兰的利益从属于个人的荣光和野心的那种信念正在日益增长;(2)当战争自然而然地使波兰妇女更紧密地接触到美国人和美国的利益时,这些妇女却越来越游离于美国的利益和美国妇女之外,她们在隔离的环境中工作,于是战争就被用来抑制而不是促进美国化了;(3)产生了大量对红十字会不理智的、有害的批评和失实陈述。原因在于要证明白十字会的批评有理,并回复有关设置一个新的机构所需配备的职务、官员以及薪水等必要性问题。为了答复这些问题,并证明有必要成立白十字会,波兰新闻社以隐蔽的方式,而那些个人或私下的言谈则借助更为露骨的方式,发起了一场诋毁红十字会的运动。这类陈述老是说,美国红十字会关顾的只是在法国的美国军人,白十字会有必要过问一下照管波兰国民军中那些伤员的事。这类陈述指出,红十字会不会去扶持那些照管波兰国民军士兵的医院,因为美国红十字会对那类特别提供援助的医院是附带条件的,那就是这类医院要由它自己来管理,而不能由一个独立的组织加以管理。这种指责所含的倾向是很清楚的。四处散布的流言又在说,美国红十字会对波兰的救援活动并不如对其他那些被压迫民族的救援活动那样投以极大的关注;这类流言还旁敲侧击地指出,一位现与红十字会有关的官员曾与帕岱莱夫斯基的救援组织有过联系,此人运用他的影响来反对波兰受难者和波兰伤员的利益。最后,这类指控认为,由于白十字会得到了官方承认,红十字会是如此嫉恨并怀有敌意,以至白十字会如果想把那些外科器械材料和救援物资托运给波兰国民军,它会拒绝把它们运往法国。对这些类似事件作出的判断是:完全可以认为,如果白十字会还没有获得可观的金钱和社会收益,如此这般的指责会大量出现并形成声势。

### IV. 波兰军队

表面上看,在美国的波兰国民军问题的重要性要归于先前以K.O.N为首的反对派的态度,以及美国政府在1918年5月费城大会后通过军事情报局下达的指示:除非该组织停止其反对立场,它还是解散为好。然而,这个问题的背后还存在着一系列透显着基本的状况,以及影响波兰人对战争、对美国的态度更具重要意义的问题。

1. 为特别的波兰军队之存在所做的军事上的首要辩护,是说它由德国当局在对波兰的占领中招募波兰人加入德国军队而扶持了这样一支部队的结果,同时也要归为波兰和波兰人中到处燃起的、为协约国的目标而奋斗的热情。所有党派都接受了这些理由,认为波兰军队的存在是可取的事情。不同的意见和争执关涉到对军队管辖权的定位问题。民族民主党已通过巴黎委员会使自己得到了外界的承认,它力促将军队置于法国军事委员会和巴黎委员会的辖制下,借此进一步把巴黎委员会承认为新的波兰王国的国防部,继而增强它在未来控制波兰政治的斗争中的地位。该党的成员在大众媒体中吹嘘,这支50万人的军队中的绝大多数人是从美国招募的。在较为节制的正式言谈中,他们似乎愿意声称波兰军队可招募到10万至15万人——这一要求如以下会看到的,它用一种令人遗憾的方式形成了在美国征募兵员运动的名声。

另一方面,基于这支军队如今实质上已被激进政党认为的不公正的、无代表性的派别所控制这一事实,以及民族民主党借助这种控制在决定未来波兰是实行君主政体还是共和政体、波兰要执行经济帝国主义的反革命政策还是民主的进步政策的问题上赋予这支军队以令人无法接受的优越地位,致使它的声望不断增长的事实,欧洲的激进政党和美国的K.O.N组织反对这支波兰军队。有人坦言,巴黎委员会对波兰军队的实质控制,是阻止波兰人形成一支有效的帮助协约国打仗的军队的主要因素,这些波兰人原先在帮俄国人打仗。据估计,有7

万波兰人在帮俄国人打仗。但普遍的看法是,这些波兰人中的绝大多数人由于以前的观点,更由于俄国近来激进观点的迅速增长,他们对民族民主党并不信任,以至不愿听从它的指挥去作战。有人提出了这样的主张,随着协约国愈益接近正式承认一个自由、独立和统一的波兰,随着一个网罗了各党派具有广泛代表性的委员会的形成,从俄国的波兰人中征召一支人数庞大的军队会变得相对容易。当然,我们不会存有任何设想去对这些主张的优点作一番调查,但它们具有建设性,它们显然值得那些想要去弄清真正事实的人对其作一番调查。

无论如何,控制住俄国军队中前波兰士兵的主张,正变成一桩不断触发人们兴趣的事。在美国,为波兰军团招募兵员相对来说是失败的,帕岱莱夫斯基和德莫夫斯基的党派如今已就此事发表了异乎寻常的声明——见底特律大会作出的决议一节——全然不顾这一事实:有效的证据(这些证据并不足以使人作出完整的判断)趋于表明,波兰士兵们总体上怀有激进的倾向。波兰第一军某旅旅长多夫博尔-穆斯尼茨基将军本人是一个民族民主党人,他的以下言论似乎把任何个人的主张——比如最近来到美国的那批年轻军官发表的主张——撇在一边,而以一种毋庸置疑的口气谈到了俄国的波兰军队:"由于波兰第一军已被遣散,波兰国内或国外的任何组织、任何个人或任何由个人结成的团体都无权代表这支部队,或以这支部队的名义表达意见,或以它的名义去说话和办事。"

2.在美国发生的摩擦。K.O.N反对招募一支由巴黎委员会控制的庞大的波兰国民军队伍,又出于美国政府的请求而停止了这种反对的立场,这是众所周知的事实。联系这些事实而应有所了解的是:K.O.N和在美国的激进党派的领导人以及新闻机构与此同时发起了一场非常活跃的加入美国军队的运动。根据我们的调查,丝毫没有什么东西可用来证明这类肆无忌惮的断言,即为美国军队招募兵员作出的这些努力是一种不可信任的伪装。他们显然以真诚的信念、旺盛的精力在履行着这项任务。事实证明,波兰国民军的命运并不为美国的波兰人所关注,这一点与K.O.N的反对立场几乎不存在什么关联。取代口中报出的巨大数字(波兰负责征兵的官员和波兰新闻社的某个部门随兴所致地谈到要征兵5万至6万人)的,是招募到的仅1.5万人的新兵。人们纷纷指出了这一可疑情况,第五类公民中那些不具条件参加美国军队、怀有敌意的异己分子成了波兰军队天然的兵员储备库。事实上,有关纽约一地美国军队征募的波兰人的统计显示,80%以上的人来自波兰王国;因此不管怎样,他们是适于作为志愿者加入美国军队的。值得注意的是,同一统计显示,这部分招收的兵员中,属于波兰民族联盟的人不到6%,这一数字是招收的属于"波兰之鹰"的兵员的3倍;而"波兰之鹰"虽说近来已处于涣散状态,早先却是从属于K.O.N组织的。波兰国民军的命运相对而言不受人关注的状况,主要似应归于绝大多数波兰人愿意与美国军队发生联系的自然偏好。然而,波兰人包括波兰国民军的军官在内,他们对美国地方征兵站的名声表露出极大的不满,有关其不称职、缺乏干劲的指控随处可见。他们对坐落在第五街70号的军事委员会的管理部门心存的不满,也是昭然若揭。一些军人声称,他们看来更关心政治,更关心维持他们与帕岱莱夫斯基-史穆尔斯基集团的属从关系,而不是为波兰军队所做的乏味工作。我们所获的这类证据显示,这个所谓的军事委员会把大量的时间和精力花在设法筹集用于军队、保险、对家属扶危济困等资金上,而不是去鼓动征兵,激发人们对军队直接发生兴趣。我们已提到人们对筹集的资金未作出公开陈述一事怀有的不满。军事委员会负责地方征兵事务的官员使用的手段,同样受到了人们的批评。据称,军事委员会逼迫地方官员把他们自己口袋里的钱作为筹款预付给它。这项指控并非意在对贪污进行谴责,它表明了军事委员会把地方官员牢牢置于自己政治掌控之下的那种欲望。

为了兑现在法国作出的、在美国召集一支波兰军队的夸大其辞的承诺,帕岱莱夫斯基先生、塞伊达先生和在美的许多波兰军队官员赞成以如下方式进行征兵动员工作:(a)所有入籍(加入美国国籍)申请者,所有还未完成其完备入籍手续者,务必加入波兰军队而不是美国军队;(b)所有已成为美国公民、却尚未能自如地运用和理解英语的波兰人,都应从美国军队中退出,并转入波兰军队;(c)那些出于压力和热情作了征兵登记、却未到波兰军队中报到的一大批人,将被视为开小差的军人。

自然,美国政府并没有对这些主张表示认可;于是,他们不停地叫嚷,多少在波兰人中引起了摩擦。这种摩擦通常不以诉诸身体的暴力为归宿,但我们从芝加哥获悉的情况是:美国军队和波兰军队中的波兰人已变得如此情绪失控,以至互相对打起来,在他们各自家庭的亲属成员间也产生了冲突。额外的摩擦也时有发生,因为美国的巴黎委员会的拥护者为了对他们那点可怜的征兵成果进行辩护,便直言不讳地批评美国政府没有同意以上谈到的三点要求。

第五街70号的由平民组成的军事委员会颇为蹊跷地愿意去筹集资金,而不是投身组建军队的工作，这一点致使它对波兰国民军中的士兵的现实状况作出了失实的陈述。为了鼓动人们捐款，法国政府付给士兵们确保扶养家属的那点薪金数额被少报了许多。由此，人们指出，6月号《自由波兰》杂志上刊出的整页广告是在用对法国政府表示质疑这样的方式谎报事实。

3. 美国政府当然愿意分享所有协约成员国维持一支欧洲的波兰军队的那种兴趣，这支波兰军队的存在足以抵消德国对波兰的苦心经营，美国政府积极地促成将各地波兰人的利益与协约国的事业联为一体。目前的办法是不是达到这一目标的最好办法，对此有充分的理由引起怀疑。有几分咄咄逼人的波兰化和去美国化运动，伴随着在这个国家为波兰军队征召兵员的努力正在展开——按照顺序，要么第五类公民中那些条件合格者可以进入美国的军队，要么就加入波兰军队。波兰官员在与我们的谈话中并不打算隐瞒这一事实，即他们首先是并将永远是波兰人。他们认为，美国政府不鼓励波兰人从美军兵营转入波兰军队中去的做法是自私的。发生在美国人的兵营，例如戈登兵营的产生了预期效果的那种去美国化运动，是不可能在尼亚加拉兵营中出现的。波兰军队征召到的少量兵员，使这种去美国化运动的意义相对来说显得微不足道，尽管它往往扩散到相关人员的家庭和朋友中去了。

要造成取代这股去美国化趋向的条件，就应诉诸美国人对于波兰民众的同情心。据我的判断，为波兰军队募兵将会对此起到极大的推动作用。我们必须牢记波兰劳工在美国工业领域中占有的重要地位。事实上，战后会出现劳力的短缺，并且眼下已出现了鼓动波兰人和其他在东南欧等异域出生的人战后返归他们故土的运动（这是一个须加仔细探究的运动）。伴随战后必然发生的激烈的商业竞争，任何造成去美国化却又巩固了那些外国出生的人对美国奉献忠诚的种种潮流，值得引起我们的仔细关注。我们可提出这样的问题：鉴于征兵年龄发生的变化，以及由此有可能为美国军队提供的大量新兵，并联系到美国的委员会在处理波兰人中那些敌对异己分子问题时相对不太费力的境况，从技术上说，是否对处理波兰军队问题的办法作出的重新调整并不会带来益处。无论如何都不应去干预现存的、由法国军方统领的波兰军队，今后也许要鼓励波兰人加入由美国人直接指挥的波兰军队。这类新的波兰军团很容易从属于拟议中由美国统领的斯拉夫军团。我们有充分理由想到，较好的报酬、保险条款、为扶养者提供的养家费，以及美国兵营中浓烈得多的学习氛围，所有这些会很快招来大批波兰人入伍,从而也能对眼下波兰军队征兵工作的相对失利作出一些弥补。

### V. 美国的波兰人的宣传

人们对于美国对波兰事业的宣传的质和量,表现出极大的不满。有理智的波兰人觉得,这种感觉显然是完全正当的,波兰的事业与比利时的事业一样,它们是造成战争的被压迫民族问题中至关重要的一个议题——如果从长远的重要性看,波兰事业的重要性甚至比比利时的高出一筹,因为波兰面积更大、人口更多,它那非同寻常的战略地位使之成为欧洲解答未来战争与和平问题的钥匙。尽管占有这种重要的地位,波兰的大业相对来说只得到了微乎其微的宣传。这一责任相当程度上要直接归于地处华盛顿、由詹姆斯·C·怀特先生担任社长的波兰联合新闻社的头上。据说,这个新闻社更热衷于成为帕岱莱夫斯基夫妇和其他显要人物的新闻代办,而不是确保波兰各派势力对波兰的各种情况作出公开的讨论;它没有成为交流和表达波兰利益的正当的通道,却成了谣言、聊天或某个派别密谋反对另一个派别的中心(有关这一方面更多的事例,可参见1918年8月23日提交的第二份预估备忘录)。正如有人指出的,用一层面纱将底特律大会见不得人的诡秘的所作所为遮盖起来,以及不对这个声称代表着美国400万波兰人利益的大会进行任何报道。所有这些,要么说明了他们十足的低能,要么就是表明波兰联合新闻社的真正兴趣并不在宣传波兰,而只在服务于个人的私欲和派别利益。

### 总结

波兰各团体在看待战争,看待建立一个自由、统一、独立并拥有一个出海口的波兰的目标上,是具有共识的。它们彼此的不同,首先系于达到这种目的所采用的方法手段方面。但在看待方法手段上所显现出的这些不同,仍要返归到对新波兰国性质的不同认识。一个是泛波兰人的政党,它随意地谈论起3000万甚至3500万人口——如果不把大量的非波兰人口算进去,是不可能达到这一数字的。它渴望一个强有力的君主制,并把波兰很大程度上想象为俄国和德国之间的一个缓冲带;它期待重塑君主制,尽管这不是在波兰复活沙皇制度。如果还不至于直接置于俄国的势力范围之内,它至少盼望能与其结成紧密的同盟关系。

它大体上是一个泛斯拉夫人的政党,同时也是一个泛波兰人的政党。在争取出海口的问题上,它认识到,可通过对波兰领土边缘地带事实上的不断锲入,造成东普鲁士的分裂。这一政党主要以亲俄的政策争得俄国政府的另眼相看,并与巴黎和伦敦建立了十分良好的关系,并通过它的巴黎委员会,通过所谓的波兰国家会议,取得了某种程度的官方身份。

另一个政党倾向于以古波兰国的历史版图为据扩张波兰的边界,又在思忖着爱沙尼亚、利沃尼亚、立陶宛、乌克兰等成为独立国家的可能性,期待着日后建立一个自愿组成的联邦。它对但泽完全成为波兰领土无疑抱以乐观其成的态度,这将满足使之成为波兰名符其实的自由港的某种中立化和国际化的要求。它向往一个具备某种民主政府形式、对工业领域实行温和的社会主义政策的共和国。由于它的力量来自波兰的农民和熟练劳工,它在波兰要比任一其他政党的力量强大得多,虽然说尚未强大到足以与它的反对者的联合势力相抗衡。在外交政策上,它过去是极其反俄并颇为亲近奥地利的;在将来,如果二元帝国崩溃,那它很可能与匈牙利而不是与奥地利国中的德占地区结成更紧密的关系。除了在波兰或在俄国,该党并不拥有正式的身份,它在欧洲也不具有任何广泛的影响。虽说在法国,绝大多数属于温和的民主党派的波兰人愿意亲近它,他们不愿与民族民主党和巴黎委员会套近乎。这一党派因拥有毕苏斯基将军这个波兰目前的民族英雄而享有极高的威望。

在美国的波兰人组织及波兰事务中教士和反教士势力争夺主导权的斗争,以及由多数党派发起的诋毁激进党派的运动,极大地强化了这类源于欧洲而在美国国土上造成失和的因素。就大部分情况来说,这个运动皆源于过去的争吵;这类争吵很多是战前多少年前发生的事了,引发它们的原因或出于私怨或归于派性。这个丑化运动产生了三重效果:(a)造成了不和并加剧了冲突;(b)把一批具备旺盛精力、出众才智和丰富学识的能人挡在门外,由此堵塞了同美国公众甚至美国政府进行交流和互通讯息的重要渠道;(c)使政府失去了最为积极的辅助者,这个激进团体的领导人能够在自由贷款、红十字会运动,特别是在平息工业领域发生的骚动,加快工厂、矿山、船厂的生产等与战事相关的活动方面,助政府的一臂之力。应当记住,虽说这个团体是有组织的波兰人中的少数派,它的反对者一般承认它拥有美国最为能干的波兰人,它因其拥有组织起来的、更具技能的波兰劳工而比保守的派别更为强大。为数甚多的波兰人虽然名义上与它不相从属,但对它抱以同情——就是说,那些未与教会决裂的波兰人其实是反对教士参与政治活动的。这两个派别之外的理智的波兰人告诉我们,当K.O.N的面目主要由于已述及的丑化运动而变得云遮雾障的时候,保守党派使用的极其孤傲专横的手段实际上反倒增强了K.O.N的力量。何时会产生明显对它有利的相应形势,这只不过是个时间问题。要是在新的波兰国中,那些欧洲的共和党派比保守的赞成君主政体的党派表现得更好,这些独立的观察者们相信,就像1912年的情况一样,K.O.N会再次成为美国的波兰人政治组织的核心。

我们已不断指出,还未组织起来的广大波兰民众仍不太关心欧洲的党派纷争。如果没有两方面的原因,他们是不会被裹挟到美国一地发生的这样的争吵中的:首先,史穆尔斯基的团体和去美国化的教士团体之间的联系,自1913年至1914年间初露端倪而到底特律大会达于极致。这一派系对波兰人的组织取得了控制权。波兰民众大多是天主教徒,所以教士对他们的影响不言而喻,而以非政治的方式适当地施加这种影响,更会使它变得异常强烈。通过私下的接触,我们发现,这一总体局面一个最不幸的特征是:由于以上述及的状况,战争在波兰人中造成了反美势力增大而非减小的结果。其次,是帕岱莱夫斯基先生在美国人中拥有的声望和地位产生的影响。这种影响由于帕岱莱夫斯基先生的贴身随从控制的钱袋,由于自命为波兰新闻社和宣传部门的新闻代理人不遗余力的工作而得到了不断强化。帕岱莱夫斯基先生占据的巴黎委员会"大使"的准官方身份,使这种影响变成了铁定的事实:这个委员会一直以新波兰国临时政府的身份出现在波兰人面前。许多有影响的波兰人,包括那些作为代表参加底特律大会并对保持现有局面投了赞成票的人,他们个人都出于如下理由为帕岱莱夫斯基夫妇拥有的影响力感到震惊,即这样一来,波兰的利益便被个人的荣光吞没了;但他们又说,只要帕岱莱夫斯基对他们说他本人得到了大不列颠、法国和美国的官方支持,他们便什么事都干不成了。正如德莫夫斯基先生一方面通过所称的他对欧洲的影响而操控底特律大会;另一方面,这种操控又使他得以声称美国的400万波兰人对他一致表示拥护,从而加强他在欧洲的势力一样,帕岱莱夫斯基夫妇也会不断地利用他们在美国获得的控制力去阻止和压制波兰人的批评,继而又利用他们在波兰人中获得的所谓广泛声望而旁若无人地在美国人中间四处活动。

波兰人的纷争对波兰老百姓的操行产生了恶劣的影响,除此之外,波兰人的这一境况确实关涉到了美国的声誉、威望和影响。在国内,这一有害的反面效应在与救济工作、与白十字会和红十字会,以及与军队有关的活动中,到处显现了出来。要不是K.O.N领导人的忠贞不二,将他们排斥在正式委员会之外的举动只是激励着他们更为自觉地投身各项活动,那么,保守派别在由委员会掌管自由贷款一事中将激进党人的代表除名的做法所引起的烦扰是会造成有害影响的。在欧洲,保守派别一手遮天造成的有害效应,使美国与这一派别的命运完全拴在了一起。这不仅在海外波兰人中引发了不和,而且使德国的宣传家们对美国通过战争欲图达到的目的抱有怀疑。德国打算直接增强波兰的那类波兰人政党的影响力,该党不至于扮演自由、统一和独立的波兰的某种担保人的角色,而会欢迎在两种"奥地利解决方案"中选择一种,尤其当该方案采取在查理·斯蒂芬督导下将加利西亚和波兰王国合为一体的话。

在头脑清醒、立场独立的波兰人和美国人中普遍持有这样的印象,波兰人的派别如今互相恶斗,它们只有靠美国的外部压力才能真正走到一起。他们还确信,若非通过美国调解和美国人的帮助,它们不会将这种团结保持下去。一个有美国代表在内的处理波兰事务的美国委员会将能确保并维持它作为波兰人联合体中的成员资格。这一委员会将拒绝任何派别或波兰显要人物的加入,这一点将显现出它是否把个人野心或派别利益置于波兰的利益之上,或是它把对某个外国团体的忠诚置于对美国的忠诚之上。这一检验应无偏袒地施之于无论何种派别的代表,他们回应这一检验的方式将决定其最终的地位。除了中止冲突并加速推进民众的备战工作之外,这个委员会还应着手从事涉及下述某些方面或所有方面的有益活动:

1. 设立一个会赢得波兰人和美国人信任的财务机构或统一的财务组织。

2. 通过适当的立法形成一种机制,使真正忠于美国和协约国事业的波兰人能免除敌对异己分子的那种身份。

3. 鼓励从第五类公民中征召军人加入由美国实际控制的波兰军团。

4. 形成一种能对劳工(向他国或向本国移居的)、移民问题进行审视的基本构架,这是战后面临的一个紧迫问题。

5. 提供一种能够确保从所有波兰人的来源处获取信息并将其条理化的手段,借助这一手段,可以直接侦破导致产业工人骚动的原因并将其骚动平息下去。

6. 与境外，包括波兰本土所有的波兰人团体进行接触，由此也能清楚地了解美国波兰人问题造成的积极和消极的影响，平息德国人和奥地利人的宣传，使波兰本土的波兰人继续忠诚于协约国的事业。

鉴于在本文主要部分中已充分指出的那些原因，美国已被普遍看作是一个无偏见的国家，因此是一个能够无条件地赢得欧洲的波兰人的信任并将其保存下去的国家。

评 论

# 创造性的工业①
## ——评《工业的创造性冲动》

海伦·马罗(Helen Marot)著
纽约:E·P·达顿出版公司,1918年

《工业的创造性冲动》(Creative Impulse in Industry, a Proposition for Educators)这本书,思想丰赡。全书不到 150 页,其文思之紧凑不难想见。那些迫使自己以最节俭的手段把拥有的知识储备制作成一种表现样式的著述家,会利用马罗小姐陈列的材料写成好几卷大厚本的书。书评者则可通过对这类原文所作的发挥轻松地撰写一篇分派给他的文字,例如:"每个已确立的制度不仅会提供固定的观念,而且会造成固定的风俗和行为规范。中小学和大学则对它们加以散播,并对它们进行解释。""对恐惧的浑然不知而不是对工作的浑然不知,决定着人们的活动能力。""在今日,未被充分理解的人际关系对文明构成了显著的威胁。""一个无力运用它自己经验的社会,是没有力量去使用其他人或其他时间积累起来的经验的。"——这类话对我回想起的绅士们以诉诸过去习俗的方式对当前疾患进行诊疗的做法做了最好的印证。我希望这类片段引文能把读者带回到其抽取出来的整本书中去,它们还不能使我们对该书的主要思想作出评价,并领略其展开过程中运用的给人深刻印象的技巧。因此,我们很想谈到这一点,这本书没有使用任何心理学的词藻,但比起对工业贸易心理学加以论述的专业论文来说,它包含着更为健全的社会心理学,对人性的活动机理更具洞见。因为它是从共同的,也即普遍的人性观点出发写出的,而不是从竭力想从他的雇工身上榨取一切的雇主,或者通过售卖商品赚得利润的推销员的观点写出来的。

马罗小姐用她自己的语言向教师提出的话题是:"教师以及工程师和设计师

---

① 首次发表于《新共和》,第 17 期(1918 年),第 20、23 页。

的任务是向世界表明,为一个政治国家服务的观念使人们获得了取得巨大成果的力量,所有生产力都是人为地维持下去的,它并不取决于人的从事创造性工作的愿望。"直至今日,我们似乎并没有意识到,工业是一个充满着冒险和发展的巨大场地,我们出于开发的目的在利用着这块场地。今日的资本家以及工人之所以被工作和物质所吸引,并不是因为感兴趣于从中可真正*产生*出什么东西,而是从中*获得*的用于个人享受的目的,或是像德国那样,为了政治帝国的至上目的。结果,工业的安排不仅没有按照生产的力量或创造的意图予以实施,反而贯穿着对生产的厌恶。这是对我们现存工业秩序发出的带有决定意义的声讨书。

教师们在很大程度上反对教育职业化的尝试,因为那些禀其巨大声望在推动着这一运动的人只是想把学校纳入现存的"生意"体制中去。商人们自己也很少能够脱离生意或赚钱来理解工业的作用,经营工业乃是为了发挥生产的主动性,发展生产的能力。即使是"科学管理"的运动,也没能把它的行为科学推进得更远,而只是满足于指出把生产的手段加以标准化的重要意义;它从未想到自己在发现和确定这些标准时,要把员工之间合作的重要性列入其中。它所依靠的是外在的激励因素,它没有勇气或智慧来运用那种内在于生产任务本身的激励、刺激因素。随着教育正在经历着的那种转化,即从依靠外在的赏罚因素转向依靠内在的对于创造和成就的兴趣,工业也必须经历一番转化。但是,教师们首先要做到不再用钱财的盘剥者对工业所做的简化理解对它的作用作出评价,要设想它的促进生长的可能性,从而以从事创造的工业为基础来组织学校的活动——特别是那些为青少年开办的学校的活动,正如绝大多数为儿童开办的生机勃勃的学校以创造性的游戏为基础来组织活动一样。

在展开这一话题中,马罗小姐联系德国教育所欲谋划的那种生活方式对它进行了有力的讲解和批判,指出许多美国人倾心的那种教育理念如被广泛采纳,实际上意味着美国人生活的普鲁士化。她着眼于提升创造性的冲动和努力,为某个安排有序的学校具体而详细地绘出了一份计划。她不是第一个认识到为了讲授科学的方法、提供认知的渠道,以及获得一种社会的观点,要对现代工业之教学用途的可能性加以承认的人。但在我看来,她对一个至关重要的方面所作的讨论,比以前的作者推进了一步。她着重强调了这样一类条件和方法的重要性,这类条件和方法将使每个"学生工"获得对生产和营销过程进行"**管理控制**"方面的经验。正如她正确指出的,这里为冒险和创造的冲动辟出了一个伟大的场所。只有当现代社会拥有经受过有关工业活动和关系之控制方面训练的合格人才,我们才能造就工业民主,并通过直接参与这种民主而达到对每一条生产作业线的自动管理。没有这种工业的民主化,工业的社会化势必被遏制在国家资本主义阶段。这种国家资本主义可以给予普通劳动者比他现在享有的更大的物质回报的份额,但仍然会让他待在目前所处的智力和道德上被动反常的境况之中。由于它的公民这方面发展的欠缺,社会民主只会落得个空名而已。我想,我说的话足以向读者表明,他可以通过这本篇幅不大的书看到那种对适应现代社会的教育问题作出回应的最为真挚、最具胆识的尝试,这种教育必须是依赖工业的,很可能是民主的。

# 评《乔治·西尔维斯特·莫里斯的生平和著作》[1]

R·M·温利(R. M. Wenley)著

纽约:麦克米兰出版公司,1917年

温利教授以罕见的技巧和业绩完成了一项艰巨的任务。该书副标题的意义由它的前言所做的如下陈述得到了发挥,其中在谈到莫里斯教授的时候,他说:"尽管他的智力史突然中止了,它仍然成为他那个时代许多人心灵的象征,因为它将19世纪下半叶特别是英语世界中独具某种典型的人类经验具体化了。"可以用这一事实来估量温利先生的成就,他的传记实际上以一种生动的形式概述了19世纪后期那种重要的理智经验的大要。而读者并没有被简单地告知这一点。一代人的发展,其中包含理智上的过渡和奋斗正如书中看到的那样,具体化成对一个令人惊叹的真诚的人的描绘。深刻的洞察、细致的抒写、对人物的忠实描摹,以及对自信奉清教徒的福音主义转变而来的精神拷问的特征所做的辛勤研究与不懈理解合为一体,使这本书成了有关一个非凡人物的灵魂的忠实可靠的传记,同时又使它成了展示美国思想史之突出价值的一份文献。单靠现有的材料,是不容易完成这项任务的。在莫里斯教授那里,新英格兰清教信仰的传统的抑制感和自我意识升华成了与他的自我严格相关的某种精神的超然态度。他学会了悠然地沉浸于自己的喷云吐雾之中,把他自己的个人经验提炼成某种非个人意义的东西。温利教授会发现,不断讲述自己个人史中的事件是不得体的,也是不可能的。结果,要把他生活中主要的外部事实加以整理,甚至也变得困难

---

[1] 首次发表于《哲学评论》,第28卷(1919年),第212—213页。杜威对《乔治·西尔维斯特·莫里斯的生平和著作》(The Life and Work of George Sylvester Morris)一书所作的贡献,见《杜威中期著作》,第10卷,第109—115页。

重重,更不用说他度过的智力危机期间发生的事了。温利教授用学者的敬意克服了这些困难。于是,这本书如人们期望的,它会在后来其他的美国学者和教师的记事方面充作一个先例。有些传统思想是有害的,在美国人的生活中正好缺少这些有害的传统思想。如温利教授写成的这本书,它兼备传记的因素和对重大的时代运动的研究,这为我们提供了非常需要的、把现在和过去连结起来的、不断持续的一种纽带意识。很少能做些什么事来把完好的丰富性和独特性赋予知识分子的生活,这类事可以做得先声夺人,但它如果不与对以往一代人的劳作和成就抱有的感觉相融合,就会做得乏味枯燥。我们正是踏着前人走过的路去追寻新的目标。

如果说我谈论得更多的是莫里斯教授,而不是该书的主题,这是因为,在这一场合谈论前者正适合对本书作一概括。正当内战爆发的时候,乔治·西尔维斯特·莫里斯离开了达特默斯学院。20年后,他担任了密歇根大学的哲学史和伦理学教授。1889年,他过早去世了。这一时期,美国经历了十分巨大然而又是可以想见的变化。莫里斯先生的转变,伴随着精神上的冲突。他本人通过将希腊思想和德国思想化为一体的方式,成功地使传统宗教和理性的智力达成调解,使古老的新英格兰个人主义和对具体可见的制度的信守不二彼此互容,使道德信仰和科学主张融洽共处。我们这一代人会觉得这种解决过于容易,这帖调解的药方更像是某种愿望的产物,这种结合更可能是一堆不相容的因素混成的杂烩。但是,莫里斯先生的人格、他的精神却成了一个先兆,它预示着将坚实的传统真正整合起来的可能性,以及不拘一格的思想生命的可能性。对这两者不抱更高信念的人,是不会接受他的影响的。在教育方面,他是他那一代学者中的一个大人物。他使美国的大学挣脱了地方主义的樊篱,使其拥有了宽广的学术视野和锐利的批评方法。他过去的学生和朋友看到根据他的生活竟形成了一本如此珍贵的记录,看到其他人同样也折服于他的学问和魅力,会感到欣慰不已的。

# 杂 记

# "哲学改造问题"的八篇演讲大纲[①]

在3月份和4月份,约翰·杜威教授在东京帝国大学以"哲学的改造问题"为题作了八次演讲。以下是为出席这些演讲会的听众准备的说明大纲。这些演讲是以日文刊印的,人们一直期盼杜威教授能尽早用英文将它们发表出来。

## 演讲 I. 关于哲学意义互相冲突的观念

Ⅰ. 哲学的起源

1. 由于人首先是欲望和想象的存在物,他的最初信仰不是出于观察,而是出于希望和恐惧、成功和失败;这种信仰不带科学含意,而是诗意的、带宗教色彩的。2. 当这类观念被共同体的传统和权威固定下来并加以条理化,它们就成了构思哲学的材料。

Ⅱ. 实证的或关于不能否认的事实的知识

1. 相关于自然、自然条件和人类活动后果的讯息对于生活是必要的。这类知识产生于实践的技艺,它使人能够利用自然环境。2. 有一个时期,这类知识和情感信仰的总体之间存在的隔阂非常之大,以后人们开始去寻找某种调和的手段。希腊、中世纪和近代德国哲学的发展,可作为这一事实的例证。不能否认的事实的知识是:(1)特定的、有限的、硬的和冷的;(2)精确、量化和有用的;

---

[①] 首次发表于《哲学、心理学与科学方法杂志》,第16卷(1919年),第357—364页。此次讲演已以《哲学的改造》(*Reconstruction in Philosophy*)为题结集出版(纽约:亨利·霍尔特出版公司,1920年),见《杜威中期著作》第12卷。

(3)由经过检验的事实组成。而诗意的和传统信仰是指：(1)普遍的包罗万象的；(2)定性的、模糊的，但对整个社会却带有根本的意义；以及(4)相关于意义和价值，而不是事实，由此产生了(以下的主要特点——译者)。

### Ⅲ．古典哲学的主要特点

它是(1)辩护的、"补偿性的"；(2)形式的、具有严密系统的，或曰辩证的；(3)关系到区分绝对、普遍实体的知识和相对、部分和经验的东西。

### Ⅳ．哲学更新的观念

这就要(1)承认调和传统信仰和现代的科学发展是办不到的事，以及(2)承认哲学的问题和旨趣源于社会的冲突和需要，因而把哲学看成是一种具有社会意义的喉舌和工具。

## 演讲 Ⅱ．思辨的知识和行动的知识

### Ⅰ．思辨哲学

1. 人通过构想某种事物的状态而形成一幅理想世界的图画，在这幅图画中存在的只有令人满意的绝对的东西。人通过反思对这个世界的特征进行分析，发现它们呈现出永恒、统一和和谐的外观，于是便构造了一个本体的真实-完美的存在领域——柏拉图。2. 与此相比，生存者和堕落的经验世界是一个多样化、充满偏颇和变动的世界，哲学的首要功能就是将心灵从对这个世界的信仰引导到对那个完美-真实的世界的沉思中去。这种沉思把未得到改变的现象世界置于脑后，视心灵为一个真实的实体。亚里士多德关于真实知识的理论和它的影响。

### Ⅱ．行动的哲学

1. 它的"现实"方面表现在研究并说明存在的事实的那种意愿，把它们看作阻碍或是促成向往的变化的途径。它们并没有被认为是可以放过的东西，却也不是得到了默认的东西。变化的方向是个大问题。2. 它的"观念"方面表现在对各种猜测、观念或理想的可能性和意义加以培植，把它们当作改变和改善现存状况的方法和计划。取代思辨哲学之本体世界的，是实用主义对更好的未来的预言。于是，理想的意义并非分隔的、终极化的，而是工具性的，需要用结果来检验。

### Ⅲ．行动哲学的特别功能

我们说所有知识的功能都在于解除困扰，科学是技术性的知识，而哲学是涉及社会、人类和道德的知识。为什么说知识是客观的、非个人化的和普遍的。哲学是无所不包的终极的知识，这是就它追究把各种阶层、种族和人民划分开来的偏见、传统和意图并试图找到道德的调节手段这层道德含义上说的。

## 演讲 III. 哲学改造的社会原因

上面两讲谈到了有关哲学的本性和功能的古典和现代的概念之辨。下面两讲将谈及新的观点兴起的原因。本讲中所谈的是比较一般的历史和社会因素，下一讲要谈到的是比较特殊的科学因素。

### Ⅰ. 弗兰西斯·培根的哲学

这可作为古典向现代观点过渡的一个示例。其主要特征是，它具有这样的观念：1. 知识而不是思辨才具有力量，并且这种力量只有通过"遵从自然"，而不是通过对它的"预期"才能得到。2. 只有通过合作的团体性的探究，而非借助个人的能力，才可获得这种知识，后者只是使人学得了辩论或用于装饰的知识。3. 知识的目的是求得人类状况的改变。

### Ⅱ. 按这个观点看到的社会因素

1. 工业的、不能否认的事实活动和发明已进展到了这一阶段，在此有可能通过对自然力的控制而获得不断的、经常性的进步观念。旅行，开发，对一个新世界的发现。2. 封建社会的阶级划分开始衰落以及民族国家的兴起，这种兴起同时将个人从习俗的桎梏中释放出来。关于国家起源的契约理论。3. 在宗教信仰和崇拜的问题上，有了批评自由和内心的自由。对理性和思想能力的信奉，从构筑大一统的宇宙形态转向思考具体物和人类的制度。观念论不再是有关宇宙和客体的东西，在培根的后继者那里，它成了与个体和主体相关的东西。

## 演讲 IV. 现代科学和哲学的改造

自17世纪以来，科学的发展摧枯拉朽般地改变了我们对于(1)自然以及(2)认识方法所持的观念。

### Ⅰ. 关于自然的观点比较

1. 由亚里士多德制定并被中世纪思想采纳的古典观点主张：(1)自然是个封闭的整体、有限的东西。它由性质上各不相同的部分组成，并依照从高到低的等级排列成形；以及(2)存在着确定的、一定数量的类和种，它们各有自己控制其运动和生长的永远不变的形式;这样(3)变化和消亡的个体是真实的,只在于它是确定的一般种类的一分子。2.现代的观点坚决主张:(1)自然的无限、统一和同质化。于是,就用各要素的一种民主运动取代了那种对于类别的贵族式的看法;(2)运动和变化比固定更为重要;以及(3)普遍从属于个别。

## Ⅱ. 认识方法上的比较

1.古典的方法强调定义、证明和演绎推理的重要性——类的概念包括特殊的事例。感官知觉得到的是有关易逝的特殊物的知识,不能不让位于理性的概念性的知识。2.现代科学对探究和发现感兴趣,而不是对证明感兴趣,这样它就坚持对所有的感性观察进行实验分析,坚持对所有的一般观念进行实验证实,这些一般观念只被看作有待于通过个人的实验操作加以证实的假设。对变化的控制既是目标,也是对认知的检验。从实践角度上看,无限性即等于不确定的进步的可能性。

## Ⅲ. 哲学的效应

在很长一段时期里,人们只就物理的东西谈论变化的结果。于是,变化是技术性的和工业化的,与人性和道德无关;或者说在后一领域,它造成的是怀疑论而非建设性的影响。如今,变化的影响已扩及道德和社会领域。

# 演讲 Ⅴ. 关于经验和理性的变化了的概念

## Ⅰ. 经验观的早期历史

在柏拉图和亚里士多德看来,经验意味着把无数特殊行为和知觉累积起来并逐步加以整理,以造成形同建筑工或医生拥有的某种实践性的睿识和能力,"经验的"与"科学的"是对立的。在现代初期,英国人有关经验的看法深受感觉心理学的影响。它消去了所有组织化的痕迹,认为经验是由因果联想和盲目的习惯提供的。它成了怀疑性批判的强大武器,但无力用于建设。

## Ⅱ. 理性观的早期历史

它是为了应付其时有关经验观念的弱点构想出来的。1.对希腊哲学家来说,理性是对普遍物、规律、原因或原理进行洞察的那种本领。所有这些东西构成了科学解释和证明的唯一源泉,并指示着行为确定无疑的方向。历史地看,这种"理性主义"成了形式上的东西,成了忽略经验观察的根源,成了某种简化和抽象化的伪科学的始作俑者:作为辩解和提供掩护之用的"理性化"。2.康德以他的理论回应感觉论者有关经验的观念,理性是通过某种先天固有的范畴概念对经验的杂多材料加以整理的那种能力。德国发展思想和行动上的绝对主义的结果。

Ⅲ. 关于经验和理性的新近的观念

现代心理学接受了生物学的影响,通过为经验注入主动的、能动的因素打破了对于感觉的看法。经验就是做,就是尝试;而感觉,就是从对环境加以改造的调适行为中引出的东西。实验方法强调设计和发明而不是对过去的东西的累积,以此推翻了古代的经验论。于是,理性就成了理智——那种运用过去的经验以形成将来的经验并对其加以转化的力量。它具有建设性和创造性。

## 演讲 Ⅵ. 逻辑方面的改造

逻辑理论的问题很重要,因为它包含着决定人对他的环境——自然和社会处境持有的态度时运用**理智方法**的可能性问题。一方面要把逻辑从抽象的形式主义中解救出来,另一方面要把逻辑从毫无生气的知识论中解救出来。改造论强调:

Ⅰ. 思维和行为的联系

1.思维源于问题和困惑,而问题和困惑皆起于冲突。区别于对冲突的情感解决方式,理智包含着一种观察的技术、假设的形成和检验、理性化等等。2.思维的功能是发展那种应对特殊情境的方法;"观念"是有待通过结果检验的一种基于假设的行动计划。3.科学或不涉利害关系的探究是实践必不可少的形式;思维的意义在于思维本身。

Ⅱ. 方法的归纳和演绎方面

它们的传统分离是由经验和理性的传统分离造成的;因此,它们现在要被看作是互补的东西。1.归纳说明着整个探究的开始,因为需要进行实验观察以便对构成问题的各种条件加以分析,并对理论和假设进行检验。2.演绎作为发展一种理智方法的中间步骤,是不可或缺的。抽象的获得;概括的扩展和应用;系统、分类提供了一套条理化的工具,它们事先就准备在那里以便当不测事件产生时对它们进行处理。

Ⅲ. 真理概念

这是一种结果而不是另一种逻辑特征的奠定。从反思的工具性特点可看出,只有理论、观念才可辨别真假,它们的真假并不依据自身,而有赖它们的运用或使用。一致性以演绎的展开为标志,这种演绎的展开证明了一种应用性概念的有效;符合是实践性的,而不是认识论上的。

### 演讲 VII. 伦理学和教育方面的改造

#### Ⅰ. 善和目的是特定的活动的,不是一般的静止的

1.每一种要求行动的情境都具有它自己的、由其特定需要和条件决定的善。无所不包的一般的目的,是作为对这些特定情境进行更好观察的工具的价值存在的;与此相类似,原理和标准是分析和理解的手段,而不是直接的行为规则。倡导这种独特的善的多元论学说,是要增加运用理智的责任;减少形式主义、道德教条主义和自以为是。2.目的和善内在于每个情境,而不是脱离了情境的东西。目标或意图是对一种情境的展开加以引导的工作假设,它要用结果来检验。因此,目的自身也在发展着,不是固定的。理想示意着一种情境的可能性,理想的价值在于激发行动,并引导人们改善其不利的处境;社会向善论与乐观主义和悲观主义的比较。在占有或一成不变的获取中找不到幸福,幸福是积极的奋斗、克服和取胜过程;要从失败中学到东西,失败与道德上的幸福并非不相容。

#### Ⅱ. 功利主义的价值和缺陷

一个观点向另一个观点的过渡既有好处,也会存在不足。它造成了自然、社会的目的和善,使规律从属于目的。但是,在把幸福归结为大多数人的快乐时,它造成了某种具有固定的唯一性质的东西、某种可获得并拥有的东西。因此,功利主义强调的是获得和拥有带来的安全感,而不是创造性成就的力量和可靠性。

#### Ⅲ. 教育方面的效应

相应的,教育不能仅仅被视为实现道德和社会目的的方法,教育就是目的,就是说,它等同于成长和发展。当狭义上理解的教育成了取得社会进步的首要方法时,社会体制的意图和检验是它们的教育效果。

### 演讲 VIII. 社会哲学方面的改造

从体制上的道德检验是它们的教育效果这一结论,可得出对社会哲学具有重要意义的其他结论。

Ⅰ. 个人和社会的关系

关于个人依附性的三种历史理论。对社会和"有机"关系的依附,是由同样的错误造成的。他们把个人或社会当作固定的、现成给予的东西,而不是发展中的,因而要不断加以确定的对象。当个人自身被当作孤立的、固定的东西看待时,他会把社会的设置当作其获得快乐或拥有物的外部手段。但事实上,制度、立法、管理等对成其为人的那种能力的释放和活动是必要的。社会也并非一种固定的组织,而意味着对经验不断增大的互相分享和交流。组织从属于联合。政治国家只是一些联合形式之一,这类联合的形式每一种都有其独特的价值。国家是工具性的而非终极的东西。

Ⅱ. 权利和义务的关系,或自由和法律的关系

哪一个都不是终极的东西,因为两者都是对经验社会、对共同的目的和价值加以有效促进的条件。除非个人的能力得到释放和利用,否则社会就是静止的、无创造力的。只能通过承担责任,才能发展个性;但只有当一个人能够参与决定那些在既定时分带有根本重要性的事情时,他的责任才能被限定。法律是对富有成效的联合所仰赖的那种秩序的表达。英国的"个人主义"把自由看作目的本身,德国的政治哲学使法律和国家成了绝对的东西。

Ⅲ. 宗教方面的改造

当我们所说的那种变化深切地转化为人们的性情和想象,它们便带有了一种宗教的色彩;直至这种情况发生,古典哲学看来才会拥有理想性的优势。个性和共同体的宗教价值;自然的地位。

# F·马赛厄斯·亚历山大
# 《人的高级遗传》一书的序言①

350　　很多人指出了从动物的兽性状态向今日文明的转变中人的禀性受到的影响。在我看来,没有人像亚历山大先生那样清晰、完整地把握了这种变化具有的意义、危险和可能性。他对因这种进化而生发的危机所作的说明,对我们更好地理解当代人各方面的生活作出了贡献。他的解释,首先集中在个人身体和道德健康方面出现的危机;这种危机是由大脑和神经系统的功能与消化、循环、呼吸和肌肉系统的功能两者间产生的冲突造成的。但是,现代生活的失调没有哪一方面不能从中得到说明。

　　坦率地承认置于我们文明内核中的这类自相残杀的战争并不令人愉快,出于这一原因,我们很少把它视为一个整体。我们宁愿把它看作是一件小事或者插曲,仿佛它们是孤立的事件,并可以在孤立状态中一个一个地加以克服。那些看到这类冲突的人开出的药方,几乎总是回归自然,回到简朴的生活中去,要不就是进入某种神秘的冥想状态。亚历山大先生揭示了经验的缓解方法中存在的根本错误。当器官的任何结构——它们可以是生理、心理或社会的失去了平衡,当它们成了不对等的东西,就只是在运用已经失序了的机制作出特定的有限的应激尝试了。在"改善"一种器官的结构中,它们会在某个地方产生补偿性的适应不良;这种适应不良通常更难捉摸,更难

---

① 首次载于F·马赛厄斯·亚历山大所著《人的高级遗传》(Man's Supreme Inheritance)一书(纽约:E·P·达顿出版公司,1918年),第13—17页。关于伦道夫·伯恩的评论,见本卷附录1;杜威的回应,见本卷第353—355页。

以对付。善于举一反三的人，不难在我们的经济和政治生活的任何领域借用亚历山大先生的"身体文化方法"作出批判。

他对回归或重返那种简朴状况所作的批判显出了其基本的特色，这种回归使文明人与亚历山大先生的哲学渐行渐远。所有这类企图典型地反映尝试以放弃理智来求得问题的解决，结果，它们不外乎在说，由于各种祸害皆肇端于有意识的理智发展，矫正的办法是叫理智休息，让那种将理智推上前台的前理智的力量站出来一试身手。这一通常把无意识和潜意识网罗在内的陷阱，并没有成为亚历山大先生讨论的主题。他赋予这些术语以明确的真正的含义。它们表达的是对那种原始的感受性、非反思的心灵的信赖，而不是对反思的心灵的信赖。亚历山大先生看到，矫正的办法不是徒劳无益地放弃理智，让底层的力量来一试身手；而是把理智的力量向前推进，使其功能得到积极的创造性的控制。他导入了对人体组织的一种理智的控制，这不仅仅是为了治疗，也是为了防止当今矫治中产生的多重失调。我是个外行，不适合对他使用的特殊技术作一判断。他并不只是对这种意识的控制术作出热忱的推荐，还掌握并提供了一套完成它的明确方法。甚至一个外行人，比如我本人，也很高兴能够去证实它在具体事例中产生的效应。

在余下的篇幅里，作者所做的不是去为自主或自控之类的事情唱赞歌；在劝勉或说教的时候，这类颂词经常被人们提起。亚历山大先生基于对有机体的科学认识，形成了一种确定的程序。对任何听上去像是唯物论之类的东西怀有的普遍恐惧，使人性承受着沉重的压力；人们甚至还没有意识到他们的恐惧，便害怕认可整个广袤宇宙结构中的最美妙之物——人的身体。他们会这样想，一种严肃的体察和关注不知怎么会牵涉到对人的高级生命的不忠。亚历山大先生的讨论流露出对构成我们生命的这一美妙器具怀有的崇敬之意，对心灵和道德生活以及对某种程度上我们无意义地称作的躯体生活怀有的崇敬之意。对人体的这种敬畏态度一旦变得更为普遍，我们就造成了一种有利环境，从而为我们强烈主张的意识控制提供了保证。

这本书谈到的教育，是广义上的教育。但在按这一思路写作时，亚历山大先生自然特别倾心于那些谈及狭义教育问题的段落。他的原理不是从其他地方，而正是从他对强制的学校和对"自由表现"的学校的批评中获得了意义。他意识到学校培养中过于频繁地对儿童采取不正常压制的做法造成的扭曲和失真；但他同样意识到，不能以废除所有的控制，单凭一时的兴致或者碰碰运气这类盲目的反应来寻找矫正的办法。有人在我们这个国家收集这种例子，亚历山大先生则熟知这类极其稀少的"自我表现型"学校的情况，但所有对教育改革感兴趣的人要记住，人体行为的自由和情感表达的自由都是手段，而不是目的。只有当它们被用作发展理智力量的条件，才能证实其作为手段的作用。用理智的控制代替外在权威的控制，其中贯彻的不是不加控制的消极原则，或者为突发情绪左右的条理不清的原则。这种替代只是形成了改革教育的基础。人之所以是自由的，仅在于他能拥有理智。儿童的天真率直自然是一件可喜的、值得珍视的事，但它那原始的天然形式必定会消失。除非受到指导，不然这类情感会成为掺假的东西，而这类矫揉造作的情感表现根本谈不上是真正的自我表现。所以，真正的自发性不是与生俱来的权利，而是有关某种技艺的最后定论、高明的把握——亚历山大先生的书如此信服地使我们看到的，正是精通这门意识控制的技艺。

# 答一位评论者[1]

先生：

伦道夫·伯恩对亚历山大先生《人的高级遗传》一书的评论显得如此别出心裁，对该书重要观点所包含的洞察力避而不谈。为防止读者可能会被误导，看来值得作一个说明。亚历山大先生的书并没有阐述工具主义、实用主义或进化论的哲学，其中并没有掩藏个人的直觉，或者半魔术化的个人戏法。他的批判性论点是：那种可矫治的、使人身体感到不适的疾患（思想上、道德上的疾患由此产生），要归因于"上层的"神经结构和功能（它们构成我们意识生活的基础）与"底层的"神经结构和功能（它们造成身体的姿势和活动）之间的分离，大体来说，后者表现我们的动物性遗传、"本能"，它们不需要有意识的知觉和控制便化成了我们的习惯性态度和行为（潜意识）；前者代表了人类独有的内含最新信息的附加物，代表了我们获得的文明。亚历山大先生认为，我们开展的教育（当然，它包括的东西要比我们的学校教育广大得多），好像只是把居于中心地位的有意识活动附加到神经-肌肉结构之上，这代表了我们与低等动物有别的遗传特征。结果，我们招致了动物和原始人并不了解的那种不幸，对它们来说，理智的成就并没有变得如此复杂，以致足以倾覆那种动物的功能。但文明人，特别是成了头面人物的知识分子和专业人员要训练他们的"脑子"，好像他们是与人体其余部分分离的。与此同时，肌肉的协调性或习性则在新奇的文明条件下形成起来。于是，它们既没有按它们的自然状况那样活动，也没有得到由理智、高级中枢功能控制活动所带来的

---

[1] 首次发表于《新共和》，第15卷（1918年），第55页。关于本文回应的评论，见本卷附录1。

益处。亚历山大先生的论点是：其最终的结果是产生了大量唯有文明人才会遭受的身体失调，产生了大量表现为思想和道德上不健康状态的神经症。这个论断带有决定性意义，这种决定性意义是单纯易懂的。如果这本书值得一评，那么，值得评述的就是它的论题。

实际上，亚历山大先生无可怀疑的原则涉及的是教育，教育要把如今如此糟糕地分离的功能加以整合。这种原则是实验性的，可以在书本中理智地主张和提出；验证则要靠去做它。**读者通过阅读此书，获得的将是一种多少还算清晰的"直觉"**。但正如伦道夫·伯恩所做的那样，说亚历山大先生拥有一种直觉就是在暗示说，他要么是最善于进行道德欺骗的人，要么是头等的蓄意贩卖私货者。那种提出了可称之为意识控制原则之一的机敏头脑，看来好像关系到个人拥有的直觉，这可不是我对伦道夫·伯恩产生妒忌的那种直觉。

对成年人来说，通过亚历山大先生掌握的技术而达到的整合，显然意味着一种再教育。它充其量是矫治性的，带点缓解作用的。对后一代人来说，就其被运用于儿童而言，这种整合能成为积极的、具有创造性的东西。如果亚历山大先生是错的，那么赋予终将产生的人性状况的那种名义就显得无足轻重。如果他是对的，那么就会出现巨大的变化，引入人性史的这一阶段将具有决定性的意义，以致对"进化"这个词汇使用关联到的至多不过是一种单纯的雅趣。

伦道夫·伯恩说，由此设想的任务"有点叫人骇怕"，"如果学校必须等到它的每个孩子都学会有意识的引导和控制，进化的下一步就将被长久地推迟"。与这种无意识的表白传递的东西相比，很难找到对亚历山大先生的整合方法表示更大敬意的东西了。它表明了依赖于某种魔术般的技法和多少"不无"叫人骇怕的任务之间存在的区别。无疑，熟悉这种"意识控制"的方法得到的主要结果之一，就是使人认识到我们所依赖的方法的那种表面化和过于草率的特征，以及某种基本教育方法相应的重要性。一个处于缓慢成长过程中的人，将把我们的动物性遗传和专属人类的理智能力融合成一个和谐共济的整体。

约翰·杜威

# 附　录

# 1.

## 重塑人体

——评 F·马赛厄斯·亚历山大《人的高级遗传》①

伦道夫·伯恩（Randolph Bourne）

亚历山大先生相当需要杜威教授那篇令人欣慰的"序言"，以见证他本人旺盛的哲学激情。因为没有这样的正式认可，读者必然会对《人的高级遗传》一书的作者能否使他的心灵进入微妙的平衡和谐状态一事产生疑问；在这种状态中，他能借助他那对肌肉进行有意识的引导和控制的方法对他人的身体进行调理。这一实践的意义似乎由亚历山大先生在澳大利亚、英国、近来又在美国他工作的实验学校得到了证明，这就是说，他拥有了一种异乎寻常的生理上的直觉，掌握了一门对染上不良肌肉活动积习的身体进行再教育的技术。这种不良习性造成了人体无意识的堕落，妨碍了自我表达，并经常成为严重的功能紊乱的原因。杜威教授通过具体的事例，对这门技术的成功运作作证。过去肌体运动的不适当性通过普通的"体育锻炼"得到了强化，因而要对其加以约束，于是通过意志的有意识的引导产生了正确的运动。身体成了一种真正的工具、自发性和自我表达，第一次变成了一个理智意义上的措辞。

但是，当你拥有如此有价值的实用主义的直觉和力量，你的热情中如果掩藏着某种宇宙论和进化论的哲学观念，这并没有错。就这种事情的性质来看，这类观念不会比那门技术本身有一半的说服力吧？亚历山大先生执意要把这种作为有意识的引导和控制之先导的技术提出来，它们是人性进化下一步要做的事。过去的无意识的时代行将过去，理智的操控将取而代之。但他设想的这项任务不是有点令人骇怕吗？这个进化的下一步意味着什么东西呢？它意味着每个分离的人必须重塑他的身体的协调性。这个重塑之谎言的秘密——我们必须作出推论——几乎唯一地藏身于亚历

---

① 首次发表于《新共和》，第15期(1918年)，第28—29页。杜威的序言，见本卷第350—352页；杜威的回应，见本卷353—355页。

山大先生非同寻常的直觉和技巧中。如果学校必须等到它的每个孩子都学会有意识的引导和控制,进化的下一步就将被长久地推迟。亚历山大先生运用他的观念来解释社会进化中的大量问题,解释文明的各种缺陷,这显示了某种专心致志的现代人的注意力。但是,我们还会认为,沿着进化这条道路,人类可以排着坚固的方阵齐头并进,一往直前,永远向上吗? 如果人类真是什么东西,它不正是可怜的四处游荡的乌合之众? 它老是在天堂和地狱、理性和本能之间七上八下,被一得之功或徒劳之举搞得患得患失,它还能是其他什么东西吗? 在这个世界大战的年代,政治家被证明与受到操纵的民众同样的盲目和无助,这个时代还能为如此异想天开的意识控制哲学作出令人信服的证明吗?说它对欲望、意志和反叛的哲学作出了证明,这是真的;但这不是预期我们会开启一个人类理智的新时代。亚历山大先生认为,战争是人类事务过于依赖本能指导的产物。这会比荣格博士有关对过于理性、深思熟虑的控制进行"集体无意识"反抗的理论显得更为有理吗?

　　哲学是一堆让人陷下去的流沙。杜威教授的工具主义为亚历山大先生提供了帮助,但当他头绪不清的时候,他是很难求助于这种工具主义的。他拥有一门有关生理功能的技术、一种显然是颠倒了的精神分析技术,它能通过对身体的感觉神经器官的控制来解开心中的郁结。追求身体的调适平衡,是为了造就心灵的整体和谐。人的高级遗传体现为对他自己的生活环境加以控制的那种能力。但是,亚历山大先生缺乏理论知识的观念和实践,通过一种哲学郑重其事地得到了包装;这种哲学可不像他熟练地指导其达到完满活动的肌肉系统那样,是一个可加以有力整合、理智引导的东西。

## 2.
# 杜威和厄本论价值判断①

拉尔夫·巴顿·培里(Ralph Barton Perry)

存在着一种重要的理论分类,按照这种分类,价值构成了某一判断的对象。这并不简单意味着像其他东西一样,价值存在着并被判断;而是说,至少,在这样的情形中,该对象是被判断的行为创造出来的。评价就是判断,被评价就是使之成为有价值的东西。为了与这一观点保持一致,我们就可能主张所有判断都是一种评价,或者主张评价是判断的一种特殊形式。后者或者说关于判断的二元观,在"实践的"和"理论的"理性,在"鉴别"和"描述"、"规范的判断"和"事实的判断",或者在"评价"和"判断"②等对立的论题中得到了常见的表述。前者的观点可以席勒(F. C. Schiller)和李凯尔特(H. Rickert)的看法为证,席勒说,所有判断都是"实践的";③李凯尔特则说,判断本质上是一种接受或拒绝的行为。④ 绝大多数的二元观只是暂时的,只是表明了所有判断向着某种评价形式还原的一个阶段。这对所有那些以唯意志论哲学面目出现的判断理论,例如实用主义和费希特的唯心论,在很大程度上也是适用的。关于判断的实践说,首先与有关事实判断的常见的传统的说法区分了开来,之后事实的判断又被更正和归结为实践的判断。

在把实践的或评价的判断视为形成价值的判断的那些观点中,很重要的一点是

---

① 首次发表于《哲学、心理学与科学方法杂志》,第14卷(1917年),第169—181页。杜威的回应见本卷第3—9页。
② 文德尔班:《序曲》(Präludie),第3版,第52—53页。
③ F·C·S·席勒:"是否所有的判断都是实践的?"见《哲学、心理学与科学方法杂志》,第12卷,第682页。
④ "关于判断的真正逻辑起点,是对于某一价值的肯定和否定、认可或不认可,以及立场。"H·李凯尔特:《认识的对象》(Der Gegenstand der Erkenntniss)(1904年),第2版,第108页。

区分了两类价值,即人本主义的价值和绝对主义的价值,前者以一种人类学或心理学的意义来理解判断,后者则以超验的、形而上学的或"逻辑的"意义来理解判断。持前一类价值的那种观点认为,价值伴随着它们整个相对性和易变性通过人的实际判断被创造出来;而按照后一类价值的观点,只有某种适当的、标准的或普遍的判断才能创造价值,价值在某种程度上是内在的或以有限心灵的易错的判断为先决条件。

就前者,或主张人本主义价值而言,威斯特马克(E. A. Westermark)相对比较粗糙的观点,以及近来由工具主义者和实用主义者杜威教授提出的较为精致周全的观点,可被认为是颇具代表性的言说,纵然还谈不上是这一学派的权威观点。杜威提到了这一问题的症结所在,他指出,"实践的判断"蕴含着"一种判断的貌似真实的悖论之处,这种判断的适当内容是它自己的确定的形成方式"。他说,对价值的判断,"就是参与将一种仍未赋予内容的确定的价值构造出来",换句话说,"实践判断的对象是使给定的东西发生某种变化、某种更改,这一性质上的变化依赖于判断本身,却又构成了(这个?)判断的内容"。① 我认为,这意味着在这一特别的悖论式的情况中,价值是在两方面同样被判断了的东西,换句话说,一方面是判断的客观成分,另一方面是围绕或包含着判断的某个更大的整体。这一点至少是似是而非的,很难认为使这个问题得到了一种令人满意的处理,尽管还没有出现可能具有的对这类情况的其他说明。

应当指出,杜威教授摒弃了对价值本性加以考察的任何企图。他说,"我打算去考察的是评价","而不是价值"。② 然而,人们很快就看到,他把"价值化的对象"视为值得研究的唯一的价值;当他说到价值化的对象时,他继续在谈论价值,好像这两种表达是可以互相变换的东西。于是,比如他谈到价值是"实践性的"、"存在性的"、"客观的",当论据的全部力量有赖于去对价值和价值化的对象作出辨别的时候,价值作为一种因素,"使一种境遇臻于完美"。同样不容置疑的是,他极力对"评价"的两种意义作出区分。一方面,存在着"赞美"或"尊重"的态度,这类态度仅仅是"实践的"、非思想的态度;另一方面,还存在着"评估或估价"的态度,它们表示一种判断。这两种态度一般显现并纠结在"鉴别"(appreciation)这个概念中。③ 尽管他提请注意这种混淆并对它加以克服,我们将看到,他也没能幸免于此。并且,尽管他没有否认较单纯的

---

① J·杜威:《实践的逻辑判断》,见《哲学、心理学与科学方法杂志》,第13卷,第516、517、521—522页(《杜威中期著作》,第8卷,第35、36、47页)。
② 同上书,第512页(见《杜威中期著作》,第8卷,第499页)。
③ 同上书,第512—513、520页(《杜威中期著作》,第8卷,第25—27、45页)。

情感态度构成了带有某种特性的价值,他终究明确地断言评判的、思想的态度同样决定着价值。正是这类价值,成了他目前这篇文章中关注的中心问题。

在考察杜威教授据以提出他的论点,并且他认为被正统的判断根据奇怪地忽视了的那些实例时,重要的是要将以下的总体考虑牢记在心。**不可能仅仅通过有关判断的语词记录而对任何判断作出解释**。任何既定情形中作出的判断,都有赖其时判断的心灵包含的意图。许多不同的判断,也许可以借同样的语言形式表达出来。这一点对作者引证的那种十分复杂的判断,尤其显得如此。我要说,他本人也许是否定这类情况的最后一人;不过,他没有对每一种情形中他所说的那种判断假定意味着的东西作出明确的说明。这使他的整个讨论显得含糊其词,既有助于他的论证,却又没能澄清问题。例如,就他喜欢用的"我应当去看医生"这个判断的例子来看,该判断也许意味着,如果从人类一般实践的角度着眼,这是个涉及医学劝告的事例。要是某个人接受到的是有关一般程序规则的错误消息,或者要是某个人夸大了他的症状,那么,他作出的这个判断就是错误的。这里没有提到表达或含涉那种可能的结果;于是,这个行为将被证明是没有结果的,这个人的错误判断将被证明是不明智的。或者,这个同样的语言形式意味着:我的健康状况表现为这样一种情形,如果我去看医生,我的病或许会被治好。这是一个考虑到可能结果的判断的事例。这里有一个将来的参照点,但那个不可预料的事件也许仍不能对这一判断的真理作出证明。虽然某人结果并没有治疗好,但他的治愈从统计学的证据来看仍是可能的。或者一个人也许是在说:"如果我去看医生,我的病会被治好。"这里还是存在着一个将来事件的假设的参照点,假设我没有履行去看医生这个条件,该事件的不出现并不会否决这一判断。或者,最终一个人说:"因为我准备去看医生,所以我会恢复我的健康。"显而易见,这是一个复杂判断,该判断中某个成分的真理或谬误确实依赖某个将来的偶然事件。由于两个独立事实中的任何一个都会对它造成否决,它可被分解为两个判断。如果在看医生和恢复健康之间不存在因果联系,我所作的判断是错误的;或者如果作为一个历史事实,我没有恢复健康,我基于不同的理由也作出了一个错误的判断。

换言之,对一个判断的辨别并不依赖其语词形式,而取决于它为它的否决和证实所诉诸的东西。每一个判断都含有两种客观的指涉,这两种指涉独立于或真或假的判断行为之外,而为判断行为所必需。首先,它"相关于某物",它的实在性是不成问题的,它充任着证实的中心。其次,存在着被判断的东西。简言之,判断就像是一个应允的说明,它有它的准备就绪的日子和地点,有它的总的含义。这些要素首先通常被称为判断的"主体",因为它一般要由语法上的主语来命名。可是,如果我们把判断视为心灵指向其有关某种未来环境的行为,那么把它称为判断的"对象"较为方便。它必定在某种程度上同等地与对判断加以证实的事实,以及对判断加以否决的事实相容。也许,它最好被视为这两种可替换事实的结构成分。这样,在作出"奥地利皇帝死了"的判断时,无论如何,存在着"奥地利皇帝"是死了还是活着这样的共同成分。判断的对象是"奥地利皇帝",这意味着对事实的证实和证伪都与他有关。我正在就有关"奥地利皇帝"这件事进行判断;所以,他构成了一个人必须诉诸与这个特殊判断相关的证据的出处。如果不存在这个人,那么判断就不成其为判断;或者,如罗素先生所表明的,它可分解为两个判断:"存在着一个奥地利皇帝",以及"他死了"。我将这样的可能性敞开,即所有判断最终可以还原为这样的形式:"存在着如此之类的东西"或者"它是如何如何"。这样来看,所有判断就像是在任何时候或地点能够兑现的应允的说明。然而,要是人们不能不接受这一结论,这正要归因于我在这里主张的原则,即每一个判断都相关于某物,它的存在是被给予的或是无可置疑的。

但是,在每一个判断中,不仅存在有关何种判断的问题,而且存在有关它得出了何种判断的问题。这样,判断"奥地利皇帝死了"和"奥地利皇帝活着"就指向同一个对象。在一种情况下,我们对他的某一件事进行判断;在另一种情况下,我们对他的其他一件事进行判断。我们把这一点称为判断的"目的"。正是对象的假设状态可以证实判断,或者满足判断所要表达的期望。换言之,不是某种事实,而单单是一种假设的事实,它构成了我的那个较为复杂的判断事实的一种成分。我的动力背景和确定倾向是受到它引导的,当然这只是就背景或倾向的方面而言。它具有状语的特性,是对判断的一种限定和描述;简言之,它构成了我作出判断的方式。①

于是,正因为我们这样实际上诉诸同一对象,抱有这样一种涉及该对象的相同的期望,两个或更多的心灵,或同一个心灵才能在不同时候去对同一个对象进行判断,目前战争的结果就成了许多当代人判断的对象。并且,这样一些判断,比如协约国的胜利将会满足引起判断的那种期望。在如此情形中。虽然它们被不同的心灵、在不同时候、以不同的语言和语法形式表达出来,但可以说构成了同样的判断。除非这种

---

① 这里,我不能对这一类的过程展开详细分析。我相信可以用行为主义的术语来处理它们,如果我们承认,正如这样一些术语"背景"、"趋势"、"任务"等所示意的必须用方向和目标等字眼对所有行为进行描述的话,对这些词语的功能需要有同样类别的分析。有关对这些问题的进一步讨论,可参见我的论"真理-问题"的文章,见《哲学、心理学与科学方法杂志》,第13卷,特别见第561页。

认识论上的同一性是可能的,知识就会没有历史也没有社会地位。甚至要对一种假设加以证实也是不可能的,因为它要不是那种首先被持有、又被心灵长久保存直到可用适当的证据加以回应的东西,就不会是同样的假设了。要推翻旧的判断是不可能的,要使一位科学家的判断被另一位科学家确认也是不可能的,因为同样的判断不会被不同的探究者再作思考并作出检验。

杜威教授恰好没有对构成某一判断的同一性、使之正好成其为该判断的那种东西作出陈述,他的整个讨论的迂回躲闪使之几乎不可能对其作出批评。批评者必须首先系统地阐述他自己的观点,由于他不能肯定已确信无疑地详尽论述了某个模棱两可的主题的可能含义,他必定要冒着抓不住要点的风险。我将努力对反映出其特有动机的那个主题作出解释,该主题同时也将我们有关价值的一般问题凸现了出来。

设想我的身体状况不佳,希冀求助医生使我恢复健康。这一境遇中存在着必须加以区分的几件事。我的健康不佳并觉得我不喜欢这一状况。我渴望恢复健康并感到我渴望这么去做。我相信看医生会导致恢复健康。我采用了看医生这么个做法,以作为有助于我恢复健康的一个步骤。我相信我准备去恢复健康,并且因为在这一情形中相信的对象和渴望的对象相一致,所以我希望我准备去恢复健康。继而,基于我不喜欢的东西、渴望和相信的东西,我去看医生了。作为看医生的结果,我随即恢复了健康。在这个十分复杂的过程中,明显存在着多少具有独立性的成分,其中有些是判断,有些是规定着价值的"非思想的"情感或动机态度。但在这里,我尚未能看到通过对它的判断构成的某种价值,或者看到通过同一个心灵行为认识到并创造出的价值。就我不喜欢我当前的症状而言,这类症状是有害的。我断定我不喜欢它们,这并没有使它们成为有害的东西,而只是涉及它们作为事实的存在。除了其独特的确定性程度,这一判断与任何感性判断的情况是一样的。

就我渴望恢复健康而言,我的将来的健康是有益的。它之所以有益,因为它相当于我现在渴望的东西;而且,它的有益并非有待完成,尽管正是在渴望的那一刻,我会使它丧失掉。不管多么不切实际,这是附有全部理想的那种种类的价值,尽管它们是"不真实的"甚至是不能实现的。我做了一个梦,已足以为这个梦的内容注入几乎与我的猛然觉醒无关的某种价值。基于这一没有哪种价值理论可以漠视的事实,很明显,价值的领域超出了存在的领域。把"预期的东西"、各种可能性、假设物或独立存在等归于价值的谓项,是有必要的。"我觉得这就是我的渴望",这句话并没有引入新的价值,而仅仅是使我认识到我的渴望这一事实。

看医生有助于恢复健康这一信念,就像对规律或一般规则持有的任何信念一样。它不是特别针对一种实践的或评价的情境,就它涉及判断的心灵所诉诸并遵从的某个给予的独立的事态这一点看,符合关于判断的那种日常的无矛盾的观念。

采纳设想的计划以求获得渴望的结果,这一行为中似乎引入了新的东西,但这只是因为它需要进一步的分析。我们必须把采纳的行为和对其加以证实的判断行为区分开来。我采纳了一种计划好的行动过程,这意味着我偏爱它并对它采取了一种赞赏的态度,即此而言,它拥有了价值。虽说它无疑并不具有多大的强度,这就是杜威教授所称的"赞美"或"尊重"的那种情形。它将价值授予它的对象,但它并不对价值加以判断或认知;当然,虽说它也会伴随一种态度上的反思性知觉。判断招致的结果,确实使我采取了一定的态度。我确实采取了那个人们相信会导致某种结果的计划,但在该情形中将价值赋予计划的东西并不是它与结果的关系,而是对结果持有的情感态度。我的指向结果的判断,引导我采取了这种态度。或者说,由于我的指向结果的判断使我采取了这种态度,这一计划拥有了价值。虽然某种判断致使我采取为该计划赋予价值的态度,但这一价值并不是从我判断中得出的东西。

但在这种情况下,中介性的判断是否拥有另一种作为其对象的价值呢?在某种意义上,是这么回事。认为该计划会带来渴望的结果,这一判断确实赋予该计划一种转换了的、间接的价值。在我看来,将价值的领域扩展到包括那些尽管自身没被赋予价值,但作为工具或因果性地与那些实在之物相联系的事物,这方面并不存在异议。但在这样的情形中,很明显,这里谈到的转换了的价值并不能归为对其因果联系所作的那种判断,而要归于这种联系的事实。计划并不拥有这类工具性的价值,除非因果的判断是*真的*。如果判断是错误的,那么说存在着某种判断是不够的;计划也可以拥有所谈论的那种价值,尽管并不存在什么判断。所以说,在如此情形中,判断在某种意义上是价值的判断,或者关于价值的判断,它并没有创造出它判断的那种价值。

我们已看到,希望的态度是一种混合的态度。它是为信念限定的渴望,但它的对象是借助渴望的成分才拥有了价值。在指向未来的信念中,预言和期望都不会产生价值,除非它们染有情感的色彩。渴望恢复健康是一个涉及未来的可能事件,在此独立于它所联系着的信念的成分而拥有价值。它的价值性在绝望的情形中,一点也不比在希望的情形中少。期望或预言无疑涉及它对在判断的那一刻还不能得知的那些事件的证实；但这与科学预言的那种情况是一样的，人们在此不能夹杂有丝毫的感情。这类对事件的证实必须要求等待，但它们的未来性质与那种给予或独立的特征并不矛盾。它们不是判断的产物，而是判断预备要去服从的那个事实。

我们会这样设想，当整个行为因恢复了健康而得以完成后，我们在两种新的意义上拥有了价值。首先，健康的状态作为先前渴望的东西是有益的。它的价值并不为判断的行为决定，而为我们所称的"渴望的满足"决定。后一状态也许同样具有价值，虽说它并不必然表现为现在即刻就能喜欢上或享受到的东西的那种情况。在这方面，它的价值同样是独立于任何判断行为的。在这两种意义上，即在满足并终结着渴望、在成为感情的直接对象的意义上，一种存在也许可以说拥有了价值。对这种类型的价值进行判断，牵涉到被这一存在或被指向这一存在的感情满足了的渴望予以反思性知觉的附加行为。我们作出这样的断言似乎是有道理的，即当这类反思性知觉不变地伴随着正被究问的情感态度而来时，它无论如何是一种不同的、可加以辨明的东西，具有不同的对象。这种对象上的差别，无论如何，必须设想为就是借助对心智状态进行观察的那种反省形成的同样的差别。

最后，我们不能不来考虑这一事实、这一行为的成果，也就是健康本身的状况要归因于先前关涉到它的那些判断。这样，我们似乎就有了连接它们自己对象的某个判断或一系列判断。我判断出我准备去恢复我的健康，于是出于我对这一状况的判断，我确实使自己的健康得到了恢复。当该对象仍悬置于将来的时候，我的判断如何会拥有它的对象呢？并且，要是它本身作为结果而依赖于判断，那么不是只有当我们花时间去作出判断，它才会成为实在的东西吗？我们似乎拥有了某个一定程度上先于它自身部分的判断，据我的理解，这就是杜威教授碰上的悖论。

但我认为，我们与其被驱赶到这个悖论中，不如坚持这样一种能够避免悖论的对问题的说明。我们必须否认将来的偶发情况构成了判断的客观成分，或者它对于判断的出现终究必不可少。这个将来的偶发情况与也许发生、也许不发生的那种后起事件是不一样的，或者说与它的出现确实被先前发生的判断所制约的那种后起事件是不一样的。换言之，必须提供足够的存在体（entities），以助我们进行观察。如果我们把目标、假设或者可能性规定为先前判断的内容，并把它与后来的实存区分开来，这是完全可能的；正如我们把依照票面上的文字假设性地付款或没有付款认定为它关系到名誉或有损名誉的事，并将这件事与支付者的实际行为区分开来一样。这两种对象互相之间必定维系着一种独特而密切的关系，即后者必须能够"满足"前者。

如我们所见，这一点甚至也是真的，即两者必定存在交叉的关系，或拥有某种共同的成分。这构成了判断的"成熟性"或证实的目标所在。就我们面前的这个例子来看，这个共同成分包含着模糊表明看医生以后那段恢复健康的时间，以及那个产生健康问题的特殊之人。按照这种判断的方式，健康如今是这个人应该享有的。这些因素，无疑还有其他因素，构成了目标和真实事件的组成部分。缺少了它们，就既不会存在判断，也不会存在发生的事件，尽管目标和事实的成分应相符一致，还是有必要赋予他们某种不同的本体论地位。上述中，我已提出，目标应被视为对那个作出判断的机体行为的一种描述，视为被它的背景和决定倾向限定的一个目的。在某种意义上，这是一类必须提供的东西，并且无论怎样把它提供出来，它必定在本质上区别于将它实现出来的那些实际发生的情况或事件。目标证实着两种关系，一种是与想要达到它的心灵行为的关系；另一种是与将它例示出来，或者说在数学意义上体现了其价值的那种存在的关系。它在证实与后者的那种关系之前，或者甚至当它竟然没有证实与后者的那种关系时，它也证实着与前者的那种关系。

从类似这样的一些途径入手，我们也许能避免产生悖论。这样，我们拥有的就是一个没有产生出自己的客观成分的判断，而且是一个导致了实存的判断，该实存将判断的客观成分标示了出来。被先前的渴望预期性地创造出来的价值，并被激发和引导这一渴望的判断预期性地加以领会的价值，与最终实现了的那种价值是不同的。

于是，我认为，实践判断的特征并不表示需要我们对判断通常的观念作出修改。关于价值的判断并没有创造出它们加以判断的价值-对象，也并不构成它们自身成分的那部分根据。

在最近的一篇文章中①，尽管表达得隐晦而含混，厄本教授（W. M. Urban）与杜威教授想到一块儿去了。我并不打算决定这两种观点是一样的或是不一样的，它们给予我的印象不幸也显得隐晦而含混。但由于厄本教授"认为"他们"意见一致"，我相信他说的是真话，从而认为以下的评论不会显得毫不相干。

厄本教授直言不讳地断定了这一信条，"价值判断"区别于所有"关于真理和事实的判断"。② 不像他引证的大多数权威那样（我想，这里面也包括杜威教授），在判断这个问题上，厄本教授是个二元论者。但是，他就这个反题（antithesis）所说的东西远

---

① 见《哲学、心理学与科学方法杂志》，第13卷，第673页。
② 同上书，第683页。

非那么清楚。何谓"关于真理的判断"？它是不是对某个命题的真理作出所谓的判断？为要构成与价值化同一等级的某种类型的判断形式，这无疑是出乎偶然了。由于他将关于真理的判断与事实的判断联系在一起，更可能是，他的意思是指那些或是真的或是假的判断。这样，不管反题是真的还是假的，它总是表现为要么是判断，要么不是判断。由于习惯上判断意味着通过对真假的取舍而得到辨别的认知行为，价值化就显得像是一种缺少一般判断特征的判断。这个反题注定无望摆脱那种模糊状态，除非某人明确地说出他有关判断的大体意思，并将这种认知形式与真理或谬误的偶然成因单独地区分开来。看来，按照惯用法，我们势必要说，如果价值化既无所谓真也无所谓假，那么，它就是某种与判断不同的东西。

但是，让我们来考虑一下致使厄本教授推断出他的反题的某些基本思想。首先，他指出价值并不附着于对象，而是附着于目标，即附着在"这个 $\chi$ 是 $\Phi$（that $\chi$ is $\Phi$①）"这种形式的复合句上。但这一点既不为价值专有，也不为判断所专有。事实性肯定也附着在同样类型的复合句上，正如我们说"事实是，等等"（It is a fact that, etc），这要被看成是某个判断的例子，而不是价值的例子。另一方面，那些渴望、希望、害怕、命令、被禁止的东西，或者以其他多种方式被看作构成了最为寻常的包含情感动机的态度的东西，也是"如此这般被确立起来的东西"（that so and so shall be）。在这些情形中，我们拥有的是价值，而不是判断。正如迈农（Alexius Meinong）②、罗素及其他许多人承认的那样，这一点无疑是真的，这些态度有赖于确认并非普通意义上的对象或者事物这样的"对象"为事实。但是，它们并不充作将有关真理和事实的判断与其他判断加以区分的标准，也不充作区分评价的态度和非评价的态度的标准。③

其次，厄本教授争辩说，存在着某种先天的"有关价值的命题"（这些命题是真理或事实吗？）它们独立于有关各种旨趣的特殊的心理事实，它们与关于存在的某种先天命题属于同一类别。于是，他声称所有的对象不是含有积极的价值，就是含有消极

---

① "That"这里应被看作是一个连接词。
② 迈农（1853—1920），奥地利哲学家、心理学家。他提出对象说，倡导价值论，并将对象说和价值论联系起来。他的思想对罗素早期哲学发展影响极大，一般认为他是"新实在论"的主要前驱之一。——译者
③ 我发现，厄本教授有关"价值是个目的"的论点（"价值和存在"，《哲学、心理学与科学方法杂志》，第13卷，第464页）中，没有什么当真是目的性的东西；我认为，它的普遍性不免令人怀疑，并且把目的独自当作实在的终极物是不甚合意的。我确实反对这样的看法，即目的性至少可以为"价值判断"的唯一性提供理由。

的价值;并且,无论在哪两种价值中,必定有一种价值高于另一种价值。但通过对其论证的考察来看,完全清楚的是,这些所谓的**先天命题**要么是对关涉存在的某种先天命题的应用,要么就是从相关于旨趣的经验特征中得到的。每个对象必定拥有积极的或消极的价值,这一命题之所以被视为是**先天的**,只是因为它求助于排中律,消极的价值应被看作并非拥有了价值。认为所有对象均含有价值,这需要诉诸旨趣的那种经验的特征。"所有对象,就其作为对象而言,均涉及实际的或潜在的旨趣,而无论何处存在着旨趣,何处便出现了价值。"①但厄本教授如何能知道所有这些对象能够成为旨趣的对象呢?假使他总能知道这一点,而这是颇为可疑的,这只是因为,作为意识样态的旨趣在现实中的无所不在,或者存在着把一种旨趣态度与任何其他的态度联结起来的心理上的可能性,由此使某种东西变成了对象。

一种价值比任何其他的价值要"高一些或低一些",这样的必要性无论如何,要么是源自价值具有完全可公度的(all-commensurable)、内化的量值的那种经验事实;要么是源自旨趣总是在心理上与偏好相连的经验事实,也即源自这一事实:旨趣总是(?)在一个主题上与其他的旨趣相互联系,以致对一种旨趣的表达至少意味着使其他的旨趣随时可能落到次要的地位。换句话说,厄本教授对价值的概括正是对有关价值事实的概括,价值要么是适用于所有事实的一般逻辑种类的价值,要么是从那种已知为旨趣的心理事实的具体特质中形成的特殊种类的价值。

再次,厄本教授坚持说,他相信价值判断特有的"应当"概念是不能还原为存在和非存在的范畴的。他说:"价值判断不是说'A 是那种应当是的东西'(A is as it ought to be),而是说'A 应当成其为是'(that A ought to be)。"②但厄本教授必须意识到由这个判断形式引起的争执,果真有的话,也不是价值判断所独具的。这里要求的,只是对某种假设存在或可能存在的东西作出断定的判断。但是,这种情形在所有包含可变因素的判断中都存在。假设有人说"$x$ 是个人蕴含 $x$ 终有一死",他并非在断定"某个人存在"或"这是个人",不过是在对某个逻辑或蕴含事实的真假作出判断。如果某人愿意,他也许可用这样的说法表达:"如果出现的是个人,它终有一死。"同样,从义务论的观点出发,某种目的规定着或蕴含着 $x$,这同样可以被恰当地表达为"$x$ 应当出现",或是"如果 $a$ 出现并具有 $x$ 的价值,它就是那种应当出现的东西"。与此相类似,"在如此这般的地方、如此这般的时间应当能看到彗星",或者"这把钥匙应当具有

---

① 《哲学、心理学与科学方法杂志》,第 13 卷,第 675 页。
② 同上书,第 687 页。

如此这般的形状",则意味着彗星运动的规律和锁的形状决定了可见性或配合性的条件,无论这些条件是否能成为实存的东西。这一类判断并不专门属于价值的判断,也不能区别于有关真理和事实的判断。

"应当"判断的预期特征甚至更不能认为可被用来证明厄本教授想要证明的东西。他说:"价值判断的本质恰好在于","它所领会的不是某种完全给予的东西,而是某种生成的东西。价值不是对存在的判定,而是关系到生成的方向"。① 厄本教授提出有关真理和事实的判断应限定为是对完全给予的东西的判断,这一点不可思议。所有科学判断的共同之处,正在于它们全都涉及未来,涉及所谓预期的判断。而这些对生成方向作出断定的判断却是较少存在共同之处的,例如,像那种根据热力学第二定律作出的概括,或者像斯宾塞相信的那种决定着宇宙进化的规律便是。为人熟知的生物学现象,例如生长和本能,只能以这样的方式进行判断。如此一来,是否可以说这样的判断就是价值判断呢? 它们难道不是有关事实和真理的判断吗?

厄本教授指责我混淆了"某种对象由于赋予了价值而具有的性质和价值本身,以及它应当成其为是的那种事实"。② 这里,我们是否宁愿采用实体性的"价值"去表示那种具有价值的对象,或者用它去表示含涉价值的事实,这件事无关紧要。无论如何,厄本教授在本质上心智健全的习性促使他在此把价值等同于事情应当成其为是这样的事实。于是,有关价值的判断就是对这样一种事实的判断。正像任何其他的判断一样,如果事实正如所判断的那样,那它就是真的,不然就是假的。这使人对这种特殊种类的事实的构成成分几乎陷于无知的状态,例如,是否"应当"是一种直觉性的最终事实,无须更多地加以限定,或者如我想到的那样,是否它存在于一种有关旨趣的暗示性的关系中。但这一点是完全清楚的,即在对判断的这种分析中,找不到价值的种差(differentia)。

我仍然相信,造成这整个糟糕局面的潜在原因是混淆了实质的判断行为和在心理上与其联结着的那种动机-情感的态度。这一点几乎恒久不变地由于作者对这样一些混合物,如"欣赏"、"赞成"、"确认"等等的喜好而暴露出来。如果某个人想强调这一事实:我们有关价值、判断、情感和意志的经验是密切联结在一起的,这很好;但接着首先要从判断的偶然联结中,把它的本质特征辨别出来。事实、存在、真理、对

---

① 《哲学、心理学与科学方法杂志》,第 13 卷,第 687 页。
② 同上书,第 685 页。

象、目标,就是属于这样的判断分析的一些术语。它们对于描述判断的结构和功能须臾不可或缺。这样,也唯有这样,当一个人抽象地去看待判断,他才会确信无疑地大胆涉入判断的主观和客观种类的、使人困惑的领域。于是,如果某个人愿意,他就会对各色齐备的判断进行收集和归类,其中不仅有价值的判断,还有文字的判断、视觉的判断、私人的判断、公共的判断、德国人的判断、美国人的判断、德国人-美国人的判断——伴随着某种保证,即至少它们全都是判断。

# *3.*
# 价值和因果性[①]

文德尔·T·布什(Wendell T. Bush)

厄本教授和施奈德先生(H. W. Schneider)之间的观点交流[②]促使我从文章分类架中取出了这篇论文,该文原先是针对1913年哲学协会在纽黑文举行会议期间谢尔顿(W. H. Sheldon)教授与培里(Perry)教授所作讨论而撰写的一篇稿件。[③] 我对这篇文章做了一些改动和增补,以与杜威教授在他的《实验逻辑论文集》(*Essays in Experimental Logic*)一书表述的价值理论中提出的问题相衔接。厄本和施奈德对杜威在这个问题上的观点温和而不失有力地提出了反对意见。

有关价值的讨论变得愈加复杂化了,对此不用感到惊讶。四年前在纽黑文的时候,这还是一个轮廓清晰的问题;它或者可称为价值理论中实在论(realism)与个体论(individualism)的地位之争。那时,实在论仍意味着一件带有试验和冒险性质的事,而唯心论(idealism),或者不管你对那种仍被认为是主观主义的思维类型怎么称呼,却开始明白无误地被看作是保守的东西。那次会议一个令人感兴趣的特征是:一个被认为是唯心论者的人——姑且不论这一推测是对还是错——宣读了一篇主张实在论的论文,而一个好斗的实在论者却在捍卫一种被认为是复活了的主观主义的立场。

这两篇论文中,头一篇是谢尔顿教授写的,它对价值下了一个定义,其中的自我,如果用一个现在已不足以享有可靠名声的词语来说完全是"多余的"。培里教授举出

---

[①] 首次发表于《哲学、心理学与科学方法杂志》,第15卷(1918年),第85—96页。杜威的回应见本卷第3—9页。
[②]《哲学、心理学与科学方法杂志》,第14卷,第701、706页。
[③] 同上书,第11卷,第113、141页。

了反对的理由,并要我们相信,"有一个主张今天差不多已获得了人们的一致同意,即价值就其通行的含义而言,不能不是某种一再重复的称之为爱好或旨趣的东西。"①我认为,在厄本-施奈德的讨论中,这个老问题仍呈露了出来,而对此作进一步的辨别通常也是可能的。鉴于此,我再次提出这个问题以供讨论。

我想,要是再碰上那种看似与实在论或者唯心论有着亲缘关系的东西,我们无须感到惊恐。"主观的"和"客观的"的传统特点,应不至迫使我们作出辩证的选择。心灵喜欢户外运动的习惯已成为如此自然的事,以至那些令人感到困惑的陈旧标签不是其他什么东西,只是个因其能够逗乐才吸引我们的东西而已。于是,上述关系到一个老套的反题就是:我们要去注意的,只是这个玩意儿在那种被搁置了的形而上学好奇心中找到的它的位置。

作为一次新近的讨论,我在本文开头提到了施奈德先生的论文,我将就此冒昧说上几句。施奈德先生所持的观点或可称为是实用主义的价值理论的观点。这一观点,杜威教授已在他的文章《实践判断的逻辑》中较详尽地作出了陈述。② 这个背景看来十分严格地限定了讨论的范围。我想,厄本教授多半已经指出,许多涉及价值的事的确说明了实践判断的逻辑,同时另一些事却不能说明之;可是,正由于它们不能说明这种逻辑,在作为实践判断理论一个部分的某种价值理论中就成为不被承认的东西。就价值事实属于理智行为范围内的事这一点而论,我认为,施奈德先生的说明是完全可以接受的。但是有否大量涉及价值的事落在这个范围之外呢?施奈德先生好像认为,无论什么东西,要是它有价值,那么就是有关某件事情的价值。当然,在实践判断的背景下,无论何种有价值的东西都必须是有关某件事情的价值;但肯定有许多事情得到称赞和喜爱,却并不涉及任何功用或目的,或完美的境遇。我并不愿意在这里与杜威和施奈德的分析进行争辩;可是,我确实要指出,他们的分析仅适用于工具主义处理的题材。我认为,这就遗漏了对全部经验中一半经验的说明。我是说,工具主义及其推断适用的是那种涉及将来的事情;我没有看到它如何能施之于现在的事情,在这类事情中,我们不考虑它的种种因果性和潜在性。我所想到的是美感和功用那种古老的对比。工具主义当然在暗示要对因果性加以利用,我想,为了驱除主观主义的无害的幽灵,工具主义关于价值的说明趋于将价值和因果性等同视之。价值-

---

① 见上述讨论文章,第149页。
② 《哲学、心理学与科学方法杂志》,第12卷,第505、533页;以及《实验的逻辑》,第349—389页(《杜威中期著作》,第8卷,第23—49页)。

生成情境需要有一个评价的自我,这样的老问题看来也促成一种搁置了的形而上学的好奇心;但我的文章是在这个问题仍被偶而提到的时候写成的,所以我的评论是按一种公认的、能起到提醒作用的套路加以构思的。我将在一种几乎与工具主义的偏好正相反的意义上使用"价值"这个词。但我认为,有关用法的详细说明并非问题所在,"价值"一词是否被赋予了一种意义或另一种意义,对此似无须更改相关的事实;而该词指涉到的种种情况,也不应成为晦涩难解的东西。

在我看来,就经验和现象的含义而论,工具主义似乎是注重实在的;它对人类的处境、活动和方法感兴趣,在这层含义上,它又是唯心主义的。从前一方面看,工具主义有关价值的理论与上述谢尔顿教授的论文不乏相符之处;从后一方面看,它就置于培里教授论文的那种语境之中了。我想,一个工具主义者会声称,他不关心自我的在场或缺席的问题;他之所以口出此言,因为他已经就这个问题拿定了主意,按培里教授的立场拿定了主意。这类工具主义者首先对我所称的某种自我-中心情境的论据感兴趣,但作为一个工具主义者,他对情境中的某种非工具性质的论据却有点满不在乎。

唯心主义有关景观(landscape)是某种自我功能的论题是人们所熟悉的,从历史角度看也是可理解的。实在论者有关自我对于景观是多余的论题,同样为我们所熟悉。无论如何,也许值得记住的是:自我和景观常常是连在一起的,它们的一同出现与没有一同出现,其造成的情境是完全不一样的。如用培里教授一个十分简洁的形容词来表达,也许可把这两者较为复杂的结合称为自我-中心情境。我无须坚持认为,自我中心情境是一种无人不知的完全经验性的情境。谢尔顿教授论文的创意之处,就在于他要努力把价值从自我中心的情境中解放出来。这样,就让我们不以任何设定的自我、偏见或旨趣来开始我们的探讨吧。

让我们对自然的某个部分作出一种构思、想象和限定。在这里,没有什么东西受到有意识的偏爱或厌恶,不存在什么有知觉力的有机体,它们可感受到快乐或痛苦、适意或不适,或者任何其他种种冲动。这里的季节循环往复,植物的丰茂和枯萎则要归于雨水、曝晒和干旱。任何想象中会发生的事都会发生,但都不是针对某个自我而发生。因果性这个术语在这里不能说明一个事物对另一个事物的全部影响吗?确实说来,我们可以说雨水对蕨类植物是有益的,并且它是藓类植物渴望的东西,而干旱对这类低等野生植物是有害的。只要我们愿意,我们就可使用"价值"这样的术语。我们不应受到误解,很清楚,我们这里谈论的是因果性。况且,比起说雨水对杂草有益,说雨水对庄稼有益,或许显得更为自然。在一个严格的实在世界中——说它实

378

在,是因为它没有包含无论何种自我-中心的参照物——无论如何,世界的因果性难道没有描绘出所有那种一个事物能够影响另一个事物的情形吗?无论我们怎样把因果性的情形予以详论或搞得繁复琐碎,在这种情况下,它们是否不多不少还是那种因果性呢?

那么,当我们引入了一个怀有偏见或旨趣、冲动或爱好的生物,我们引入了新的东西吗?它是什么东西呢?如今有什么以前未曾发生的事发生了吗?如果现在出现了某种新东西,致使自我-中心情境用一个新词去规定它,而这个词表征的是一号世界(world number one)并不拥有的东西,它就不能应用于一号世界那种类型的情形。如今,事物并不仅仅是因果地作用着;它们由其自身和它们的效应而成为讨厌的或合意的、被寻求的或要避开的东西。

现在,假设伴随**偏见**或**旨趣**的引入而引入了某种新的东西,假设事物的关系由于这种偏见和旨趣而形成了一种新的关系,就是说用新的条件说明的关系,显然,这只是我们能否采用一种语词或另一种语词来标示这种新的关系的术语学的问题。假如我们把"价值"这个词的含义扩展一下,用它来指某种确定的、不包含任何必定怀有旨趣或爱好的主体的那种事态中的因果性;那么,"价值"这个词就不会被用来指明这种新的关系,人们就不得不去寻找另一个词来说明这种关系。除了把价值认作某种因果性的情形,除了采用别种词语来做这自然属于同样的事,我们什么事也没干。于是,我不禁要作出这样的结论:偏见或旨趣的出现定义了某种类型的情境,其中的某些事恰好并不仅仅表现为因果性的情形。碰巧的是,它们获得了价值。如果脱离了自我-中心情境,以旨趣和爱好构成的事物的关系就不复存在的话,那么,当我们想方设法对根本的事态不加理会时,还可能存在什么样的品性呢?

关于这一问题的另一种老生常谈,(我认为)就是对"固有的"和相对的价值作出的划分。我们体验、享用或承受着现在,我们期望并寻求去控制将来。显然,这些可被看作是一些复杂化了的现在的不同方面。在我们对现在的发现中,它天然地好坏杂陈,它容纳着使我们把将来看作奋斗目标的那种资源、那种溯因性或是相对的价值。或许,不应过分地从字面上来理解这类术语;它并不用以表示我们对各种价值作出的估值,而是表示对各种事情作出的估值。事情是复杂的,并从一种特性或另一种特性中获得价值;当它们如此展开时,频繁地被视为是这种特性的个别例子。但自我-中心情境这种固有的或直接的价值是依赖于各种各样的事态的,而对它们的分类也许是无限复杂的。固有的价值正是那种"与趣味相关"的价值,有关这类事情的争论既徒劳无益,其证据也令人乏味。我想,没有人能够否认存在着个别的独特的趣味,而这一点是相当肯定的:正是那些逐渐获得丰富多样的鉴赏力的人,最为尊重这样的独特性。

一号世界的因果性仍保存着,但它们影响到的不再仅仅是不会计较的事实;它们会或者也许会成为价值的起因,于是从其结果的那种固有的特征来看,它们获得了价值。或许,指明这种新的关系最为简洁明了的一个词就是"有用"(use)。当我们说"有用"产生于自我-中心情境,这句话含有什么不寻常的意思吗?然而,要是我们使用这个词,那就处于与我们的讨论并非不相干的价值领域中了,因为因果性并不依赖自我-中心情境,只有因果性的价值依赖这样的情境。自我-中心情境为一号世界加添了某种东西;然而,它没有使这个世界受到丝毫损害。当然,人不会生活在任何对事态的机制不表现出严肃关切的那部分自然中,我们通过获得固有价值的那些手段能够并且也确实在对这种机制进行研究和争辩。但这些被如此研究和争辩的东西是机制和因果性,而不是严格意义上的价值。

人们是否对现在的性质或者潜在性的性质抱有更大兴趣?无疑,智慧之人对两者都感兴趣。然而作为通例,大多数对两者之一抱有真正兴趣的人并不就是"智慧的"。有一些人把事物看成幻象,另一些人把事物看作工具和变化的材料。坚持上述区分,也就是愉悦与有用的区分,看来被这样的事实淹没了,即在实际经验中,有用或危险的事另外还带有某种美的性质,或者说具有美的性质;而任何具有美感价值的事物又被可合理期盼产生出来的未来结果搞得复杂化了。并且,对事物的"相对"价值漠然置之的正是堕落的趣味①,或至少是未加提炼和不够老道的趣味。可是,这只是要指出那种与其他任何事一样的明显情况,即事物是复杂的,它系于将来又存在于当下;趣味是能够教导的,它并不与理智相矛盾,而是在强化着理智。同样清楚的是,一个社会应当把它的各种工具手段锻造成尚具美感的东西,要是我们从来就没有拥有现在,那么各种工具手段就成了无益的炫耀物。正是为了固有的价值,它们才成了最终应有的供品。我们或多或少为了将来而不断地在毁坏现在,为了现在而与将来进行调解。即是说,我们老是为了有用而牺牲价值,为了价值而牺牲有用。使这两者之间的差别显得如此真实、如此值得注意的,正在于这一事实:现在和将来都呈现为诸如此类的经验的现实性。所有这些也许并不值得详述,但这种区分在随后的概括中应当加以保持。

价值和因果性之间的区分不会取消任何真正问题的讨论,或使之复杂化。归于

---

① 桑塔亚那:《艺术中的理性》(*Reason in Art*),第 207 页。

无效的,只是那些或许源于将价值和因果性等同视之而引出的问题。那种以为也许可以通过某个定义人为地设计出问题的看法,必须对展示出的所有那类陈旧货色作出说明。

381    我所称的相对价值("工具性的价值"或许是个更贴切的术语),似乎是那些有赖预测的价值的一类特殊例子。我会评估并服用某种令人不快的药物,因为它会治好感冒。我会喜欢蒙娜丽莎,因为这是达·芬奇作的一幅画。无疑,这些都是带预测性的价值,但对它们的分类更多地是一种逻辑而非经验上的辨别。在我看来,它们之间的不同要大于相似之处。要是我在此冒昧引荐一对术语,会表明存在着独立的(independent)和依附的(dependent)价值之别;工具性价值将被看作是一种特别重要的独立价值的类别。依附的价值产生于从工具性价值中获得的有益的东西,但要是说独立的价值是无用的价值,这不会令人感到吃惊。这并不意味着它们没有价值,只是说它们蕴育着一切价值的种类和原型。我再重复一遍:独立的价值和依附的价值之间的区别,一点也不意味着事物不会同时拥有这两种价值。很多令人感到舒坦的东西是有害的,而那些令人感到不快的东西却是有益的;对某人表示尊敬的态度如此经常地出于自发,又被各种各样内心的算计搞得不明就里了。

任何研究价值问题的人都可能怀着美学或伦理学的明显兴趣走近这个主题,这类兴趣毋宁说是我已冒昧声称的具有现在或现在的潜在性性质的东西。除非我们的思想清晰地保持着独立的价值和依附的价值的区分,这种差异表露出两种极易导致互相误解的气质。真理是一种价值吗?也许是吧。如果我们说它是一种价值,我想,我们必定是在表示某一特殊命题具有一种价值或另一种价值,或两种价值都有。当这些命题要求获得独立的价值时,我们的讨论就出现了困难。一个主要以美学态度来看待这个问题的人,当然会对我所称的那种独立的价值给予宽泛的承认。眼下的作者中碰巧就存在这种情况。我不知道培里教授的情形如何,但他的文章①却借艺术领域找到的例子而大力强调独立的或固有的价值。摩尔先生(G. E. Moore)作为否定旨趣必要性的人物被引用过,但涉及的是伦理学问题的研究。②

382    上述禀有特殊取向的事实引出了我们另一方面的考虑,这就是说,要是我们试图对价值给出一个定义,这类场合往往表现为某个人寻找一个方向或另一个方向的情形,通常能带来助益的是了解打算通过定义指出的那个方向。因为只有存在真正的

---

① 桑塔亚那:《艺术中的理性》,第 207 页。
② 同上书,第 154 页。

旨趣和复杂的问题，某个人才会真切地想到他前面要走的路，他不大可能光是寻求给出一个定义就此了事。后面还有大量的事要去做，定义只是使之开了个头。我预计到，那些对现在的潜能更感兴趣、对通过理智行为控制情境更感兴趣的人，很乐意接受谢尔顿教授提出的那类有关价值的定义。"假设在死寂的自然、活的有机体、有意识的头脑中皆存在无论何种坚决争取某种结果的倾向，那么，任何其他的促进倾向对它来说就是好东西，任何其他的阻碍倾向对它来说就是坏东西。"①

像这样的定义的确能够符合那些倾心所谓未来之经验方面的人的口味，但对那些倾心其他方面、一点也不违于真实的所谓现在之经验方面的人来说，却全然是无用的。坦率地说，我还要指出，我以如此不完备的表述形式来强调我的观点，它不具备理智、控制和指导的观念占主导地位的伦理学的背景，而具备美学的背景。在这里有关经验的重要意义的一个主题，是敏锐的欣赏力方面的教育，是成为一个革新的鉴赏家方面的教育；要是缺少这些方面的教育，对现在的拥有，很难说就会真正拥有什么东西。

只是在独立价值的领域才会发生趣味大战。一个时代的人常常不太能理解另一个时代的人。对海顿感兴趣的一群人，会对斯特劳斯的音乐作何反应呢？导致产生客观变化的不同方法的比较效果问题引出的，不是一场风暴，而是一种实验。

首先，强调独立的价值看来造成了哲学的窘状，因为哲学注定是要加以讨论的东西。基于这种强调，培里教授说："或许终究存在着一种根本的动机，也就是说，存在着那种去发现标准的愿望，借此就能把价值本身指派为高级或低级——这是就对自然或经验的价值的批评加以证实的愿望。提供一种尺度或等级似乎是必要的，借此，癖好就能从属于责任，冲动就能从属于'规范'，或者说享受就能从属于理想。"②在另一处，他还说(第155页)，"价值判断的客观性或可交流性在某种意义上必须加以呵护，这不是为了那些正在进行争辩的各种团体的利益。关于这一点，他(桑塔亚那)的看法是相当贫乏的，是为了让我们能够阅读并欣赏类似他本人那样的论文；并且，甚至当他说'善不具有固有的或首要的性质，而只具有相对和附加的性质'时，也能对他进行理解。"但能加以证实或批评的是何种价值呢？显然是工具性的价值。什么是具备了一种客观性而应加以保存的价值判断呢？很清楚，看来就是那种对依附的价值的判断，就是从对结果的考量中引出的判断。要是这样来看，独立的价值乃是

---

① 谢尔顿教授的文章，第121页。
② 培里教授的文章，第156页。

特定的价值推论的前提。当它们仍作为前提存在的时候,它们是批评不了的;那种含摄着它们的经验必须从其结果的观点加以解释,即是说,必须用工具性的、与将来相联系的观点来看待它们。独立的价值是不可讨论的东西,这就是那种流行的设法使每个人的宗教偏好都得到满足的"实用主义"具有某种功用的原因之一。"因为摩尔指出,要是每个参与讨论的人都诉诸他自己的兴趣,那就没有哪两个人竟能指涉同一件事。这是那种造成真正谬误、终止对话的相对主义,并且与对它加以概括的行为相矛盾。"①这里肯定存在着相对主义,但对那些想要处理尽管看似某种独立的价值、其实是依附的价值的人来说,情况变得有些棘手。我们能做的就是去留意那些事,或者留意那些事中呈现给我们独立的、固有的价值一面,以便去看看那种被认可的价值这时是否出现。如果那些偏见、旨趣或感觉组织相同,或者足够地相似,那么,价值的对象在每一种场合实际上都可纳入相同的关系中。我们似乎可以稍许接受这样的基本设定,即存在着某种可限定的正常类型,致使它的价值和对它的惠爱是正常的、毋庸置疑的。人们难以摆脱这一本质上纯学究式的理想,我猜想,这一点尤可见于我们中间那些以教书为业的人。

桑塔亚那举了一个审慎心灵的例子。当他提到雪莱时,他说:"雪莱的问题无论如何不在他的诗歌的沁人心脾的地方,这是装腔作势的三流诗人垂涎的东西,这类东西的宜人之处不用多久就会干枯。雪莱的多姿多彩自有更丰沛的来源,它源于他对临摹并不存在于图画中,而存在于宇宙万物中那种最美好的东西的激情。"②还有什么比讨论宇宙万物中最美好的东西更重要的主题吗?那个赋有讨论、批评和考察各种事物的使命的人,不大可能一开始便假定所有事物都可加以讨论吧?然而,不是说价值是依赖于某种旨趣的关系吗?不是说它只有在自我-中心情境中才会产生吗?那种实现了的、成就了的或获得的价值不是说以不时变幻的关系为转移的吗?奇妙之处并不在于人们是如此不同,而在于他们是如此相像。

但愿价值问题难以被清晰地加以讨论并非出于这样一种情况:许多价值不正是我们感到亲近的那些东西吗?经验充满着价值,它们以彩虹般的微妙色调将价值透显了出来;也许我们对它们的了解胜过对其他任何东西的了解,我们也不太容易把这一了解付诸于言词,或者付诸我们的愿望。如果生活更令人困惑的性质使之不会毫无保留地任由人们通过定义的方法去把握它,我们对此不会感到吃惊。

---

① 培里教授的文章,第 154 页。
② 《教条的力量》(*Winds of Doctrine*),第 163 页。

杜威教授在他对实践判断的说明中描述着一种认知的活动,而且他限定了"认知"一词的用法,它是带有工具主义鲜明特征的词语之一。我相信,这个有关认知更为线条分明的定义会使我们得到真正有益的、富有成果的辨别力,本文的目的就是信守这一定义;然而需要指出,它包含着黑格尔或许称作"它的他者"的东西,并且与工具主义者如此适时提醒我们的那种总体的背景并非不相关。我多半关心的,并且也是评价行为所指涉的"他者",就工具主义者对该词使用的那层(我认为是正确的)意思来看,并不是认知的经验。何况工具主义者更为恰当和理智地用动词而非名词的形式来表述这个词。人们会想起詹姆斯有关鸟儿的飞翔和栖息的比喻说法,栖息充其量不过是总体的背景,因为工具主义者主要感兴趣的是飞翔。杜威教授坦陈他的话题是认知性的评价行为,而且他也许(我想这是对的)愿意避免使用"价值"这个词。他明确地认可我称为直接的、固有的或独立的价值的那种东西。"先前有一种教条认为,每一种意识经验根据事实本身(*ipso facto*),都是一种认知的形式。这种教条掩盖了事实,所以,是否正确还得由高举教条的人来证明。"①但是,工具主义者注目的这部分论题,也就是认知性的评价领域用动词形式被极好地描述出来,恬静谐和的观点、非认知性的"栖息"看来与较呈静止状态的名词性实体具有亲和力。在有关经验的认知方面的陈述作出的答复中,对非认知的经验问题作一设问,这正好不是杜威教授将予以考虑的那种请求。

就这整件事情来看,我所做的不过是把桑塔亚那《美感》(*The Sense of Beauty*)一书中的一两段句子说得更详细些而已:"显然,所有价值最终必定是固有的,由于其结果的优点,有用的就是善的;但这些价值必定在某处又会停止其仅仅成为有用的东西,或仅仅表现为手段上的优点。我们必须在某处把它视为自为的东西而进入善本身,否则整个过程就是不足道的,我们的第一个对象的有用性就是虚假的。"(第28—29页)还有:"价值产生于对生命冲动的直接的无法说明的反应,产生于我们的本性的非理性部分。"(第19页)同一作者的《艺术中的理性》(*Reason in Art*)一书的那些读者们会惊讶地发现,这后一本著作不再强调他在《美感》一书上述句子中谈到的那种固有的价值。其标题示意认知性的评价成了探讨的主题,而前一本书探讨的是经验的非认知的方面。《理性的生活》(*Life of Reason*)是讲伦理学的书,而《美感》是论述美学的著作。当然,生活中不存在这样的分隔,在写作中才会出现这样的分隔。于是,一个工具主义者会申明,这一区分是出于某种理智的目的。可是,我所请求

---

① 《实验逻辑论文集》,第351页(《杜威中期著作》,第8卷,第24页)。

的无非是:不应将工具主义赋予的种种责任强加于这种被承认为非认知的经验身上。

杜威教授论述"价值判断"的那些篇页,我犹记在心,他没有混同我所说的独立的价值和依附的价值。他一开始便警告我们要避免这类混同。他注意到"当代关于价值与评价的讨论混淆了两种截然不同的态度——一种是对于好坏的直接、积极和非认知的经验态度,另一种是对于好坏的评价态度"。①他指出,评定价值是指"两种截然不同的事,一个是珍视、评价、尊重、估计,即按照上面描述的意义去发现好的方面;另一个判断它是好东西,把它作为好东西来认识"。② 杜威教授的说明,因其与认识论方面的讨论相关而变得有点复杂起来。正像各人有权去做的那样,他把"价值"这个词与称作评价的认知行为联系在一起,但他明确申说了他正在做的事,要是我对此产生误解,是毫无道理的。然而要是这么做,按工具主义者所作的描述,"价值"一词与"有用"一词不就成了同义语了吗? 如果这是真的,如果工具主义者说到价值的时候其实是在说有用,特别是,如果他(我想他是对的)感到"价值"一词已被许多人造的含义所侵蚀,那他为什么不去寻找一个更为简便的词呢? 当某个词的词义这时受到损害,如可能的话,干脆还是把它扔了,另去找一个词。让我们参照工具主义者的说明,做一个以"有用"一词替代"价值"一词的实验,看看我们能得到些什么。在我看来,我们得到的恰好是工具主义意义上的一个陈述,但也是一个没人会反对的陈述。"我的观点是,价值判断只是实践判断的一种实例,即关于做什么事情的一种判断。"③当我们面临问题时,价值便出现了。何种事情或者方法在这种情形下具备应用的价值? 这无异于说,照工具主义者的意思,这种呈现起始于把人们讨论的价值限定在判断诸问题的情形中。我难免产生这样的感觉:当我们说"有用"并这样意谓它的时候,我们等于说出了"有用即等于有效"这样一个命题。没有哪个工具主义者会把该命题称作是一个判断。

在上述我写于三年前的大部分陈述中,我认为,价值与其说借助判断获得,不如说是独自受到尊重、欣赏或持存着的那种东西。这与亚里士多德有关善的观念是一致的,这种善的观念涉及经过挑选的各种手段。如果你愿意的话,可以说这是个语词问题;但除了道德教化的目的,这里还存在着以不承担责任和通过特殊责任来展现价

---

① 《实验逻辑论文集》,第 354 页(《杜威中期著作》,第 8 卷,第 26 页)。
② 同上。
③ 同上书,第 358 页(《杜威中期著作》,第 8 卷,第 29 页)。

值特性的同等理由。其要点正是一个价值的问题,无论我们从何处着手解决这个问题,请尽快把我们带入经验领域。这是一个工具主义从未打算运用价值的领域,从而也是一个工具主义者不容易在这个论题的引导下探索前进的领域。它也不会听信这样的话:有关价值的互相竞争的理论,无论如何,总要比工具主义者对它们的想象好一些。

锡拉丘兹市有一个非常悦人的习俗,那儿每逢秋季都要举办全州的交易会。到交易会最后一天的晚上,孩子们会倾城出动,上街狂欢游行。锡拉丘兹市人对这项活动痴情一片。说他们把它视为至上的价值,看来是很自然的。那么,价值真的是附在这类事物身上还是附在把它们引将出来的手段上呢?当然,这是个语词问题,但这个问题会使我们想到工具主义的观点不再游刃有余的地方。

# 4.
## 战争的法律地位①

萨尔蒙·O·莱文森(Salmon O. Levinson)

假定世界平安无事,德国突然向法国宣战并侵犯它的领土,甚至不屑于把吞并或使它的邻国沦为附属国的意图伪装起来,法律上会发生什么问题呢?有关的国际法该如何作出应对呢?如果这个问题看来出自目前对德国蕴藏的仇恨,要不,就提出一个美国毫无道理地攻击墨西哥或加拿大的相似的问题,其造成的法律环境并非不确定。战争直接受到国际法的批准。至此,它成了一场"法律认可的战争"。其他国家会严守中立并严格奉行国际法制定的规则,好像战争是一种仁慈之举似的。

大多数对战争问题的讨论忽视了一个首要事实,即一旦战争爆发,文明社会就把它们置于同一个法律平台,并不考虑它们的起因和目的。查尔斯·萨姆纳(Charles Sumner)的定义为目前的法律状况作了一个总结:

> 战争是国家间经国际法的认可,为了使正义在它们之间得到确立而进行的一场争斗。

正是这一事实,将那些渴望不断改善国际关系的国家的手捆住了。如果它是法律认为可以做的事,为什么要对这样的举动哭喊不已?如果战争是有法律依据的,为什么要反对军国主义呢?军国主义正是战争的法律地位引致的一种必然结果,而并非像大多数人认为的那样是战争的原因。如果战争是合法的,那么,无可否认的事实是:那些通过进行广泛而长期的战争准备得以形成起来的军国主义既切合实际、明智合

---

① 首次发表于《新共和》,第 14 期(1918 年),第 171—173 页。杜威的回应见本卷边码第 122—126 页。

理,同时也可以在法律上得到证明。只要国际法继续赋予战争以法律地位,所有国家面对"集体屠夫"的事实,不免都成了道德上的帮凶。相反,无视法律的战争和军国主义却不用承担任何责任。

有人认为,这类陈述虽说适用于过去,但若实施和平的联盟能够成立,它们就不再被看作是可行的了。可是面对战争,无论为这种联盟形式制定的方案看似多么彻底,基本的缺陷今天仍很明显。它并不打算宣布战争是非法的,只是简单地想把使战争成为合法的那些规章条例加以完善化而已:增加必须履行的先期仪式程序,务使战争得到法律的赐福。这一切真是好极了。但是,只要国家被引入把战争视为一种合法机制的思路,联盟对"法院受理的"和"非法院受理的"所作的区分就会使联盟的主要目的彻底落空。这样的区分,会被大造声势的精明的政治家一手操控。除了摆脱最高仲裁法院对所有涉及"国家名誉"和"至关重要的国家利益"的案件的有力的审理裁断,俾斯麦和迪斯累里追求的还有什么其他东西吗?"非法院受理的"的辩由,会成为一种老谋深算的出招。预告着目前世界大战的萨拉热窝的王储被刺事件,不正适用于"非法院受理的"一类案件吗?那些涉及有关各国至关重要的利益和名誉的合理形成的观点,恰好事关如何将已经提出的国际法准则形成条文并使之得到保证。这些重大问题应是干练的政治家们在会议室里争辩的对象,而不应是一群士兵通过战场上的较量求得解决的问题。

当诉诸开庭审理和出示证据的权利得到确立后,在英国的法律史上,个人的寻衅斗殴(尽管数量上无疑减少了许多)仍然貌似"事关名誉"之举。从亨利二世直到19世纪,任何个人间的争讼都包含两方面内容:一个是涉及财产权以及照此可由法院作出裁决的世俗、物质方面——法院能够凭借证据作出裁决的内容;另一个方面所涉的不是财产,而是受害方的人格,这不属于法院受理的事,即不能通过法庭出示的证据求得解决,而只能通过被称为决斗的残忍方式作个了断。由于双方的抉择都是合法的,任何无赖之徒都会强调这种争斗中事关名誉或者威信的因素,他们把法官们弃置一旁,坚决主张充分行使法定的权利,通过"名誉之战"解决问题。

事实上,决斗的整个历史和就战争问题制定相关国际法的行动进程非常相似。几个世纪以来,大多数国家竭力通过"准则"对决斗行为加以节制和规范,确定相关的措辞、条件、武器的种类、距离的远近、助手的职责,等等。这类准则变得越来越精微详尽,越来越"人性化"。助手们注定要在道德上充当"调停会议"中的某个角色。但是,所有这些皆仰赖决斗的合法性这个前提。该前提认为,一旦涉足名誉之事,一个绅士有责任也有权利不惜去流血拼命。我们也许要写出一部有趣的书,对个人之间

389

390

的名誉准则和国家之间被称为国际法的名誉准则作一比较。在这方面,海牙公约已将国际法中诸如此类极端无益的准则罗列殆遍。但我们不能不认为,我们需要的不是关于战争的法律,而是反对战争的法律,正如我们需要的是反谋杀法,而不是关于谋杀的法律。

或许有四分之三与国际法相关的条约内容是为战争制定的规章条例,伍尔西(T. D. Woolsey)就这个问题说道:

> 国际法假定国家之间必定会兵戈相向,为此尽力去制定出各种规则,以便用公正和人性的原则对战争加以约束。事实上,国际法的主要科目分支正是围绕战争以及国家之间或为交战或取中立的那些立场形成起来的。就此而言,在一种确定的、永久的和平状态中,这门科学很少会有用武之地。

上述引文强调了国际法和古老的决斗准则之间的相似之处。两者都想单纯地设置某种使完美的合法实践得以施行的范围,两者的目的只是要减轻苦痛,使战争人性化。总体而言,决斗的准则还体现出某一方面的优点,因为它们至少是可强制施行的;与此同时,正如当今战争表明的,任何决意要赢得胜利的国家几乎都可能对自保、动武的必要性或者对等的复仇法则、任何适宜的条款置之不顾。只要战争成了国家间确立公正的合法方式,看来在矫饰的战争观念中就确实包含着某种不一致的东西,这一点很可以用来说明像德国这样的国家把战争观念作为一种合法的科学观念推向极端的那种逻辑,虽说不能用来说明该国的那种德性。

把战争宣布为不合法,显然是使和平联盟能够发挥作用的首要条件。如果战争仍然依法可行,它先前的军事方面的准备工作就变成合法和必要的了;如果战争被认为是违法的,那么就需要有一种对其进行防范和处罚的国际力量。这股执法的力量必须总是充分的。国际法庭的审理不是为战争提供某种解决办法,而必须提供实质性的、绝对的替代战争的东西。我们一定不能使自己担当的这类事务陷于荒诞无稽,即我们可以运用一种力量迫使某个陈述其理由的国家接受仲裁,但我们不会借助这股力量在这样的仲裁中执行国际法庭作出的决定。

战争虽被认为是不合法的,可以想象,它仍会出现,但它会被当作一种罪行予以谴责,世界上的力量会组织起来对付这种犯法行为。没有这种保证条款,军备的削减极可能就成为不过是在经济恢复期间实施的一种暂时的权宜之计,一旦某个国家认为可以通过诉诸战争来扩大它的利益,这种军备削减便会借这样那样的借口而渐行消失。

依据这些保证性的条款,军备的削减自然以达到维护国家安定和应付其他国内之需这样的标准为限。在一段相当长的时间里,正像如今我们自己国家或各个州的法庭拥有的那种力量一样,对所有国际违法行为作出矫正的一个国际法庭的存在,为这种军备削减提供了巨大的保护和威慑力量。

行文至此,我很想说,我是从律师的观点写作此文的,虽说这不是国际法律师的观点。我的经验大多采自我处理的那些由利益冲突引出的问题,它们或者源于企业的破产,或者归于随之而来的重组之需。这类经验使我确信,对大范围互相冲突的集团利益作出调整的问题,与对互相冲突的国家利益作出调整的那些人类问题,本质上不存在什么差别。然而,要在目前的国际事务中实际运用这一观点是存在阻碍的,到了紧张关头,对这类观点的运用更会由于战争的合法性和必要性之古老传统的复活而成为不可能的事。要是战争挣脱了国际法的约束而发生,当其时,我们只有凭靠对成功的充分指望而求助于明智的调整方法。加之,消灭战争就会自动消除当今大部分使人烦恼的国际性问题。禁运物资、封锁的问题,简言之,就是航海自由、缓冲国的自由问题;所谓力量平衡的问题;保持中立的条约和小国的领土完整的神圣性问题;"边界的调整"问题。这些问题都是由于战争的存在引发的,它们在和平条件下失去了意义。

总之,要重建世界,有两件事必不可少:通过国际性的准则明确宣布战争为不合法,以及有能力来执行国际法庭作出的各种裁决。

# 《有关美国波兰人状况的秘密报告》
# 一文的说明

398　　《有关美国波兰人状况的秘密报告》(以下简称《报告》)是杜威和他的几个哥伦比亚大学的研究生在巴恩斯的建议下,于1918年春夏季节在费城开展的一项有关波兰人问题研究的成果。1918年,白手起家的百万富翁、一大撂法国后印象派画家作品的持有人巴恩斯,是杜威上一学年起在哥伦比亚大学开设的社会哲学讨论班的一名学生。这一会面标志着他们终生友谊的开始,他们对教育、社会学、哲学,特别是艺术共同享有的兴趣巩固了这种友谊。

杜威在《报告》中指出:

> 这项研究的主题是搞清这个团体的成员中反对形成自由民主的生活态度的那种势力和条件,把那股将他们置于外部压迫和控制的支配力量揭露出来(第260页,第2—6行)。

该研究课题的参与者、耶鲁大学哲学家布兰德·布兰夏尔1967年5月18日在一次(于卡本代尔的南伊利诺伊大学杜威研究中心进行的)口述史访谈中说到的如下这段话,为寻觅这项研究的起因另外提供了一条线索:

> 巴恩斯是杜威的社会哲学的热情支持者。到学年快要结束的时候,他向杜威提出,是否愿意到费城去走一趟,并尝试把他的社会理论运用于实践。杜威问巴恩斯,他说的是什么意思。于是,巴恩斯解释道,那里有一个很大的波兰人移民团体,它形成了费城社会中类似囊肿那样的东西。他们保存着他们古老世界

的语言、习惯、宗教信仰、教育观念,某种程度上甚至还保留着他们的民族服饰。巴恩斯向杜威问起,这是不是他乐意去进行调查的那种现象。杜威点头称是,他对此十分感兴趣。

在1973年8月1日的一封信中,布兰夏尔对他使用的术语作了澄清:

> 我不知道杜威在提到波兰人社区时是否使用过"囊肿"这个词。我曾用这个词来描述我们认为大家都能想见到的自身面临的问题,其中或许尤其要数巴恩斯。波兰人形成了一个街区,他们以惊人的程度将他们从那个古老国家带来的东西如语言、宗教和社会观念保存了下来,并对值得加以细察的那种外部影响作出抵抗的姿态。这个社区不是贫民区,它的许多成员都已发家致富,成了受人尊敬的生意人,但它又是大社会中的一个小社会。我们许多人调查的正是这种相对封闭的状况。我的印象是,杜威在开始调查时也有这样的观念。但他的这种推动他进行调查的观念,随着他看待造成波兰人政治紧张状况的认识的发展而产生了最能带来助益的变化。①

至少,部分地来看,这项研究是杜威思想的自然的产物,特别是他于1916年在《民主主义和教育》一书中表达的那种概念的产物。在1918年4月20日致杜威的一封信中,巴恩斯把这项研究的建议归于他对这本书的阅读。杜威在5月16日谈到,"今年夏天承担的这件事也许正是研究生教学的一个正常组成部分,类似某种田野作业,以便取得经验,又能对一个人进行检验"。②

巴恩斯在费城里士满街购置了一所房子,研究生们在整个调研期间就住在这所房子里,杜威如果待在费城也住在里面。这一时期,巴恩斯与杜威的通信中,主要谈论的就是波兰人的研究和波兰局势。除了启动这一项目、支付所有的费用,包括"报告"最后印刷的费用外,巴恩斯看来也对该项目产生的影响抱有强烈的期待。7月6日,杜威给他的妻子艾丽斯写信说,"巴恩斯先生好像心绪不宁,他的原本期许过高

---

① 布兰夏尔致J·艾西尔,1973年8月1日。艾西尔私人信件。
② 杜威致巴恩斯,1918年5月16日,约瑟夫·拉特纳/约翰·杜威文件专集,莫里斯图书馆,南伊利诺伊大学,卡本代尔。杜威-巴恩斯的往来信件保存在宾夕法尼亚州梅里奥尼斯县的巴恩斯基金会。杜威授权约瑟夫·拉特纳复制了这份材料,巴恩斯基金会不允许出借这些材料。这里摘录的所有引文,均为保存在约瑟夫·拉特纳/约翰·杜威文件专集中的影印件。

了";一星期后,杜威又说,"巴恩斯先生在为我死心眼儿的同道助一臂之力;他盼望行动,为他干活对我来说实际上将是件幸事。"①然而,杜威在写给巴恩斯的信中对这种驱策间或表达了强烈的异议:

> 我的抱负很高,但也是高度专业化的。我准备去干这件事,并把它做好。但是,你的那种称为伟大目标的东西不会把某种简单的冲动更快地激发起来——存在着某种个体的以及一般的行为心理学。②

起初,这是一项社会学方面的研究,至少表面上是如此。它是如何导致杜威为联邦调查机构写出一个"报告"的呢?布兰夏尔提供了这样的解释:

> 杜威发现,波兰人社区本身毋宁说正在分崩离析。我认为,他主要关心的是华盛顿不应只听到波兰人中极端保守的那部分意见。他期待战后波兰国的诞生,他感到焦虑的是:国家部不应为波兰传统的经济制度撑腰打气。③

很清楚,随着研究的展开,杜威酝酿出了他对于波兰局势的一套明确看法。有证据显示,杜威主动与政府官员进行了接触,在通过其他渠道进行了一些不怎么成功的尝试后,他终于将他的研究结果呈递给了国防部的军事情报局(M. I. B)。

1918年5月中旬,杜威的学生们正在为这项研究课题做着初步的调查工作,杜威此时却在为斯坦福大学的威斯特纪念讲座做讲演(这些讲演形成了《人的本性和行为》(Human Nature and Conduct)一书的基础,该书于1922年出版)。直到7月份,他才积极投身于这项课题的研究。当他在旧金山为艾丽斯和他们的女儿简置办一套公寓后,他回到了东部。整个夏天,他是在纽约、费城以及长岛亨廷顿的家庭农场度过的。

杜威除了原先所具的作用外,又充任了"顾问和总监"(第260页,第28行)。有

---

① 杜威致艾丽斯,1918年7月6日和13日,杜威文件专集,莫里斯图书馆,南伊利诺伊大学,卡本代尔。
② 杜威致巴恩斯,1918年7月26日。
③ 布兰夏尔致艾西尔,1973年8月1日。

关他自己被指派的任务:

> 我看这是一项我更感兴趣的事,它也能使我成为对他人更有用的人,如果我能找到一个题目的话。所以,我一直在寻访一些波兰人,了解他们对国际局势和波兰未来的看法。①

杜威对 K.O.N,即国防大会(或委员会)的领导人,特别是库拉科夫斯基印象颇深,后者是其正式刊物《维奇》(Wici)的一名编辑,在始自7月18日的那一星期中,杜威与库拉科夫斯基在纽约见过好几次面。"他懂得欧洲的历史和政治,他就像个有教养的欧洲人,比大多数美国人更了解美国历史。"②8月中旬,杜威终于与波兰国家委员会(巴黎)派驻美国的正式代表伊格纳斯·扬·帕岱莱夫斯基进行了一次必要却是"令人忧虑的"会谈,该委员会对 K.O.N 持针锋相对的立场。杜威很快就把帕岱莱夫斯基视为"一张面具藏在其后",对巴黎委员会进行操作的"是一个由保守的反动分子组成的小团体,这些人在战前与沙皇难解难分"。③

7月,杜威将他了解的实情向1917年9月成立的调查委员会作了介绍。该委员会是在美国参战五个月后成立的,由伍德罗·威尔逊总统的政治顾问豪斯上校(Edward M. House)领导,其目的在于收集和整理供后来和平会议使用的材料;而外界一般了解的情况是:该调查委员会的领导人是纽约城市大学校长梅齐(Sidney E. Mezes);在巴黎,该调查委员会以美国和平委员会下属的国土经济处为人所知。

7月19日,杜威给梅齐送去了一份备忘录:

> 由于调研者交与我的报告,以及随后我自己直接从事的延伸性质的研究,我弄清了一些事实并得到了确定的结论;这些结论明显地、极其重要地关联到我们的国际政策中涉及美波关系方面的问题。情况变得严重而急迫。因为由希契科

---

① 杜威致家人的信,1918年7月21日。
② 杜威致家人的信,1918年7月21日。
③ 杜威致艾丽斯,1918年8月3日和12日。

克参议员引荐的那份议案①的议题是"承认总部设在法国巴黎的波兰国家委员会是波兰人民的正式代表"。②

在随备忘录附上的一封信中,杜威解释说:"我的备忘录恐怕是直陈其事,似乎十分固执己见。"他强调"唯一要做的事就是推迟那个行动,直到由那些结论能使总统置信不疑的人去做出调查为止,"杜威向梅齐保证,他"不会受邀而去参与调查事宜",但"愿意能够有机会提出建议"。③

梅齐回答说,他"所处的位置,并不是一个在涉及由国会待决的事情上能够(为杜威)提供直接或间接帮助的位置";无论如何,要他去做任何事情也许是不适当的,"直至对整个情势能做出一种周详的调查为止"。④

杜威对他的立场做了澄清:希契科克的议案"形成了我写作的契机,而不是我的写作题材或者目的。我所感兴趣的,恰好是对整个情势的一种用心尽力的研究——正如你对它叙述的那样"。⑤

梅齐将杜威的备忘录交给哈佛大学的历史教授劳德(Robert H. Lord)进行分析,劳德是调查委员会中波兰和俄国地区问题专家;在和平会议召开期间,他担任美国和平委员会的波兰处处长。在一篇对杜威备忘录的未注明日期的评论中,劳德承认,"巴黎的波兰国家委员会无论在美国或在波兰,都没有得到全体波兰民众的支持",但他对此是这样解释的:

---

① 希契科克是来自内布拉斯加州的民主党参议员。阿尔伯特·巴恩斯曾报告说:"希契科克忽视了当时写给他的一封信,叫他留意这一情况:我们正在从事一项有关美国波兰人状况的科学研究,他在任意处置那个组织及其材料。"(巴恩斯"民主,留神你的脚步!"《日晷》杂志,第65期(1918年),第596页)。一个月后,杜威写道,欧文·艾德曼说"总统叫希契科克参议员将他的议案延缓数星期再提出。所以,这份议案实际上从未提交过"(杜威致巴恩斯,1918年8月13日)。军事情报局在其有关8月17—19日与杜威会谈的报告中提到过这份议案:"杜威教授指出……在美国总统的建议下,这份议案的提交被搁置了。先生——(名字被略去了,这位先生或者是公共情报委员会的约瑟夫·韦达,或者是波兰联合新闻社的詹姆斯C·怀特)承认,希契科克参议员准备提交这样一份议案,然而在他并不知道的高层政府官员的过问下,这一行动被搁置了"(致亨利T·亨特少校的备忘录,1918年9月3日;军事情报部门,第165号卷宗,国防部一般公职人员和特殊人员档案,华盛顿特区国家档案馆)。
② 杜威致梅齐的备忘录,1918年7月19日,第256号卷宗,美国和谈委员会档案,华盛顿特区国家档案馆。
③ 杜威致梅齐的信,1918年7月19日,第256号卷宗,华盛顿特区国家档案馆。
④ 梅齐致杜威,1918年7月22日,第256号卷宗,华盛顿特区国家档案馆。
⑤ 杜威致梅齐,1918年7月27日,第256号卷宗,华盛顿特区国家档案馆。

> 另一方面,它代表着自战争开始以来坚定不移地奉行亲协约国立场的那部分人……如果我们不得不与一个党派或另一个党派合作共事,那么,哪一个党派应成为我们的选择,这几乎不存在什么悬念。形势造成的难题在于,我们不得不在两者中作出抉择。

在列出承认巴黎委员会"作为那个国家可行的最佳代表"的好处后,劳德"怀疑(怀疑过)是否真如杜威建议的那样,存在着任何进行那类调查的异乎寻常的需要"。①

杜威7月27日写信给劳德,解释说:

> 我送交的备忘录不可避免地给人以这样的印象,好像我在某种程度上是K.O.N的一个热情支持者。情况并非如此,虽说在目前这种时候,我要说我是反对类如波兰联盟这样的派别领导人的。我所关心的问题是不应对K.O.N进行歪曲……在处理波兰事务或对任何一个派别加以承认的问题上,美国不能采纳被动态度的政策,而应在现时运用它的巨大力量和威望。首先是正视事实,消除各种流言蜚语、纯粹的个人敌意以及恶意诋毁,然后使不同的团体取得和睦,由此与所有派别的代表进行接触。②

在致艾丽斯的一封信中,或许是由于与调查委员会打交道不太顺利,杜威表达了他的沮丧之情:"费城的事干得不太好……如果这件事没有干出些名堂,他(巴恩斯)是有权要我对此负责的。"③

于是,杜威决定去接近豪斯上校本人。④ 豪斯自1912年起因为帮助威尔逊获得民主党的提名而成为威尔逊最亲近的顾问。1914至1916年间,豪斯作为威尔逊在国外的私人代表和总统与国内外人士的联系人,与许多欧洲领导人十分熟悉。杜威在六个月前写给萨尔蒙·O·莱文森的一封信中曾表明,他了解豪斯的作用(还有以前在另一个问题上为获得某种官方倾听的机会所作的尝试):

---

① 劳德报告,第256号卷宗,华盛顿特区国家档案馆。
② 杜威致劳德,1918年7月27日,第256号卷宗,华盛顿特区国家档案馆。
③ 杜威致艾丽斯,1918年7月26日。
④ 豪斯在其早先时期的头衔是得克萨斯州州长的顾问。这一期间,他被任命为州长詹姆斯·S·霍格参谋班底的人员而被称为"上校"。

那些人正在从事着某种与战后问题相关的工作，在与其中的一个人进行交谈时，我乘便提出了你的看法，我冒昧将你的文章原件交给他，他对此非常感兴趣。我不想显得过于乐观，但我仍存有某种希望。通过这一渠道，它能够转给豪斯，也可能是威尔逊过目。①

404　　豪斯为了听取各种意见而与一些有影响的权威人士定期会面，其中的一个人物就是赫伯特·克罗利(Herbert Croly)，他是《新共和》杂志的编辑；正是通过克罗利，杜威转而被引荐给了豪斯。1916 年，《新共和》杂志支持威尔逊再次竞选总统，直到后来它在国联的成员资格问题上与杜威产生不和；在大多数问题上，它支持杜威的立场。加之《新共和》杂志——也就是克罗利——取得的成就，被认为受益于威尔逊思考争取和平问题产生的影响。② 8 月 2 日，杜威发了一份电报给克罗利；次日，克罗利写信给豪斯说："尽管本人不认为引荐是必要的"，但是：

我以为他想见你，此事与征询政府对波兰人两个派别的态度有关。如果情况属实，那么我所能说的是：我可以保证杜威教授对 K.O.N 的偏向是有扎实调查凭据的。他在最近六星期中，对费城的波兰人进行了一次调研，与为数众多的波兰人进行过谈话。他强烈地感觉到，要是本届政府对帕岱莱夫斯基集团加以承认，同时怀疑其对立者有亲德的倾向，政府若听由这样的政策引导，会使自由事业遭受危害。他的调查是相当全面的，他本人学识卓著（他无疑是当今最伟大的美国哲学家），他说的东西值得加以周密的考虑。③

此时，由于底特律大会即将举行，他的紧迫感愈益强烈（有关这次大会的讨论，见本卷《伪饰下的专制政治》、《预估秘密备忘录》和《报告》等文）。杜威写信给他的妻子：

切实需要做的事就是使这个大会延期，修改希契科克的议案，务使之对某个

---

① 杜威致莱文森，1918 年 2 月 8 日，萨尔蒙·O·莱文森文件专集，约瑟夫·雷根斯坦图书馆，芝加哥大学。
② 阿瑟·S·林克《伍德罗·威尔逊和进步时代，1910—1917》(纽约，哈珀兄弟出版公司，1954 年)，第 264—265 页。
③ 克罗利致豪斯，1918 年 8 月 3 日，爱德华·M·豪斯文件，耶鲁大学图书馆，纽黑文，康涅狄格州。

真正具有代表性的组织加以承认。处理好这两件事,美国政府就能运用它的道德权威,使波兰人走到一起,使他们置于美国代表的影响下,而不是听任帕岱莱夫斯基和教士们的巴黎小帮派进行操纵。①

8月5日,巴恩斯陪同杜威来到豪斯位于马萨诸塞州曼彻斯特的避暑的房子。杜威在给家人的信中叙述了会面的情况:

> 等了将近一个下午,与上校的会晤20分钟左右。他的名气使他成为一个老练、和蔼的倾听者——对一些观点的反应很快,但要是说给人留下了什么印象,那就是个圆滑的、猜不透的人。我不认为我已摸到了他的想法,要是我曾抱有任何特别的期待,我会感到失望的。②

豪斯在其日记里的记载是:他劝杜威和巴恩斯去造访希契科克参议员,除此之外,没有提及更进一步的事。③

与杜威冷淡相见的部分原因要从这一点来解释,即它也许出于豪斯对帕岱莱夫斯基完全不同的感觉,后者是不太出名的罗曼·德莫夫斯基领导的巴黎委员会的代表,但他的风范已超越了他的地位。帕岱莱夫斯基政治上的重要性在于他是波兰人社团的统一领导人,但又禀具极富特色的个人品质。豪斯数年之后曾对这位钢琴作曲家这样写道:

> 他放弃了他的音乐,把他的全部时间和精力用来为协约国和波兰而工作……在帕岱莱夫斯基来到美国献身波兰事业之前,美国的波兰人因误解和猜疑而分裂,缺少一个具体的规划。他给美国波兰人指出了一个单纯的目标。④

---

① 杜威致艾丽斯,1918年8月3日。
② 杜威致艾丽斯和简·杜威,1918年8月9日。
③ 爱德华·M·豪斯的日记,1918年8月5日,豪斯文件。
④ 豪斯,《帕岱莱夫斯基:欧洲的悖论》,《哈泼斯》杂志,第152期(1925—1926年),第30—31页。

帕岱莱夫斯基1916年与豪斯会面,后者将他介绍给威尔逊。①豪斯和帕岱莱夫斯基"摊开——他的和我的——中欧和东欧地图,我们一起在追踪我们认为那个应当具有相同特征的名叫波兰的地方"。②

在《巴黎究竟发生了什么事》(What Really Happened at Paris)一书中,罗伯特·H·劳德在回答有关和平会议的问题时,据报道曾用以下文字对帕岱莱夫斯基的人品和影响作了评价:

> 帕岱莱夫斯基先生显而易见是一位具有高尚情操和不存私利的爱国者,他值得人们信任……我想,他为波兰争得了许多东西,而一个较少得到信任的政治家是做不到这一点的……我认为,他做了其他波兰人做不到的事。③

在对这段记述加以解释的序文中,豪斯写道:

> 他(帕岱莱夫斯基)是作为一个古老民族的代言人来到这里的,这个民族的冤屈和创痛激起了全世界的同情。这位音乐家、爱国者唤醒了国会将正义施之于他的祖国,并寻求其帮助以使一个伟大的梦想成真。④

杜威最终如何引起军事情报局的关注,这一点仍不能确切得知。似乎极有可能是借助了他在哥伦比亚大学的同事、历史学教授海斯(Carlton J. H. Hayes)的关系,海斯在第一次世界大战期间曾是军事情报局的一名上尉,当过局长马尔伯勒·丘吉尔将军的助手。8月13日,亨利·H·乌特哈上尉给杜威去信,"海斯教授正在来我处的途中,我已知道他写信给你,建议你在最近的某个时间到华盛顿来一趟"。⑤ 两天后,丘吉尔将军发了一份电报要杜威到华盛顿来(第259页,第5行),电报抬头的

---

① 有关帕岱莱夫斯基对威尔逊1917年1月22日和1918年1月8日关于波兰的声明的发展过程所具的影响,参见罗姆·兰道,《伊格纳斯·帕岱莱夫斯基》一书(纽约,托马斯·Y·克伦威尔出版公司,1934年),第101—120页。
② 豪斯,《帕岱莱夫斯基:欧洲的悖论》,第31页。
③ 爱德华·M·豪斯和查尔斯·西摩编,《巴黎究竟发生了什么事》(纽约,查尔斯·斯克里布纳父子出版公司,1921年),第451页。
④ 同上书,第8页。
⑤ 乌特哈致杜威,1918年8月13日,军事情报部门,第165号卷宗,华盛顿特区国家档案馆。

名字是"海斯先生"。① 一份给亨利·T·亨特少校的详述与杜威在华盛顿会面情况的备忘录中谈到:"约翰·杜威受海斯先生之邀,从费城来这里。"② 当"报告"即将完成时,杜威收到一封信,"海斯指出,我们的活动可派上一点用处"。③ 我们有理由设想,这两个人(除了是同事之外,两人兼有共同的兴趣,并都是自由国家联盟这个社团的成员)先前曾议论过国际政治;况且,海斯在军事情报局的官方地位无疑也使他对杜威与波兰研究相关的活动有所觉知。

由于海斯的介入,杜威终于赢得了一个愿意接纳他的官方听众。正当他在纽约看望女儿露西和伊夫琳时,他收到了军事情报局8月15日的电报,他在华盛顿待了将近一星期;在8月17日星期六全天和星期一部分时间里,他与军事情报局的官员会面;余下的时间,他在起草两份预估性的秘密备忘录。"文本说明"一文讲到了这些情况。8月23日,杜威从费城写信给豪斯:

> 一旦我起草完毕,我要呈上一份内容广泛的备忘录。我向你送去的是该备忘录的原件,我不用再麻烦你了,因为考察马上就要终了,我们将回到日常的工作中去。④

杜威告知他家人,"我丢下自己的事去了一趟华盛顿,从结果来看,这次行程并没有造成多大的打扰"。⑤

杜威从华盛顿发出的信中提到了《报告》,"希望这份报告能提振人心,以致产生某种影响"。⑥ 他这样谈到了他的冒险之旅:

> 就我目前所见,当我离开这里时,事情实际上会以一种途径或另一种途径进展到一个决定性的时刻,而我的拯救国家——或一些国家——的种种活动会告一段落。我余下的工作只是某种我更为在行的思想研究。我百感交集,如果这类事情再拖下去,而没有得到人们的高度关注使之变得更具分量,我会感到十分

---

① 丘吉尔致杜威,1918年8月15日,军事情报部门,第165号卷宗,华盛顿特区国家档案馆。
② 给亨特的备忘录,1918年9月3日,军事情报部门,第165号卷宗,华盛顿特区国家档案馆。
③ 杜威致巴恩斯,1918年9月19日。
④ 杜威致豪斯,1918年8月23日。
⑤ 杜威致家人,1918年8月28日。
⑥ 杜威致艾丽斯和简·杜威,1918年8月18日。

伤心。①

9月25日,杜威给威尔逊总统写信,就已完成的《报告》解释说:

> 把我们在费城进行社会学研究时不期而遇的某些情况具体披露了出来……这次研究的目的、这份报告以及在《新共和》杂志上发表的文章都在于指出,美国波兰人中那股操控的力量是反对您在各种公开文告中明白无误地提出的那些美国的基本信念的。②

为回复威尔逊阅览《报告》的要求,他的秘书约瑟夫·P·蒂默特强调了其"总结"一节中头两段内容的重要性。10月4日,威尔逊在给杜威的信中,谈到了报纸的剪报和《报告》,"我怀着真诚的兴趣仔细阅读了它们,它们传递的信息使我受益非浅"。③

杜威行将完成这份《报告》,他已预计到它产生的结果:

> 对整个局面不感到泄气是挺难的。我想在两三个月内,事情或许差不多又会回到它们的起点,虽说我认为我们不断地在促使它们稍稍发生些变化,好比一条线会延伸至无限远,它们会到达一个确实不同于它们原先到达的那个点上。但要是政府真的想被人蒙骗,无论如何,它会遂其所愿的。④

A·V·达尔林普勒上尉这样来形容杜威的《报告》:它包含着一类"K.O.N一方如何看待争议"的文件,作为"我们统观整个论战的向导,它尤其具有启发性"。⑤

递交《报告》三个月后,杜威写了一封信,这封信反映出他参与波兰问题研究产生的效应。约翰·马瑞先前曾就《论美国的世界政治观念》(*On the American Idea of World Politics*)一书征求意见,⑥杜威在回信中答道:

---

① 杜威致女儿们,1918年8月20日。
② 杜威致威尔逊,1918年9月25日,伍德罗·威尔逊文件专集,国会图书馆,华盛顿特区。
③ 威尔逊致蒂默特,1918年9月30日,蒂默特致威尔逊,1918年10月3日;威尔逊致杜威,1918年10月4日。
④ 杜威致巴恩斯,1918年9月10日。
⑤ 达尔林普勒致丘吉尔,1918年10月2日,军事情报部门,第165号卷宗,华盛顿特区国家档案馆。
⑥ 马瑞致杜威,1918年3月15日,E·P·杜登出版公司档案室,纽约州。

当事情终于又平静下来后,我们才能进行严肃的科学研究而不是宣传。就我们碰上的新的外交问题而言,我认为一本论述此事又兼及其他的书是会派上用处的——它并不限于近距离议论美国的外交问题,还要去研讨那些对国际关系造成影响的国家命运中显露出的种种难题。于是,欧洲的政治史和种种问题对美国读者来说就带有了一种新的意义。①

---

① 杜威致马瑞,1918年12月19日。

## 文本研究资料

文末資料

# 文本说明

虽然杜威在1918年和1919年花了大量的时间在三所美国大学——哥伦比亚大学、斯坦福大学和加利福尼亚大学——以及日本和中国讲授哲学和教育学,本卷收录的这两年的文章主要讨论的却是社会和政治问题。例如,其中相对很少的两篇论述哲学的文章纯粹是技术性的,甚至两篇谈论教育的文章也源于战争的话题。考虑到这些材料所涉时事的性质,其中包含许多已被时间尘封了的人物事件,我们把注释说明部分直接放在正文后面。

收入本卷的四十篇文章中,《霍布斯政治哲学的动机》和《F·马提亚·亚历山大〈人的高级遗传〉一书的序言》两文原载于篇幅较大的书中,九篇文章发表于学术刊物。其余大多数文章都刊登在面向广大读者的杂志上:《国家》和《独立评论》各一篇,《日晷》有八篇,另有差不多一半、共计十六篇文章发表在《新共和》这份恰好诞生于第一次世界大战爆发之时的杂志上。

《有关美国波兰人状况的秘密报告》一文的篇幅很长。它是一份私人印刷品,此前没有公诸于世。杜威另外两篇有关波兰问题的文章《有关美国波兰人状况预估的秘密备忘录》和《有关美国波兰人状况预估的第二份秘密备忘录》也从未发表过。①稍后,我们将对这三篇文章作一个详细讨论。

杜威这个时期的著述尚不存在因多种版本而造成的问题,只有《有关美国波兰人状况预估的秘密备忘录》需要我们对两种不同的版本作出挑选。唯有十篇文章保持其发表时的原始面貌。在其余文章中,只有《东海的两边》一文以杜威的名字在他生

---

① 这两篇备忘录曾被路易·热尔松作为附录收入他的《伍德罗·威尔逊和波兰的新生》一书。

前重新发表过。该文首次发表于1919年7月的《新共和》杂志,在做了些微小编辑加工后,又载入了杜威的文集《中国、日本和美国》(1921年)。

在杜威生前,本卷中所有其他已发表的文章曾被收进约瑟夫·拉特纳所编的几本书:《人物与事件》(纽约:亨利·霍尔特出版公司,1929年)收入二十篇,《现代世界的理智》(纽约:现代文库,1939年)载有一篇,《今日教育》(纽约:G·P·普特南兄弟出版公司,1940年)也收有一篇。这些集子中收录的文字,可被认为是独立于本书而以经过专门修订后的面貌初次问世的文字。拉特纳在这几本书中作了大部分文字上的更动,包括用过去时态代替现在时态、纠正拼法和标点符号的错误、对用词和某些省略之处作一些更正。本书只要认为这些集子中经修订过的文字无错可挑或已足够清晰,便予认可,不再作任何校改。

杜威的《霍布斯政治哲学的动机》一文原刊于《观念史研究》一书,这本书中还载有其他作者所写有关希腊哲学、17和18世纪哲学以及现代逻辑的论文,杜威的文章颇受好评。比如,约瑟夫·A·莱顿在《哲学评论》中写道,这本书取名不当。对以下所作有关历史方法的概述表明,一种方法注目哲学家思想的发展,另一种方法则追踪某一观念的进化。莱顿认为,作者的论文符合两种方法中任何一种的没有几篇。然而他说,杜威的霍布斯研究做到了这一点。"为这样的观点举出了一个出色个案:霍布斯旨在给道德和政治奠定一个理性的科学的基础,以便将它们从对神意的屈从中解放出来。"①《日晷》杂志称赞这本书和杜威的文章:

> 首先,就这本书的出版来看,它是在哲学陷于萎靡不振的日子里问世的;其次,它是在人们极大地需要健全的历史意识和历史意识的激励时出现的;再次,作者的论文特别令人感兴趣。

在引用了杜威这篇论文的开头部分前半段话后,这篇评论文章的作者说道,杜威"惹人注目地就人们对霍布斯造成的一些误解作出了纠正"。②

《霍布斯政治哲学的动机》一文此前只发表过一次,因此,我们将载于《观念史研究》一书的这篇论文作为范本收入本书。我们对一些次要讹误之处作了校正,需要修

---

① 莱顿,《哲学评论》,第28卷(1919年),第214页。
② 《日晷》,第65期(1918年),第218页;《形而上学和道德评论》,第29期(1—3月号增刊,1922年)也发表过评论文章,见第12—13页。

订的地方包括对引用复杂难解的文献资料中发生的错误进行校正,如更正了第 20 页 29 行标注的版本年代、第 23 页脚注第 3 行和第 38 页脚注第 4 行标注的页码。在第 46 条脚注①中,原注明第 3 卷的地方,现更正为第 2 卷;标点符号用法也作了更动,加了连接词 and。这些必要的校勘有助于搞清从托马斯·霍布斯两本著作中摘录的引文。对第 20 页 1 行和第 23 页 35 行中 Hobbes 一词,删去了其中的 e 字母;第 28 页 33 行中 Law 一词改成 Laws,以便准确再现这两本书的标题。对第 36 页脚注第 6 行中的用词法作了校改,以与该章节当初使用的标题保持一致。第 24 页 19 行、第 25 页 15 行和第 26 页 24 行的三处引语出现了实质性错误,无论它们是杜威还是排字工造成的,都应恢复引文的原有面貌。第 29 页 22 行中注明的引文放错了地方,第 27 页 35 行和第 29 页 13 行中标出的省略号点错了地方,我们对这些错误也作了校正。

在 1918 年初的 6 个星期里,杜威至少做过四次演讲。本卷收录了其中三次演讲的文字:《世界大战中应运而生的职业教育》(1 月 25 日),《世界中的美国》(2 月 22 日),以及《战后国内的社会重建》(3 月 5 日)。然而,第四篇演讲文字,也就是 2 月 3 日在底特律开放论坛所作"为了民主的教育"的演讲文字却未见发表,现存的原稿也未看到过。依据 1918 年 2 月 4 日《底特律新闻》摘录的文字(见下文),以及该报纸所作的相关报道,显然,杜威在这次演讲中对本卷论及教育的文章中所包含的那些思想作了详尽的阐发。

> 我们不能接受欧洲的方案,必须按照这些思路或其他的思路,走出我们自己的路来。我们目前的体制,尤其是职业训练的体制,真是糟糕透了。我们必须想出一种办法,对还未年满 18 岁的青少年示以关心。我们要拿出勇气来,为世界其余地方的人们提出一种可以复制的体制,而不是对他们的体制照抄照搬。

《世界大战中应运而生的职业教育》是杜威在中西部职业教育协会第四次年会上的演讲。查尔斯·A·贝内特在《体力训练杂志》第 19 期(1917—1918 年)第 240—243 页发表的文章中,把这次大会描绘成"本质上"是一次爱国主义的集会。会议自始至终在紧张地讨论着这个教育问题,这种紧张气氛被当前与德国人的军事冲突带动了起来。贝内特在这篇题为《精神重建计划》的文章中,把杜威的讲话内容归为"使普遍的军事训练转变为服务于社会的普遍训练:这是阿瑟·迪恩博士提出的一个带

---

① 中文版本卷的页码为第 34 页脚注②。——译者

有先见之明的看法,而美国最伟大的教育哲学家杜威教授则使之变得鲜明生动、合情合理了"。

  这次演讲只在该协会的"会刊"第 4 期(芝加哥,1918 年)刊登过,我们将此文作为范本收入本书。可能由于打字稿不清楚或者编辑过程尚欠充分,此文也需要作若干修订以对一些印刷错误加以订正。或许要归为排版错误的地方有:第 59 页 26、27 行和第 64 页 36、37 行中逗号和分号位置的颠倒,第 65 页 32 行至第 65 页 33 行逗号的移位,第 59 页 15 行 about 一词的重复。第 60 页 25 行中略去了破折号,不知是杜威还是印刷工干的,我们补上了这一破折号。对两处大概也要归为排字时发生的实质性错误作了订正:第 60 页 24 行词组 morale and civic training 中,morale 一词被更正为 moral;第 67 页 22 行词组 young or human beings 中,or 一词更正为 of。两个地方存在的问题需要加以澄清,第一个地方涉及第 58 页 19 行中主语的调换,he 更正为 it。第二个地方涉及第 65 页 15 行至 24 行那段复杂句子,杜威原先想说,Now unless these experiments rest upon a fundamental sub-structure, they are going to break down,可是当他的思想展开后,他在第 65 页 21 行中引入了另一个主语 this change。这样,我们就把现已放错了地方的 unless 一词移到第 65 页 21 行那段分句的开头,并把第 65 页 22 行中 must rest 改为 rests,以完成 unless this change rests upon 这一分句。

  E·P·达顿出版公司的约翰·马克瑞读完 3 月 14 日那一期《国家》杂志上刊载的《世界中的美国》一文,迅即给杜威写了一封信:

  我感到你应当围绕这个题目写出一本具有世界意义的书来,尤其要讲到美国人对世界政治持有的观念。你能为我们担当这项写作任务吗?我深信我们需要这本书,而你正是写作这本书的合适人选。①

杜威答复说,"你建议我写一本有关美国政治观念的书,对此深表谢意。它确实十分吸引人,可我难以知道何时可抽出时间来写作此书。无论如何,我不会忘掉这个主意"。② 四天后,马克瑞对杜威说,"相信你会忘掉我的一意孤行",继而催促杜威:

  真的盼望你能让这个观念走出思想的樊篱,把它付诸行动。这个题目具有

---

① 马克瑞致杜威,1918 年 3 月 15 日,E·P·达顿出版公司档案室,纽约,纽约州。
② 杜威致马克瑞,1918 年 3 月 25 日。

国际性的意义。美国人理解这个美国观念的意义和重要性的日子很快就要到来。我认为这个观念具有如此伟大的价值,它值得你放下手头其他事情,这是一项国家更为需要的工作。①

杜威允诺不会"忘掉这个主意",9个月后,他给马克瑞写了封信,表示此书的写作还要拖延一段时间。杜威后来显然没有找到一段时间来完成这一写作计划。

我们把初次发表在《人种进化杂志》第8期(1918年)上的《战后国内的社会重建》一文,作为范本收入本书。除校正一些偶然差错外,须加修改的还有四个实质性错误:第76页35行中chronic employment改为chronic unemployment,第80页2行中product改为production,删掉第84页40行which前的in一词,第86页9行seen后面似没必要再接that一词,故删去。

杜威所撰《道德和国家行为》一文发表于1918年3月23日出版的《新共和》杂志,该文对萨尔蒙·O·莱文森在其《战争的法律地位》一文(见本卷附录4)中提出的观点作了精心阐述。后者的文章先于前文两星期发表在《新共和》杂志上。2月至3月间,杜威的朋友、芝加哥律师莱文森,经常与杜威就这两篇文章互相通信讨论。莱文森急于看到《战争的法律地位》一文交付杂志发表,他写信或者打电报给杜威,就校样的情况和发表日期陆续提出了一连串问题。作为一个向杂志推荐文章的人,杜威很快答复莱文森的各种询问。除送交《新共和》的初稿文章外,莱文森还向杜威送去了文章修改稿和校对稿。一处他要求作出变动、后又没有变动的地方是在第390页第2段开头加入Perhaps three-fouths这样的词句,②我们在附录4中作了相应的更改。11年后,针对莱文森围绕"战争的非法性"这一用语发起的战役,杜威在一篇文章中把《战争的法律地位》一文形容为"是他(莱文森)就有关思想发表的第一份声明"。③

他们在通信中不仅议论这两篇文章,而且还议论了杜威的写作过程以及杜威对于《新共和》杂志通常被误解了的地方。有一点,杜威提醒莱文森说,就是"你高估了我与《新共和》同仁经常保持的联系,以及对杂志的影响力。我并不拥有这样的地位,

---

① 马克瑞致杜威,1918年3月29日。
② 莱文森致杜威,1918年2月16日。萨尔蒙·O·莱文森文件专集,约瑟夫·雷根斯坦图书馆,芝加哥大学。
③ 杜威,《世界合一运动的倡导者:萨尔蒙·O·莱文森》,《世界合一杂志》,第4期(1929年5月),第101页。

竟然能够影响到任何稿件的发表日期"。① 当莱文森谈起他要介绍另一位投稿者时，杜威告诫说："我与《新共和》杂志并不存在编辑事务关系，要我充当传递稿件的中间人，我看还是小心点为好。"②

2月中旬，杜威告称《战争的法律地位》一文已付印（发表于3月9日），"《新共和》杂志的编辑赫伯特·克罗利嘱我写一篇后续文章"。莱文森"欣闻这一消息，建议杜威对这一我们因为怕把这篇（莱文森的）文章过分拉长而有意留待发挥的观点作出阐述——这一对非法战争概念的疏理，会使国家伦理学和个人伦理学达到协调一致"。③ 在《道德和国家行为》一文发表的前两天，杜威写信给莱文森：

> 这篇后续文章在克罗利先生那里放了一个星期左右。我把它称为"道德和国家行为"。它讨论的内容并未完全依据你提出的理由和我从中借用的东西。作为一个通例，我发现，当我写这篇文章时，对它的原初构想已变了样，但我会尽量联系你的文章来说明我的观点。④

417　　杜威与《日晷》杂志没有什么正式交往，这一点与他对《新共和》杂志拥有非正式影响的地位情况不同。在1918年6月6日出版的那一期《日晷》杂志中，该杂志的编辑宣布，它即将于7月1日从芝加哥迁往纽约市，并自10月3日起不再每两星期出刊一次，而改为周刊。这位编辑解释说，"采取这一措施，是通盘考虑了如今正在打造社会新秩序的各种变化了的力量"。编辑方针"除保留原有的文学特色外"，将扩展至"讨论国际主义和工业及教育领域的重建规划"。这份声明接着说：

> 编辑同人中有约翰·杜威、托尔斯坦·凡布伦、海伦·马罗和乔治·多林——杜威在美国以他对教育问题所作创造性贡献而闻名。在国外，人们知道他是继威廉·詹姆斯之后美国的资深思想家和哲学家。杜威先生将为《日晷》杂志撰写教育问题方面的文章。

---

① 杜威致莱文森，1918年2月13日。
② 杜威致莱文森，1918年2月27日。
③ 莱文森致杜威，1918年2月16日。
④ 杜威致莱文森，1918年3月21日。

然而,问题马上就来了,杜威于7月13日写信给艾丽斯:

> 我发现伦道夫·伯恩被任命为《日晷》的一名助理编辑,就这个组织的情况来看,事情很清楚,助理编辑就是真正的编辑,我已写信给约翰逊先生(《日晷》杂志出版公司总裁),请求免去我在《日晷》杂志担任的职务。①

杜威和他的昔日门生因和平主义问题造成的决裂令人痛惜,这一决裂是知识分子阵营出现分裂情况的一个写照。他们5月份就F·马提亚·亚历山大《人的高级遗传》一书(见第421页)进行的公开交锋,加深了两人之间的不和,以致竟调整了编辑班子:

> 我从《日晷》杂志辞职后,那位出版商曾向我来了解情况。他把伯恩调离了编辑部,并向我提出了一个方案,我可以只作为"重建"专题小组的一名编辑,每月来编辑部一次。伯恩走了,看来没有什么理由不去试试,而干这件事的理由能找到一千个。所以,我准备回编辑部了。②

杜威有关国际联盟的四篇文章——《走向一种国际联盟》、《国际联盟和新外交》、《十四条和国际联盟》以及《国际联盟和经济自由》——发表在1918年11月2日至12月14日的《日晷》杂志上。杜威在致阿尔伯特·C·巴恩斯的信中谈到过这组文章:

> 我正在就"走向和平联盟"这一题目写几篇系列短文——没什么新东西,但我想对这个观念做些普及和重申工作,即走这条路首先要借助处理经济需求及问题的行政管理委员会,而不是通过法庭和国际争讼。③

杜威还写信给莱文森:"我正在为《日晷》写几篇东西,按照这样的思路,就是说,联盟

---

① 杜威致艾丽斯,1918年7月13日。杜威文件专集,莫里斯图书馆,南伊利诺伊大学,卡本代尔。
② 杜威致家人,1918年9月7日。
③ 杜威致巴恩斯,1918年10月24日。约瑟夫·拉特纳/约翰·杜威文件专集,莫里斯图书馆,南伊利诺伊大学,卡本代尔。参见"有关美国波兰人状况的秘密报告"一文的说明",第399页,脚注②。

应基于经济和工业的需要。"①

杜威1918年9月下旬从哥伦比亚大学来到加利福尼亚大学,他打算利用一个较长的学术假去日本旅行。他曾在给艾丽斯的信中提议,"到日本去,对日本做一个报道,使之成为未来国际形势中的一个因素",几天后又说,"如果真能成行,我是十分愿意去的,我想你也会这样想吧。就实际情况来说,这颇像是一个学术问题"。② 这样,1918年年末,杜威又写信给莱文森:"我接受了一个邀请,在东京帝国大学作几次演讲,这些演讲会给我们带来帮助,使我们与那里的事情发生更紧密的联系,若不然,它们也许只会成为我们所举的事例。"③

杜威于1919年2月25日至3月21日在帝国大学作了8次演讲,题目是"今日哲学的地位——哲学改造问题"。它们经扩充后辑为《哲学的改造》一书,1920年由亨利·霍尔特出版公司出版。本书收入了他为这些演讲撰写的提纲。杜威在京都曾对这本即将出版的书作了这样的评价:"不知怎么,从我的演讲中竟产生了这么一本半带畅销书性质的论述哲学改造问题的书,还能把它送去印刷出版,并用几个星期的闲暇时间来做些校改之类的事。"④

419　本卷收录了两篇发表于1919年《日晷》杂志专门讨论日本的文章:《日本和美国》(5月17日)以及《日本的自由主义》,后一篇文章三个部分的发表日期分别是10月4日、18日和11月1日。《日本的自由主义》一文的范本,即为这篇首次发表在《日晷》杂志第67期(1919年)第283—285、333—337、369—371页上的文章。几乎有一半修订是校正排印的错误,如第159页13行中有两个字母排印时前后顺序颠倒了,使slave一词明白无误地变成了salve。第168页14行中排字工将police看错了,排成了policy,而杜威提到的显然是警察。第166页18行three一词前加定冠词the没有必要,这或许是要引出一段用three开头的错误句子,故作了删除。杜威在这篇文章中一直使用过去时态,无疑,他也想在第166页29行的句子中使用过去时态,所以,我们把begin改为began。在第160页1行和第168页9行两个地方,我们加了结尾破折号,这对搞清两个句子的意思是必要的。

3个月后,杜威接受中国五个教育团体的联合邀请,前往中国的数个城市作演讲。他于1919年4月28日离开日本。5月份大部分时间,他在上海、杭州和南京等

---

① 杜威致莱文森,1918年12月9日。
② 杜威致艾丽斯,1918年7月13日、26日。
③ 杜威致莱文森,1918年12月21日。
④ 杜威致巴恩斯,1919年4月23日。

地观光游览,然后前往北京。杜威在北京安顿下来,并开始在国立北京大学和清华学校作演讲。① 6月份,哥伦比亚大学同意杜威把他在中国的逗留时间再延长一年。杜威抵达上海时,正当五四运动爆发的前三天,他在6月24日《中国的学生反抗》一文中谈到了这次学生运动。在后来写给文德尔·T·布什的一封信中,他说,这篇文章"没能绘出这件事的特点,也没有点出它对于那些男女学生,甚至对于中国人的意义"。②

当杜威启程赴亚洲国家的时候,他与《新共和》杂志作过一项安排,每个月写一篇供杂志刊登的文章,他还与《亚洲》杂志签有一份写作6篇文章的合约。E·P·达顿出版公司的马克瑞又一次写信,恳请杜威就中国这个题目写一本书。杜威回复,他"不太愿意写一本专门论述中国问题的书",但马克瑞或许"可以考虑待这些(文章)发表后,把它们汇编成一本书"。③ 马克瑞答道,"很高兴把你发表在《新共和》或其他杂志上的文章拣选出来,出一本文集"。④ 虽然这样一本文集后来没有问世,但达顿公司1920年确实出版了杜威的《中国和日本来信》一书,该书的编者是伊夫琳·杜威。

杜威所撰有关中国的八篇文章,其中有两篇载于《亚洲》杂志,六篇载于《新共和》杂志。我们把初次刊登在《新共和》杂志第20期(1919年)上的《中国的军国主义》作为范本收入本书。这个范本中的 Yuan Shi-kai(袁世凯)、Tuan Chi-Jui(段祺瑞)和 Tu-chun(s)(督军)等人称的拼法,被改为 Yuan Shih-kai、Tuan Chi-jui 和 Tuchun(s),虽说同时期存在很多不同的拼法和对大写字母的使用,但《新共和》杂志上的这类拼写形式,尤其是对"袁世凯"的拼法是不合适的。另一方面,Tsingtao(青岛)一词在3篇不同文章中有3种拼法(第187页1行中形容词 Tsingtau、第225页25行中名词 Tsing-tao,以及第238页25行中采用更可取拼法形式的名词 Tsingtao)。这些拼法形式一般都被同时期的人们采用,它们作为"青岛"的英译名词和形容词经常出现在同一篇期刊文章中,所以我们就不作更改了。

本书收录了杜威写于1918年的两篇评论文章。第一篇文章发表在《新共和》杂志上,在文中,他对《日晷》杂志编辑海伦·马罗所著《工业的创造性冲动》一书进行了评论。就在此文发表的前两天,杜威写信对阿尔伯特·巴恩斯说:

---

① 杜威在中国的演讲已被罗伯特·克洛普顿和欧秦成(译音)翻译并编成《约翰·杜威中国演讲集,1919—1920》一书(火奴鲁鲁:夏威夷大学出版社,1973年)。
② 杜威致布什,1919年8月1日。文德尔·T·布什文件专集,哥伦比亚大学图书馆,纽约,纽约州。
③ 杜威致马克瑞,1919年9月20日。
④ 马克瑞致杜威,1919年10月28日。

我自己一直关注的看法,在马罗小姐那里得到了回应。情况是这样的:我从经验中学到的东西已不少,若我能获得带有某种新装饰物的观念——带有某种我还未去思索其会产生何种含义的观念,此时我才会真正感到满足。这个有关学校观念的事例启发了我,这就是说,学校应当具备形如工业生产中那种管理控制的特点。有些我写下的东西看似好像我已得到了这样的观念,但语言是个伟大的事物,它会比人们自身意识已到达的地方走得更远。①

应F·马提亚·亚历山大的约请,杜威为亚历山大1918年达顿版的《人的高级遗传》一书写了一篇序言,该书此前曾于1910年分别在英国和美国出版过。这个新版本也许并入了亚历山大1912年在英国出版的《意识控制》一书的内容。序言中那些英国式的拼法如 civilisation、favourable 等,已悄然调整为杜威使用的美国拼法。1917年9月,约翰·马克瑞给杜威送去了《人的高级遗传》一书还未刊印的稿本:"亚历山大先生非常渴望你能为他的这个新修订本写一篇序言。"②此书于1918年出版后,5月4日出现了伦道夫·伯恩的评论《重塑人体》;5月11日,杜威发表了《答一位评论者》。伯恩于5月25日又发表《另一个弥赛亚》一文,与杜威进行辩论。这3篇文章均刊于《新共和》杂志,本书收入了前两篇文章。

作为1918年春、夏季对费城的波兰人进行调查的成果,杜威撰写了四份文件。本书一并收入了这四篇文章:《伪饰下的专制统治》、《有关美国波兰人状况预估的秘密备忘录》、《有关美国波兰人状况预估的第二份秘密备忘录》,以及《有关美国波兰人状况的秘密报告》(以下称为"报告")。有关详细背景,可参见第398页对"报告"的说明一文。

杜威1918年8月1日写完《伪饰下的专制统治》一文后曾说:"我写了一篇文章,希望能在8月8日的《新共和》杂志上发表,讲到了还没有引起美国报纸注意的某个方面的情况。"③8月12日,杜威为了对爱德华·豪斯上校上星期与他会面表示感谢,给他写了一封致谢信,信的末尾写道:"这篇文章带有我的某种倾向。它有意显得有些偏袒。所说的一切无一例外都是实质性的东西,但是我对K.O.N.的某些实际政

---

① 杜威致巴恩斯,1918年10月28日。
② 马克瑞致杜威,1917年9月14日。
③ 杜威致艾丽斯,1918年8月1日。

策并不抱有同感。"①在欧文·艾德曼看来,无论如何,这篇"带有杜威倾向性的文章"几乎可以肯定就是指《伪饰下的专制统治》一文。杜威曾感到有必要对此文再作修改:

> 我把文章的后半部分重写了一遍,现在又再次在重写。已打电话告诉《新共和》的编辑,文章要耽搁一会儿,并答应明天把文章送到编辑部去——两次重写后半部分的主要原因是:无论如何,我们确实可以证明他(依格纳斯·扬·帕岱莱夫斯基)对华盛顿拥有的影响力。②

杜威于8月17—19日在华盛顿与军事情报局的官员会了面,他们讨论了《伪饰下的专制统治》一文。军事情报局的报告指出,杜威

> 说他写了一篇文章,将发表在8月24日的《新共和》杂志上。在这篇文章中,他把所称的那个(底特律)大会采用的办法和坦曼尼协会使用的手段作了比较。③

该文激起了《自由波兰》的强烈反应,这份报纸"被普遍认为是他(帕岱莱夫斯基)的私人喉舌"(第309页6行)。9月25日,杜威给威尔逊总统写了一封信,他就已完成的"报告"随信附上了"一篇1918年9月4日《自由波兰》登载的题为《伪饰下的专制统治》的译文,它译自我在1918年8月24日《新共和》杂志上发表的那篇文章"。④信中注有这样一段话:"他们[波兰国家(巴黎)委员会的反对者]设法打入了一份纽约杂志,直到最近,该杂志还以其和平主义和此前公开的亲德立场为人所知。如今,它正在奇异地执行一种混乱的编辑方针。"在这段话的边缘空白处留有一个标注"新共和,J. D."(不像是杜威的笔迹)。

本卷中唯一要对范本作出挑选的篇目是《有关美国波兰人状况预估的秘密备忘录》,它存有两份打字稿。一份打字稿存于国家档案馆,登记号为第165号卷宗(军事

---

① 杜威致豪斯,1918年8月12日。爱德华·M·豪斯文件,耶鲁大学图书馆,纽黑文,康涅狄格州。
② 杜威致巴恩斯,1918年8月15日。
③ 致亨利·T·亨特少校的备忘录,1918年9月3日。军事情报部门,第165号卷宗,国防部一般公职人员和特殊人员档案,华盛顿特区国家档案馆。
④ 杜威致威尔逊,1918年9月25日。伍德罗·威尔逊文件,国会图书馆,华盛顿特区。

情报部门)的国防部一般公职人员和特殊人员档案中,这份打字稿的复本存于耶鲁大学图书馆的爱德华·M·豪斯文件中。除了有4处改动字迹外,这两份文件是一样的,我们往下会谈到此事。另一份打字稿保存在国会图书馆的伍德罗·威尔逊文件中。这份打字稿显然是照着豪斯文件中那份复本重新在打字机上打出来的,字面更为整洁,讹误更少,减少了大量使用的连字符。可以证明,从华盛顿返回费城后,杜威本人向豪斯送交了备忘录,①而这一点也很清楚,杜威并没有参与制作存于威尔逊文件中的那份打字稿。鉴于此,我们选择存于豪斯文件中的打字稿作为范本。在存于军事情报部门档案的打字稿上没有看到手改的痕迹,豪斯文件中的打字稿则出现了4个添加的改动字迹:第251页30行中的 resolution 改成了 a resolution,第251页30行中的 purported 改成了 purports,第251页35行中的 had 改成了 has,第252页26行中的 the policy 改成了 a policy。伍德罗·威尔逊文件中的打字稿只采纳了最后一处改动,即把 the policy 改为 a policy。不能认为是杜威改动了这些词,或者他对这些打错的词,比如第251页23行中的 Austiran、第251页26行中的 Britian 和第252页11行中的 hre 等,会取任其自便的态度,因此本书没有接受这4个地方的改动,并修正了拼错的语词。杜威1918年8月17日在华盛顿的那一星期完成并呈交了这份文件。② 显然,由于时间紧迫,起草文件十分匆忙,也没有时间对它再作修改,对这份文件的校订并不仅止于纠正那些惯常出现的偶然错误。其大量使用的连字符是当时军事情报局看到的传递某些信息的一个典型的引人注目的特点,所以,我们按杜威已知的惯用法,对一些语词的拼法,如 dis-interest、dis-satisfaction、dis-satisfied、over-ruled、re-acts、re-organization 等作了调整。本书编者决定把第248页19行中 ostensibly 一词前的 is 删掉,并置换了第249页4行、253页20行和253页39行中的几个字,有关前2处置换例子可见"原文注释"中所作说明。第250页15行中的一个短语被删去。所有这些改动,均在校勘表中予以注明。

现有的《有关美国波兰人状况预估的第二份秘密备忘录》仅保存在豪斯文件中,所以必须把它作为范本收入本书。它没有像第一份备忘录那样大量使用连字符,排印错误也较少。除了作一些微小校改外,尚需改动的有两个地方:把第255页30行中 among even educated American 和 of Polish question 这两个词组的位置加以调换,

---

① "鉴于我们会面的情况,亨特少校要我把备忘录呈交给你。随信附有2份预估的备忘录原件"(杜威致豪斯,1918年8月23日)。
② 致亨特少校的备忘录,1918年9月3日。这份备忘录谈到了杜威在华盛顿与军事情报局的会面情况,指出"杜威教授随后会把他的想法写成备忘录交给我们"。

在第256页4行中加入always一词。

杜威在起草"报告"时糅合了很多材料,当然也可能融入了刚讨论过的两份备忘录的材料。他在华盛顿时,租用了一部打字机。军事情报局也为他提供了一部打字机和一名速记员,这类服务显然一直延续到"报告"完成之时。虽然杜威从华盛顿给女儿写信说,他宁愿自己打字而不是口授,① 他还是依据一份提纲至少口授了"报告"的部分内容。另一方面,对 Dmowski 三个地方存在的错误拼法显示,杜威起草"报告"用了自己的打字稿,因为他在这一时期的通信中都把这个人名拼写成了 Dmoski。他的女儿露西为他去图书馆收集资料,女儿伊夫琳在速记员协助下,使"报告"于1918年9月中旬得以定稿。②

9月10日,杜威对阿尔伯特·巴恩斯写道,"你说要把报告拿去印刷一下,我想这是个好主意"。③ 他又对家人解释说,"巴恩斯准备把报告拿去付印,他的看法是,没有人会去读这么一份冗长的用打字机写出来的东西"。④ 在写给豪斯上校的信中,杜威就完成的"报告"指出,"它太长了,为了方便阅读,我已把它拿去印刷"。⑤ 巴恩斯其时住在宾州的麦里雍,他可能是在费城将"报告"付印的,他支付了印刷费以及这一阶段所需的其他费用。9月9日,杜威把部分"报告"送交巴恩斯。⑥ 9月14至19日,杜威给巴恩斯送去了报告的末尾部分和几段插入的文字材料;为了节省时间,杜威让巴恩斯自行考虑把这些插入材料放到报告的合适部分中。见对"报告"第270页34行—271页33行有关插入文字所作的"原文注释"。⑦

仍不清楚杜威到底看过多少"报告"的校样。在9月19日写给巴恩斯的信中,杜威说,"送来的校样未改正那些常见的错误,如果我的材料按时送到他们手里,想到他们的校对员会细心地处理错误,那么,我就没有理由再来仔细察看一遍校样了"。⑧ 这份1918年在费城(?)付印、共计80页的私人印刷品是唯一可看到的"报告"原件,

---

① 杜威致女儿们,1918年8月20日。
② 我们从以下信件中获知了这一段落述及的信息:杜威致巴恩斯,1918年8月18、29日,9月10日;杜威致艾丽斯,1918年8月12日;杜威致艾丽斯和简,1918年8月18日;杜威致女儿们,1918年8月20日;杜威致家人,1918年8月28日;伊夫琳致母亲和简,1918年8月14日;露西致家人,1918年8月18日,9月13、17日。
③ 杜威致巴恩斯,1918年9月10日。
④ 杜威致家人,1918年9月14日。
⑤ 杜威致豪斯,1918年9月20日。
⑥ 巴恩斯致杜威,1918年9月9日。
⑦ 杜威致巴恩斯,1918年9月14、15、16、17、19日。
⑧ 杜威致巴恩斯,1918年9月19日。

所以必须把它作为范本收入本书。已发表的"报告"对大写字母的使用很大范围内变化不一,这反映出了准备这份报告的情况,我们对大写字母的校正仅止于对 8 个地方作出修改。范本中对专有名词的拼写,就像我们在 Dantzig、Iswolsky、Lenine、Maklakoff、Pittsburg、Roumania 等词中看到的,如果认为其字母的变更可被接受,我们就不作更正了。对引文作了六处必要修改,改正了第 265 页 31 行、276 页 1 行和 279 页 34 行中三个偶发错误;另外三个错误带有实质性,我们把第 265 页 34 行中 and 改为 of,第 270 页 27 行中 external 改为 internal,删去了第 292 页 35 行中 so-called 一词。就文本其余地方造成的实质性错误来看,有五个词语或许是被打错了,或被速记员听错了,我们用一些相似的词语来代换它们,使之较易理解,较符合杜威的用词习惯:第 261 页 4 行中 out 改为 our,第 263 页 2 行中 contracts 改为 contrasts,第 285 页 14 行中 owing 改为 owning,第 320 页 27 行中 effected 改为 affected,第 321 页 35 行中 secession 改为 cessation。为使意思更加明了,我们还在其他十处地方作了语词的添加、删除或代换。两处修改是为使数字符合一致,调换了两个语词,重复删除了一个语词。所有改动均列在校勘表中。

"报告"的原件存于国会图书馆的伍德罗·威尔逊文件和加利福尼亚大学伯克利分校。1918 年 9 月 10 日,杜威写信告诉巴恩斯,"我们需要送六份报告给军事情报局,还要给国务院、国防部送报告,一份送交上校(豪斯),一份呈送司法部,等等"。[1] 送给军事情报局的报告很快就翻倍了。[2] 杜威为"报告"给巴恩斯附言说明了有关事项,另外,他本人也给报告的收受人写了信。[3]

H. F. S.

---

[1] 杜威致巴恩斯,1918 年 9 月 10 日。
[2] 杜威致巴恩斯,1918 年 9 月 17 日。
[3] 9 月 20 日,杜威写信给亨利·T·亨特少校:"你马上就会收到六份延误了一点时间的有关波兰人状况的报告。我也给军事情报局每一位我接触过的人员送去了报告,他们是乌特哈上尉、达尔林普勒上尉和霍根中尉、蒙哥马利中尉"(军事情报部门,第 165 号卷宗,华盛顿特区国家档案馆)。同一天,杜威又给 A·V·达尔林普勒上尉写信说,他送去了三份"报告"(军事情报部门,第 165 号卷宗,华盛顿特区国家档案馆)。也在 9 月 20 日这一天,杜威就已完成的"报告"给豪斯上校写了信(豪斯文件)。9 月 25 日,杜威致信威尔逊总统(威尔逊文件)。9 月 28 日,司法部给杜威去信告知 9 月 25 日的来信已收到,但说明他们没有收到"报告",要求杜威再寄一份报告(拉丁纳/杜威文件)。10 月 4 日,威尔逊给杜威回信,告知收到了"报告"(威尔逊文件)。

# 原文注释[1]

20.29　(1671年)杜威在20页32行和20页38行所注的页码,是与但尼森《检视霍布斯先生的信条》一书1670年版相配的页码,而非与1671年版相配的页码。

25.15　(同等地)在里奇《自然权利》第9页和里奇引自弗思为《克拉克文集》所作序言(第XI页)的出处中,"自由的"一词没有出现过,上述"自由"一词以及构成"同等"权利的说法可认为是添加进去的。

26.24　(某些时候由贵族)杜威引用的乔治·劳森《对霍布斯先生(利维坦)之政治部分的考察》一书第134页上出现的是"counties"(世家子弟)一词,可认为这里的用词已有改动。

54.1　《教育和社会导向》一文发表于1918年4月11日出版的《日晷》杂志,正当美国参与第一次世界大战一年之后。其时,已有其他三篇文章在讨论教育和战争问题:查尔斯·A·比尔德的《大学和民主》、范·威科·布鲁克斯的《论创造一种可利用的过去》、海伦·马罗的《创造性的讲究效益的教育概念》。

55.12　(纽约的学校管理者)约翰·L·蒂尔兹莱是负责高级中学这一块的助理学监,他对纽约市德·威特·克林顿高级中学的教学实践所做的调查,导致6名教师调离,以及对托马斯·穆夫森、萨缪尔·施马尔豪舍和A·亨

---

[1] 在英文原版书中,这部分内容分成两处,一处为第393—397页,另一处为第426—427页。中文版将两处合成一处,按页码顺序逐条插入到相应的部位,标题改为"原文注释",边码有所跳跃。——译者

利·舍尔的审讯或解职。有关蒂尔兹莱为他的本能服从观念所作讲解的报道可见1917年12月10日《纽约时报》第10页。有关这一案件的详情参见《杜威中期著作》第10卷,158—163、173—177页。

59.7　(现任教育大臣)赫伯特·阿尔伯特·劳伦斯·费希尔。

60.15　(阿瑟·迪恩先生)阿瑟·戴维斯·迪恩是哥伦比亚大学教育学院职业教育教授、前纽约州教育部职业教育处处长。他在这次会议上,就学校应对学生进行训练以便为社会提供服务的问题作了发言。

61.18—19　(近来纽约市一桩学校惹出的麻烦事)有关德·威特·克林顿高级中学的案件情况,见对54页1行的注释。

64.6—7　(泰博女士)安娜·海奇·泰博,是纽约州教育部女生职业培训方面的一名专家。她在这次会议上,就红十字会工作的教育价值作了讲话。

73.23—24　(施瓦布先生)查尔斯M·施瓦布,为伯利恒钢铁公司董事长、董事会主席。1918年4月16日,他被委任为美国航运委员会下属的战时商船运输公司的总经理。有关他发表的声明,见1918年1月25日《纽约时报》,第11页;1918年1月28日《纽约时报》,第9页。

73.24　(红衣主教伯恩)有关威斯敏斯特大主教弗兰西斯·伯恩所作的战争将导致大不列颠发生社会骚乱的预言,见1918年2月25日的《纽约时报》第1部分,第4页。

79.21　(今天的报纸)有关宾夕法尼亚铁路的报道,见1918年3月5日《纽约时报》,第17页。

85.34—35　(桑福德院长)爱特蒙德·克拉克·桑福德,克拉克学院院长,1909—1920年。

87.6　(施瓦布先生)见对73页23—24行的注释。

94.36　(奥尔巴尼的议会休息室)可能是指涉纽约发生的一件重要的政治纷争案——纽约州北部地区民主党人激烈反对提名威廉·兰道夫·赫斯特为民主党的州长候选人,继之对坦曼尼协会进行了指责。

98.1　(《我们为何而战》)发表于1918年6月22日,前言中有这样一个注释:"这是对美国战时的目的和理想作一展望的系列文章中的第二篇,由深思熟虑的美国的领袖人物撰写,以供无党派人士阅读。第一篇文章的撰写人是哈佛大学校长洛威尔……"随后发表的文章都带有同样的标题,撰稿者不太出名。

135.15　（第六条）由于杜威联系第六条来讨论领土问题,由于这篇文章也谈到了领土问题,显然,他是想把第六条算作原先是同一个问题组内的条文。

150.2　（克里尔先生的批评者）乔治·克里尔是美国投入第一次世界大战一星期后,于1917年4月设立的引起争议的公共信息署的署长,该署的其他成员有陆军部长牛顿·D·贝克、海军部长约瑟夫斯·丹尼尔和国务卿罗伯特·兰辛。克里尔和在他手下工作的新闻记者,因其实行的审查制度和新闻管理方式而受到指责。见克里尔:《我们怎样宣传美国》(纽约:哈珀兄弟出版公司,1920年)。

158.1　（石井男爵）石井菊次郎,1914年封为男爵,1916年封为子爵。当他作为日本帝国战争使团的团长出使美国期间,经常谈到德国人的宣传。杜威提到的,或许是1917年9月在纽约市所作的一次讲话。

166.31—32　[Yokohama(横滨)]杜威常常把这个词拼成"Yokahama"。

175.21　（后藤男爵在美国的某些讲话）后藤新平,日本外务大臣,后由内田康哉接任。有关他讨论日本援华计划和美国对日本产生误解的讲话,见1919年5月7日《纽约时报》,第15页;1919年5月20日《纽约时报》,第5页。

175.31—32　（最近对外务大臣内田的访谈）177页34—38行中也提到了5月17日的这次东京访谈。访谈中,内田就人们对日本持有的疑虑深表遗憾,并承诺中国将拥有充分的主权。有关报道见1919年5月18日《纽约时报》第一部分,第8页;另见参考书目中引用的5月20日《上海时报》。

175.32　（石井男爵）在对石井的访谈中,他允诺对中国的交易将是一桩公平交易。见1919年5月16日《纽约时报》,第4页;另见对158页1行的注释。

192.17—18　（太田在斯德哥尔摩的活动）日本官员,他有Ota(太田)、Oda(太田)、Oka(冈)等几个不同名字,传言他打算在第一次世界大战期间就日德之间缔结秘密协定一事与德方洽商。这段时间中,报纸上出现了数篇日本否认缔结此类协定的报道。"中国当天早晨的报纸报道了日本否认它与德国签订秘密协定一事。这里的看法好像是:它们还没有签订,仅处于为这项协定的谈判进行准备的阶段。"[约翰·杜威和艾丽斯·奇普曼·杜威:《中国和日本来信》(纽约:E·P·达顿出版公司,1920年),第269页。注明的日期是北京,1919年7月8日,题头是"在中国进行的国际对决"。]

204.15　（一千万元）从杜威在文中第三段给出的数字来看,这一数字似应是一亿一千万元。

231.10　（西姆斯-凯瑞公司）一家铁路建设公司。

231.36—37　（涩泽男爵的建议）涩泽荣一，日本金融家，艺术和科学的赞助人。他曾于 1915 年率一个代表团去美国，时年 83 岁。杜威的讲演在日本结集出版，得到了涩泽的资助。

249.4　（掌管）这里使用的"thousands"一词，显系在抄写中把 hands（掌管）一词抄错了。这段话在 304 页 12—13 行中再次出现，表述为："大会的实际事务交由数个小组会议去掌管。在这七个小组中……"。

249.22　（K.O.N）见本书第 288 页 24 行。

253.20　[entrust(托付)]这个词的打印文字看来打成了 entthet 这种样子。

256.14　（韦达先生）约瑟夫·韦达，公共信息署波兰事务处主任，见对 150 页 2 行的注释。

256.16　（史穆尔斯基先生）约翰·F·史穆尔斯基，芝加哥银行家，前伊利诺伊州财政部长。他是波兰国家部的主脑和底特律大会的会议主席。关于这次大会的讨论，见第 235—254、300—306 页。

256.28　（波兰军队）波兰国民军，一支驻扎在法国的独立部队，归协约国统辖，创建于 1917 年 6 月 4 日，为波兰国家委员会（巴黎）所控制。

257.22　（第五类公民）最后征召入伍的一类人，它包括了除其他几个群体外所有居留在美国的外来者。

259.28　（阿尔伯特·C·巴恩斯先生）巴恩斯先生讨论波兰问题的文章是《民主，留神你的脚步！》，《日晷》杂志，第 65 期（1918 年），第 595—597 页；《帕岱莱夫斯基的冒险》，《新共和》杂志，第 17 期（1919 年），第 367—369 页。

260.6　（巴恩斯先生写的一封信）在 1918 年 4 月 20 日写给杜威的信中，巴恩斯解释道，是《民主主义和教育》这本书启发他搞起了波兰研究，这可能是对书中的一些基本原理进行检验的一次极好机会，以便查明它们是不是一些实践的观念，或者仅仅是学院教授琢磨出来的东西（约瑟夫·拉特纳/约翰·杜威文件专集，莫里斯图书馆，南伊利诺伊大学，卡本代尔；参见《有关美国波兰人状况的秘密报告》的说明一文，本书第 399 页，脚注②）。由于在同一封信中，巴恩斯提到了对科学方法的运用，而杜威是在引述了巴恩斯一段话后的一个句子中提到这种科学方法，这可能说明杜威当时是在回忆这封信的内容。

260.20　（布兰德·布兰夏尔先生）布兰夏尔的《教会和波兰移民》[费城（?）：私人印

刷品,1920年,共79页]和杜威的文章是仅有的依据这类研究发表的报告。

260.22　(A.莱维塔女士)安齐娅·叶捷斯卡,小说家和作家。有关她的生平的细节,参见《杜威的诗》的序言,乔·安·博伊兹顿编(卡本代尔,爱德华兹维尔,南伊利诺伊大学出版社,1977年)。

260.23　(欧文·埃德曼先生)埃德曼的文章《波兰的第四个部分》发表于《国家》杂志,第107期(1918年),第342—343页。

265.26—27　(1892年采纳的政纲)杜威呈示的是波兰社会党政纲的一个摘要本。

270.34—271.33　("从下面这份正式抗议中摘取的引文……使他们起到的那种作用。")1918年9月16日,杜威写信给巴恩斯:"送上一份电报给你,这样,我就可以节省一些时间,不用给你送去添加的材料了。我可告诉你,头两段他们要发往哪里,整个第一部分都没有副本,但你可发现在哪里找到它。他们是当索斯诺夫斯基在纽约对摄政政府的动议所作的评论中找到它的,关于这一点,他们比我加进去的评论文字显得更有教养。"(约瑟夫·拉特纳/约翰·杜威文件专集,莫里斯图书馆,南伊利诺伊大学,卡本代尔;另见"有关美国波兰人状况的秘密报告"一文的说明",第399页,脚注②)。杜威可能打算把这些文字放进"德国的占领、国家会议和摄政政府"一节,可是,巴恩斯却把它们放到了俄国革命以及"将海乌姆省让予乌克兰"的条款这一部分,因为摄政政府对布列斯特-立陶夫斯克和约提出的抗议正和这一点有关。

277.29—30　(《沙俄帝国》一书的作者列奥-布留尔)杜威这段话显然引自斯坦尼斯拉斯·波斯纳,后者又引自列奥-布留尔。这段材料并未在《沙俄帝国》一书中出现过,其中讨论的事件发生在《列奥-布留尔》这本名著发表之后。

283.18　(《波兹南信使报》)Kuryer Poznanski。

286.25　(一个罗马教的主教)保罗 P·罗德。

287.12—13　(彭罗塞的政党组织……瓦雷派)博伊西·彭罗塞和瓦雷兄弟、H·埃德温,以及S·威廉均为州内地方上的共和党政党组织的领导人,他们正在为控制费城而明争暗斗。

288.20—21　(德布斯基先生)亚历山大 H·德布斯基,K.O.N在纽约市发行的一份报纸《每日电讯》的编辑。

289.4　(罗德主教)保罗·P·罗德,威斯康星州绿湾教区主教,他是其时美国唯一的身为波兰人的主教。

292.35　（图谋）很明显，"所谓的"一词是形容国外波兰政府的出现，"未得到波兰民族的授权"。杜威当然不想说这一图谋本身是"所谓的"图谋。

294.1　（纽约市）在1917年的市长选举中，跨党候选人约翰·布罗伊·米切尔再度出马角逐市长一职，他曾将印第安纳州的加里治校方案引入纽约市的公立学校系统。社会党人莫里斯·希尔奎特推出一份反战主义的政纲参与竞选。

294.9　（库拉科夫斯基先生）见本书第400—401页。

294.11　（索斯诺夫斯基先生）乔治·J·索斯诺夫斯基，1918年6月14日，他与德布斯基和布罗尼斯劳·D·库拉科夫斯基一起会见了军事情报局的乌特哈上尉，"尽一切可能设法证明 K.O.N 是个爱国的波兰人组织，并不像它经常被人指责的那样，是个亲德组织。"（乌特哈致马尔伯勒·丘吉尔将军，1918年6月17日；军事情报部门第165号卷宗，国防部一般公职人员和特殊人员档案，华盛顿特区国家档案馆）

295.10　（斯达林斯基先生）约翰·斯达林斯基，关于他，杜威写道："总体而言，在我与之交谈的所有波兰人当中，他是最机敏最不带偏见的一个人。"（杜威致乌特哈，1918年8月10日，军事情报部门第165号卷宗，华盛顿特区国家档案馆）

295.38　（辛斯基）亚历山大·辛斯基教士，波士顿的天主教司铎。参见威廉·I·托马斯和弗罗伦·兹纳涅茨基著《身处欧美的波兰农民》（波士顿，R·G·班奇出版公司，1920年），第5卷，第30页。关于史穆尔斯基，见对256页16行的注释。

301.29　（希契科克参议员）见本书401页，脚注⑨（本书中文版第330页，脚注①——译者）。

305.7　（《纽约晚邮报》）记者是欧文·艾德曼。该报在1918年8月28日—30日，以及1918年9月2日刊载了他的文章。

312.38　（显克维支）亨里克·显克维支，1905年诺贝尔文学奖获得者。

312.38　（奥苏乔乌斯基）安东尼·奥苏乔乌斯基，从事慈善事业的华沙律师。

314.12　（姐夫）索菲娅·纳依姆斯卡的姐姐玛丽嫁给了爱德华·H·莱温斯基-科文。

322.11　（第五类公民）见对257页22行的注释。

324.18　（尼亚加拉军营）为独立的波兰国民军新兵开设的训练营。

# 校勘表

除下面提到的文字形式调整的情况外,对范本中存在的实质性错误和偶然差错所作的全部校订均在以下校勘表中列出。在每一篇作为范本的文章题目下面列出对该篇文章进行校订的所有条目。对那些再次刊行却又是经我们首次校订的文章,校勘表中注明了相关出版物的信息和标识。左边的页码字行标明的是本书的页码数字,校勘表考虑到了使用除连写字体外的所有印刷字体。左边方括号内出现的是本书中的文字,括号外的缩写词表示作出首次校订的来源,W 表示本书的校订对象,并用以表示首次作出的校订。曲线符号～表示其代表的词与方括号内的是同一个词,校订仅限于修改标点符号。字行下方的补注号⌃表示此处脱漏了标点符号。

缩写词用罗马体字母标出,用以表示斜体字的省略。左边页码字行前的星号表示所列出的词在"文本说明"中曾被讨论过。

对以下几处涉及文字表达的形式和例行习惯的地方作了若干调整:

1. 书名和期刊名用斜体字标出,其他地方如有必要也会推广、使用斜体字。引用的文章或书的某一部分,用引号标出。

2. 有关杜威文献资料的征引,形式上保持一致,去掉了"前引书"等字样。书目的卷次用大写罗马数字标出,后接不同的年代数字;书中的某一部分或某一章节,用阿拉伯数字标出,缩写词务求符合规范。

3. 如果引文不是插在引文内的被引用材料,用双引号而不是单引号注明;然而,如有必要或前面已作过注明,也会单在引文的开头使用引号,或在引文的末尾使用引号。

4. 编者对以下的语词拼写形式作了校正,使之符合杜威本人特有的书写习惯。校正后的语词列在左边括号内。

centre(s)] center 129.13, 137.12, 137.17, 160.27, 180.5, 211.32, 211.33, 262.22, 269.38, 278.16, 281.37, 285.4, 303.13, 306.34, 325.31
cooperate (all forms)] coöperate 48.35, 51.4, 74.27, 82.34, 82.40, 104.35, 105.25, 105.37, 273.23 – 24, 276.29, 300.12
cooperate (all forms)] co-operate 60.33, 64.25, 64.27, 64.28, 65.23, 69.15
coordinate (all forms)] co-ordinate 350.25, 353.29
coordination] coördination 291.6, 311.19, 312.27 – 28.
disinterested] dis-interested 252.11
dissatisfaction] dis-satisfaction 249.24
dissatisfied] dis-satisfied 250.3
enterprise(s)] enterprize 98.3, 102.16, 102.26, 103.18
fantasies] phantasies 96.31
guarantees] guaranties 108.20, 110.20
meagre (all forms)] meager 309.26, 323.29, 337.10
moreover] more-over 249.6
naïve] naive 113.29, 196.4
overruled] over-ruled 251.25
Partisans] Partizans 104.4 – 5
practice (all forms)] practise 99.32, 145.8, 347.6
program] programme 43.14, 91.23
reacts] re-acts 250.29, 250.37
reestablishment] reëstablishment 280.39 – 281,1, 326.16
reorganization] re-organization 252.32
self-respect] self respect 64.3
so-called] socalled 256.8
so-called] so called 303.6
through] thru 98.17, 98.19, 98.29, 101.36, 105.10, 256.4, 257.6
valuation-judgments] valuation judgments 4.25 – 26
wartime] war time 112.18

### 《评价的对象》

该文此前仅发表过一次，载于《哲学、心理学与科学方法杂志》，第15卷（1918年），第253—258页。

| | | |
|---|---|---|
| 3n.6 | Value] | W; Valued |
| 5.5 | it] | W; it it |
| 5.24 | follows:] | W; follows:[4] |
| 5n.3 | committal] | W; commital |
| 5n.10 | with which] | W; which |
| 6.7 | view."[4]] | W; view." |

### 《霍布斯政治哲学的动机》

该文此前仅发表过一次，载于《观念史研究》，哥伦比亚大学哲学系编（纽约：哥伦比亚大学出版社,1918年),第1卷,第88—115页。

| | |
|---|---|
| 19.21 | the name] W; the the name |
| 20.1 | *Hobbs*] W; *Hobbes* |
| 20.24 | Government";—] W;~;"— |
| *20.29 | (1671)] W; (1670) |
| 22.23 | Con-Covenanters] W; Con-Coventanters |
| 23.35 | *Hobbs's*] W; *Hobbes's* |
| 23n.3 | 432] W; 429 |
| 24.19 | not] W; not that, |
| *25.15 | equally] W; equally free |
| *26.24 | sometimes the Barons] W; Counties, and Barons |
| 26n.4 | Auguste] W; August |
| 27.34-35 | Law, which, ... possesses] W; law ... which possesses |
| 28.33 | *Laws*] W; *Law* |
| 29.13 | equity which ... is] W; equity ... which is |
| 29.22 | on account of "the] W; "~‸~ |
| 31.20 | booke] W; books |
| 34.9 | right] W; rights |
| 38n.4 | 162] W; 164 |
| 38n.5 | 30; and Vol.II] W; 30. Vol.III |
| 38n.6 | Who Bear] W; that |

## 《哲学和民主》

范本采用首次载于(加利福尼亚)《大学年鉴》第 21 期(1919 年)的文章,第 39—54 页。该文后又被收入约瑟夫·拉特纳所编《人物与事件》一书(纽约:亨利·霍尔特出版公司,1929 年),第 2 卷,第 841—855 页。收入时曾初次作过一处校订。

| | |
|---|---|
| 43.30 | incompatibilities] W; incompatabilities |
| 44.10 | economic] CE; economics |

## 《世界大战中应运而生的职业教育》

该文此前只发表过一次,载于中西部职业教育协会"会刊"第 4 期(芝加哥,1918 年),共 9 页。

| | |
|---|---|
| 58.19 | it] W; he |
| 59.15 | an average] W; about an average |
| 59.26 | war,] W;~; |
| 59.27 | factories;] W;~, |
| 60.24 | moral] W; morale |
| 60.25 | thing —] W;~‸ |

| | | |
|---|---|---|
| 64.1 | goes] | W; go |
| 64.36 | led,] | W; ~; |
| 64.38 | goods;] | W; ~, |
| 65.15 | Now] | W; Now unless |
| 65.21 | unless this] | W; this |
| 65.22 | rests] | W; must rest |
| 65.32 | present,] | W; ~ₐ |
| 65.33 | recreationₐ] | W; ~, |
| 67.22 | young of] | W; young or |

### 《世界中的美国》

范本是首次发表于《国家》第 106 期(1918 年)的文章,第 287 页。该文后又被收入约瑟夫·拉特纳所编《人物与事件》一书(纽约:亨利·霍尔特出版公司,1929 年),第 2 卷,第 642—644 页,标题是"美国和世界",收入时曾初次作过一处校订。

| | | |
|---|---|---|
| 71.21-22 | Old World] | W; old world |
| 71.38 | Old World] | CE; old world |

### 《战后国内的社会重建》

范本采用首次发表于《人种进化杂志》第 8 期(1918 年)的文章,第 385—400 页。该文后又被收入约瑟夫·拉特纳所编《人物与事件》一书(纽约:亨利·霍尔特出版公司,1929 年),第 2 卷,第 745—749 页,所用的题目是"社会重建的要素",收入时曾首次作过三处校订。

| | | |
|---|---|---|
| 73.4 | Labor] | W; labor |
| 74.9 | past,] | W; ~; |
| 76.35 | chronic unemployment] | W; chronic employment |
| 77.13 | symptomₐ] | W; ~, |
| 77.35 | population,] | W; ~ₐ |
| 78.34 | distribution] | CE; distribuion |
| 80.2 | production] | CE; product |
| 83.34 | comfortable] | CE; confortable |
| 84.40 | which] | W; in which |
| 86.9 | seen,] | W; seen that, |
| 86.9 | dimly,] | W; ~ₐ |
| 86.9 | today,] | W; ~ₐ |
| 86.15 | together;] | W; ~, |

### 《一种新的社会科学》

范本采用首次发表在《新共和》第 14 期(1918 年)上的文章,第 292—294 页。

| | | |
|---|---|---|
| 88.23 | Constitution] | W; constitution |
| 90.37 | They have] | W; It has |
| 91.10 | it has] | W; has |

### 《隐士式的社会科学》

范本是首次刊于《新共和》第 14 期(1918 年)的文章,第 383—384 页。该文后又再刊于约瑟夫·拉特纳所编《人物与事件》一书(纽约:亨利·霍尔特出版公司,1929年),第 2 卷,第 728—732 页。重印时曾作过一处校订。

| | | |
|---|---|---|
| 93.10 | causal] | CE; casual |
| 95.2 | either,] | W; ~︵ |
| 95.25-26 | ill-considered] | W; ~︵~ |

### 《我们为何而战》

范本采用首次发表于《独立评论》第 94 期(1918 年)的文章,第 474、480—483 页。这篇文章后又被收入约瑟夫·拉特纳所编《人物与事件》一书(纽约:亨利·霍尔特出版公司,1929 年),第 2 卷,第 551—560 页,标题为"战争的各种社会可能性",收入时曾作过四处校订。

| | | |
|---|---|---|
| 98.11-12 | arrangements] | CE; arrangement |
| 99.20 | obliterating] | CE; obliberating |
| 104.8 | of such] | CE; such |
| 104.9 | Fundamental] | CE; fundamental |
| 105.31 | effected] | W; affected |
| 110.22 | which] | W; in which |
| 110.23 | against in] | W; against |

### 《战后的心态》

范本采用首次发表于《新共和》杂志第 17 期(1918 年)的文章,第 157—159 页。

| | | |
|---|---|---|
| 115.32 | then,] | W; ~︵ |

### 《新的家长制》

范本采用首次载于《新共和》杂志第 17 期(1918 年)的文章,第 216—217 页。该文后又被收入约瑟夫·拉特纳所编《人物与事件》一书(纽约:亨利·霍尔特出版公司,1929 年),第 2 卷,第 517—521 页,标题是"宣传",收入时曾作过校订。

| | | |
|---|---|---|
| 118.10 | Act] | CE; act |

### 《道德和国家行为》

范本采用首次发表于《新共和》第 14 期(1918 年)的文章,第 232—234 页。

124.4    recognized,] W; ∼∧

### 《十四条和国际联盟》

该文此前只发表过一次,载于《日晷》第 65 期(1918 年),第 463—464 页。

*135.15    VI] W; VII

### 《国际联盟和经济自由》

范本采用首次发表在《日晷》第 65 期(1918 年)的文章,第 537—539 页。

141.31-32   laissez-faire] W; ∼∧∼

### 《日本和美国》

这篇文章此前仅发表过一次,载于《日晷》第 66 期(1919 年),第 501—503 页。

153.6    immigration] W; immigraton

### 《日本的自由主义》

范本采用首次发表于《日晷》第 67 期(1919 年)的文章,第 283—285、333—337、369—371 页。该文后又被收入约瑟夫·拉特纳所编《人物与事件》一书(纽约:亨利·霍尔特出版公司,1929 年),第 1 卷,第 149—169 页,收入时曾首次作过十二处校订。

159.13    salve] W; slave
160.1     Russia —] CE; ∼∧
160.1-2    who constantly clamor] CE; that constantly clamors
160.16    reasonable,] W; ∼∧
161.15    discussed] W; discusssed
161.20-21   Marxians,] W; ∼∧
162.4     population] CE; populaton
162.12    factories] CE; factores
165.24    would] CE; would not
165.38    lèse majesté] W; lese majeste
166.18    three] CE; the three
166.29    began] CE; begin
*166.31-32   Yokohama] CE; Yokahama

| | | |
|---|---|---|
| 168.9 | Statesmen —] | CE; ~, |
| 168.14 | police,] | W; policy~ |
| 169.33 | divisive] | CE; devisive |
| 170.29 | with] | CE; will |
| 171.40 | notion] | CE; motion |

## 《东海的两边》

范本采用首次发表于《新共和》第 19 期(1919 年)的文章,第 346—348 页。该文后被收入《中国、日本和美国》一书(纽约:合众出版社,1921 年),第 3—9 页,收入时首次作过两处校订;又被收入约瑟夫·拉特纳所编《人物与事件》一书(纽约:亨利·霍尔特出版公司,1929 年),第 1 卷,第 170—176 页,收入时首次作过一处校订。

| | | |
|---|---|---|
| 174.2 | days'] | CJ; ~, |
| 175.34 | East] | CJ; east |
| 177.38 | deprecated.)] | W; ~). |
| 179.16 | the two] | CE; they two |

## 《理想主义的不可信》

范本采用首次发表于《新共和》第 20 期(1919 年)的文章,第 285—287 页。

| | | |
|---|---|---|
| 181.19 | à outrance] | W; a l'outrance |
| 183.15 | à la improvvisatore] | W; a la improvisatore |

## 《在中国进行的国际对决》

这篇文章此前仅发表过一次,载于《新共和》第 20 期(1919 年),第 110—112 页。

| | | |
|---|---|---|
| 193.12 | Doctrine] | W; doctrine |
| 198.22 | illustration,] | W; ~, |

## 《中国的军国主义》

范本采用首次发表于《新共和》第 20 期(1919 年)的文章,第 167—169 页。

| | | |
|---|---|---|
| 199.22 | China,] | W; ~, |
| 200.16, 202.31 | Shih-kai] | W; Shi-Kai |
| 201.34, 202.26 | Chi-jui] | W; Chi-Jui |
| 203.31-32 | Tuchuns, military governors,] | W; Tu-chuns, military governors, |
| 204.5 | Tuchun] | W; Tu-chun |
| *204.15 | ten] | W; twenty |

### 《中国心灵的转化》

范本采用首次发表于《亚洲》第 19 期(1919 年)的文章,第 1103—1108 页。该文后又被收入约瑟夫·拉特纳所编《人物与事件》一书(纽约:亨利·霍尔特出版公司,1929 年),第 1 卷,第 285—295 页,收入时曾首次作过三处校订。

| | | |
|---|---|---|
| 206.14 | island] | CE; Island |
| 207.7 | achievement] | W; achievements |
| 210.22 | as] | CE; in |
| 210.22 | norm] | W; norms |
| 214.21 | romantic] | CE; romatic |

### 《中国的国民情感》

范本采用首次发表于《亚洲》第 19 期(1919 年)的文章,第 1237—1242 页。

| | | |
|---|---|---|
| 216.31-32 | mobility] | W; nobility |
| 217.15 | Emperor] | W; emperor |

### 《美国在中国的机会》

范本采用首次刊于《新共和》第 21 期(1919 年)的文章,第 14—17 页。这篇文章后又作为"美国与中国"的第一部分被收入约瑟夫·拉特纳所编《人物与事件》一书(纽约:亨利·霍尔特出版公司,1929 年),第 1 卷,第 296—303 页,收入时曾首次作过一处校订。

| | | |
|---|---|---|
| 228.10 | Burlingame] | W; Burlinghame |
| 231.21 | mentioned,] | W; ~∧ |
| 232.8 | Doctrine] | CE; doctrine |
| 234.26 | unparalleled] | W; unparallelled |

### 《给中国下药,我们也有份》

该文此前只发表过一次,载于《新共和》第 21 期(1919 年),第 114—117 页。

| | | |
|---|---|---|
| 236.10-11 | Opium-smoking] | W; ~∧~ |
| 237.36 | this time] | W; this, |
| 238.17 | government] | W; Government |
| 238.24,27 | Dairen] | W; Darien |
| 240.2-4 | it … present∧] | W; it (as we do not do at the present) that our post-office at Shanghai cannot be employed for sending narcotics into China by parcel-post, |

240.6       people).] W; ~∧.

## 《有关美国波兰人状况预估的秘密备忘录》

这篇备忘录的范本是存于爱德华·M·豪斯文档中的一份打字稿,耶鲁大学图书馆,纽黑文,康涅狄格州。

| | |
|---|---|
| 248.2-4 | MEMORANDUM/.../RE] W; Memorandum/Re |
| 248.18 | then] W; them |
| 248.19 | convention, ostensibly] W; convention∧ is ostensibly |
| *249.4 | the hands] W; thousands |
| 249.9 | beyond] W; beyound |
| 249.26 | recrimination] W; recrimmination |
| 250.2 | withheld] W; witheld |
| 250.7 | attack Americans] W; attact Americans |
| 250.11 | Cross."] W; ~", |
| 250.13 | Cross"] W; ~∧ |
| 250.15 | with the] W; with the under the |
| 250.18 | offices] W; officea |
| 250.20 | efficiency] W; eficiency |
| 250.37 | prestige] W; presitge |
| 251.3 | hesitation] W; hesitiation |
| 251.9 | constituted] W; constitued |
| 251.16 | commissions] W; commisions |
| 251.23 | Austrian socialists] W; Austiran socialists |
| 251.26 | Britain] W; Britian |
| 251.36 | is,] W; ~∧ |
| 252.5 | facts:] W; ~; |
| 252.11 | here] W; hre |
| 252.18 | "plenipotentiary,"] W; "~", |
| 252.32 | unification] W; unfication |
| 253.17 | weighty] W; wieghty |
| *253.20 | entrust the] W; entthet |
| 253.36 | them;] W; ~∧ |
| 254.1 | affairs of] W; affairs to |
| 254.4 | their] W; thier |

## 《有关美国波兰人状况预估的第二份秘密备忘录》

采用的范本是存于爱德华·M·豪斯文档中的一份打字稿,耶鲁大学图书馆,纽黑文,康涅狄格州。

255.1-2     CONFIDENTIAL MEMORANDUM] W; *Memorandum-Confidential*

| | | |
|---|---|---|
| 255.29–256.1 | ignorance...and] | W; ignorence among even educated Americans of Polish questions, and |
| 256.3 | Czecho-Slovaks] | W; Checko-Slovaks |
| 256.4 | almost always] | W; almost |
| 256.9,26,33 | ignorance] | W; ignorence |
| 257.2 | already] | W; alread |
| 257.3 | un-American] | W; unAmerican |
| 257.19 | publicity] | W; publisity |
| 258.9 | methods] | W; metjods |

### 《有关美国波兰人状况的秘密报告》

该报告此前只刊印过一次[私人印刷品,费城(?),1918年],共80页。

| | | |
|---|---|---|
| 260.20 | Blanshard] | W; Blanchard |
| 260.30 | above,] | W; ~∧ |
| 261.4 | our] | W; out |
| 261.31 | takes up local] | W; takes local |
| 263.2 | contrasts] | W; contracts |
| 263.39 | Miliukov] | W; Miliokov |
| 264.36 | relations] | W; relation |
| 265.24 | securing] | W; securing first |
| 265.31 | equality] | W; equalty |
| 265.33–34 | prohibition of] | W; prohibition and |
| 268.10 | oppressed] | W; opppressed |
| 269.16 | Kosciusko] | W; Kosciusco |
| 269.34 | State] | W; state |
| 270.27 | internal] | W; external |
| 271.26,297.4,321.18 | Dmowski] | W; Dmoski |
| 271.33 | have them] | W; have |
| 272.36,273.22,282.8 | Daszynski] | W; Dascynski |
| 274.9 | von Beseler] | W; Von Besseler |
| 276.1 | ∧saying that "it] | W; "~∧~ |
| 276.36 | vacillating] | W; vaccilating |
| 277.4 | Kingdom] | W; Kingdon |
| 277.6 | archduke] | W; archbishop |
| *277.29–30 | Leroy-Beaulieu,... *Tsars,*] | W; Leroy-Beaulieu's *Empire of the Tsars*∧ |
| 277.35 | Björnson] | W; Bjorson |
| 278.29–30 | anti-Semitic] | W; anti-semitic |
| 279.14 | counteracted] | W; conteracted |
| 279.25 | says:] | W; ~∧ |
| 279.34 | Paderewski] | W; Paderwski |
| 281.3 | Skirmunt] | W; Skermunt |

| | | |
|---|---|---|
| 281.8 | Europe.] W; ~, |
| 281.8 | Kozicki] W; Kozciski |
| 281.9 | Rozwadowski] W; Rozwadowska |
| 281.11 | Fronczak] W; Franczek |
| 282.4 | (a) that ] W; that (a) |
| 282.20 – 21 | persists] W; perasists |
| 282.32 | naturally] W; it naturally |
| 283.19 | chief British] W; British chief |
| 283.31 | imperialistic] W; imperalistic |
| 285.14 | owning] W; owing |
| 287.9 – 10, 15 – 16 | Republican] W; republican |
| 288.25 | initials] W; intitials |
| 288.33 | Zakopane] W; Zachopane |
| 290.6 | press] W; presss |
| 290.37 | Victims'] W; Victim's |
| 292.4 | The] W; 1. The |
| *292.35 | attempts] W; so-called attempts |
| 292.37 | The] W; [¶] The |
| 293.4 – 5 | including] W; includ-/ |
| 293.23 | forgo] W; forego |
| 294.2 | Mitchel] W; Mitchell |
| 294.2 | Hillquit] W; Hilquit |
| 295.11 | dragoman] W; dragomam |
| 295.20 | replied,] W; ~ₐ |
| 295.25 – 26 | Poland and Russia] W; Poland Russia |
| 296.23 | Allies] W; allies |
| 298.12 | are:] W; ~, |
| 298.18 | Allies;] W; ~, |
| 299.5 | accuracy;] W; ~, |
| 300.32, 303.12 | Citizens'] W; ~ₐ |
| 301.2 | Rhode] W; Rohde |
| 303.40 | Philadelphia] W; Philadephia |
| 304.12 | The] W; That the |
| 305.19 | branches:] W; ~, |
| 306.31 | and] W; to |
| 301.39 | Wronski] W; Vronski |
| 311.8 | Paderewskis] W; Paderewski |
| 312.3 | devoted] W; devotes |
| 312.11 | regarding] W; in connection with the funds regarding |
| 314.1 | Sembrich] W; Sembich |
| *314.12 | brother-in-law ] W; brother |
| 314.12(2) | Lewinski-Corwin] W; Corwin Lewinski |
| 314.14 | *The Political*] W; "A Political |
| 315.8, 13, 15, 30, 31 | Turczynowicz] W; Turchynowicz |

440

| | | |
|---|---|---|
| 315.14 | sanitariums] | W; sanatariums |
| 318.14 | are, to] | W; is, to |
| 320.27 | affected] | W; effected |
| 321.23 | Dowbor-Musnicki] | W; Dowber-Musnicki |
| 321.28 | First] | W; first |
| 321.35 | cessation] | W; secession |
| 322.24-25 | of dissatisfaction] | W; to dissatisfaction |
| 323.13 | Army] | W; army |
| 324.5 | maintenance] | W; maintainence |
| 325.4 | control] | W; Control |
| 325.28 | in securing] | W; of securing |
| 327.19 | which] | W; and which |
| 327.22 | learning,] | W; ~∧ |

## 《"哲学改造问题"的八篇演讲大纲》

这八篇大纲此前只发表过一次，载于《哲学、心理学与科学方法杂志》，第16卷(1919年)，第357—364页。

| | | |
|---|---|---|
| 346.15 | Modern] | W; 1. Modern |

## 《F·马赛厄斯·亚历山大〈人的高级遗传〉一书的序言》

*441* 这篇序言此前只发表过一次，载于F·马赛厄斯·亚历山大所著《人的高级遗传》一书(纽约：E·P·达顿出版公司，1918年)，第13—17页。

| | | |
|---|---|---|
| 352.20 | spasmodic] | W; spasdomic |

# 连字符号的使用

## I 范本中的复合词一览表

以下是经编辑后确定的可能的复合词形式。在范本中,这些复合词是用加一个短线连字符的方式表示的:

| | | | |
|---|---|---|---|
| 7.12 | subject-matter | 211.18 | retelling |
| 15.7 | non-laboratory | 211.28 | standpoint |
| 46.12 | highway | 213.23 | short-cut |
| 72.1 | peace-loving | 215.17 | preconceptions |
| 93.10 | supernatural | 231.10 | railway |
| 99.11 | airplane | 232.17-18 | standpoint |
| 101.19 | realignments | 235.16 | cooperation |
| 121.7 | safeguard | 235.29 | cooperate |
| 122.10-11 | supernational | 240.2 | post-office |
| 127.22 | outgrowth | 240.30 | wholesale |
| 129.17 | commonplace | 248.12-13 | headquarters |
| 145.4 | subconscious | 249.30-31 | presswork |
| 163.23 | newspapers | 284.15 | ultra-conservative |
| 166.33 | newspaper | 285.17 | ship-building |
| 167.33 | semi-official | 308.24 | countercharge |
| 168.15 | newspapers | 310.15 | so-called |
| 177.20 | counterbalance | 346.8 | pseudo-science |
| 189.4 | widespread | 351.9 | subconscious |
| 194.22 | semi-promise | 353.16-17 | subconscious |
| 201.35 | outbreak | 353.22 | neuro-muscular |
| 208.38 | onlooker | 353.26 | override |
| 211.17 | railways | 354.18-19 | re-education |

*443*

**II** 除以下这些词之外，在根据本书版式复制的版本中，不再保留用短线连字符组成的那些含义不清且未被认可的复合词。

| | | | |
|---|---|---|---|
| 15.18 | subject-matter | 145.34 | gum-shoe |
| 46.36 | semi-magical | 163.8 | over-lords |
| 68.4 | over-technical | 163.17 | world-power |
| 71.4 | spread-eagleism | 174.19 | all-pervading |
| 72.21 | fruit-bearing | 197.28 | self-glorification |
| 75.27 | self-respect | 205.5 | self-sufficiency |
| 81.3 | one-sided | 230.12 | re-alignment |
| 100.33 | post-war | 297.15 | cut-throat |
| 107.5 | non-rational | 304.1 | self-elected |
| 107.11 | non-rational | 325.32 | tittle-tattle |
| 124.32 | well-wishing | 344.9 | break-down |
| 144.36 | candle-dip | 349.4 | ready-made |

# 引文的实质性变动

杜威用不同的方式述及引用的资料,有时凭记忆引述其大意,有时逐字翻译。有的地方,他引用的原始资料很完整;在别的地方,他仅提一下作者的名字。有时候,他索性将引证材料的出处略去不提了。

杜威对引文所作的实质性改动,使编制这份特别的目录显得尤为重要。除引号内那些表示强调或重申的语句外,我们把引号内涉及引证的所有材料搜索了出来;对杜威的引证进行了核实,如有必要则加以订正。

除校勘表中已指出的需要作出更正的地方外,范本中出现的所有引文均予以保留;为了防止可能出现的排版或印刷错误,为恢复原始文本面貌所作的实质性或次要修改用表示校订对象的(W)标出。杜威像他那个时代的大多数学者一样,对形式上准确之类的事不感兴趣,许多引文的变动也许正出现在排印过程中。比如,把杜威的引文和原文作一下比较,就可以发现,一些编辑和排字工以自己惯有的风格来处理引用的资料或者杜威本人的文字。本书还原了原始资料中存在的拼写法和大写字母的使用法。

杜威在引用资料时,往往更改或省略标点符号。要是这样的更改或省略带有实质含义,我们便恢复原始文本中使用的标点法,校勘表中列出了这些更正的例子。杜威经常不标出他引用原始资料中那些被略去的文字。下面的表中列出了这些被略去的短句,要是略去的文字超过一行以上,我们用括号内的省略号[……]来标明。原始材料中的斜体字带有实质意义,表中列出了杜威略去或增加的斜体字。

要是杜威的引文和原始资料之间存在的差异,是由于引用资料时的语境使然,如数字或时态上出现的变化等,那么,表中就不一一列举这种差异了。

杜威引用的西塞罗、坎伯兰、弥尔顿,以及托尼耶在"托马斯·霍布斯致塞缪尔·索比耶的十七封信"中出示的霍布斯写给梅森的那封信等原始资料(《霍布斯政治哲学的动机》一文引用了这些参考资料),均载于"杜威所引用的参考书目"。本表没有列出对这些引文所作的修正,因为杜威本人的引文直接译自拉丁文的资料。杜威在同一篇文章中,引用了约翰·伊查德1696年第4版《霍布斯先生思考的自然状态》一书;这本书现已找不到了,我们用的是1705年第5版的书。

《有关美国波兰人状况的秘密报告》引用的参考资料问题更为复杂。杜威没有对这份文件中引用的原始资料加以鉴定,很少提到他获得的那个时期各种函件的来源。一些他可能查阅过的期刊或已散失,或已不再刊行。许多引用的材料显然是杜威从法文或者可能是德文翻译过来的,或者由一位译者从波兰文翻译过来的,杜威在他的通信中曾讨论过波兰文文件的翻译问题。如果杜威引用的材料有相匹配的英文版本,我们即加以举出。对其他那些译自他种语言的原始资料,我们把它们列在杜威所引用的参考书目中,本表就不注出对这类引文所作的修正了。

本表形式的设计着眼于帮助读者去确定杜威是使用了原始资料,还是凭靠记忆。这部分的标注法遵循以下准则:页码以本书的页码编号为准,后接词目,然后是括号。括号后面给出原文的形式,然后在一个括号内注明原文作者的姓氏、从杜威所引用的参考书目中摘出的简要原文标题、所引原文资料的页码。

### 《评价的对象》

4.5　　　　case] case so far as I can see (Perry, "Dewey and Urban," 174.6) [*Middle Works* 11:366.30 – 31]

5.24 – 25　　Syracuse] Syracuse (New York) (Bush, "Value and Causality," 95.36) [*Middle Works* 11:387.13]

6.2　　　　affection. It] affection. They begin to take their places on the curb a long time before the procession begins. It (Bush, "Value and Causality," 95.40 – 41) [*Middle Works* 11:387.17 – 18]

6.2　　　　natural] quite natural (Bush, "Value and Causality," 95.41) [*Middle Works* 11:387.18]

6.3　　　　that they] they (Bush, "Value and Causality," 95.41) [*Middle Works* 11:387.18]

6.3　　　　supremely. Does] supremely; [...]. Does (Bush, "Value and Causality," 95.42 – 96.1) [*Middle Works* 11:387.19 – 21]

6.3　　　　really attach] attach really (Bush, "Value and Causality," 96.2) [*Middle Works* 11:387.22]

## 《关于心灵的所谓直接知识》

| | | |
|---|---|---|
| 10.11 | puzzling] most puzzling (Taylor, *Problem of Conduct*, 98.14) |
| 10.27 | emotion being] emotion would be (Taylor, *Problem of Conduct*, 99.13) |
| 10.28 | came] came in (Taylor, *Problem of Conduct*, 99.14) |
| 12.14 | an emotion] the emotion (Taylor, *Problem of Conduct*, 99.14) |
| 12.15 | origin] production (Taylor, *Problem of Conduct*, 99.16) |
| 12.34 | what] just what (Taylor, *Problem of Conduct*, 98.21) |
| 13.9 | a fact] an immediate fact (Singer, "Consciousness and Behavior," 16.25–26) |
| 13.10 | in the world] of all the world (Singer, "Consciousness and Behavior," 17.18) |
| 13.17 | be still] still be (Watson, *Behavior*, 8.19) |
| 14.27 | absence] the absence (Watson, *Behavior*, 4.36) |
| 14.29 | one jot] by one jot (Watson, *Behavior*, 4.38) |

## 《霍布斯政治哲学的动机》

| | |
|---|---|
| 19.4 | Until] Until towards (Figgis, *Divine Right*, 11.21) |
| 20.4 | Magna Charta] [*ital.*] (Lawson, *Hobbs*, 67.22–23) |
| 20.5 | It is] Its (Lawson, *Hobbs*, 67.23) |
| 20.8 | Aristotle] *Aristotle & Cicero* (Lawson, *Hobbs*, 68.7–8) |
| 20.31 | Policy] [*ital.*] (Tenison, *Hobbes*, 156.29) |
| 20.32 | blaze] a blaze (Tenison, *Hobbes*, 156.30) |
| 20.33 | on earth] upon earth (Tenison, *Hobbes*, 170.28–29) |
| 21.5 | as the] for the (Figgis, *Divine Right*, 219.14) |
| 21.6 | some] some one (Figgis, *Divine Right*, 219.16) |
| 21.17 | King] K. (Tönnies, "Siebzehn Briefe," 223.17) |
| 21.17 | last] length (Tönnies, "Siebzehn Briefe," 223.18) |
| 21.19 | Duke] D. (Tönnies, "Siebzehn Briefe," 223.20) |
| 21.25–26 | unless … Church] [*rom.*] (Hobbes, *Seven Problems*, 5.11) |
| 21.26 | *depend wholly*] wholly (Hobbes, *Seven Problems*, 5.12) |
| 21.26 | *upon … power*] [*rom.*] (Hobbes, *Seven Problems*, 5.12) |
| 22.22 | De Cive,] *De Cive,* in Latin, (Hobbes, *Considerations*, 415.4) |
| 22.27 | depends] depend (Tönnies, "Hobbes-Analekten," 302.21) |
| 22.29 | may] may perhaps (Tönnies, "Hobbes-Analekten," 302.23) |
| 22.29 | this] this opinion (Tönnies, "Hobbes-Analekten," 302.23) |
| 23.9 | taught] contained (Hobbes, *Six Lessons*, 333.21) |
| 23.10 | the clergy] those of the clergy (Hobbes, *Six Lessons*, 333.22) |
| 23.14 | popish] the venom of popish (Hobbes, *Considerations*, 432.18–19) |
| 23.14–15 | division and distinction] distinction and division (Hobbes, |

447

| | | |
|---|---|---|
| | | *Considerations,* 432.19–20) |
| 23.15 | | spiritual] *[ital.]* (Hobbes, *Considerations,* 432.20) |
| 23.15 | | civil] *[ital.]* (Hobbes, *Considerations,* 432.21) |
| 23.17–18 | | position] positions (Hobbes, *Rudiments,* xxii.26) |
| 23.18 | | in those points] those (Hobbes, *Rudiments,* xxii.27) |
| 23.21 | | made] had made (Hobbes, *Rudiments,* xxiii.8) |
| 23.23 | | the princes] princes (Hobbes, *Rudiments,* xxiii.11) |
| 23.24 | | laws] civil laws (Hobbes, *Rudiments,* xxiii.12) |
| 24.2 | | Book] *[ital.]* (Eachard, *Hobbs,* 8.25) |
| 24.4 | | thousands of] thousand (Eachard, *Hobbs,* 8.27) |
| 24.4 | | easily be] be easily (Eachard, *Hobbs,* 11.3) |
| 24.5 | | much] much of it (Eachard, *Hobbs,* 11.4) |
| 24.6 | | Dunstable stuff] *[ital.]* (Eachard, *Hobbs,* 11.5) |
| 24.6 | | which] that (Eachard, *Hobbs,* 11.5) |
| 24.6 | | who] that have (Eachard, *Hobbs,* 11.6) |
| 24.7 | | Policy] *[ital.]* (Eachard, *Hobbs,* 11.7) |
| 24.7 | | Morality] *[ital.]* (Eachard, *Hobbs,* 11.7) |
| 24.16 | | dignitaries] dignities (Hobbes, *Rudiments,* 79n.13) |
| 24.18 | | besides] beside (Hobbes, *Rudiments,* 79n.15) |
| 24n.4 | | believe] firmly believe that (Harrington, *Prerogative,* 259.27) |
| 24n.4 | | and ... be] and will in future Ages be (Harrington, *Prerogative,* 259.28) |
| 24n.5 | | in this] at this (Harrington, *Prerogative,* 259.28) |
| 25.13 | | have] have legitimately (Ritchie, *Natural Rights,* 9.29) |
| 25.14 | | property] *i.e.* property (Ritchie, *Natural Rights,* 9.30) |
| 26.1 | | Judgements,] Judgement, Peace, War (Lawson, *Hobbs,* 116.12) |
| 26.6–7 | | whether they are] whether (Lawson, *Hobbs,* 123.20) |
| 26.7 | | only] but only (Lawson, *Hobbs,* 123.21) |
| 26.8 | | even to] to (Lawson, *Hobbs,* 123.22) |
| 26.9 | | do. Romans] do. [...] Rom. (Lawson, *Hobbs,* 123.24–125.13) |
| 26.10 | | Nor] Neither (Lawson, *Hobbs,* 127.27) |
| 26.12 | | the civil Laws] civil Laws (Lawson, *Hobbs,* 127.29) |
| 26.16 | | God] his God (Lawson, *Hobbs,* 127.34) |
| 26.20 | | agree neither] neither agree (Lawson, *Hobbs,* 133.19–20) |
| 26.20 | | with one] one with (Lawson, *Hobbs,* 133.20) |
| 26.23 | | as] unto us (Lawson, *Hobbs,* 134.20) |
| 26.25 | | predominant and ascendant] ascendant and predominant (Lawson, *Hobbs,* 134.22) |
| 27.27 | | you] you upon the like occasions (Harrington, *Oceana,* 59.48) |
| 27.27 | | Governments] Government (Harrington, *Oceana,* 59.49) |
| 448 | 28.2 | deepest] the deepest (Figgis, *Divine Right,* 228.30) |
| | 28.24 | once been] been once (Hobbes, *De Corpore Politico,* 227.14) |
| | 28.27 | like] the like (Hobbes, *De Corpore Politico,* 227.25) |
| | 28.28 | the opinions] that is to say, the opinions (Hobbes, *De Corpore* |

| | |
|---|---|
| | *Politico*, 227.27) |
| 29.14 | the law of] or ever was law in (Hobbes, *Dialogue*, 15.20) |
| 29.23 | lawyers] lawyers themselves (Hobbes, *Dialogue*, 45.12) |
| 29.25 | former judgments] former judges (Hobbes, *Dialogue*, 45.14) |
| 30.14 | connected] connected in the one case (Robertson, *Hobbes*, 57.23) |
| 30.15 | nature, it] nature, and in the other referred to such a basis to be afterwards supplied, it (Robertson, *Hobbes*, 57.24–25) |
| 30.16 | an observer] a mere observer (Robertson, *Hobbes*, 57.26–27) |
| 30.16 | nature] manners (Robertson, *Hobbes*, 57.27) |
| 30.19 | sympathy with all] all sympathy with (Robertson, *Hobbes*, 57.30) |
| 30.32 | mind's] mind (Hobbes, *Rudiments*, xix.27) |
| 30.34 | had thought] thought (Hobbes, *Rudiments*, xix.30) |
| 30.35 | body] [*ital.*] (Hobbes, *Rudiments*, xx.1) |
| 30.35 | man] [*ital.*] (Hobbes, *Rudiments*, xx.2) |
| 30.36 | civil government] [*ital.*] (Hobbes, *Rudiments*, xx.3–4) |
| 31.1 | war] wars (Hobbes, *Rudiments*, xx.17) |
| 31.1–2 | regarding] concerning (Hobbes, *Rudiments*, xx.18–19) |
| 31.2–3 | subjects; and] subjects, the true forerunners of an approaching war; and (Hobbes, *Rudiments*, xx.20–21) |
| 31.17 | to bee true] true (Hobbes, *Letters*, 471.2) |
| 31.17 | doctrine,] doctrine, (though yett it wanteth polishing), (Hobbes, *Letters*, 471.2–3) |
| 31.19 | the] y$^t$ (Hobbes, *Letters*, 471.5) |
| 32.9 | do] do notwithstanding (Hobbes, *Rudiments*, iv.5–6) |
| 32.9–10 | the ocean] [*ital.*] (Hobbes, *Rudiments*, iv.6) |
| 33.6 | a dissolute] dissolute (Hobbes, *Answer to Bramhall*, 287.12) |
| 33.22 | the doctrine] this doctrine (Hobbes, *Human Nature*, xvii.18) |
| 36.5–6 | which ... good] the present good (to which, by strict consequence, many unforseen evils do adhere) (Hobbes, *Rudiments*, 48.20–21) |
| 36.28–29 | true and peculiar] peculiar and true (Hobbes, *Rudiments*, 16n.3) |
| 36.30 | may] may either (Hobbes, *Rudiments*, 16n.4) |
| 36n.2 | with] of (Hobbes, *Leviathan*, 170.25) |
| 37.12 | man] a man (Hobbes, *De Corpore Politico*, 116.14) |
| 37.15 | peregrinations] peregrination (Hobbes, *De Corpore Politico*, 116.18) |
| 38.17 | the subject] subject (Hobbes, *De Corpore Politico*, 162.24) |
| 38n.8–9 | That ... people] [*ital.*] (Hobbes, *De Corpore Politico*, 214.10–12) |
| 39.19 | that is] is (Hobbes, *Rudiments*, 178.27) |

## 《哲学和民主》 449

| | |
|---|---|
| 45.22 | distinct] abrupt (Dewey, *Democracy and Education*, 382.27) [*Middle Works* 9:337.30] |

## 《国际联盟和新外交》

133.17      who] which (Barclay, *New Methods*, xi.9)
133.19      likely] likely, however, (Barclay, *New Methods*, xi.11 – 12)

## 《十四条和国际联盟》

136.24 – 25      assistance] assistance also (*President Wilson's Addresses*, 469.4 – 5)
138.19      in time be likely] be likely in time (*President Wilson's Addresses*, 478.14)

## 《理想主义的不可信》

181.36      uttermost] utmost (*President Wilson's Addresses*, 484.22)

## 《在中国进行的国际对决》

196.30      develop] help develop (*Shanghai Times*, 5 July 1919, 7.3.133)
196.30      railways] railroads (*Shanghai Times*, 5 July 1919, 7.3.134)
196.31      to join] by joining (*Shanghai Times*, 5 July 1919, 7.3.135)

## 《中国的军国主义》

201.40      consideration] importance (Harding, "China," 103.2.54)

## 《中国的国民情感》

217.20      with] by (Huc, *Journey*, 117.15)
217.22      then earn their money] earn their money, then (Huc, *Journey*, 117.17 –18)
217.22 – 23      But … to] But don't let us (Huc, *Journey*, 117.18)
217.26      company. Whereupon] company; and thereupon (Huc, *Journey*, 117.22)

## 《有关美国波兰人状况的秘密报告》

267.14      object] object alone (Tadema, *Poland*, 19.14)
267.14      the unification] the overthrow of Germany's sinister power, the unification (Tadema, *Poland*, 19.14 – 15)
267.15      Monarchy] Monarch (Tadema, *Poland*, 19.16)
267.15 – 16      concentrates itself] concentrated herself (Tadema, *Poland*, 19.17)

| | | |
|---|---|---|
| 267.16 | toward] towards (Tadema, *Poland*, 19.18) | |
| 267.16 | turn all its] turned all her (Tadema, *Poland*, 19.18) | |
| 270.27 | interferences] interference ("Text of Treaty," 54.1.54) | |
| 270.27 | those] these ("Text of Treaty," 54.2.1) | |
| 270.28 | and ... determine] and to let Germany and Austria determine ("Text of Treaty," 54.2.2) | |
| 270.28–29 | their future fate] the future fate of these territories ("Text of Treaty," 54.2.3–4) | |
| 272.18 | who is] and at the time ("Addresses," 397.1.19) | |
| 272.18 | that] that in his opinion ("Addresses," 397.1.21) | |
| 272.19–20 | question] problem ("Addresses," 397.1.22) | |
| 272.21 | suggestion] conception of the rights of the Polish Nation ("Addresses," 397.1.25–26) | |
| 272.21 | the nucleus] a nucleus ("Addresses," 397.1.27) | |
| 272.22 | a State ... brings] the resurrecting State, brings ("Addresses," 397.1.27) | |
| 272.23 | expression] the expressions ("Addresses," 397.1.29) | |
| 272.23 | its most] most ("Addresses," 397.1.29) | |
| 278.2 | Poles. Almost] polonais, mais loyalistes et catholiques, [...]. Presque (Posner, "La Vie politique," 621.19–24) | |
| 292.34 | struggle] its struggle ("Resolution," 2.2.63) | |
| 292.34–35 | Polish independence] the Political independence ("Resolution," 2.2.65) | |
| 292.35 | and ... attempts] or attempts ("Resolution," 2.2.65–66) | |
| 305.32 | priests. The main] priests. The loyalists declare this domination is intolerable and un-American. Their main (*Christian Science Monitor*, 5.6.1–3) | |
| 305.33 | Legions] Legion (*Christian Science Monitor*, 5.6.5) | |

## 《创造性的工业》

| | | |
|---|---|---|
| 333.12 | Schools] The schools (Marot, *Creative Industry*, xiv.1) |
| 333.15 | to play] for play (Marot, *Creative Industry*, 10.14) |
| 333.18 | time] of another time (Marot, *Creative Industry*, 21.5) |

## 《答一位评论者》

| | | |
|---|---|---|
| 354.29 | till] until (Bourne, "Making Over the Body," 28.41) [*Middle Works* 11:360.6] |

# 杜威所引用的参考书目

452 对杜威所引用的参考书的标题和作者名字已作了修订和补正,以便准确合宜地反映出原作的面貌;校勘表中列出了对这些参考书所有作过更正的地方。

这一部分列出了杜威所引用的每一种参考物的完整的出版信息。杜威引证某一种参考书时标有页码,我们正是通过确定这一页码来辨别他所使用的参考书版本。同样,我们也利用杜威私人书库中的藏书,对他使用的特殊版本的书加以核实。至于所涉的其他参考材料,这里提供的版本是从各种不同版本中挑选出来的,它也许就是杜威使用的版本。它由于其出版的地点或日期、从杜威信件和其他资料中得到的证据,或那个时期一般说来易于获得的特点而最有可能成为杜威引证的来源。

"Addresses Forwarded to President Wilson." *Wici* 4(24 April 1917): 397–398.

Alexander, F. Matthias. *Man's Supreme Inheritance*. New York: E. P. Dutton and Co., 1918.

Bagehot, Walter, *Physics and Politics*. Rev. ed. New York: Colonial Press, 1900.

Barclay, Thomas. *New Methods of Adjusting International Disputes and the Future*. London: Constable and Co., 1917.

Bode, Boyd H. "Consciousness and Psychology." In *Creative Intelligence: Essays in the Pragmatic Attitude*. New York: Henry Holt and Co., 1917.

Bourne, Randolph. "Making Over the Body." *New Republic* 15(1918):28–29. [*The Middle Works of John Dewey, 1899–1924*, edited by Jo Ann Boydston, 11:359–60. Carbondale: Southern Illinois University Press, 1982.]

Bush, Wendell T. "Value and Causality." *Journal of Philosophy, Psychology and Scientific Methods* 15(1918):85–96. [*Middle Works* 11:378–387.]

*Christian Science Monitor*, 31 August 1918, p.5.

Cicero, Marcus Tullius. *De Re Publica*. In *Scripta Quae Manserunt Omnia*, edited by Reinholdus Klotz, vol. 2. Leipzig: B. G. Teubneri, 1874.

*The Clarke Papers: Selections from the Papers of William Clarke.* Vol. 1. Edited by C. H. Firth. Westminster: Camden Society, 1891.

"The Convention of Polish Immigrants." *Wici* 5 (September 1918): 1 – 14.

Corwin, Edward H. Lewinski. *The Political History of Poland.* New York: Polish Book Importing Co., 1917.

Cram, Ralph Adams. *The Nemesis of Mediocrity.* Boston: Marshall Jones Co., 1917.

Cumberland, Richard. *De Legibus Naturae.* London: E. Flesher, 1672.

Dewey, John. *Democracy and Education.* New York: Macmillan Co., 1916. [*Middle Works* 9.]

——. *John Dewey: Lectures in China, 1919 – 1920.* Translated and edited by Robert W. Clopton and Tsuin-chen Ou. Honolulu: University Press of Hawaii, 1973.

——. "The Logic of Judgments of Practise." *Journal of Philosophy, Psychology and Scientific Methods* 12(1915): 505 – 523, 533 – 543. Republished in *Essays in Experimental Logic.* Chicago: University of Chicago Press, 1916. [*Middle Works* 8: 14 – 82.]

Eachard, John. *Mr. Hobbs's State of Nature Considered, in a Dialogue between Philautus and Timothy.* 5th ed. In *Dr. Eachard's Works*, 11th ed. London: J. Phillips, 1705.

Figgis, John Neville. *The Divine Right of Kings.* 2d ed. Cambridge: At the University Press, 1914.

——. *Studies of Political Thought from Gerson to Grotius, 1414 – 1625.* Cambridge: At the University Press, 1907.

*Free Poland* 4(16 June 1918): 226.

Harding, Gardner L. "China and the World War." *Current History* 6 (1917): 100 –104.

Harrington, James. *The Oceana and Other Works*, edited by John Toland. 3d ed. London: A. Millar, 1747. [*The Commonwealth of Oceana; The Prerogative of Popular Government.*]

Hobbes, Thomas. *Behemoth; or, The Long Parliament.* Edited by Ferdinand Tönnies. London: Simpkin, Marshall, and Co., 1889.

——. *The Elements of Law, Natural and Politic.* Edited by Ferdinand Tönnies. London: Simpkin, Marshall, and Co., 1889.

——. *The English Works of Thomas Hobbes.* Edited by William Molesworth. 11 vols. London: John Bohn, 1839 – 1845. [*An Answer to a Book Published by Dr. Bramhall Called "The Catching of the Leviathan,"* vol. 4; *Behemoth*, vol. 6; *Considerations upon the Reputation, Loyalty, Manners, and Religion of Thomas Hobbes*, vol. 4; *De Corpore Politico: or, The Elements of Law*, vol. 4; *A Dialogue between a Philosopher and a Student of the Common Laws of England*, vol. 6; *Elements of Philosophy*, vol. 1; *An Historical Narration concerning Heresy*, vol. 4; *Human Nature*, vol. 4; *Leviathan*, vol. 3; *Philosophical Rudiments*, vol. 2.]

——. *The English Works of Thomas Hobbes.* Edited by William Molesworth Vol. 7. London: Longman, Brown, Green, and Longmans, 1845. [*Letters and Other*

*Pieces; Seven Philosophical Problems; Six Lessons to the Savilian Professors of the Mathematics.*]

454 Hobson, John Atkinson. *Democracy after the War*. London: George Allen and Unwin, 1917.

Holcombe, Chester. "A Sketch of the Relations between China and the Western World. " In *China and the Far East*, edited by George H. Blakeslee. New York: Thomas Y. Crowell and Co. , 1910.

Huc, Évariste R. *A Journey through the Chinese Empire*. Vol. 1. New York: Harper and Bros. , 1855.

James, William. *Pragmatism: A New Name for Some Old Ways of Thinking*. New York: Longmans, Green, and Co. , 1907.

*Japan Weekly Chronicle*, 17 July 1919, pp. 81-82.

Kerner, Robert J. Review of *The Political History of Poland* by Edward H. Lewinski-Corwin. *American Historical Review* 23(1918):846-847.

*Kuryer Polski* (Milwaukee, Wis. ), 9 June 1918, p. 3.

"Labor and the New Social Order: A Report on Reconstruction by the Sub-Committee of the British Labor Party." *New Republic*, 16 February 1918, part 2, pp. 1-12.

Lawson, George. *An Examination of the Political Part of Mr. Hobbs, His "Leviathan."* London: Francis Tyton, 1657.

Levinson, Salmon O. "The Legal Status of War." *New Republic* 14(1918): 171-73. [*Middle Works* 11:388-392.]

Locke, John, *The Philosophy of Locke*. Edited by John E. Russell. New York: Henry Holt and Co. , 1891.

Marot, Helen. *Creative Impulse in Industry*. New York: E. P. Dutton and Co. , 1918.

Milton, John. *Angli pro populo Anglicano defensio*. London: Du Gardianis, 1650.

"Mr. Dmowski's Instructions Sent from the Lausanne Agency to the Interparty Circle in Warsaw, May 1917."*Wici* 4(31 December 1917):1076-1089.

*New York Times*, 8 September 1918, sec. 2, p. 2.

Perry, Ralph Barton. "Dewey and Urban on Value Judgments." *Journal of Philosophy, Psychology and Scientific Methods* 14(1917):168-181. [*Middle Works* 11:361-374.]

———. "The Truth-Problem. II." *Journal of Philosophy, Psychology and Scientific Methods* 13(1916): 561-573.

Plato, *Theaetetus*. In *The Dialogues of Plato*, edited by Benjamin Jowett, vol. 2. 3d ed. New York: Macmillan Co. , 1892.

*Polska Partia Socjalistyczna* (Pamphlets). London:1898-1904.

Posner, Stanislas. "La Vie politique en Pologne avant la guerre." *Mercure de France* 114(1916):603-627.

*President Wilson's State Papers and Addresses*. Edited by Albert Shaw. New York: George H. Doran Co. , 1918.

"Resolution Passed by the Polish National Defense Committee." *Wici* 5(14 May 1918):2.

Ritchie, David G. *Natural Rights*. London: Swan Sonnenschein and Co., 1895.

Robertson, George Croom. *Hobbes.* London: William Blackwood and Sons, 1886.

*Shanghai Times,* 20 May 1919, p. 7.

*Shanghai Times,* 5 July 1919, p. 7.

Shibusawa, Eiichi, "America and Japan." *Century* 91(1916):541 – 544.

Singer, Edgar A., Jr. "Consciousness and Behavior: A Reply." *Journal of Philosophy, Psychology and Scientific Methods* 9(1912):15 – 19.

Tadema, Laurence Alma. *Poland, Russia and the War.* London: St. Catherine Press, 1915.

Taylor, Alfred Edward. *The Problem of Conduct.* New York: Macmillan Co., 1901.

*Telegram Codzienny* (New York, N.Y.), 11 September 1918, p. 2.

Tenison, Thomas. *The Creed of Mr. Hobbes Examined*. 2d ed. London: Francis Tyton, 1671.

"Text of Treaty Signed by Russia." *Current History* 8(1918):54 – 56.

Tönnies, Ferdinand. "Hobbes-Analekten." *Archiv für Geschichte der Philosophie* 17(1904):291 – 317.

———. "Siebzehn Briefe des Thomas Hobbes an Samuel Sorbière." *Archiv für Geschichte der Philosophie* 3(1890):58 – 71, 192 – 232.

Turczynowicz, Laura de Gozdawa. *When the Prussians Game to Poland.* New York: G.P. Putnam's Sons, 1916.

Veblen, Thorstein, *Imperial Germany and the Industrial Revolution.* New York: Macmillan Co., 1915.

Watson, John B. *Behavior: An Introduction to Comparative Psychology.* New York: Henry Holt and Co., 1914.

Wells, H.G. "The Liberal Fear of Russia." *Harper's Weekly* 59(1914):268 – 270.

Wenley, Robert Mark. *The Life and Work of George Sylvester Morris.* New York: Macmillan Co., 1917.

# 索引①

**A**ctivist：265，275，298，行动主义者
Agriculture：农业，见"耕作"
Alexander, F. Matthias：亚历山大，F·马赛厄斯：350—352，论意识控制；359—360，被批评；x，353—355，杜威的辩护
Allies：协约国
    conceptions about, xi—xii, 127, 158, 159, 177, 178—179, 365，协约国的概念；at peace conference, 198，和会上的协约国；and Polish question, 267, 268, 270, 271, 276, 277, 279, 280, 282, 284, 290, 292, 293, 296, 297, 298, 299, 302, 316, 320, 321, 324, 330, 402，和波兰问题；relationship of, with China, 186, 190, 199, 200, 202, 229，和中国的关系；relationship of, with U.S., 107, 182, 229，和美国的关系；in Siberia, 167，协约国在西伯利亚；at war, 109—110, 129, 230，战时的协约国
Alsace-Lorraine：136，阿尔萨斯-洛林
*American Historical Review*：314，美国历史评论
Angell, Norman：182，安吉尔，诺曼
An-Semitism：262，264，278，280，281，282，308，反犹主义
Aristotle：20，27，342，344，345，387，亚里士多德

Armenia：245，309，亚美尼亚
Art：xiv，66，81，艺术
Atheism：21，无神论
Austria：奥地利
    attitude of Poles toward, 268—269, 271—272, 273—274, 289, 294, 327, 330，波兰人的态度；on future of Poland, 277, 284, 329，波兰的未来；governs Poland, xiv, 262—263, 264, 266, 285, 297，对波兰的控制；Political activities in, 278，在奥地利的政治活动；socialists of, 251, 282，奥地利的社会主义者
Austria-Hungary：xii—xiii，266，273，奥匈帝国

**B**acon, Francis：28，43，344，培根，弗兰西斯
Bagehot, Walter：145，白哲特，沃尔特
Balance of power：力量平衡
Balkan States：巴尔干国家
Baltic Sea：波罗的海
Barclay, Thomas：133，巴克利，托马斯
Barnes, Albert C.：巴恩斯，阿尔伯特 C.
    role of, in Polish study, xiv—xv, 259—260, 395, 398, 399, 401n, 403—405，在波兰研究中的作用
Behavior：10—17，行为
*Behemoth; or The Long Parliament*，22：巨

---

① 本索引的每个条目后所附的页码均为原书页码，即本书边码。——译者

兽或长期国会
Belgium：245,255,309,325,比利时
Bentham, Jeremy：x,40,边沁,杰里米
Berson, Henri：157,柏格森,亨利
Berlin：280,柏林
Beseler, Han Hartwig von：274,贝斯勒,汉斯·哈特维格·冯
Bismark, Otto von：114,170,389,俾斯麦,奥托·冯
Black Hundreds：278,黑色百人团
Black Sea：266,黑海
Blanshard, Brand:布兰夏尔,布兰德
  in Polish study, 260, 395—396, 398—399,400,与波兰研究
Bode, Boyd：15,博德,鲍埃德
Boer War：82,布尔战争
Bohemia：xiii,101,波希米亚
Bohemians：71,241,263,264,285,波希米亚人
Bolsheviki：布尔什维克分子
  in class war, 164, 阶级斗争；opposition to, 246,反对派；Polish policy of, 270, 271, 295, 波兰政策；publish secret treaties, 268,秘密协议的公布；reports about, 121,有关报道
Bolshevim：115,布尔什维主义。
Bourne, Francis：73,393,伯恩,弗兰西斯
Bourne, Randolph:伯恩,伦道夫
  disagrees with Dewey, x, xi, 353, 354, 359—360,与杜威的争论
Boxer Indemnity Fund：xviii,庚子赔款基金
Boxer Rebellion：205,221,223,228,230,义和团的造反
Bradshaw, Frances：260,布雷德肖,弗朗塞斯
Brest-Litovsk:布列斯特-立陶夫斯克
  Treaty of, 270—271,275,和约
Brougham, Henry Peter：59,布鲁厄姆,亨利·皮特
Bryan, William Jennings：148,布赖恩,威廉·詹宁斯
Bureau of Public Information：150,151,257, 394,395,公共信息署
Burlingame, Anson：228,蒲安臣
Bush, Wendell T.：布什,文德尔 T.
  on value, 3,5—7,8,375—387,论价值

Cadets：278,克代兹
California, University of：xvii,加利福尼亚大学
Calvin, John：25,加尔文,约翰
Canton Guild：196,广州同业公会
Capitalism：91,163,资本主义
Carson, Edward Henry：120,卡森,爱德华·亨利
Catholicism:天主教
  importance of, to Polish question, xv, 278,286,297,305,328,对波兰问题的重要性；interference of, 24,干涉。另见"教会"
Censorship：110, 118—121, 178, 268, 审查制度
Central Powers:同盟国
  future of, 101,未来；on Polish question, 268,273,274,与波兰问题；at war, 136, 270,271,战时的同盟国
Charle Stephen：277,284,329,查理·斯蒂芬
Chelm:270,273,275,海乌姆
Chicago:芝加哥
  headquarters for Polish affairs, 242, 248, 249, 254, 256, 262, 287, 288, 293, 300—301,303,305,306,310,311,312,323,处理波兰事务的总部所在地
Child labor：162,176,童工
Child Welfare Department：77,儿童福利部
China:中国
  army of, 189, 199—200, 202, 203, 204, 219, 223, 229, 军队；customs of, 215—223,226,231,234,风俗；development of, xix—xx, 180, 205—214, 发展；Dewey visits, xviii—xx,180,杜威的访问；drug traffic in, 235—240,毒品交易；education in, xvii, 180, 200, 203, 207, 209, 231, 教育；emperors of, 202, 216, 217, 皇帝；

finances of, 224—226, 229—230, 233, 财政; foreign domination of, 151, 152, 153, 154, 163, 192—198, 224—227, 228—234, 235—240, 外国的统治; government of, xix—xx, 199—204, 政府; navy of, 219, 223, 海军; at peace conference, 194, 224, 在和会上; Politics in, xix, 192, 196, 212—214, 229, 政治; relationship of, with Japan, xviii, 151, 159, 160, 168, 169, 173, 174—179, 180, 183, 186—191, 226, 238, 394, 与日本的关系; relationship of, with U.S., 195—197, 207, 226, 228—229, 230—231, 232, 与美国的关系; student revolt in, xix—xx, 186—191, 学生反抗; at war, ix, 199, 200—202, 229—230, 战争; Western views of, xviii—xix, 西方的观点

Choshu Clansmen: 168, 169, 长州藩主
Christianty: 121, 132, 184, 基督教
*Christian Science Monitor*: 305, 基督教科学箴言报
Churth:教会
 in conflict with state, 18—40, 与国家的冲突; government by, 49, 教会统治; importance of, in Polish question, 243, 249, 260, 262, 269, 277, 278, 284, 286—287, 288, 289, 291, 297, 298, 300, 301, 303, 305, 306—307, 309, 310, 311, 327, 328, 在波兰问题上的重要性; in U.S., 71, 美国的教会。另见"宗教"
Churchill, Marlborough: 259, 406, 丘吉尔, 马尔伯勒
Cicero: 19, 西塞罗
Citizens' Committees: 300, 303, 310, 市民委员会
Civil rights: 137, 264, 公民权
Civil War: 116, 143, 287, 337, 内战
Class consciousness: xvii—xviii, 阶级意识
Clemenceau, Georges: 279, 克列孟梭, 乔治
Coke, Edward: 29 and n, 科克, 爱德华
Columbia University: ix, xiv, 259, 398, 406, 哥伦比亚大学
Commercial Federation: 196, 商业联合会
Commission of Inquiry: 401—403, 调查委员会
Committee of National Defense: 国防委员会, 见 K.O.N
Committee on Public Information: 150, 151, 257, 304, 395, 公共信息委员会
Comte, Auguste: 26n, 43, 孔德, 奥古斯特
Confucianists: 164, 207, 儒家学者
Conscience: 123—124, 125, 良心
Conscious control: x, 350—352, 353—355, 359—360, 意识控制
Consciousness: 11, 13—14, 15, 17, 51, 意识
*Consideration upon the Reputation of T. Hobbes T.*: 22, 霍布斯对于声誉的考虑
Consortium: 198, 225, 联合放款团
Corwin, Edward H. Lewinski: 314, 科文, 爱德华 H·莱温斯基
Council of State of Poland: 268, 269, 272, 273—275, 波兰国家会议
Courts: 124—125, 129, 263, 389, 391, 法庭
Cracow, Poland: 263, 273, 311, 313, 克拉科夫, 波兰
Cram, Ralph Adams: 73, 克拉姆, 拉尔夫·亚当斯
*Creed of Mr. Hobbes Examined*: 20, 检视霍布斯先生的信条
Creel, George: 150, 394, 克里尔, 乔治
Croatians: xiii, 克罗地亚人
Croly, Herbert: 404, 克罗利, 赫伯特
Cromwell, Oliver: 25, 33 注释, 克伦威尔, 奥利佛
Cudworth, Ralph: 34, 卡德沃思, 拉尔夫
Cumberland, Richard: 20, 34, 坎伯兰, 理查德
Curie, Marie: 279, 居里, 玛丽
Cushing, Caleb: 228, 库欣, 凯莱布
Czecho-Slovaks: xiii, 256, 264, 捷克-斯洛伐克人

**D**airen, China：238，大连，中国

Dalrymple, A. V.：259，408，达尔林普勒，A. V.

Dantzig：306，326，但泽，波兰

Dardanelles：136，达达尼尔海峡

Daszynski, Ignace：272，273，282，达申斯基，依格纳斯

Dean, Arthur Davis：60，393，迪恩，阿瑟·戴维斯

Debski, Alexander H.：288，294，295，396，德布斯基，亚历山大 H.

*De Cive*：22，23，30—31，论公民

*De corpore Politico*：22，39n，论政治物体

*De Legibus Naturae*：34，论自然法

Democracy：民主
    in China, xix, 192, 196, 212—214, 229, 中国；critics of, 110, 批评者；education for, 54—57, 教育；hero of, 143, 英雄；in industry, 335, 工业中的；international, 142, 181, 198, 国际的；in Japan, xvii—xviii, 154—155, 156—161, 165, 167—169, 171—173, 174, 178, 日本的；means of achieving, 99, 102, 105—106, 获得的手段；morality of, 131—132, 道德；philosophy for, 41, 48—53, 哲学；for Poles, xiv, 260, 398, 407, 波兰人的；Psychology of, 112, 心理学；Public opinion in, 118, 120—121, 民众的意见；role of science in, 48, 99, 科学的作用；and war, xi, 108, 154, 201, 282, 战争与民主

*Democracy after the war*：87，战后的民主

*Democracy and Education*：ix，395，399，民主主义和教育

Descartes, Rene：11，43，笛卡尔，勒内

Detroit Convention：底特律大会
    decisions of, 299, 305—306, 决议；delegates to, 307, 312, 代表；Dewey report on, xv, 259, 杜威的报道；organization of, 242—243, 245, 246—247, 291, 302—304, 328, 大会的组织；preparation for, 248—254, 395, 404, 大会的筹备；publicity about, 325, 大会的宣传；purpose of, xv, 284, 300—302, 310, 大会的目的

Devonshire, Earl of：22，德文郡伯爵

*Dial*：ix，xvii，393，日晷

*Dialogue between a Philosopher and a Student of the Common Laws of England*：28—29，一位哲学家和研习英国习惯法的学者的对话

Disraeli, Benjamin：389，迪斯累里，本杰明

Divine right of kings：19，52，170，君主的神圣权力

Dmowski, Roman：德莫夫斯基，罗曼
    at Detroit Convention, 301, 302, 306, 与底特律大会；as leader, 277, 278, 280, 281, 328, 405, 作为领导人；policies of, 271, 275, 292, 297, 300, 321, 政策

*Dominion*：24，统治权

Dowbor-Musnicki, Jozef：321，多夫博尔-穆斯尼茨基，约瑟夫

Dual Empire：263，277，327，二元帝国

Duma：杜马 263，267，277—278，与波兰问题

Dumba, Konstantin Theodor：294，杜巴，康斯坦丁·山道尔

**E**achard, John：23—24，伊查德，约翰

Economics：经济
    affected by League of Nations, 125, 127—130, 138, 139—142, 151—152, 国联的影响；in China, 180, 204, 205, 211, 224—227, 234, 中国的；and immigration, 159, 241, 242, 与移民；and international relations, 134, 136, 与国际关系；in Japan, xvii—xviii, 160—167, 176, 178, 179, 日本的；Roosevelt's Economics（Continued）approach to, 148, 罗斯福的方法；theories of, 73—86, 89, 94, 117, 121, 理论；training for, 62, 63—65, 有关训练；in U. S., 71, 183, 185, 美国的

389

Edinburgh, Scotland：237,爱丁堡,苏格兰
Edman, Irwin:艾德曼,欧文
 in Polish study, 260,396,397,401 n,与波兰研究
Education:教育
 Alexander on, 352,353—355,亚历山大的观点;in China, xvii,180,200,203,207,209,231,中国的;Dewey's position, ix,杜威的立场;in Japan, 157,161,166—167,169,171—172,178,193,日本的;methods of, 54—57,335,393,方法;morals and politics in, 32—33,道德和政治的作用;morris's role in, 337,莫里斯的地位;of Poles, 242,260,263,265,277,305,398,波兰人的;of poor, 77,80,贫民的;reconstruction of, xi,58—69,88—92,333—335,348,重建;of Roosevelt, 144,罗斯福的
Egypt：101,埃及
*Elements of Philosophy*：31,哲学要义
Emotions:情感
 expression of, 352,表达;in motivation, 10—14,16,动机;related to beliefs, 132,341,346—347,与信仰的联系;of wartime, 107—111,112—116,184,战时的
*Empire of the Tsars*：277—278,沙俄帝国
Enemy aliens:敌对异己分子
 Poles as, 285,301,322,325,330,波兰人
England：英国,见"大不列颠"
Entente Allies：协约联盟国,见"协约国"
Epictetus：45,爱比克泰德
Episcopalians：24,25,圣公会教徒
Espionage：118,184,间谍活动
*Essays in Experimental logic*：实验逻辑论文集
 valuation in, In,7n,375,评价
Esthonia：266,326,爱沙尼亚
Eucken, Rudolf Christoph：157,奥伊肯,鲁道夫·克利斯多夫
Euclid：44,欧几里德

*Examination of the Political Part of Mr. Hobbes, The*：19—20,对霍布斯先生(利维坦)之政治部分的考察
Exclusion act：228,排外行为
Experience：345—346,347,经验

**F**alkner, William：21n,福克纳,威廉
Farming：耕作
 in China, 216—217,中国的;in Japan, 161—162,164,165,166,日本的;methods of, 63,方法;of opium, 238,鸦片的种植;of Poles, 285,294,波兰人的
Fichtean idealism：361,费希特的唯心论
Figgis, John Nevile：菲吉斯,约翰·内维尔
 on churchstate conflict, 18—19,21,论教会国家的冲突;on law, 27—28,论法
Filmer, Robert：21n,费尔默,罗伯特
Fisher, Herbert Albert L.：59,393,费希尔,赫伯特·阿尔伯特 L.
Fiume：183,阜姆
Four Group Union：191,四团体联合会
Fourteen Points：135—138,139,十四条
France：法国
 and Alsace-lorraine, 136,阿尔萨斯-洛林;and China, 190,与中国;education in, 58,教育;and Japan, 169,192,198,与日本;in league of Nations, 140,与国联;and new nations, xiii,与新生国家;philosophy in, 43,93,哲学;Polish National Army in, 256,323,325,395,境内的波兰国民军;an Polish question, 251,261,267,268,279,280,282,283,284,293,299,302,327,328,与波兰问题;Publicity about, 120,有关宣传;and U. S., 116,151,与美国;at war, 100,177,192,245,战争;mentioned, 19,156,277,其他
Freedom：自由
 associated with anarchy, 216,与无政府状态的联系;in Europe, 136,欧洲的;idea of, in philosophy, 50,哲学中的有关观念;

opposed to institutional control，18，反对制度化的控制；of speech，110，184，189，言论自由

*Free Poland*：256，324，自由波兰

French Committee of Relief for Polish Sufferers：282—83，法国的波兰难民救援委员会

French Military Commission：320，法国的军事委员会

French Red Cross：250，法国红十字会

Fronczak, Francis：281，弗朗兹扎克，弗兰西斯 E.

**G**alicia：加利西亚

future of，272，273，277，329，未来；minority in，xiii，少数民族；Poles in，262，263，265，266，268，269，272—273，281，290，波兰人；revolutionary movement in，288，298，革命运动

Galileo：31，伽利略

German Poland：德控波兰地区

conditions in，262—63，265，状况；future of，268，277，未来；mentioned，280，285，290，其他

Germany：德国

army of，273，274，320，324，军队；attitude of Poles toward，267，268，268，270—271，274，275，276，278，281，309，波兰人的态度；and China，200，201，224，与中国；colonies of，138，殖民地；defeat of，ix，xiv，xvii，109，157，161，177，178，180，181，192，202，203，战败；educational methods of，54—57，58，61，335，教育方法；governs Poland，262，264，266，284，统治波兰；industry in，xix，104，142，334，工业；institutions of，137，制度；militarism of，61，152，158，军国主义；morality of，123，131，390，德性；occupation of Poland by，253，270—271，272，273—277，278，292，294，295，对波兰的占领；peace with，135，媾和；philosoph of，43，94，337，342，346，349，374，哲学；Poles accused of supporting，xv，261，262，269，291，293，294，296，313—314，396，404，指责为亲德的波兰人；propaganda of，119—120，306，330，宣传；relationship of，with Japan，157—158，161，162，168，169，170，172，178，192，394—395，与日本的关系；relationship of，with Russia，115，270，283，326，与俄国的关系；relationship of，with U.S.，114，116，119，329，388，与美国的关系；at war，229，230，战争；mentioned，100，101，327，其他

Gorski, W. O.：308，316，戈尔斯基，W. O.

Goto, Shimpei：175，394，后藤新平

Great Britain：大不列颠

and China，190，219，与中国；diplomacy of，xiii，177，外交；in drug traffic，235，237，238，239，240，毒品交易；education in，58—59，教育；industry in，xix，73—74，78，79，81，83，84—85，104，工业；in league of Nations，140，151—152，163，与国联；philosophy in，43，94，115，345，349，359，哲学；on Polish question，251，261，267，279，280，282，283，292，293，301，302，308，328，与波兰问题；Political thought in，18—40，114—115，120，389，政治思想；relationship of，with Japan，113，153—154，169，192，与日本的关系；social upheaval in，87—88，91，393，社会动荡；and U. S.，116，151，与美国；as world power，192，196，作为世界列强

Greek philosophy：42，45，51—52，337，342，346，希腊哲学

Grotius, Hugo：34，格劳修斯，雨果

**H**ague, The：128，130，237，390，海牙

Haller, Jozef：269，275，280，哈勒，约瑟夫

Hangchow, China：xviii，杭州，中国

Hankow-Peking railway：231，平汉铁路

Hapsburg dynasty：273，哈布斯堡王朝
Hara, Takashi：152,164，原敬
Harrington, James：24n,27，哈林顿，詹姆斯
Havas news service：151，哈瓦斯，通讯社
Hay, John：206,228，海约翰
Hayes, Carlton：406，海斯，卡尔顿 J. H.
Hegel, Georg Wilhelm Friedrich：43,91, 384，黑格尔，格奥尔格·威廉·弗里德里希
Helinski, T. M.：317，荷林斯基，T. M.
Hilqult, Morris：294,396，希尔奎特，莫里斯
Hitchcock, Gilbert M.：希契科克，吉尔伯特 M.
 on Polish question, 301,302,401 and n, 402,404,405，论波兰问题
Hobbes, Thomas：x,18—40，霍布斯，托马斯
Hobson, John A.：87—88，霍布森，约翰 A.
Holcombe, Chester：霍尔寇伯，切斯特
 on Korea and China, 210,216，论朝鲜和中国
Home Rule：264,267，地方自治
Hong Kong, China：238，香港，中国
Horgan, Lt.：259，霍根，中尉
Horodyski, Jan M.：283，霍洛津斯基，扬 M.
House, Edward M.：豪斯，爱德华 M
 on Polish question, 401,403—407，论波兰问题
House of peers：167，贵族院
Housing：62,83—84,103,162，住房
Huc, Evariste：217，古伯察
*Human Nature*：22，人的本性
Human rights：196，人权
Hungary：xiii,272,327，匈牙利
Hunt, Henry T.：259,406，亨特，亨利·T
Hu Shih：xviii，胡适

Idealism：唯心主义
 of Bacon, 344，培根的；development of, 344，发展；of Fichte, 361，费希特的；in theory of value, 366—367,375,377，评价理论中的；of U. S., xvi,180—185,198, 260,394，美国的；of Wilson, 184,232，威尔逊的
Immigrants：移民
 to aid Poland, 288，援助波兰；Americanization if, 241—244,262，美国化；as political and economic Immigrants question, 159,228，有待解决的政治和经济难题；Problems of, 130,142,153,330，问题；and raising of relief funds, 249,250，募集救助资金；in U. S., xiii—xvi,228,255,258,260—261, 285，在美国
Imperial Court：211,216,218,221，朝廷
Imperial dynasty：170—72,200，王朝
*Imperial Germany*：55—56，德意志帝国
Imperial University, Tokyo：xvii,165,341，东京帝国大学，日本
*Independent*：ix,394，独立评论
India：101,177,235,237，印度
Individualism：375，个人主义
Industry：工业
 in China, xix,174,180,186,190,209, 233,234，中国的；conflicts in, 148，冲突；education for, 60,62—65,333—335，有关教育；ethics of, 131—134，伦理学；improvements in, 70,99,103，改进；international effects of, 139,142，国际效应；in Japan, 161—167,193,206，日本的；in Poland, 326，波兰的；Poles in, 285, 327，波兰人从事的；reconstruction in, 73—86,87—92，整顿；socialization of, 65, 102—105,117，社会化。另见"经济"、"科学"
Inquiry：401—403，调查
Instrumentalism：工具主义
 in China, xx，在中国；Dewey on, x,xvi, 360，杜威的评论；related to valuation, 4, 7,376—377,380,383,384—387，与评价的关系
International relations：国际关系

affected by league of Nations, 132—134, 国联的影响; economic aspects of, 139—142, 经济方面; governed by treaties, 135—138, 各种条约的规范作用; Laws for, 388—392, 法律

Irish: 71, 241, 286, 293, 爱尔兰人

Irrationality: 107—111, 非理性

Ishii, Kikujiro: 石井菊次郎
Chinese relationship, 158, 175, 394, 论日中关系

Iswolski, Alexander P.: 282—283, 308, 313, 伊斯沃尔斯基, 亚历山大 P.

Italian Conference at Rome: 264, 罗马召开的意大利会议

Italy: 意大利
on league of Nations, 140, 与国联; Politics in, 120, 政治; at war, xiii, 136, 177, 274, 战争

Ito, Hirobumi: 170, 伊藤博文

James, William: 詹姆斯, 威廉
admired by Japanese, 157, 日本人的欣赏; on instrumentalism, 384—385, 论工具主义; Philosopher of democracy, 53, 民主的哲学家; on pragmatic experimentalism, 90, 论实用主义经验论

Japan: 日本
anti-Americanism in, 150—155, 177, 179, 191, 194—195, 207, 229, 反美主义; army of, 158, 167, 169, 军队; Dewey in Japan, xvii—xviii, 395, 杜威在日本; diplomacy of, 177, 178, 179, 193, 206, 外交; in drug traffic, 237, 238, 239, 240, 毒品交易; economic development of, 161—167, 206—207, 214, 经济发展; effects of war on, ix, xvii—xviii, 73, 113, 157—158, 201, 202, 229, 230, 战争造成的影响; emperors of, 170—171, 172, 天皇; and Germany, 230, 394—395, 与德国; navy of, 167, 169, 海军; Political situation in, xvii—xviii, 154—161, 165, 167—174, 178, 政治局势; psychology of, 208—209, 222, 心理; relationship of, with China, xx, 174—179, 180, 183, 186—191, 192—195, 197—198, 199—204, 207—208, 213, 220, 224—227, 229, 230, 231, 233, 394, 与中国的关系; and Russia, 230, 271, 与俄国

*Japan Chronicle*: 239, 日本记事报

Jews: 犹太人
as minority, xiii, 241, 作为少数民族; organization of, 285, 组织; persecution of, 264, 278, 迫害; relief fund for, 309, 救援资金; rights of, 71, 137, 权利; treatment of, 255, 262, 279, 280, 306, 307, 待遇

Jugo-Slavs: 71, 263, 264, 南斯拉夫人

Jung, Carl Gustav: 360, 荣格, 卡尔·古斯塔夫

Jusserand, Jean Jules: 317, 朱斯朗, 让·尤利斯

**K**ant, Immanuel: 38 $n$, 94, 346, 康德, 伊曼努尔

Kerensky, Aleksandr F.: 270, 295, 克伦斯基, 亚历山德罗 F.

Kingdom of Poland: 波兰王国, 见"俄控波兰地区"

Knaap, Anthony A.: 309, 克那普, 安东尼 A.

Knowledge: 知识
philosophy as, x, 41—48, 作为知识的哲学; related to motivation, 10—17, 与动机的联系; theory of, 342, 343—344, 345, 知识理论; and value, 9, 知识与价值

Kobe, Japan: 239, 神户, 日本

Kokusai news service: 151, 共同通讯社

K. O. N. (Committee of National Defense): 国防委员会
accusations against, 261, 262, 291—297, 396, 404, K. O. N. 遭受谴责; at Detroit Convention, 304, 与底特律大会; Dewey

on, 403,408,杜威的立场; formation of, 288—289,291,组织形式; future of, 326—328,未来; leader of, 400—401,领导人; newspaper of, 396,报纸; Policies of, 249, 296—297,318—322,329,策略

Korea:朝鲜
  national interests in, 153,154,国家利益; poppy growing in, 238,鸦片种植; relationship of, to China and Japan, 169, 179,193,206,210—211,215—216,220, 与中国和日本的关系

Kosciusko, Thaddeus: 269,313,柯斯丘什科,塔杜兹

Kozicki, Stanislas:281,库兹斯基,斯丹尼斯拉斯

Kucharzewski, Jan:271,275,古恰尔卓夫斯基,扬

Kulakowski, Bronislaw D.: 294,295,396, 400—401,库拉科夫斯基,布罗尼斯劳 D.

*Kuryer Polski*(Milwaukee Wis.):315,波兰信使报(密尔沃基,威斯康星州)

Kyoto, Japan:171,京都,日本

Labor:劳工
  affected by war, 87—88,255,324,330,战争造成的影响; in China, 191,中国的; distribution of, 130,贡献; in Great Britain, 59,73,81,87,91,英国的; in Japan, xvii—xviii,161—166,176—177,日本的; management of, 142,333—334,管理; status of, 84,85,98,104—105,134,地位; turnover of, 79—80,变动; vocational education, 62,64—65,职业教育

Labor party:73,81,87,91,120,工党

Lansing, Robert: 264,394,兰辛,罗伯特

Latvians(Letts):266,拉脱维亚人(列托人)

Lausanne Agency:278,279—280,283,284, 289,洛桑的机构

Law:法律
  authority of, 18—40 各处,法律的权威; in China, 213,219,中国的; controlling drug traffic, 236,238—240,控制毒品交易的法律; and league of Nations, 128,129,法律与国联; and philosophy, 349,法律与哲学; regulates labor, 162,163,176,规范劳工的法律; and war, 122—126,388—392, 法律与战争

Lawson, George:劳森,乔治
  on sovereignty, 19—20,25—26,论君权

League of Nations:国联
  character of, 135—138,性质; conception of, 71,105,122—126,概念; covenant of, 159,公约; importance of, 127—130,132, 133—134,139—142,179,213,240,重要性; levinson on, 389,莱文森的观点; opposition to, 110,151,152,154,163, 177,反对的立场; and U. S., 71,197,198, 与美国

Lednicki, Aleksander:295,列德尼茨基,亚历山大

Legions:军团,见"波兰军团"

Lemberg, Galicia:263,281,利沃夫,加利西亚

Lenine, Vladimir Ilyich:270,列宁,弗拉基米尔·伊里奇

Leroy-Beaulieu:277,列奥-布留尔,阿纳托利

Letts:266,列托人

*Levithan*: 21,22—23,30,36 注释,38—39, 利维坦

Levinson, Salmon O.:莱文森,萨尔蒙 O.
  on outlawing war, 122,125,388—392,论战争的不合法; proposal of, 403,建议

Levitas, A.(Anzia Yezierska):莱维塔, A. (安齐娅·叶捷斯卡)
  in Polish study, 260,396,与波兰研究

Liberty:自由
  and law, 39,自由与法律; opposed to institutional control, 20,反制度化的控制; related to philosoph, 49—50,349,与

哲学的关系；sacrificed in war, 184, 战争中舍弃的自由

Liberty Loans：xvi, 327, 329, 自由贷款

*Life of Reason*：385, 理性的生活

Lincoln, Abraham：146, 147, 150, 林肯, 亚伯拉罕

Lippmann, Walter：xii, 李普曼, 沃尔特

Lithuanians：255, 264, 266, 306, 326, 立陶宛人

Livinia：326, 利沃尼亚

Li Yuan-Hung：202, 黎元洪

Lloyd, George David：120, 279, 劳合·乔治, 大卫

Locke, John: 洛克, 约翰
  government, 27 n, 论政府; on morals, 32 n, 论道德; as national philosopher, 43, 作为国家哲学家; on natural rights, 20, 23, 25, 论自然权利

Logic：346—347, 逻辑

"Logic of Judgment of Practise"：376, "实践判断的逻辑"

London, England: 伦敦, 英国
  Ito in, 170, 伊藤在伦敦; Polish question in, 269, 279, 282, 283, 284, 290, 326, 与波兰问题

Lord, Robert H.：劳德, 罗伯特 H.
  on Polish question, 402—403, 405—406, 论波兰问题

Lubomirski, Zdzislaw：275, 卢伯缅斯基, 兹吉斯劳

Luther, Martin：25, 路德, 马丁

**M**achiavellianism：123, 马基雅维里主义

Magna Charta：20, 大宪章

Maklakoff, Vasell：267, 马克拉可夫, 瓦塞尔

Manchu boy Emperor：202, 满清的年幼皇帝

Manchu dynasty：200, 220, 221, 222, 清朝

Manchuria：满洲里
  drugs in, 237, 238, 毒品; national interests in, 178, 204, 国家利益; railways of, 230, 铁路

Mandarins：217, 满清官员

*Mans' Supreme Inheritance*：350—352, 353—355, 359—360, 人的高级遗传

Marcus, Aurelius：45, 马库斯·奥勒留

Marot, Helen: 马罗, 海伦 333—335, 393, 论教育

Marxians：91, 161, 166, 马克思主义者

Masaryk, Thomas Garrigue：264, 马萨里克, 托马斯·格里格

May Drive：310, 312, 五月筹款行动

May 4th Movement：xx, 186—191, 五四运动

Medieval philosophy：342, 344, 中世纪哲学

Meinong, Alexius：371, 梅农, 阿历克赛

Mersenne, Marin：31, 梅森, 马林

Metternich-Winneburg, Clemens Lothar Wenzel, Furst von：114, 梅特涅-温内伯, 克莱门斯·洛塔尔·文泽尔, 菲尔斯特·冯

Mezes, Sidney E.：梅齐, 西德尼 E.
  on Polish question, 401—402, 论波兰问题

Militarism: 军国主义
  of China, 187—190, 194, 197, 199—204, 212, 229, 230, 中国的; as effect of war, 104, 388, 战争的产物; of Germany, 61, 152, 158, 德国的; of Japan, 153, 160, 163, 168, 170, 173, 174, 177, 178, 193, 197, 日本的; of U. S., 71, 美国的

Military Council：293, 军事会议

Military Intelligence Bureau: 军事情报局(M. I. B.)
  on Polish question, xv, 248, 259, 262, 295, 320, 396, 400, 401 n, 406—407, 论波兰问题

Military Training: 军事训练
  characteristics of, 60, 61—62, 66, 特色; in China, 180, 中国的; for Poles, 286, 287, 324, 397, 波兰人的

Miliukov, Paul：263,米留柯夫,保尔
Milner, Alfred：120,米尔纳,阿尔弗雷德
Milton, John：弥尔顿,约翰
　　on sovereignty, 27,论君权
Minorities：xiii,71,少数民族
*Mr. Hobbes's State of Nature Considered*：23—24,霍布斯先生思考的自然状态
Michel, John Purroy：294,396,米切尔,约翰·布罗伊
Mitsubishi party：162,三菱集团
Misui party：162,三井集团
Miukowicz：316,米由科维奇
Mongolia：204,蒙古
Monroe Doctrine：193,232,门罗主义
Moore, G. E.：摩尔,G. E.
　　on value, 381,383,论价值
Morals：道德
　　Hobbes on, x,21,31—32,33—40,霍布斯论道德；logic of, 9,道德的逻辑；and philosophy, 44,道德与哲学；in politics, 122—126,131—134,152,236,政治中的道德；Roosevelt on, 147—149,罗斯福论道德
Morris, George Sylvester：336—337,莫里斯,乔治·西尔维斯特
Motivation：10—17,动机
Motz, Boleslaw：279,282,莫兹,布列斯劳
Municipal Council：272,市政会议
Mysticism：46,神秘主义

**N**aimska, Zofia：314,纳依姆斯卡,索菲娅
Nanking, China：xviii,189,南京,中国
Napolenic wars：58,59,114,拿破仑战争
Nation：ix,国家
National Democratic party：民族民主党
　　Paris Committee, 277—284,形成巴黎委员会；Policies of, 267,269,275,289,291,301,306,308,320,321,策略；status of, 326—327,地位
National Students' Union：190,全国学生联合会
National rights：20,23,25,自然权利
Nature：自然
　　laws of, 36—38,自然法；mechanics of, 379,构成；and politics, 141,219,自然与政治；return to, 350,回归自然；theory of, 341,343,344—345,349,自然理论
Newcastle, Earl：33n,纽卡斯尔,伯爵
New England：80,336,337,新英格兰
New Era：112,114,新时代
New Nationalism：146,新国家主义
*New Republic*：ix,xvii,xviii,404,新共和
Newspapers：报刊
　　anti-Americanism in, 150—155,177,179,反美主义；oppose league of Nations, 163,反国联；regulation of, 118—121,控制；report events in China, 191,228,239,中国事件的报道；report on Japan, 166,对日本的报道；report peace conference, 151,159,199,203,和会报道；report Polish question, 243—244,256,268,277,282—283,297,300,301,305,308,309,315,320,397,波兰问题报道；report on Siberia, 167,西伯利亚报道；report social issues, 87,88,159,社会问题报道；report war's end, 114,119,停战报道,另见"波兰报刊"、"宣传"
Newton, Isaac：219,牛顿,伊萨克
New York, N. Y.：纽约,纽约州
　　education in, 55,61,393,教育；Polish question in, 259,261,294,311,313,314,316,322,396,400,401,与波兰问题
*New York Evening Post*：305,397,纽约晚邮报
*New York Journal*：114,纽约日报
*New York Times*：309,纽约时报
Nichilas, Grand Duke of Russia：267,尼古拉,俄罗斯大公
Nietzche, Friedrich Wilhelm：156,尼采,弗里德里希·威廉
Northcliffe, Alfred Charles：120,诺思克利

夫,阿尔弗雷德·查尔斯

**O**ctobrists：278,十月党人
Okuma, Shigenobu：158,小隈重信
Open Door：228,231,门户开放
*Optics*：31,论光学
Ostrowski, Jozef：275,奥斯特洛夫斯基,约瑟夫
Osuchowski, Anthony：312,397,奥苏乔乌斯基,安东尼
Ota：192,394,太田
Out Mongolia：178,外蒙古
Oxford, University：23,牛津,大学

**P**acifism：和平主义
 of China, 199, 216, 中国的; Dewey opposes, xi—xii,180—181,杜威的异议; results of, xvi,不可信
Paderewski, Helene：帕岱莱夫斯基,海伦
 criticized, 306—318,328—329,被批评; as leader, xv, 262,作为领导人; opposition to, 253,反对派; Publicity for, 257,325,宣传
Paderewski, Ignace Jan:帕岱莱夫斯基,依格纳斯·扬
 criticized, 307,308—309,310—312,316,317,被批评; at Detroit Convention, 243,305,与底特律大会; Dewey meets, 401,与杜威会见; as leader, xiv, xv, 256, 257, 261, 262, 279, 300, 306, 328—329, 405—406,作为领导人; Policies of, 269, 271, 275,294—296,299,302,321—323,策略; Publicity for, 303, 325, 宣传; reliet work of, 282—283,290,310—316,319,救援工作; represents Paris Committee, 251—254,281,291,404,作为巴黎委员会代表
Palestine：101,巴勒斯坦
Papists：22,25,天主教徒
Paris, France:巴黎,法国
 Polish activities in, 265, 278, 279, 282, 290,301,313,402,404,波兰人的活动
Paris Committee (Polish National Committee)：巴黎委员会,(波兰国家委员会)
 formation of, 278—280,形成; members of, 269, 275, 276, 280—284, 291, 316, 401,405, 成员; opposition to, 292,反对派; Policies of, 297, 317, 320, 321, 323, 326,327,395,策略; status of, 251—253, 299, 300, 301, 302, 306, 326, 328, 401—402,404,地位
Paris Peace Conference：巴黎和平会议,见"和会"
Passivists：265,266,267,275,277,298,消极主义者
Pawlowski, Wenzel：316,波洛夫斯基,文泽尔 A.
Peace:和平
 education for, 67—69,有关教育; efforts to achieve, 135—138, 142, 力争和平; enforcement of, 127,129,130,实行和平; establishment of, 119, 150, 151, 确立和平; ideals of, 181, 182, 183, 理想; preparation for, ix, xii, 404, 筹划; psychology of, 112,心理
Peace Conference：和会
 failure of, 158—159,173,失败; issues at, 130, 135—138, 196, 240, 议题; Japanese success at, 152,158—159,177,178,180, 183,186,189,198,199,203,日本的胜利; Polish question at, 246, 268, 276, 284, 293,300,312,405,波兰问题; preparation for, xvi, 100, 182, 401, 筹备; propaganda at, 110,鼓噪之声; publicity about, 151, 有关宣传; results of, 232, 233, 成果; treaty at, 136—137,194,197,224,和约
Peking, China:北京,中国
 Dewey in, xviii,杜威的访问; imperial Court at, 211, 216, 皇宫; Japanese students in, 173,日本学生; protests sent to, 194,224,送交抗议书; student revolt

in,187,188,189,学生示威

Peking University:北京大学,186—191,示威

Pennsylvania:宾夕法尼亚州,293,303,318,波兰人的活动

Penrose, Boies:287,396,彭罗塞,博伊西

Perry, Ralph Barton:培里,拉尔夫·巴顿
on value judgments, 3—4, 5 n, 7, 361—374,375,377,381,382—383,论价值判断

Petrograd, Russia:267,275,295,彼得格勒,俄国

Philadelphia, Pa:费城,宾夕法尼亚州
K. O. N. convention in, 292, 320, K. O. N. 的大会；morphia in, 239,吗啡制品；Polish activities in, 287, 303, 306, 312, 318,396,波兰人的活动；Polish study in, xiv, xv, 242, 259, 260, 398, 399, 403, 404, 406,407,波兰研究

*Philosophical Rudiments*：23,24,30—31,哲学入门

Philosophy:哲学
of conscious control, x, 350—352, 353—355, 359—360, 意识控制的哲学；of democracy, 43—45,48—53,民主的哲学；Dewey's position in, ix, x, xx,404,杜威的立场；ethical theory of, 10—11,伦理理论；Germany and France, 94,德国和法国哲学；of Hobbes, x, 18—40,霍布斯的哲学；in Japan, 156—157,在日本；reconstruction of, 341—349,改造；role of, x, xvii,作用；as science, 31, 33—35, 41—48,作为科学的哲学；social implications of, 342—345,348—349,398,社会意义

Physical Conditioning：60,62—63,77,103,350—360,身体的调适

Pilsudski, Joseph:毕苏斯基,约瑟夫
arrest of, 269, 274, 313, 被捕；heads Polish army, 273,274,275,313,作为波兰军队首领；as leader, 288, 291, 293, 295, 327,作为领导人

Piltz, Erasme：280—281,皮尔兹,埃拉斯姆

Pittburgh, Pa：288,305,匹兹堡,宾夕法尼亚州

Plato：12,34,46,342,345,柏拉图

Poland:波兰
anti-Semitism in, 278,反犹主义；army of, 250, 268—269, 273—274, 283, 286, 288, 292, 294, 299, 305—306, 321, 军队；economic condition in, 263—266,经济状况；future of, xiii, xiv,101,136,242,246—247, 250—251, 253, 263—277, 286, 287, 298, 300, 306, 320, 326—328, 400, 405—406,未来；importance of, 255,重要性；xiv, xv, 255, 262—267, 271, 分割；Patriotism in, 222,爱国主义；Political situation in, 263—277,政治形势；325,宣传；publicity about, 245—246, 250, 286, 290, 309—319, 救济资金；represented by Paris Committee, 251—253, 278—284, 299, 300, 301—302, 328,巴黎委员会的代表身份,另见"奥地利"、"德国"、"俄国"、"美国"

Poles:波兰人
Americanization of, 286, 290, 300, 319, 324, 328, 美国化；dissension amony, 246—247, 248—254, 255—258, 260—262, 284, 296, 298, 304—319, 321, 322, 327,329,405,争吵；economic condition of, 309,经济状况；finances of, 245—246, 249—250, 252, 253, 256, 286, 300, 303—306, 309—319, 322, 330, 财政；military affairs of, 305, 军事；relief activities of, 305,306,307,309,310—319,329,救援活动；right of, 71,权利；W. W. I, 242, 245, 250, 257, 258, 260, 261, 305—306, 319—325,330,395,在第一次世界大战中

Polish Army Corp, First：321,波兰第一军

Polish Associated Press：波兰联合新闻社,见"波兰新闻社"

Polish Catholic Church：305,波兰天主教会

Polish Central Relief Committee：312—313,

波兰中央救援委员会

Polish Democrats, Union of：279,282,波兰民主主义者联合会

Polish Falcons, Alliance of：287—288,313,322,波兰之鹰联盟

Polish Legions：波兰军团
objection to, 305, 反对意见；oppose Russia, 313, 反对俄国；status of, 269, 273—275, 321, 325, 地位

Polish Military Commission：波兰军事委员会
dissatisfaction with, 322—323, 不满；finances of, 300, 308, 311, 315, 财政；and White Cross, 317, 与白十字会

Polish National Alliance：波兰民族联盟
Dewey on, 403, 杜威的观点；funds of, 312, 资金；history of, 287—289, 296, 历史；policies of, 242, 286, 287, 322, 策略

Polish National Army：波兰国民军
as cause of controversy, 317, 319—325, 论战的起因；for mation of, 301, 395, 397, 构成；recruiting and support of, 256, 257, 310, 311, 312, 319, 征兵及支援

Polish National Committee：波兰国家委员会，见"巴黎委员会"

Polish National Council：波兰国家会议
character of, xv, 289—290, 性质；formed, 267, 形式；funds for, 313, 资金；policies of, 269, 272, 279, 策略

Polish National Department：波兰国家部
controls Detroit Convention, 242—243, 248—249, 302—305, 对底特律大会的控制；election of, 279, 选举；power of, 290—291, 296—297, 权力；president of, 395, 主管；supports Paris Committee, 301, 对巴黎委员会的支持

Polish Parliamentary Clubs：272—273,280,波兰议会党团

Polish Press：波兰新闻舆论
managerment of, 305, 管理；of National Council, 290, 有关国家会议的；in Poland, 280, 281, 波兰本土的；reflects religious strife, 287, 反映宗教界冲突的；report Detroit Convention, 244, 248, 249, 303, 对底特律大会的报道；report on Paris Committee, 284, 对巴黎委员会的报道；repor on Polish National Army, 321, 322, 对波兰国民军的报道；reports relief activities, 310, 317, 318, 319, 对救援活动的报道；in U.S. election, 287, 与美国选举。另见"宣传活动"、"宣传"

Polish Press Bureau：波兰新闻社
aids Paderewski, 328, 帕岱莱夫斯基的帮手；criticized, 256—257, 325—326, 批评；leaders of, 295, 领导人；supports Paris Committee, 251, 302, 对巴黎委员会的支持

Polish Progressives：267,波兰进步党人

Polish Roman Catholic Alliance：波兰罗马天主教联盟
controls Detroit Convention, 242, 303, 对底特律大会的控制；funds of, 312, 资金；history of, 286, 287, 289, 296, 历史

Polish Sanitary Commission：315,波兰公共卫生委员会

Polish Socialist Party：262,265—267,272,273,396,波兰社会党

Polish Study：波兰研究
Dewey on, 242, 259—262, 306, 318, 杜威的观点；discussion of, xiv—xvi, 395, 398—408, 有关讨论

Polish Victims' Relief Fund：290,300,308,309,312,波兰难民救援基金会

Polish White Cross：250,306,316—319,329,波兰白十字会

Polish Womens' League：314,316,波兰妇女同盟

Polish Young Men's Alliance：288,波兰青年联盟

*Political History of Poland, The*：314,波兰政治史

Politics:政治

affected by war,70—72,98—106,战争的影响;in China,xix—xx,174,177,186,190,192,194,205,206,215—227,中国的;and education,54—57,政治与教育;Hobbes on,18—40,霍布斯论政治;of immigration,159,移民中的;in Japan,152—155,157—158,160,162—163,165—167,171,174,177,日本的;and league of Nations,127—130,133,政治与国联;logic of,9,政治的逻辑;in New York State,94,394,纽约州的;and philosophy,42—53,344,349,政治与哲学;of Polish question,261—262,287,297,298,307,311—312,322,326,398—408,波兰问题中的;Roosevelt's role in,146,148—149,罗斯福的作用;in Roumania,137,罗马尼亚的;science of,31,33—35,89,93—97,政治的科学;secularization of,x,21,政治的世俗化

Posen,Poland:280,283,396,波兹南,波兰

Potocki,Count:318,波托斯基伯爵

Pragmatism:xi,361,376,383,实用主义

Presbyterians:22,24,25,长老会教友

Press:报界,见"报刊"

Privy Council:168,枢密院

*Problem of Conduct*:10,行为问题

Progressive Party:146,149,267,进步党

Propaganda:宣传活动

of Chinese students,189,中国学生的;dangers of,108,110,危险;of Germany,158,268,394,德国的;of Japan,178—179,194,195,日本的;opposing Russia,268,反俄罗斯的;opposing U. S.,153,329,反美国的;about Polish question,245,249,286,306,311,330,有关波兰问题的;of war,118,119—120,408,战争中的;另见"报刊"

Protagoras:12,普罗塔哥拉

Protestantism:24,26 n,123—124,286,新教

Prussian:普鲁士人

education,54—57,61,教育;future,326,未来;nationalism,110,民族主义;philosophy,xvii,哲学;Poland,xiv,266,281,波兰;science,99,科学;Silesia,286,西里西亚

Psychology:心理学

of China,xviii—xix,195,206—207,208—210,211—212,中国的;Dewey's position,ix,杜威的立场;of industry,333—335,工业的;Japan and China,174—176,日本和中国的;of motivation,10—17,动机的;sensational school of,345,346,感觉学派;of war,112—116,120,战争的;另见"情感"

Publicity:宣传

for Polish affairs,255—258,259,306,309,311,312,325—326,328,波兰事务的宣传;Roosevelt's use of,145,罗斯福运用宣传;about U. S.,150—155,有关美国的宣传;另见"报刊"

Puritan Evangelicism:336,清教徒的福音主义

Race Discrimination:种族歧视

affects Japan-U. S. relationship,151,153,154,对日-美关系的影响;Chinese indifferent to,222—223,中国人的淡漠;in Japan,172,222,日本的;discussed at peace conference,158,159,和会上的讨论;U. S. accused of,177,受到指责的美国

Realists:267,275,现实党人

Reality:实在

Bush on,375,377—378,布什论实在;classes of,342,实在的类别;and democracy,48,实在与民主;as know by philosophy,42,47,50,51,364,哲学理解的实在

Reason:理性,345,346,347,理性的理论

*Reason in Art*:385,艺术中的理性

*Reconstruction in philosophy*：ix,xvii,341—349,哲学的改造

Red Cross:红十字会
 aids China,231,援助中国；educational values of,393,教育价值；French,250,法国的；involved in Polish question,xvi,250,316,317,319,327,329,波兰问题中涉及的

Regency:摄政政府
 governs Poland,268,270—271,274,275—277,292—293,295,对波兰的统治

Religion:宗教
 in China,211,在中国；in Japan,170—172,在日本；of Morris,337,莫里斯的；of Poles,260,263,277,285,286—287,398,波兰人的；and politics,x,21,宗教与政治；relationship of,to philosophy,44,51,341,344,349,383,与哲学的关系；in U.S.,124,241,在美国；war for,58,宗教战争；另见"教会"

Republican Party:共和党
 Poles vote for,242,287,396,波兰人的选票

Reuter news Service:151,路透社

Rhode,Paul P.:289,301,396,罗德,保罗 P.

Rice Riots:xvii—xviii,165,177,米骚动

Rickert,Heinrich:361,李凯尔特,亨利希

Ritchie,David G.:25 及注释,里奇,大卫 G.

Robertson,Croom:21—22,30,罗宾逊,克鲁姆

Roman Catholic Church:24,73,305,罗马天主教会

Rome,Italy:121,170,264,290,罗马,意大利

Roosevelt,Theodore:罗斯福,西奥多
 assessment of,xix,143—149,评价；on China,199,与中国；on war,127,与战争

Roumania:xiii,137,307,罗马尼亚

Rousseau,Jean Jacques:27 n,卢梭,让·雅各

Rozwadowski,Jan J.:281,罗兹瓦多夫斯基,扬 J.

Russell,Bertrand:罗素,伯特兰
 on value judgments,364,371,论价值判断

Russia:俄国
 allg of Japan,177,178,192,230,日本的同盟者；army of,267,321,军队；attitude of Poles toward,265—272,275,277—282,288,289,290,291,293,307,308,309,321,326,327,波兰人的态度；and Germany,115,270,与德国；government of,115,120,191,263,269,280,298,政府；governs Poland,xiv,262,263,264,298,统治波兰；immigrants from,241,285,移民；Jews of,241,264,278,犹太人；Poles attack,269,273,313,波兰人的攻击；relationship of,to Poland,xv,267,276,283,284,295,306,326,与波兰的关系；as world power,101,135,136,192,199,224,作为世界列强

Russian Poland（Kingdom of Poland）:俄控波兰地区（波兰王国）
 conditions in,263—268,状况；future of,272,273,277,329,未来；German occupation of,268,278,德国的占领；organizations in,277—278,281,290,当地的组织；as place of origin,285,322,人员来源地

Russian Revolution:俄国革命
 affects China and Japan,ix,对中国和日本的影响；economic effect of,98,经济的影响；effect of,on Polish question,262,264,269—270,271—272,274,278,282,298,对波兰问题产生的影响；另见"布尔什维克分子"

Russo-Japanese war:日-俄战争
 effects of,113,150,152—153,207,结果；peace terms of,159—160,和平条件；

mentioned,156,其他
Ruthenians:xiii,255,鲁塞尼亚人

**S**almasius, Claudius:27,萨尔马苏,克劳迪
Sanford, Edmund:85,394,桑福德,爱特蒙德·克拉克
Santayana, George:桑塔亚纳,乔治
　　on value, 384,385,论价值
Satsuma Clansmen:168,169,萨摩藩主
Schiller, F. C. S.:席勒,F. C. S.
　　on value judgments, 375,376,论价值判断
Schneider, Herbert:施奈德,赫伯特,361,论价值
Schopenhauer, Arthur:43,叔本华,阿瑟
Schwab, Charles M.:73,87,393,施瓦布,查尔斯 M.
Science:科学
　　ability for, 80—81,能力;advances in, 78,236,科学的进步;development of, x, xi, xii,43—44,科学的发展;disciplines as,41—48,93,94—95,学科;in Japan, 160—161,193,206,日本的;relationship of, to philosophy, 41—48,341—347,与哲学的关系;social and political effects of, 33—35,48,67—68,70,98—99,103,对社会和政治的影响;war as, 390,战争的科学
Scientific methods:科学方法
　　in education, 57,教育的;in industry, 334,335,工业中的;in philosophy, x, xvi, xviii, 31—32, 351,哲学中的;in Polish study, 260,395,波兰研究中的
Sembrich, Marcella:313—314,塞布里切,玛撒拉
*Sense of Beauty*:385,美感
Sense perception:345,感官知觉
Serbians:xiii,245,255,塞尔维亚人
*Seven Philosophical Problems*:21,哲学的七个问题
Seward, William H.:206,西沃德,威廉 H.
Seyda, Marjan:塞伊达,迈扬

on Polish question, 276,280,283—284,301,302,323,与波兰问题
Shanghai, China:上海,中国
　　Dewey visits, xviii,杜威的访问;drugs in, 236,239,240,毒品;revolt in, 189,196,示威
Shantung, China:山东,中国
　　awarded to Japan, 186,189,194,198,224,232,判给了日本;China claims, 201,203,中国的主张;drugs in, 238,毒品;issue of, 158,山东问题
Sheldon, William H.:谢尔顿,威廉 H.
　　on value, 375,377,382,论价值
Shelley, Percy Bysshe:384,雪莱,珀西·贝赛
Shibusawa, Eiichi:231—232,395,涩泽荣一
Shintoism:170,171,神道教
Siberia:西伯利亚
　　intervention in, 120,151,152,153,154,163,167,178,199,干涉;recruiting in, 306,征兵
Siems-Carey Company:231,395,西姆斯-凯瑞公司
Sienkiewicz, Henryk:312,397,显克维支,亨里克
Singapore, China:238,新加坡
Singer, Edgar A., Jr.:13,辛格,爱德加 A.,Jr.
Skirmunt, Constantine:281,斯科蒙特,康斯坦丁
Slovs:xiii,325,326,斯拉夫人
Slovaks:xiii,斯洛伐克人
Smulski, John F.:史穆尔斯基,约翰 F.
　　at Detroit Convention, 328,与底特律大会;heads National Department, 280,305,国家部的主管;as leader, 256,257,261,262,287,299,395,作为领导人;opposes other leaders, 301,306,309,反对其他领导人;policies of, 269,295,296,302,322,策略;support for, 303,支持者

Socialism：社会主义
    effect of war，84，117，战争的结果；in industry，83，102，104，工业的；involved with Polish question，xv，251，262，265，270，272，277，282，287，293—294，326，396，波兰问题中涉及的；in Japan，165，日本的；opposed to Bolshevism，246，反布尔什维克；publicity about，120，有关宣传

Social order：社会秩序
    in China，220，中国的；definitions of，19，71，定义；explanations of，93—97，解释；as international bond，123—126，国际的联系；in Japan，166，日本的；and philosophy，43—45，48，51—52，342，343，344，345，348—349，与哲学；prophet of，148，预言者；reconstruction of，xii，73—86，87—92，98—99，102—106，112，113，114，重建

Social science：89—92，93，社会科学

Social service：60—61，63，66，76，393，社会服务

Sociology：56，89—90，398，407，社会学

Sokols：287—88，313，322，索科尔（波兰之鹰联盟）

Sosnowski, George J.：294，396，索斯诺夫斯基，乔治 J.

Sovereignty, doctrine：18—40，君权，学说

Spain：101，140，255，西班牙

Spencer, Herbert：斯宾塞，赫伯特
    advises Japan，170，对日本的劝告；on cosmic evolution，373，论宇宙进化；on government，104，论政府

Stalinski, John：295，396，斯达林斯基，约翰

Stockholm, Sweden：192，293，394，斯德哥尔摩，瑞典

Stoicism：45，斯多葛学派

Sudetens：xiii，苏台德人

Suffrage：167，选举权

Sumner, Charles：388，萨姆纳，查尔斯

Supreme National Committee of Cracow：313，克拉科夫的最高国家委员会

Swift, Jonathan：122，斯威夫特，乔纳森

Switzerland：瑞士
    Polish activities in，261，278，281，290，293，312，313，波兰人的活动

Syski, Alexander：295，301，396，辛斯基，亚历山大

Taft, William Howard：206，塔夫脱，威廉·霍华德

Talbot, Anna Hedges：64，393，泰博，安娜·海奇

Tammany Hall：94，243，394，坦曼尼协会

Taylor, Alfred Edward：泰勒，阿尔弗雷德·爱德华
    on motivation，10—11，12，论动机

Tenison, Thomas：20，但尼森，托马斯

Terauchi ministry：152，寺内正毅的内阁

*Theaetetus*：12，泰阿泰德篇

Tientsin, China：189，天津，中国

Tildsley, John L.：55，393，蒂尔兹莱，约翰 L.

Toennies, Ferdinand：21—22，托尼耶，费迪南

Tokugawa Shogunate：168，169，德川幕府

Tokyo, Japan：东京，日本
    class consciousness in，166，阶级意识；Dewey in，xvii，341，杜威在东京；factories in，161，工厂；government in，179，政府；newspapers in，150，152，报刊

Tolsyoi, Leo：托尔斯泰，列夫
    on freedom，49—50，论自由

Truth：42，真理

Tsing Hua College：xviii，清华学校，中国

Tsingta, China：187，225，238，青岛，中国

Tuan Chi-jui：201，202，段祺瑞

Tuchuns：203，204，督军

Turczynowicz, Laura de Gozdawa：315，图斯津诺维奇，劳拉·德·戈兹达瓦

Twenty-one demands：187，193，194，二十一条

**U**chida, Yasuya：175,177,394,内田康哉
Ukrainia：乌克兰
  Chelm ceded to, 270,271,273,275,海乌姆省的割让；future of, 101,326,未来；and Poles, 263,264,266,与波兰人
Unemployment：xii,75—76,83,87—88,失业
Union of Polish Democrats：279,282,波兰民主主义者联合会
United States：美国
  Civil War of, 116,143,287,337,内战；in drag traffic, 236,238—240,毒品交易；education in, 54—57,60—69,335,教育；effect of war on, ix,xi—xii,xvi—xvii,88,104,107—111,112—116,117—121,126,战争的影响；immigrants, xiii—xvi,228,241—247,284—330,移民；industry in, xvi,xix,78,工业；international relationship of, xiii,xvi,xvii,70—72,127,129,132,246,279,国际关系；morality of, 131,374,道德；on Polish question, 246,250—255,257—258,272,279—282,293,296—300,302,305—307,314—330,400,403,404,与波兰问题；relationshop of, with China, xviii,176,177,179,186,190,191,193—198,201—202,209,226—227,228—234,与中国的关系；relationship of, with Japan, 150—158,160,164,176,177,179,194—195,394,与日本的关系；representative of, 143—149,代表；league of Nations, 123,128,140,151,163,国联中的作用；at war, xiii,127,137—138,142,180—185,200—202,229,282,298,319,329,394,战争
United States Army：美国军队
  in conflict with Polish National Army, 242,245,321—325,与波兰国民军的冲突
United States Congress：239,402,美国国会
United States Constitution：88,美国宪法
United States Senate：251,301—302,美国参议院
United States State Department：美国国务院
  on Polish question, 251—253,259,306,400,与波兰问题
United States War Department：美国国防部
  on Polish question, 251—252,257,与波兰问题；另见"军事情报局"
Universities：大学
  in China, 180, 186—191,中国的；criticized, 32—33,被批评；Dewey at, ix,xvii,165,180,341,406,杜威在大学中；in Japan, 165,173,日本的
Urban, Wilbur M.：厄本,威尔伯 M.
  on value judgments, 370—374,375,376,论价值判断
Uterhart, Henry A.：259,302,396,406,乌特哈,亨利 A.
Utilitarianism：x,348,功利主义

**V**alue：价值
  Bush on, 375—387,布什论价值；Dewey on, 3—9,杜威论价值；Perry on, 361—374,培里论价值；Schneider on, 375,376,施奈德论价值；Sheldon on, 375,377,382,谢尔顿论价值；Urban on, 370—374,375,376,厄本论价值
Vare machine：287,396,瓦雷的党派组织
Veblen, Thorstein：凡布伦,索尔斯坦
  on Germany, 54—55,论德国
Vermont：xvi,佛蒙特州
Versailles Peace Conference：凡尔赛和平会议,见"和会"
Vevey, Switzerland：312,316,维维依,瑞士
Vienna, Austria：273,维也纳,奥地利
Vocational education：60—69,职业教育

**W**allis, John：32,瓦利斯,约翰
War：战争
  affects education, 58—59,对教育的影响；outlawing of, 122—126,388—392,不合法

Ward, Nathaniel：32,沃德,纳撒尼尔
War Industries Board：118,战时实业委员会
Warsaw, Poland：272,275,279,281,294,华沙,波兰
War Trade Board：311,战时贸易委员会
Washington, George：70,150,华盛顿,乔治
Washington, D. C.：华盛顿特区
    Polish question in, 246—247, 251, 253, 256, 259, 261, 295, 297, 301, 302, 317, 325, 400, 406, 407,与波兰问题; mentioned, 119,203,其他
Wason, John B.：13—14,华生,约翰 B.
Wedda, Joseph：256,257,295,395,401 n,韦达,约瑟夫
Wells, H. C.：82,115,威尔斯,H. G.
Wenley, Robert Mark：336—37,温利,罗伯特·马克
Westermark, Edward Alexander：362,威斯特马克,爱德华·亚历山大
When the Prussians Came to Poland：315,当普鲁士人来到波兰
White, James C.：256,295,302,325,401 注释,怀特,詹姆斯 C.
White Cross：250,306,316—19,329,白十字会
Wilson, Woodrow：威尔逊,伍德罗
    foreign reaction to, 151,152,177,207,国外反响; Fourteen Points of, 135, 138, 139,十四条方案; League of Nations, 128—129,与国联; at peace conference, 181,183,190,参与和会; plans for peace, 401, 403, 404,和平计划; on Polish question, 242, 247, 250, 251, 252, 253, 272, 276, 279, 296, 298, 299, 316—317, 401 n, 402, 405, 407,与波兰问题; as politician, 146,作为政治家; principles of, xiii, xiv, 109, 158, 184, 232, 260,原则; during war, 158,184,201,250,268,战时
Wolna Polska：309,自由波兰
Women：妇女

in China, 196,中国的; as laborers, 162, 176,作为劳动者; as philosophers, 45,作为哲学家; Polish, 314, 315, 316, 318—319,波兰的; training for, 62,66,训练
Woolsey, Theodore Dwight：390,伍尔西,西奥多·德怀特
World War I：第一次世界大战
    alliances in, xiii,394—395,战时的协约国国家; conclusion of, ix,180—185,365,结果; Dewey's response to, x,xi—xii,xx,杜威的反应; economic effect of, 134, 255, 324,330,对经济的影响; education affected by, xi, 54, 59—69,对教育的影响; goals of, 126, 132, 180—185, 325, 389, 390,目的; international effects of, ix—x, xvii—xviii,70—72,153,154,161,165,173,176, 186,192,267,268—269,国际性的影响; and league of Nations, 127—130,与国联; pacifism in, xi—xii,xvi,180—181,和平主义; Polish question in, 278,279,282,293, 296,298,299,306,309,319,326—329,战时的波兰问题; psychology of, xvi—xvii, 107—111, 112—116, 360, 心 理; relief work in, 286, 291,救援工作; social and political effects of, xi—xii, 73—86, 87—92,98—106,117—121,393,对社会和政治的影响
Wronski, Thaddeus：310—11,沃隆斯基,塔杜斯

**Y**ezierska, Anzia：260,396,叶捷斯卡,安齐娅
Yokohama, Japan：166,横滨,日本
Yuan Shih-kai：200,202,袁世凯
Yugo-Slavs：71,263,264,南斯拉夫人

**Z**akopane：288,扎科帕涅,波兰
Zamoyski, Maurice：279,281,扎莫伊斯基,莫里斯

# 译后记

本卷收录的四十篇文章是约翰·杜威于 1918—1919 年写成的。这些文章的时间跨度不大，但论题极其广泛，内容涉及伦理学、政治哲学、国际政治、东亚文化等，还探讨了美国因第一次世界大战引发的社会、经济和移民政治等一系列问题。

杜威有关伦理学的两篇论文，用工具主义的立场对实在论者提出的"价值"理论作出回应，讨论了涉及伦理本质问题的一些有待辨明的含义，强调在解释伦理行为中知识和理智的地位。《霍布斯政治哲学的动机》是杜威研讨哲学史的一篇力作，他依据自己搜集的思想史料，考察了英国 17 世纪社会状况和政治思潮的特点，力图说明霍布斯构想的"君权"理论并非出于哲学家追求完美体系的奢好，它含有十分现实的动机和想要解决的"特定"时代问题。在《哲学与民主》这篇通俗演讲中，杜威对哲学研究家及爱好者们提出了一个促人深思的问题：就人们以往认可的"哲学"形式而言，它并无"民主"的容身之地，更不必说还会对"民主"作出什么辩护，哲学家往往把"民主"看成是社会安排的"权宜之计"，本身不具什么哲学基础。"民主"一词具有何种哲学含义？它能成为这门世界观学问的研究对象吗？显然，在杜威看来，哲学的改造不能绕开解答这个难题。

杜威正是根据他的民主理论，拟定了对第一次世界大战后国内外秩序"重建"进行分析研判的准则。在他看来，人类交往在深度和广度方面的拓展应当是衡量文明的尺度。一战后的形势表明，一国参与国际事务不再是一种选择，而成为不可避免的事实。他认为，美国推崇的工商业实践活动，以及"合众为一"的理念，为各国彼此间的积极交往提供了促进手段。因此，他支持美国参与战事，并对美国在战后国际秩序"重建"中发挥的独特作用抱以期待。杜威对维持世界格局的许多传统观念所作的批驳等鞭辟入里,富有远见,至今仍不失其参考价值;但是,他有关一战的言论好像也渗入了模糊的目标定位、把美国的使命理想化等因素,而这些因素正是他本人的哲学试图制止的东西。《杜威与美国民主》一书的作者罗伯特·威斯布鲁克曾认为,杜威支持美国的战争行动,这一决定"与其说是根据他本人一直提倡的科学实验主义作出的判断,不如说受到了他本人一贯批判的'无来由的欲望'的吸引"。此外,杜威在一战期间参与调查旅居美国的波兰人的政治问题,其中所揭示出的一些内容,也表明了他将自己的民主世界观与美国的战争计划捆绑在一起时面临的困难。事实上,战争造成的始料未及的后果,国内反战人士的批评,使杜威对原先的看法有所反省。这其间以及战后不久,他对战争"非法化"问题所作的持续思考,表明他正在重新审视对这场战争所持的立场。

  在本卷著作中,杜威撰写的有关中国和日本观感的文章,读来殊堪回味。值得一提的是,虽说杜威以乐观的调子报道了日本出现的点滴民主活动的迹象,他对日本社会等级森严的秩序及军国主义体制颇感困惑,对现状的看法要悲观得多。他的演讲也没有受到多大欢迎。当时的日本,人们认可的唯一一名美国哲学家是罗伊斯,罗伊斯的哲学掺杂着德国绝对唯心论的思想;他的这种思想最能与日本的传统价值观发生共鸣,何况其著作对武士道的封建尚武精神不乏正面评价。杜威在中国的讲学却大获成功,这激发了他探讨中国问题的智慧和热情。胡适曾评论说,"自从中国与西洋文化接触以来,没有一个外国学者在中国思想界的影响有杜威先生这样大的。"杜威访华造成的声势自然得力于胡适等人对他的哲学思想所做的引介宣传,同时杜威本人的讲题有的放矢,针对"五四运动"时期国人普遍关心、忧心的问题,以实用主义的方法、同情的理解态度作出恳切、富于启发性的回应,也是使他的讲学获得广泛反响的原因之一。以下对杜威这方面讲学情况所作的概述,或者能为我们解读杜威报道中国的文章提供一点背景材料。

  从现存的资料来看,杜威在其讲学中十分关注教育问题。这一点触及新文化运动一个带有实质意义又亟待给出回答的方面。他在讲演中多次提到,古代的社会有贵贱、上下、劳力与劳心、治人与被治种种阶级,其知识论和道德观都带有这种阶级制度的影响。所以,知识便有心与身、灵魂与肉体、心与物、经验与理性等等分别；教育学说也受了这种影响，把消遣与行动、道德与智慧、学校内的功课与学校外的生活等等看作两截不相连贯的事。现代的世界已是平民政治的世界，所以学校教育的相应改造也须紧紧跟上。说到中国其时的教育现状，他特别指出了"文字教育"一些值得引起注意的后果。文字的发明本来是使后人获得一把钥匙，从古人自经验所得的知识库中取出种种东西来运用，但有了文字教育以后，渐渐与以前直接的人生日用的教育愈趋愈远了。其结果必定养成一种特别阶级；渐渐趋于保守古训和文字方面；使学校渐成独立的机关，与社会不发生关系。那么，教育哲学应提出讨论的问题是什么呢？就是要使教育变得普及，与人生日用有一个持平的比例，一方面能保存古代传下来的最好的部分，另一方面养成能适应现在环境的人才。胡适据此曾把杜威的这类说法概括成平民教育的两大条件：一是须养成智能的个性，即养成独立思想、独立观察、独立判断的能力；二是须养成共同活动的观念和习惯，即培养对于社会事业和群众关系的兴趣。胡适说，以前的"文字教育"、"记诵教育"、"书房教育"决不够用，并且单有教育的普及也不够，还要注意根本上的方法改革。最早倡导"文学革命论"的陈独秀本来就主张要以平民文学来反对藻饰、艰涩、迂阔的山林文学。按他的理解，杜威所讲的平民主义和教育的密切关系，是说社会的趋向怎样，教育的趋向也要怎样。所以，不能说科举和经史子集就是旧教育，也不能说学校和科学便是新教育。关键的地方在于：旧教育的目的是要受教育者依照教育者的理想，做成伟大的个人，为圣贤，为仙佛，为豪杰，为大学者；新教育者不是这样，新教育是注重在改良社会，不专在造就个人的伟大。也就是说，要求教育事业为全体人民着想，为组织社会个个的分子着想，使他成为便利平民的教育，不至培养出阿谀、夸张、虚伪的个性，不成为少数贵族阶级或者有特殊势力的人的教育。杜威的教育思想在当时及以后相当一段时间内取得了教育界有识之士的广泛认同，但理论上的共识要通过实践推展开来必会经历不少反复。如何理解现代教育的性质及"独立"品格？现代的学校教育应通过何种独有的手段来造成它与社会体制之间的互相作用，促进社会发展？这些问题在今天也仍然在引起人们的深思和热议。

伦理问题是杜威另一个重要的讲学内容。伦理观一向位居中国哲学的中心，五四运动反帝反封建的使命又使之成了新文化运动人士和普通民众极感兴趣的一个话题。杜威的讲演，有时由胡适做开场白，后者常以老百姓熟悉的例子，如谭叫天、梅兰芳、三纲五常等均征引之，以资导引。议论风生，庄谐杂出，故使听者感极欢迎。杜威常以对人的社会"经验"的理解作为其讲演的出发点和归宿,而道德正是一种重要的社会经验。他反对西方古典哲学把道德经验说成是与外界浑不相干的一种知识、一种"心境"、一种属于个人的封闭的东西。他认为,道德其实表示着个人和他人、公众、社会环境的相互作用,所以它不是一种实体,而表现为功能性的存在。照杜威的看法,东方的思想有其切实、健全的一面。譬如教人如何做人的"五伦"德律,因为人人都有父,有子,有夫妇、昆弟,人人都是一国的民众或君长,人人都有朋友。切实的道德观念有种好处,就是有确定的标准,教的省得麻烦,学的容易领悟;其弊病是因确定生执拗,因切实成拘泥,习故安常。东方的圣人后来又制成了一种道德的"体验"说,相信良知是一种特别的机能,只有良知能知善知恶,这就偏于使"道德"这个名称成为一种和人生没有关系的东西了。它变成一种律令,要人顺从他;就把道德的中心,移向了人生的外边;它指着人生的一个主观区域、一段特别的生活。

其实,西方过去相当长一段时期也是崇信个人通过"良知"和"体验"来求得道德的。杜威认为,他的理论能够克服所谓"存心论"和"结果论"的对立:一个伦理的行为,是人的一种态度(或习惯)表现于一种显而易见的行为上,从而成其为一种结果。徒有用意,学得了好多道德名词,却不发现于事实上,不管他成功不成功,这不是一种真用意。另一方面,无用意的结果不是自己要的,不是自己选择的,也不是自己用力得来的,这和有意的行为完全没有关系。内和外分,外和内离,就没有用意(或道德)的性质了,就成了幻想,或成了侥幸。杜威类似的解释令时人耳目一新,主要就在于这为他们反对"纲常名教"的道德提供了一种学理资源。当时的学者如蒋梦麟等人,在介绍杜威的文章中都谈到,道德不是武断的,不是形而上的,不是凭说教或自己说了算的。这些学者认为,过去我们的道德观念实在太狭,太正式,太像病理学。我们的道德教育,和一种道德上的特别名称紧紧抱住,和个人他种行为分离,竟至于和个人自己的观念和自动力全然没有关系。凡重文字、轻精神、重命令、轻自动的道德,好像用外面的压力,把个人里面活泼泼的精神压住了。他们说,照杜威的意思,以为现今社会的罪恶,并不是因为个人不知道的意义,也不是因为个人不认识道德上的普通名词(如助人、诚实、耐苦、贞操等),其实是个人不知社会的意义已经因为现今的社会而变得十分复杂。若非受过适当的教育,人们哪里知道人生的真意,使他的动作,行为都合社会的要求呢?负有道德责任又能干事的人,不是这样的教育法可养成的。

这样的教授法,都是皮毛的,于养成品行全没关系。

值得一提的是:在这股评判浪潮中,当时推行新教育的学校,如北京试行新教育的孔德学校里甚而废除了"修身"课。其时流行的意见是,若是读经,上修身课可以增进道德,那中国人个个都是圣贤,何至于害得他们长吁短叹?杜威把西方近代以来占主导地位的道德观念说成是"直"(justice)和"慈"(benevolence),说它们都是从智理推究出来的,并没有实指哪种伦常事物,所以运用到君臣、父子、朋友,即表示臣对君要直和慈,君对臣也要直和慈等,不像东方臣对君要忠,君对臣就不在忠了。君不尊重民权,一样的不道德。东方道德专重一己对人应尽的义务,但是尊重利权,并非蔑视义务,义务、利权本非二事,所谓义务,不过是尊重他人的利权罢了。他又称,智理的道德观念、原理愈是普遍,变化愈易,虽有含糊的毛病,却能通权达变,以适应时势。胡适对此显然心领神会,他认为传统的道德全然根据家庭,当务之需是要用智理、科学的方法去求得对道德问题的一个统盘认识,这意味着破除种种因袭的历史陈见而达于一种新境界,这种新境界断不能不借助科学的眼光。胡适在1923年那场科学与人生观的论战中,为这样的立场尽力做了辩护。他说,一种新的人生观,"未尝没有美,未尝没有诗意,未尝没有道德的责任,未尝没有充分运用'创造的智慧'的机会"。这已是后话了。

杜威借讲学之便游历了中国不少地方,与各界人士多有交流。他每到一地,总对当地的习俗规制、风土人情有所留意和观察,显示出一位实用主义哲学家注重事理民生的生活态度。他自认,在中国的"这两年,是我生活中最有兴味的时期,学得也比什么时候都多"。有感于中国人对五四运动提出的民主、科学的口号,以及"改造国民性"问题表现出的热情和兴趣,杜威饶有兴致地谈起了中国人的"国民性格"。当时,许多学问家们喜好议论国民性格中那些传承的"文化"成分。杜威却以为,一味强调并坚执这种"文化"成分,会把国民性格神秘化,使某国国民成了捉摸不透的"隐身人",这就堵塞了国民之间沟通、理解的通道,有意无意地避开了通过变革现状来重新认识、改造国民性的问题。在杜威看来,国民性格是某个特定区域的人们应付他们环境的活动的产物,表现为伴随对一定器物形制的运作形成起来的行为和认知方式;所以,它也是可理解的东西。从杜威发表的有关文章中,我们不难发现,在这方面,他更倾向于把国民性格的解释看成是涉及社会哲学和政治哲学的问题,更愿意探析现实的各种社会建制乃至国体制度对于塑造国民性格所起的作用。他多次提到,日本人对天皇的"恭顺"之心和德国人令人生畏的"纪律"常被人们津津乐道,冠以高贵的伦理文化的美名,其实却是该国统治者为了他们的实际利益长期精心打造的结果。正是这种实际利益,促使他们能够毫无顾忌地发动战争,实现其蚕食、要挟他国的图谋,而他们本国的人民也为此备尝苦果。这类国家体系中充斥着各种类型的主仆等级关系,整个社会并非由共识而是通过强制力量凝聚在一起的,表面上看起来既有序且高效,实际上却无法达到融合,且极不稳定。这类社会的等级制度对平民百姓和统治官吏的个性都会造成扭曲,使之变得冷漠、自私、卑怯、残忍、傲慢,人们的知识视野和趣味取向普遍变得褊狭,这类性格有时又反过来被人们当作某种合理依据,用来论证帝制或集权政体存在的必要性。

杜威的有关言论不甚系统,而且包含着特定的认识取向。他关注的,显然是"现代性"因素对于塑造健全人格具有的意义。正如谈论教育、伦理、哲学等观念性质的问题一样,学问家们若在谈论国民性格的得失时,"离开了时代感和环境去讲,很是危险的"。他又认为,我们不能责备旧学问不能适用于现在,只能责备现在的时势改变。从前指挥向导人类的种种行动,可说是万事听皇帝、听长官、听天由命,或是去碰机会的。现在人类进化到这样地步,交通便利,调查容易。要去调查各种社会政治的情形,都是人类可以做到的,倘再不利用现在的文明把科学的智识用来指挥人类政治的行为,就会发生很大的危险。偶然的一件事便把几千年辛苦经营的东西废坏了。从前是笼统的、抽象的、理想的,现在是个体的、特别的、事实的。须要注重个体、特别、事实与通则通例的关系,如社会科学要研究各种各样的时势,使与通则通例发生关系。铁路的建造,就要考虑河流、山道、道路的高低,工程的经济算计,甚或遍地散布的祖宗坟墓迁还是不迁等问题。

杜威以进化的发生论的历史观看待文化变迁,这种变迁不独以中国为然,其实西方也经历过大致相似的变化,这一点非常紧要。例如,他提到,即在17世纪,欧洲也是个纷乱的时期,有宗教战争、政治战争、朝代战争,当时便有一种国家主权、法律、秩序的需要,当时的学说没有不注重这些东西的。到了18—19世纪早期,自从蒸汽机发明以后,生计状态大变,从前干涉的学说不适用了,又发生了一种极端相反的放任主义、个人自由主义。这种主义的流弊被资本家利用了。没有势力的人与有势力的人战,当然是没有势力的人失败。由此,在一战结束、巴黎和会召开之际,杜威对西方五大国特别是美国夸谈建立"理想"的国际秩序,实则谋取一己私利、无视他国利益的言行进行了有力批评,其眼光之犀利,持论之公允,为时人所共睹。

1921年6月30日,在中国五团体欢送杜威的酒会上,北京女高师的代表曾即席发表感想说,从前并不是没有欧美人来到中国,但有的是政治家或外交家,因为他们自己地位的关系,所有记载只为他们自家人说话。有许多人,住了三五天,回去著书便是一二千页,都是我们不要的东西。杜威博士常为美国著名杂志撰稿,把我们的情状实实在在地报告他们。他不是不批评我们,我们有不好的地方,他确是不客气地批评我们,但他却爱我们。这番话不免显得有些夸张,却未必没有道出一点实情。总之,杜威的中国之行成就了中外文化交流史上的一段传奇,它所遗留下的许多思想言论和材料,仍有待我们联系现代西方思潮发生的变更,以及作用于中国的背景,结合变化了的当代中国的新情势和新任务而继续予以疏理和辨析,作出应有的评价。

本卷著作的翻译得到复旦大学杜威与美国哲学研究中心刘放桐教授的悉心指导;时任上海社会科学院哲学研究所童世骏和俞宣孟研究员,对译著的翻译工作给予了多方帮助,提出了许多极有价值的意见,使本书的翻译得以顺利地展开;华东师范大学出版社编辑曹利群和朱华华抱着对译著认真负责的态度,不辞辛劳,对译文进行了精心审校,改正了多处错讹、失实的地方,使译文生色不少。在此一并致以深深的谢意。译者不敏,自知学养尚浅,虽说对本书的翻译花费了极大的心力,然而辞谬笔误之处肯定难免;虽说对本书提到的许多历史人物和事件作了查证,是否都做到信实无误,也有待于检验。所有这些,诚望专家学友、广大读者不吝赐正。

马　迅<br>2012年1月7日

### 图书在版编目(CIP)数据

杜威全集. 中期著作. 第 11 卷:1918～1919/(美)杜威 (Dewey, J.)著;马迅译. —上海:华东师范大学出版社, 2011.8
ISBN 978-7-5617-8867-7

Ⅰ.①杜… Ⅱ.①杜…②马… Ⅲ.①杜威,J.(1859～ 1952)—全集 Ⅳ.①B712.51-52

中国版本图书馆 CIP 数据核字(2011)第 177722 号

## 杜威全集·中期著作(1899—1924)
### 第十一卷(1918—1919)

| | |
|---|---|
| 著　　者 | [美]约翰·杜威 |
| 译　　者 | 马　迅 |
| 策划编辑 | 朱杰人 |
| 项目编辑 | 王　焰　朱华华 |
| 审读编辑 | 曹利群 |
| 责任校对 | 邱红穗 |
| 装帧设计 | 高　山 |
| 出版发行 | 华东师范大学出版社 |
| 社　　址 | 上海市中山北路 3663 号　邮编 200062 |
| 网　　址 | www.ecnupress.com.cn |
| 电　　话 | 021-60821666　行政传真 021-62572105 |
| 客服电话 | 021-62865537　门市(邮购)电话 021-62869887 |
| 地　　址 | 上海市中山北路 3663 号华东师范大学校内先锋路口 |
| 网　　店 | http://hdsdcbs.tmall.com |
| 印　刷　者 | 常熟华通印刷有限公司 |
| 开　　本 | 787×1092　16 开 |
| 印　　张 | 28.25 |
| 字　　数 | 449 千字 |
| 版　　次 | 2012 年 9 月第 1 版 |
| 印　　次 | 2012 年 9 月第 1 次 |
| 印　　数 | 1—2100 |
| 书　　号 | ISBN 978-7-5617-8867-7/B·656 |
| 定　　价 | 98.00 元(精) |
| 出　版　人 | 朱杰人 |

(如发现本版图书有印订质量问题,请寄回本社客服中心调换或电话 021-62865537 联系)